四川省教育厅人文社会科学重点研究基地
——西华师范大学四川省教育发展研究中心立项资助项目研究成果

编辑委员会
顾　问　戴续威
主　编　杜学元
编　委　戴续威　杜学元　冷泽兵
　　　　　郭明蓉　阳德华　吴吉惠

教师教育金钥匙丛书

杜学元◎主编

GAOXIAO FUDAOYUAN GONGZUO DE LILUN YU SHIJIAN

高校辅导员工作的理论与实践

王小红◎著

北京大学出版社
PEKING UNIVERSITY PRESS

图书在版编目（CIP）数据

高校辅导员工作的理论与实践/王小红著．—北京：北京大学出版社，2010.9
（教师教育金钥匙丛书）
ISBN 978-7-301-17314-5

Ⅰ.①高⋯　Ⅱ.①王⋯　Ⅲ.①高等学校－辅导员－工作－师资培训－教材
Ⅳ.①G645.1

中国版本图书馆 CIP 数据核字（2010）第 104929 号

书　　　　名：	高校辅导员工作的理论与实践
著作责任者：	王小红　著
策　　　划：	姚成龙
责 任 编 辑：	邱　懿
标 准 书 号：	ISBN 978-7-301-17314-5
出 版 发 行：	北京大学出版社（北京市海淀区成府路205号　100871）
网　　　址：	http://www.pup.cn
电子信箱：	zyiy@pup.cn
电　　　话：	邮购部 62752015　发行部 62750672　编辑部 62765126
	出版部 62754962
印　刷　者：	三河市北燕印装有限公司
经　销　者：	新华书店
	787 毫米×1092 毫米　16 开本　25 印张　392 千字
	2010 年 9 月第 1 版　2017 年 2 月第 3 次印刷
定　　　价：	48.00 元

未经许可，不得以任何方式复制或抄袭本书之部分或全部内容。
版权所有，侵权必究
举报电话：(010) 62752024　电子信箱：fd@pup.pku.edu.cn

丛书总序
Congshu Zongxu

振兴民族的希望在教育，振兴教育的希望在教师。教师教育的目的是保证向各级教育提供合格和高质量的师资。不管是20世纪80年代之前以培训观为主指导下的教师教育研究、20世纪80至90年代以学习观为主指导下的教师教育研究，还是此后至今以政策观为主指导下的教师教育研究，都离不开教师已有知识经验的积累与改造。为了提高我国教师的素质，促使教师主动积极地探究教育问题尤其是教师教育问题，我们组织编撰了《教师教育金钥匙丛书》奉献给广大的教育工作者。

自近代教育理论者和教师之间出现制度化的职能分工以来，教育研究一直是教育理论者的特权，教师的职责是在教育理论的指导下从事教育实践，教师实践和教育研究是相脱离的。然而，时代的发展要求打破教师实践和教育研究之间的隔阂，让教师也参与、从事教育研究。

本套丛书立足于当前我国教师和教师教育的现实，力图充分发挥教师在完善自身素质和教育研究中的积极性，着力挖掘教师在教学实践中宝贵经验和教师的教育研究成果，并将这些成果奉献给广大教育工作者，以便对他们的工作和学习有所启发。我们认为，作为教师，必须懂得教育心理学的有关知识，了解学生身心发展的规律，而且有必要使每一位教师都懂得教育心理学的经典理论并在教育实践中充分地加以运用，因此我们将《教育心理学的经典理论及其运用》列入该丛书。教育的发展离不开对课程的不断改革，新课程改革对教师提出了更高的要求，要求教师必须在理解国家教材的基础上参与地方教材

丛书总序

尤其是校本教材的开发；新的课程标准也要求学生采用自主、合作、探究的方式学习，培养学生的研究力就成为每一位教师的职责。为此，亟需培养大批研究型教师，并提高现有教师的研究能力，使教师在理论上懂得教学研究的历史、现状、价值、方法及未来的发展，因此，在偏"学"的方面，我们辑入了《教学研究概论》一书；同时为了让第一线的教师尤其是中小学教师掌握教学研究的技能技巧，在偏"术"的方面，我们辑入了《教研活动概论》一书。要搞好教育教学，辅导员和班主任是师资队伍必不可少的组成部分，为此我们辑入了《高校辅导员工作的理论与实践》和《中小学班主任培训理论与实践》两本书。我国教师在对学生进行教育时大多采用班集体的形式，班级理论直接影响着教育教学质量的提高。因此，教师应该懂得班级理论并能加以实施，为此，我们辑入了《班级教育与班级管理》一书。

在此，我谨向多年来一直关心我国教育的发展、已九十多高龄的恩师戴续威先生表示由衷的敬意，他一直教导我们重视教师教育的研究工作，关注我国教育的发展，多次谋划编撰教师教育丛书，这次欣然同意担任本丛书顾问。

整套丛书的撰稿者都是长期从事教育实践工作又对教育理论有理性思考的教育工作者，这增强了本套丛书理论性与应用性兼顾的特点。在此，我向本丛书的撰稿者表示衷心的感谢，是他们在教学之余牺牲了大量休息时间撰写书稿，否则本丛书是难以面世的！

感谢北京大学出版社职业教育编辑部主任姚成龙编审的厚爱，是他把组织丛书这艰巨的任务交予我负责，并由北京大学出版社出版！

作为遭受汶川大地震有幸活下来的我们，更感到生命的可贵，更感到应该发挥教师在国家建设中的巨大作用。希望这套丛书能为我国教师教育的发展尽绵薄之力。囿于主编的能力，本套丛书定有不完善甚至谬误之处，恳请读者不吝指正为盼。

杜学元
2008年盛夏于西华师范大学淑勤斋

前言

20世纪80年代以来，全球化现象日益凸显，伴随着资本、技术、人员等生产要素以空前的速度和规模在全球范围内的流动，西方生产方式、管理模式迅猛拓展，这一浪潮冲击着我国的主流意识形态，加剧了中西方文化的冲突，对我国当代大学生的世界观、价值观、人生观产生了一定程度的影响。随着对外开放的不断扩大，社会主义市场经济的深入发展，我国社会经济成分、组织形式、就业方式、利益关系和分配方式日益多样化，人们思想活动的独立性、选择性、多变性和差异性日益增强，这有利于大学生树立自强意识、创新意识、成才意识、创业意识，但是同时也带来一些不容忽视的负面影响。一些大学生不同程度地存在政治信仰迷茫、理想信念模糊、价值取向扭曲、诚信意识淡薄、社会责任感缺乏、艰苦奋斗精神淡化、团结协作观念较差、心理素质欠佳等问题。从高等教育发展来看，1999年以来的高校扩招宣告着我国高校走出象牙塔时代，实现了高等教育从精英化向大众化的转变。大众化不仅仅指学生数量上的改变，更是办学宗旨、教育目的、办学机制、招生就业制度、教学内容、组织形式，以及师资力量等方面的改革。后勤社会化的推进，影响着学生的教育、管理、生活方式；学分制的逐步推行，使得学生群体的组织形式发生很大变化，班集体呈现半流动状态，而学生生活园区则相对固定，这些都增加了高校学生工作的复杂程度。

教育的核心目标与最终目标是培养人，是促进人的全面可持续发展。大学生是国家的未来，民族的希望，大学阶段是大学生世界观、人生观、价值观形成的关键时期，大学教育对个体而言具有决定人生

前　言

的重要作用，进而影响国家发展，因此，加强和改进大学生教育，提高他们的综合素质，把他们培养成具有中国特色的社会主义事业的建设者和接班人，对于全面实施科教兴国和人才强国战略，确保我国在激烈的国际竞争中始终立于不败之地，确保实现全面建设小康社会、加快推进社会主义现代化的宏伟目标，确保中国特色社会主义事业兴旺发达、后继有人，具有重大而深远的战略意义。

高校辅导员是大学生思想政治教育的骨干力量，是大学生人生发展的导航者、学习成才的指导者、心理健康的辅导者、学生权益的维护者，在促进大学生全面成才、培养社会主义事业合格建设者和接班人、维护高校稳定方面肩负着重要职责。高校辅导员制度设立五十多年来，在开展思想政治教育、维护教学秩序、促进大学生发展等方面发挥了不可替代的作用，其理论研究、实践经验也得到了不断丰富和充实。但是，随着国内外形势的变化，我国改革开放和社会主义市场经济的不断推进，高等教育改革和高校辅导员工作环境、工作对象、工作方式的变化，使高校辅导员工作面临着全新的课题与任务，工作内容从单纯的思想政治工作、学生日常管理等传统性工作，拓展出了心理咨询、职业指导等新职责。这些对高校辅导员的素质提出了新要求，将不断推动着高校辅导员队伍向专业化、职业化方向发展。

目录 Contents

丛书总序 ··· 1
前言 ··· 1

上 篇

第一章 我国高校辅导员制度的产生和历史发展进程 ················ 3
  第一节 我国高校辅导员制度的发展历程 ···························· 5
    一、我国高校辅导员制度的萌芽阶段（1949年以前）········· 5
    二、我国高校辅导员制度的初创及确立阶段（1949—1965年）···· 6
    三、我国高校辅导员制度的恢复和发展阶段（1977—2000年）···· 7
    四、我国高校辅导员制度的完善与成熟阶段（2000年至今）···· 10
  第二节 我国高校辅导员队伍建设的特点 ···························· 15
    一、辅导员队伍建设随着国内外政治、经济、文化的发展变化而变化 ···· 15
    二、辅导员队伍的工作内涵不断发展和丰富 ···················· 15
    三、辅导员的地位和待遇不断提高 ································ 15

第二章 西方发达国家高校学生事务管理工作的发展 ················ 17
  第一节 英国高校学生事务管理工作的发展 ······················· 19
    一、英国高校学生事务管理工作的发展 ························· 19
    二、英国高校学生事务管理体制和模式 ························· 23
    三、英国高校学生事务管理工作的特点 ························· 26
    四、英国高校学生事务管理工作队伍建设的特点 ············· 29
  第二节 美国高校学生事务管理工作的形成和发展 ··············· 30
    一、美国高校学生事务管理工作的建立与发展 ················ 31
    二、美国高校学生事务管理体制 ··································· 36
    三、美国高校学生事务管理的特点 ································ 37
    四、美国高校学生事务管理工作队伍建设的特点 ············· 43

第三节　中西方高校学生工作比较及其启示 ……………………… 45
　　　一、中英高校学生工作之比较 ……………………………… 46
　　　二、中美高校学生工作之比较 ……………………………… 49
　　　三、英美高校学生工作的启示 ……………………………… 54
第三章　高校辅导员的角色定位 ………………………………………… 57
　　第一节　角色定位概述 …………………………………………… 59
　　　一、角色的概念 ……………………………………………… 59
　　　二、我国高校辅导员角色的嬗变 …………………………… 60
　　　三、新时期对高校辅导员的角色期望 ……………………… 62
　　　四、高校辅导员的角色定位 ………………………………… 67
　　第二节　高校辅导员的角色扮演 ………………………………… 68
　　　一、大学生思想政治教育的引领者 ………………………… 68
　　　二、大学生学业发展的引导者 ……………………………… 69
　　　三、大学生职业生涯规划的指导者 ………………………… 70
　　　四、身心健康发展的培育者 ………………………………… 71
　　　五、校园文化的创造者和促进者 …………………………… 72
　　　六、大学生社会化进程的引导者 …………………………… 73
第四章　高校辅导员专业素养研究 ……………………………………… 75
　　第一节　高校辅导员专业素养确立的政策依据 ………………… 77
　　　一、《关于进一步加强和改进大学生思想政治教育的意见》的素养要求 …… 78
　　　二、《关于加强高等学校辅导员、班主任队伍建设的意见》的素养要求 …… 78
　　　三、《普通高等学校辅导员队伍建设规定》的素养要求 ……………… 79
　　第二节　高校辅导员专业素养确立的理论依据 ………………… 80
　　　一、工作分析和社会角色概述 ……………………………… 80
　　　二、高校辅导员的工作职责 ………………………………… 80
　　　三、高校辅导员胜任本职工作的必备素养 ………………… 82
　　第三节　高校辅导员的专业素养 ………………………………… 82
　　　一、专业理想与教育理念 …………………………………… 83
　　　二、专业知识与技能 ………………………………………… 84
　　　三、专业道德与专业精神 …………………………………… 91

第五章　高校辅导员专业化、职业化问题研究 … 95
第一节　相关概念的概述 … 97
一、职业与专业 … 97
二、专业化与职业化 … 104
第二节　高校辅导员专业化与职业化 … 106
一、高校辅导员专业化 … 106
二、高校辅导员职业化 … 107
三、高校辅导员专业化与职业化的关系 … 109
四、高校辅导员专业化与职业化的内涵与外延 … 110
第三节　高校辅导员队伍专业化、职业化建设的必要性、重要性与可行性分析 … 112
一、高校辅导员队伍专业化、职业化建设的必要性 … 113
二、高校辅导员队伍专业化、职业化建设的重要性 … 117
三、高校辅导员队伍专业化、职业化建设的可行性 … 119
第四节　高校辅导员队伍专业化、职业化现状、问题与原因分析 … 122
一、高校辅导员队伍专业化、职业化现状及其问题 … 123
二、高校辅导员队伍专业化、职业化发展现状的制约因素 … 129
第五节　高校辅导员队伍专业化、职业化建设 … 139
一、高校辅导员队伍专业化、职业化建设的教育理念 … 140
二、高校辅导员队伍专业化、职业化建设的实施策略 … 146

下篇

第六章　高校辅导员工作效能的调查研究 … 207
第一节　高校辅导员工作效能概况 … 209
一、研究对象 … 209
二、研究工具 … 209
三、研究过程 … 210
四、研究结果 … 210
第二节　高校辅导员的工作效能差异 … 210
一、不同文化程度高校辅导员的工作效能差异 … 211

二、不同任职年限高校辅导员的工作效能差异 …………………… 213
　　三、不同职称高校辅导员的工作效能差异 ………………………… 215
第七章　高校辅导员对学生发展影响的调查研究 ……………………… 219
　第一节　高校辅导员对学生干部发展影响的调查研究 ……………… 221
　　一、研究对象 …………………………………………………………… 222
　　二、研究工具 …………………………………………………………… 222
　　三、研究过程 …………………………………………………………… 222
　　四、研究结果 …………………………………………………………… 223
　　五、分析与讨论 ………………………………………………………… 226
　第二节　高校辅导员对不同年级学生发展影响的调查研究 ………… 227
　　一、研究对象 …………………………………………………………… 228
　　二、研究工具 …………………………………………………………… 228
　　三、研究过程 …………………………………………………………… 228
　　四、研究结果 …………………………………………………………… 229
第八章　高校辅导员多重角色的演绎 …………………………………… 237
　　一、把人生发展的导航者角色摆在多重角色的首位 ……………… 239
　　二、提升了解学生的善察者角色在角色组合中
　　　　的显要地位 ……………………………………………………… 239
　　三、强化为人处世的楷模角色 ……………………………………… 240
　　四、充当大学生生活上的关怀者 …………………………………… 240
　　五、扮演大学生学业发展的引导者 ………………………………… 240
　　六、成为大学生身心健康发展的培育者 …………………………… 240
　　七、扮演学校与学生意见的沟通者、协调者 ……………………… 241
　　八、突破单纯思想政治教育者的角色 ……………………………… 241
　　九、逐步降低管理者角色在角色组合中
　　　　的显要位置 ……………………………………………………… 241
第九章　高校辅导员工作实践与大学生发展论述 ……………………… 243
　第一节　高校辅导员的教育理念 ………………………………………… 245
　　一、坚持人本化原则 …………………………………………………… 246
　　二、坚持"价值参与"原则 …………………………………………… 247

  三、坚持系统性原则 …………………………………………………… 248
  四、坚持实践性原则 …………………………………………………… 248
  五、坚持开放性原则 …………………………………………………… 248
 第二节 高校辅导员与大学生思想政治教育 ………………………………… 249
  一、思想教育 …………………………………………………………… 249
  二、政治理论教育 ……………………………………………………… 250
  三、公民道德教育 ……………………………………………………… 250
 第三节 高校辅导员与大学生心理健康教育 ………………………………… 251
  一、大学生的心理特点 ………………………………………………… 251
  二、高校辅导员与大学生心理健康教育 ……………………………… 252
 大学生心理健康教育专题一：贫困大学生的心理健康教育 ……………… 258
 大学生心理健康教育专题二：大学生朋辈群体心理辅导 ………………… 263
 第四节 高校辅导员与大学生职业生涯辅导 ………………………………… 268
  一、大学生职业生涯辅导及其意义 …………………………………… 268
  二、大学生职业生涯规划与大学生职业生涯辅导现状 ……………… 270
  三、高校辅导员与大学生职业生涯辅导 ……………………………… 272
 第五节 高校辅导员与大学生学习辅导 ……………………………………… 284
  一、大学生学习辅导内容的选择 ……………………………………… 285
  二、大学生学习辅导的途径和方法选择 ……………………………… 287
 第六节 高校辅导员与大学生生活辅导 ……………………………………… 289
  一、科学、健康、文明生活方式的内涵 ……………………………… 289
  二、大学生科学、健康、文明生活方式的培养 ……………………… 290
第十章 高校辅导员工作与大学生发展的个案研究——青春涅槃 ………… 343

参考文献 ……………………………………………………………………………… 368

上 篇

Shangpian

第一章　我国高校辅导员制度的产生和历史发展进程

第一节 我国高校辅导员制度的发展历程

高校,是"高等学校"的缩写,是以实施高等教育为主要职能的机构。在我国分成普通高等学校和成人高等学校两类。前者包括大学、高等专科学校和高等职业学校,后者包括广播电视大学、职工高等学校、农民高等学校、管理干部学院、教育学院、独立函授学院和普通高等学校举办的函授部(学院、班)、夜大等。[①] 本书的"高校"指普通高等学校。

在我国,高校辅导员制度诞生于特定的历史时期,随着国内外政治形势的变化,社会主义精神文明建设的逐步加强,高等教育事业的不断发展,高校人才培养要求的提高,高校辅导员的工作性质、地位、功能、作用及其要求不断变化,高校辅导员一词也历经了政治指导员—政治辅导员—辅导员的历史演变过程。因而,我们有必要理清高校辅导员职业的发展历程,以明确高校辅导员制度的未来发展趋势。

一、我国高校辅导员制度的萌芽阶段(1949 年以前)

我国高校辅导员制度源于中国共产党领导下的革命军队建设,高校辅导员最初叫政治指导员。1933 年,党在江西瑞金创办了第一所由中共中央直接领导的军事院校——中国工农红军大学,该大学创办之初主要为军队培养军事干部。因形势所需,1936 年,中国工农红军开始两万五千里长征,中国工农红军大学随之迁至陕北瓦窑堡,并改名为"抗日红军大学";1937 年又迁至延安,更名为"中国人民抗日军事政治大学",简称"抗日军政大学"。学校设有政治部、训练部、校务部。政治部下设组织、宣传、训育、秘书四科,负责党的思想政治教育工作。[②] 抗日军政大学的办学指导思想是"培养具有高度政治觉悟、高度军事技术和指挥艺术,以及模范的铁的纪律,艰苦奋斗、英勇牺牲、顽强制胜的战斗作

---

① 中国大百科全书编委会.中国大百科全书.教育卷[M].北京:中国大百科全书出版社,1995.
② 李材栋.中国教育管理制度史[M].南昌:江西教育出版社,1996:723.

风"。① 为了适应当时革命战争的需要,学校的组织机构采用部队编制,对学生实行军事化管理。学生编成若干大队,大队配备政治委员;大队下设若干支队,支队配备政治协理员;支队下设若干中队,中队配备政治指导员。这就是高校辅导员制度的萌芽——政治指导员制度。政治指导员全面负责基层中队学员的思想、学习和生活等工作,是学校领导对学员开展教育和教学工作的得力助手。

二、我国高校辅导员制度的初创及确立阶段(1949—1965年)

新中国成立初期,为适应社会主义革命与建设对人才的迫切需求,在继承根据地办教育的优良传统以及借鉴苏联社会主义教育经验的基础之上,结合当时国际国内形势,于1950年颁布了具有法规性质的文件——《高等学校暂行规定》,对学生进行革命的思想政治教育被列为高等学校任务的首要条款。高校学生政治辅导员制度由此初见端倪,政治辅导员主要负责对学生进行思想政治教育,加强思想政治工作。

经过三年的调整与恢复,高校各项工作逐渐步入正轨。1951年10月,教育部发出《关于加强对学校思想政治教育的领导》的指示。同年11月,国务院在《关于全国工学院调整方案的报告》中要求"各工学院有准备地试行政治辅导员制度,设立专人担任各级政治辅导员,主持政治学习、思想改造工作"。② 1952年10月,教育部颁发《关于在高等学校有重点的试行政治工作制度的指示》,其中提到:"为加强政治领导,改进思想政治教育工作,全国高等学校应有准备地建立政治辅导员制度",并规定"要在高等学校设立政治工作机构——政治辅导处,随时掌握教职工和学生的政治思想情况等"。为加强对高等教育事业的领导,党抽调了部分经过革命战争锻炼、有一定文化基础的同志主持高等学校党委工作,开展学校的思想政治工作。当时的学生思想政治工作,是在党委领导和团委具体指导下进行。"政治辅导处的工作人员实际上就是政治辅导员,他们是在学校党委领导下服务于最基层的思想政治工作者。"③ 这标志着我国高校政治辅导员制度的正式确立。为响应国家号召,1953年,清华大学校长蒋南翔创造性地

---

① 陈元辉.老解放区教育资料(一)[C].北京:教育科学出版社,1981:189.
② 教育部.中央人民政府教育部关于全国工学院调整方案的报告[N].人民日报,1952-04-16.
③ 文建龙.我国高校政治辅导员制度的缘起及演变轨迹[J].上海青年管理干部学院学报,2003(2):10—13.

提出了政治辅导员制度，最早在大学设立了学生政治辅导员，提出了"双肩挑"的学生政治辅导员工作模式。此后其他高校相继模仿清华模式，纷纷设立政治辅导员，这一制度很快在全国得以推广。

1961年9月，教育部出台《教育部直属高等学校暂行工作条例（草案）》（简称"高教六十条"）。该条例明确指出："为了加强思想政治工作，在一、二年级设政治辅导员或者班主任，从专职的党政干部、政治理论课教师和其他青年教师中挑选有一定政治工作经验的人担任。同时，要逐步培养和配备一批专职的政治辅导员。"① 这是中共中央第一次正式提出要在高等学校设置专职政治辅导员，进一步明确了高校政治辅导员的作用。1964年6月，中共中央批准高等教育部党组《关于加强高等学校政治工作和建设政治工作机构试点问题的报告》，要求在高等教育部和直属高等学校设立政治部，确定北京大学、清华大学为试点学校，同时提出在两、三年内配齐班级的专职政治工作干部（政治辅导员），其编制为1∶100的比例。1965年颁发了《关于政治辅导员工作条例》，以法规的形式对政治辅导员工作的性质、任务、要求等做出了规定。根据文件的精神，到1966年，我国高校基本建立了政治辅导员队伍，这标志着我国高校辅导员制度已经有了初步发展。

政治辅导员制度是模仿军队政治指导员制度创立的，它是社会主义国家的创新。在辅导员制度的初创及确立阶段，政治辅导员主要是为加强党对高校的绝对领导而设立，以思想政治教育为主，为新中国社会主义事业的发展培养政治合格的人才。这一时期的政治辅导员具有重政治、轻业务的特点，他们一般由品学兼优，又有一定组织能力的高年级学生担任。这部分学生在求学期间能够参与学校管理，有很高的工作热情。他们定期组织学生进行政治学习，管理学生事务，维护国家和政权的稳定是他们的首要职责。

三、我国高校辅导员制度的恢复和发展阶段（1977—2000年）

1966年，"文化大革命"开始，高等学校受到了严重破坏，高校许多政治辅导员遭到批判和打击，身心受到严重摧残，思想政治教育工作也成了夺权和整人的工具，其功能名存实亡，政治辅导员制度全面瘫痪。

---

① 陈立民.高校辅导员理论与实务[M].北京:中国言实出版社,2006:8.

粉碎"四人帮"以后，我国经过拨乱反正，确立了"解放思想、事实求是"的思想路线，进入了新的历史时期，辅导员制度得以恢复。1978年4月，全国教育工作会议在北京召开并出台了《全国普通高等学校暂行工作条例》。条例明确规定，为了加强对学生的思想政治工作，必须建立一支学生思想政治工作队伍，在一、二年级设立政治辅导员，由此恢复了高校政治辅导员工作制度。1980年4月，教育部、团中央《关于加强高等学校学生思想政治工作的意见》指出，各校要根据具体情况建立政治辅导员或班主任制度。政治辅导员和班主任应从政治和业务好的毕业生中选留或从教师中选任，他们既做思想政治工作，又坚持业务学习，有的还担负部分教学任务。并且要求学校领导从政治上和业务上关心辅导员或班主任的成长，帮助他们落实政治学习和业务进修计划，对其职称评定和福利待遇问题也做了相应规定。1981年7月，教育部在《高等学校学生思想政治工作暂行规定》中进一步指出，要选拔政治觉悟高、作风好，具有一定思想理论水平、政治工作能力的具有大学文化程度的干部、教师和高年级学生从事思想政治工作。在第一线从事学生思想政治工作的政治辅导员，可按1：120的比例配备。要把对学生进行思想政治教育的成绩列为教师考核晋级的一项重要内容。在教师兼任辅导员期间，要保证有一半左右的时间做学生思想政治工作，期满后给予一年左右的脱产进修时间。兼任班主任和辅导员的教师、干部，每月发放一定数量的地方岗位津贴。同时，对高年级或者研究生半脱产担任政治辅导员的人员也做了具体规定。这一文件主要是希望通过提高辅导员的待遇，明确其地位，并改善其在高校教师中的形象，使他们充满信心、充满热情地工作。1983年，教育部回顾了新中国成立以来的学生思想政治工作，肯定工作成果的同时对思想政治工作提出了更高的要求。考虑到我国思想政治教育工作者存在数量不足、思想不稳、后继乏人、思想和业务水平不能适应形势发展需要的情况，教育部采取了加强思想政治队伍建设的措施：在高等学校设置思想政治教育专业，采取正规化的方法培养大专生、本科生、第二学位和研究生等各种思想政治工作专门人才。1984年，开始在南开大学等12所大学招收本科生，在清华大学等7所院校招收第二学位学生，培养思想政治工作专门人才。1986年国家教育委员会下发的《关于加强高等学校思想政治工作的决定》指出："从高等学校长远建设出发，要培养和造就一批思想政治教育的专家、教授和理论家。除了积极提高现有人员的水平外，要抓紧选拔培养新的人才。今后选拔专职思想政治工作人员，应当选拔那些政治品质好，有较高的马克思主义理论和政策水平、较广博的科学文化知识、较强的组织活动能力的人。因此,一定要舍得将一些优秀教师、品学兼优的大学毕业生和研究生选拔到思想政治工作队伍中来。"该文件对政治辅导员的选拔、培养、使用和今后的发展方向做出了明确的规定,具有长远的指导意义。同年,国家教育委员会还下发了《关于选配品学兼优的应届毕业生充实高等学校思想政治教育工作队伍的通知》和《在高校学生思想政治教育专职人员中聘任教师职务的实施意见》,拓展了思想政治教育工作队伍的来源。1987年5月,中共中央在《关于改进和加强高等学校思想政治工作的决定》中对高校思想政治工作进行了较全面的分析,要求从内容、形式和方法入手整合并改进思想政治教育工作与德育工作,明确"高等学校的思想政治工作队伍应由精干的专职人员与较多的兼职人员组成",其中"从事学生思想政治工作的专职人员,是教师队伍的组成部分,应列入教师编制,实行教师职务聘任制","兼职人员从事思想政治工作的成绩应作为表扬奖励和晋升职务的重要依据之一,在他们工作一段时间后,还要酌情给予一定的脱产进修时间",等等,这些政策无疑使高校辅导员的待遇有了很大改善,也为辅导员队伍的长远发展提供了有力保障。

党的十三届四中全会之后,党中央总结苏联解体、东欧剧变的教训,加强了对大学生思想政治教育工作的领导,对辅导员队伍建设的重视程度不断加强。1990年至1993年,国家先后下发了《关于加强高校党的建设的若干意见》、《关于新形势下加强和改进高等学校党的建设和思想政治工作的若干意见》和《中国教育改革和发展纲要》等文件,进一步明确了加强和改进高校党的领导和思想政治教育工作的指导思想。1994年至1999年,国家又先后下发了《中共中央关于进一步加强和改进学校德育工作的若干意见》、《中国高等学校德育大纲》和《中共中央关于加强和改进思想政治工作的若干意见》等文件,对巩固完善相关制度,切实解决辅导员队伍的选拔配备、培养进修、专业职务评聘和表彰奖励等问题提出了指导性意见。如《中国高等学校德育大纲》提出"学校应当采取有效措施切实加强辅导员队伍建设,努力培养和造就一批思想政治教育的专家和教授,并要求专职政工人员与学生的比例大体掌握在1:120~150,规模较小的学校应视情况酌情提高比例";《中共中央关于加强和改进思想政治工作的若干意见》强调,"按照提高素质、优化结构、相对稳定的要求,建设一支政治强、业务精、作风正的思想政治工作队伍,对思想政治工作者要注意关心和培养,帮助他们提高思想政治素质和业务能力,对做出突出成绩的要给予表彰和奖励"。在此期间,一些高校从教师和品学兼优的党员研究生、高年级大学生中选拔配备班主任、辅导员或导师，一些有条件的高校采取了保送研究生或研究生保留学籍的形式加强辅导员队伍建设，在加强学生思想政治教育工作和辅导员队伍建设方面都取得了一些显著的成果。

在辅导员制度的恢复和发展阶段，我国将思想政治教育的专职人员和辅导员队伍建设作为重点。由此，高校辅导员队伍逐渐壮大，其制度也逐步建立和完善。

四、我国高校辅导员制度的完善与成熟阶段（2000年至今）

随着社会主义市场经济的不断发展，中国进入全面建设具有中国特色社会主义社会的发展新阶段。高校扩招、后勤社会化、网络技术迅猛发展、学分制逐步推行、毕业生就业压力增大等新情况的出现加大了学生工作的难度，辅导员队伍建设面临严峻考验。为此，党和国家制定了一系列政策文件，加强大学生思想政治教育工作和高校辅导员队伍建设。

2000年7月，教育部颁发了《关于进一步加强高等学校学生思想政治工作队伍建设的若干意见》，重申了学生思想政治工作队伍建设的重要性和紧迫性，并对队伍建设提出了指导性意见。第一，采取切实措施，建设一支精干、高素质的学生思想政治工作队伍。"坚持德才兼备的原则和专兼结合的原则，选拔政治素质和思想作风好，学历层次高，具有较强组织管理能力，善于做群众工作的教师或高年级党员学生担任思想政治工作人员。""高等学校学生思想政治工作人员包括专职人员和兼职人员，专职学生思想政治工作人员系学校专职从事和负责学生思想政治教育工作的人员，包括学校分管学生思想政治教育工作的党委副书记，学生工作部（处）从事学生思想政治教育工作的人员，院系党总支负责学生思想政治教育工作的副书记、团总支书记、学生政治辅导员等。专职学生思想政治工作人员应该承担"两课"或其他课程的教学及相关科研工作。兼职学生思想政治工作人员指从教师和品学兼优的党员研究生、高年级大学生中选拔配备的半脱产学生班主任、导师或学生政治辅导员。他们一边从事教学、科研工作或学习，一边从事学生思想政治工作。专职学生政治辅导员任期一般为4~5年，兼职学生政治辅导员的任期一般为2~4年。""专职学生思想政治工作人员按1:120~150的比例配备，高等学校可以在本校推荐免试研究生留作学生政治辅导员的人员。"第二，坚持选拔、使用、管理、培养、提高相结合的原则，精心培养，不断提高队伍的整体素质。"专职学生思想政治工作人员的培训，应以马克思主义理论和思想政治教育工作相关学科专业为主要内容，纳入高校师资培训规划，按专任教师培训同等待遇。""积极创造条件鼓励支持40岁以下具有大学本科学历的人员，在职攻读硕士、博士学位或进修有关课程，有目的、有计划地安排他们一定时间的脱产、半脱产或在职培训进修。""兼职学生思想政治工作人员上岗前和在岗时也应结合他们的特点和需要进行必要的岗位培训，积极创造条件使他们能够往各自原有的学科专业上不断发展。""鼓励和支持思想政治工作人员通过上下交流、岗位轮换、校外挂职锻炼等多种途径加强实践锻炼，定期或不定期地组织他们开展社会考察、社会调查等活动，开阔眼界，增加阅历，提高实际工作能力。"第三，制定并落实学生思想政治工作队伍建设的政策、措施，从制度上解决好专职思想政治工作人员的职务和待遇等问题。第四，各地教育工作部门、各高等学校要加强对辅导员队伍建设的领导，健全制度，严格要求，严格管理。"各高等学校要进一步建立健全和完善学生思想政治工作人员的管理考核制度，加强对学生思想政治工作人员的日常管理、严格考核，考核结果要与职务聘任、奖惩、晋级挂钩。"① 至此，高校辅导员队伍建设和管理在规范化、制度化方面跃上了一个新台阶。

　　随着我国改革开放进入攻坚阶段，宏观政治、经济、文化等社会环境和国际环境都发生了变化，高校思想政治工作也面临新的挑战。为了实施科教兴国、人才强国战略，培养具有中国特色社会主义的合格建设者和可靠接班人，努力实现中华民族的伟大复兴，2004年10月，中共中央16号文件《关于进一步加强和改进大学生思想政治教育的意见》全面指出了大学生思想政治教育的重要性和实施方法，并将"政治辅导员"的称谓改为"辅导员"。该文件明确指出："辅导员、班主任队伍是大学生思想政治教育工作队伍的主体，是大学生思想政治教育的骨干力量，辅导员按照党委的部署有针对性地开展思想政治教育活动，班主任负有在思想、学习和生活等方面指导学生的职责。""要求按照政治强、业务精、纪律严、作风正的要求，坚持专兼结合的原则，选拔思想政治教育工作者；加强思想政治教育学科建设，培养思想政治教育工作专门人才；选拔推荐思想政治教育骨干攻读思想政治教育相关专业的硕士、博士学位；组织参加社会实践、挂职锻

---

① 教育部.关于进一步加强高等学校学生思想政治工作队伍建设的若干意见(教党[2000]21号)[EB/OL].http://202.121.31.31/jwc/catalogue/catalogue/66.htm,2000-07-03.

炼、学习考察等活动，不断提高他们的工作能力和水平；建立完善激励和保障机制，解决好教师职务聘任问题，建立专项评优奖励制度。""采取有力措施，着力建设一支高水平的辅导员、班主任队伍。院（系）每个年级都要按适当比例配备一定数量的专职辅导员，每个班级都要配备一名兼职班主任，鼓励优秀教师兼任班主任工作，学校要从政治上、工作上、生活上关心他们，在政策和待遇方面给予适当倾斜。"① 这些文件的出台，充分说明高校辅导员制度正在适应时代发展，逐步走向完善。

2005年1月，教育部出台《关于加强和改进高等学校辅导员、班主任队伍建设的意见》，确立了选聘原则，明确了辅导员的培养、工作发展以及与学生的配备比。要求专职辅导员总体上按照1：200的比例配备，保证每个班级都要配备一名兼职班主任；必须坚持政治强、业务精、纪律严、作风正的标准，把德才兼备、乐于奉献、潜心教书育人、热爱大学生思想政治教育事业的人员选聘到辅导员、班主任队伍中来；专职辅导员原则上要从党员教师和党政干部中选聘，具备较强的组织管理能力、群众工作能力以及语言和文字表达能力；高等学校可以从本校免试推荐的硕士生、博士生中择优选聘专职辅导员。要求大力加强辅导员、班主任的培训工作，教育行政管理部门和高校要制订辅导员、班主任培训规划，建立分层次、多形式的培训体系，适时安排辅导员进行脱产、半脱产或在职培训进修，选拔优秀辅导员定向攻读学位。切实为辅导员、班主任工作和发展提供政策保障，解决好评聘教师职务问题和职称评定问题；统筹规划专职辅导员发展问题，鼓励和支持一批骨干攻读相关学位和业务进修，长期从事辅导员工作，向职业化、专家化方向发展。要求把专职辅导员队伍作为党政后备干部培养和选拔的重要来源，根据工作需要，向校内管理工作岗位输送或向地方组织部门推荐；完善评优奖励制度，将辅导员的岗位津贴纳入学校内部分配体系筹考虑，确保辅导员的实际收入与本校专任教师的平均收入水平相当；加强对辅导员队伍的管理，制定高等学校辅导员工作条例，进一步明确其工作职责和工作要求。

2006年4月，教育部在上海召开了新中国成立以来首次全国高校辅导员队伍建设工作会议，明确了辅导员的角色定位、工作职责和素质要求，明确了辅

---

① 教育部.关于进一步加强和改进大学生思想政治教育的意见[EB/OL].http://www.southcn.com/nflr/zhnegccz/zhangcbb/200411040685.htm,2004-10-15.

导员教师和干部的双重身份，还明确了辅导员晋升、待遇等具体问题。会议强调，将加强辅导员队伍建设作为一项具有长期性、基础性的重大任务，作为加强和改进大学生思想政治教育的关键措施来抓：一要健全制度，长远规划。要着眼于建立一套能有效解决队伍建设的突出问题，保证辅导员队伍建设不断推进的领导体制和工作机制。二要明确政策，保障有力。努力创造良好的政策环境、工作环境和生活环境，使辅导员工作有条件、干事有平台、发展有空间，真正做到政策留人、事业留人、感情留人。三要提高素质，开拓创新。要加强辅导员队伍的培训，鼓励专职辅导员成为思想教育、心理健康教育、职业生涯规划、学生事务管理等方面的专门人才。鼓励开拓创新，因地、因校制宜，创造性地开展工作。四要坚持全员育人、全过程育人、全方位育人。高校全体教师都应该以德施教、为人师表，并把思想政治工作贯穿到教育教学各个环节和各个方面。2006年9月，教育部下发《普通高等学校辅导员队伍建设规定》（教育部24号令），以法规的形式对辅导员的要求与职责、配备与选聘、培养与发展、考核与管理做出了明确的规定，成为全国高校辅导员队伍建设的纲领性文件，极大地促进了辅导员队伍建设，同时也标志着我国高校辅导员队伍建设已经逐步走向规范化、制度化的新时期。首先，对辅导员的身份给予了肯定，确认辅导员具有教师和行政管理干部的双重身份。规定指出"辅导员是高等学校教师队伍和管理队伍的重要组成部分，具有教师和干部的双重身份。辅导员是开展大学生思想政治教育工作的骨干力量，是高校学生日常思想政治教育和管理工作的组织者、实施者和指导者。辅导员应当努力成为学生的人生导师和健康成才的知心朋友"。其次，明确了辅导员工作的五项要求和八项职责，概括起来主要包括：理想信念教育和道德养成教育工作、心理健康教育引导工作、突发事件处理和校园安全稳定维护工作、经济困难学生资助解困工作、就业指导服务工作、校园文化建设和学生干部培养工作等。这是辅导员制度确立并实行以来首次全面、明确地界定辅导员工作职责的重要指导性文件。再次，重申并丰富发展了《关于加强和改进高等学校辅导员、班主任队伍建设的意见》中关于辅导员队伍的配备与选聘原则、培养与发展原则、管理与考核原则等内容。要求"高等学校总体上按师生比不低于1∶200的比例设置本专科一线专职辅导员岗位。辅导员的配备应以专职为主、专兼结合，每个院系的每个年级应当设专职辅导员,每个班级都要配备兼职班主任"。① 对辅导员队伍实行学校和院系的"双重管理",一方面,辅导员可以"双线晋升"教师专业职务和行政职务,另一方面,辅导员的待遇不低于专业教师的水平,这极大拓展了辅导员的发展空间。2006年7月,教育部制定与实施了《2006—2010年普通高等学校辅导员培训计划》,要求高校辅导员培训遵循"注重理论联系实际,突出专业特点;注重区分层次,力求科学施教;注重系统规划,保证培训质量;注重研究借鉴,创新培训机制"四大原则。明确培训目标为"以教育部举办的全国辅导员骨干示范培训为龙头,以辅导员培训和研修基地举办的培训为重点,以高校举办的系统培训为主体,与学习考察、学位进修、科学研究、研讨交流等多种形式相结合,构建分层次、多形式的培训体系。逐步建立辅导员持证上岗制度,2006年起参加工作的专职辅导员必须取得高等学校辅导员资格证书方能上岗。到2010年,完成辅导员的轮训工作,使辅导员队伍整体素质有明显提高,培养和造就1000名在思想政治教育方面有一定国内影响的专家"。明确八大主要任务:"建设分层递进的辅导员教育培训基地;建立科学规范的基地管理机制;合理规划基地的培训规模;重视精品教材和课程建设;建设高水平的师资队伍;实施高校辅导员继续攻读学位计划;设立一批高校辅导员出国研修项目;探索高校辅导员培训的多种形式。"明确提出"建立辅导员培训质量评估制度、保证辅导员培训经费的投入、切实加强组织领导"三项培训保障措施。② 这些文件的出台意味着辅导员职业得到了自上而下、从决策层到研究者与实践者的普遍关注,给高校辅导员工作带来了希望和动力,也为高校辅导员队伍建设和研究提供了有利的契机。

在高校辅导员制度的完善与成熟阶段,辅导员的工作职能逐步拓宽,辅导员的职责与角色也被赋予了新的要求和定位,辅导员工作重点逐渐从以前单纯的思想政治教育发展为思想政治育人、管理育人、服务育人以及教育育人。至此,我国高校辅导员制度进入高速发展时期,逐渐走向成熟。辅导员工作越来越被社会认可为一种职业,辅导员队伍专业化、职业化的呼声也越来越高。

---

① 教育部.普通高等学校辅导员队伍建设规定[EB/OL].http://www1.sxau.edu.cn/dwxcb/web/news/show_news.asp? news_id=210,2006-09-19.

② 教育部.2006—2010年普通高等学校辅导员培训计划[EB/OL].http://www.xuegong.cug.edu.cn/Article_Show.asp? ArticleID=1256,2006-09-19.

第二节 我国高校辅导员队伍建设的特点

回顾新中国成立以来我国高校辅导员队伍建设的发展历程，体现出如下特点。

一、辅导员队伍建设随着国内外政治、经济、文化的发展变化而变化

新中国成立至今，社会主义建设道路崎岖不平，高等教育事业起起伏伏。作为高等教育制度的一部分，辅导员制度的发展，无不与我国经济、文化特别是政治生活的发展紧密相联，每一个历程无不反映着社会的时代背景。

新中国成立初期，国家为巩固新生政权，特别强调政治。"文化大革命"期间，停课闹革命，出现"泛政治化"倾向。20世纪80年代强调以经济建设为中心，出现弱化政治的倾向。20世纪90年代之后经济生活的多样化导致了思想意识形态的多样化。到了21世纪，我国进入全面建设小康社会的时期，中央提出树立科学发展观，强调和谐发展。与这些历史时期的阶段性特征相对应，高校辅导员队伍建设也经历了不同的发展阶段。

二、辅导员队伍的工作内涵不断发展和丰富

社会主义建设初期，辅导员工作体现为以政治为本，主要服务于政治需要。20世纪80年代，辅导员工作更多以专业业务和技能为本，服务于学校教学科研的需要。20世纪90年代，伴随德育学科的发展和素质教育理念的提出，辅导员工作开始转变为服务于学生全面发展的需要。目前，辅导员队伍工作基本确立了以学生为本的工作理念，充分服务于学生，培养德智体美全面发展的社会主义事业的建设者和接班人。

三、辅导员的地位和待遇不断提高

20世纪五六十年代，辅导员没有明确的身份，也没有明确的福利和待遇。80年代初期，开始明确辅导员的身份："既是党的政治工作队伍的一部分，又是

师资队伍的一部分","担任教学的辅导员可以评聘教师职务,享受同等级别教师和干部的工资福利待遇",并首次规定"每月发放一定数量的岗位津贴"。80年代后期,再次明确"辅导员是教师队伍的组成部分","直接列入教师编制,实行教师职务聘任制"。90年代又有新的发展,"在评定专业技术职务、计算工作量和发放奖酬金等方面给予充分考虑"。21世纪,有关辅导员队伍建设的规定更加科学和合理,如辅导员职务评聘强调要占到"适当比例",对岗位津贴要"确保辅导员的实际收入与本校专任教师的平均收入相当"。

第二章 西方发达国家高校学生事务管理工作的发展

学生事务是典型美国式的用法和表达，是与学术事务相对而言的。一般认为，学术事务通常涉及学生学习、课程、课堂和认知发展等，而学生事务则涉及课外、学生活动、住宿生活、情感或个人问题等。在英国高等教育领域一般用学生支持、学生支持服务、学生服务等词语来表述相应概念，而我国一般使用学生工作。随着美国高等教育的发展及其对世界高等教育的深刻影响，学生事务这一概念逐步被广泛接受。所以，本章把西方高校学生事务管理和中国学生工作作为相同对象加以对比和研究。

西方发达国家高等学校学生事务管理经历了一个漫长的过程，逐步规范化、制度化、专业化和职业化，已经形成了比较成熟的体系，并成为高校事务的重要组成部分。就目前来说，西方国家高校学生事务管理的宗旨趋向于通过服务促进学生的全面发展，工作内容主要包括四个方面：一是辅导，如心理咨询、就业指导等；二是生活服务，如提供宿舍服务与管理、饮食服务等；三是经济资助，如补助金、奖学金管理和发放等；四是校园活动管理，如维持纪律、协调学生组织及其活动等。本章以英国和美国高校学生事务管理的演变和发展为例进行论述。

第一节　英国高校学生事务管理工作的发展

英国高校学生事务管理工作伴随着英国高等教育的产生而产生，并随着英国高等教育的发展而发展，其发展演变的历程是复杂的、非平衡的。这一发展演变的过程不仅反映出英国高等教育发展变化的客观需要，同时也是学生事务管理工作继承传统和不断创新的结果。以学生事务管理的主要模式与不同理念为标准，可以分为以下三个发展阶段。

一、英国高校学生事务管理工作的发展

（一）英国高校学生事务管理工作的萌芽阶段（12世纪初至20世纪60年代末）

自12世纪初牛津大学和剑桥大学创立开始，为高等教育的发展与繁荣作出了重要贡献。牛津大学、剑桥大学建校之初所确立的为学生提供支持服务的优良

传统和安排个人导师制度这一传统辅导模式,成为英国高等教育享有广泛社会声誉的重要特色。① 传统辅导模式也称牛津剑桥模式,是英国高等教育的传统,起源于道德的责任。其主要理念是牧师所给予的精神援助、道德责任,这既是教学不可分割的功能,又是具有强烈宗教色彩的中世纪大学特征的延续。学校为每一位新生指定一位导师,每位导师一般负责3~5位学生,导师负责指导学生的学业和品行。因为宗教统治着中世纪的教育,当时的大学教育完全与世俗文化相脱节。② 学院从入学考试、日常管理到课程设置都带有强烈的宗教色彩,导师对学生具有明确的道德教育、纪律监督与管理的责任,这种纪律监督具有强烈的宗教和道德寓意。导师扮演学生父母的角色,被委任为英国教会的牧师。这种传统为高校师生之间的关系提供了牧师精神关怀的个人辅导模式。这种传统直到20世纪70年代和80年代初英国高等教育进入大众化发展阶段才发生根本改变。

(二)英国高校学生事务管理工作的初步发展阶段(20世纪60年代末至90年代初)

20世纪60年代末至90年代初,英国高校学生事务管理工作体现为传统辅导模式和学生服务模式在"二元"体制下并行发展的阶段特征。在发展过程中,表现出两大鲜明的特点:一是学生事务在不同类型高校呈现截然不同的发展特征;二是学生事务的变革与高等教育"二元制"的形成、发展与终结密切相关。

第二次世界大战之后,英国适龄青少年上大学的比例远远落后于西方发达国家。为改变这一现状,1963年,英国政府发布了对英国高等教育产生深远影响的《罗宾斯报告》(Robins Report),提出了著名的罗宾斯原则,即应该为所有在能力和成绩方面合格的、愿意接受高等教育的人提供高等教育课程,并提出将接受高等教育的人数占相关年龄组的比例从8%增长到17%。该报告标志着英国高等教育开始由精英教育向大众化教育转变。随着高等教育大众化的发展,英国高校内部环境发生了重大变化,其突出表现为生师比例上升;随着成人学生、继续教育学生的增加,以及学生经济压力和国际交流的增加,学生的情况更加复杂;学生上学缴费和助学贷款政策的实施使学生事务管理工作变得更加复杂;学生对

---

① David Warner and David Palfreyman. Higher Education Management:the Key Elements. England:Open University Press.1996:166.

② 张泰金.英国的高等教育历史、现状[M].上海:上海外语教育出版社,1995:162.

辅导建议的质量和专业化的水平要求提高，学校要向对待顾客一样观察学生的需要和不满；教师的学术压力迫使他们把精力集中到研究成果上。[1] 上述内部环境的变化，使传统的学生事务管理模式面临新的形势与挑战。有关的调查研究表明，虽然高校普遍实行了个人导师制度，但是由于教师学术竞争的压力和学生的不愿意参与，其实际效果并不理想。[2] 学校迫切需要建立一种新的学生事务管理模式，于是各高校纷纷改革组织管理机构以适应内部环境的变化。

1966 年，英国教育和科学部颁布了《关于理工学院与其他学院的计划》（*A Plan for Polytechnic and Other Colleges*）白皮书，将高等教育分为"自治部门"和"公共部门"两部分。其中以大学为代表的"自治部门"可以获得中央政府的资助，具有学位授予权；以理工学院（Polytechnic）和教育学院为代表的"公共部门"归地方政府管理，经费由地方政府资助，自身没有学位授予权。[3] 这一计划标志着英国高等教育"二元制"的开始。这一制度的建立使得传统模式的个人导师制度在传统大学得以继续存在和发展。"牧师关怀的传统令人惊奇地抵制着历史的变化"，[4] 导致新的学生事务管理模式在传统大学缺乏萌芽、发展的土壤。而作为当地政府控制的"公共部门"，理工学院一直受困于财政与经济的压力。为了生存与发展，理工学院率先招收非传统学生，而这些学生需要特殊的支持与帮助。当许多传统大学继续为少数学生提供特殊的自由式的教育时，理工学院开始投入较大的财力与精力用于学生的职业辅导，并鼓励开设直接面向雇主的相关课程。另一种压力则来自于以增强学生支持与辅导为先决条件，改革基础课程单元结构的需要。出于上述原因，理工学院很快建立了学生服务部，为学生提供住宿服务、医疗服务、职业辅导和咨询服务。[5] 理工学院学生服务部的建立与传统大学个人导师制度的并行发展，成为英国学生事务管理"二元结构"形成的标志。

---

[1] Clare Shearn. A new student support and guidance system fit for the 21st century. Perspective on Personal Tutoring in Mass Higher Education：Supporting Diverse Students—the first national conference on Personal Tutoring，University of West Minster. 26 May 2005. http://www.heacademy.ac.uk/misc/ClareShearn.rtf. 2007—03—16.

[2] Eileen Trotter. Personal Tutoring：Policy Reality of Practice. http://www.ece.salford.ac.uk/proceedings/papers/et2_04.rtf,2007—03—16.

[3] 陈厚丰.英国高等教育双重制分层政策案例分析[J].比较教育研究,2006(7):47—51.

[4] Earwaker.J. Helping and Supporting Students：Rethinking the Issues. England：Open University Press,1992:104.

[5] 同上。

(三) 英国高校学生事务管理工作的专业化发展阶段 (20 世纪 90 年代初至今)

经过二十多年的发展,英国高等教育发生了重大变化。1991 年,英国议会和下议院颁布了《高等教育:一个新框架》(Higher Education: A New Framework),建议废除高等教育"二元制",建立一个单一的高等教育框架。1992 年,议会通过了《继续教育和高等教育法》(The Further and Higher Education Act),建议成立"高等教育基金委员会法人团体"。根据这两个法案,英国政府同意将 34 所理工学院以及部分其他学院改称为大学,具有和传统大学相同的地位与权利,英国高等教育从而完成了从"二元制"到"一元制"的新融合。[①] 与此同时,政府通过将学生人数和财政拨款直接挂钩,使得学生在许多方面得到像顾客一样的重视。1993 年,英国教育部门颁布了《学生宪章》,学生被赋予顾客的角色,并享有被学校提供服务的权利,这使得学校对学生的态度发生了根本变化。《学生宪章》规定:学生享有从导师、职业辅导师、咨询师那里获得良好指导的权利;开学之初,学校应让新生熟悉心理咨询、医疗帮助、安全安排、职业辅导等服务的途径和场所;大学应制定平等教育的政策;大学应提供学校住宿的内容说明或小册子;大学应为残疾人和学习困难学生解释服务的政策。[②]《学生宪章》的颁布不仅规定了学生应该享有的基本权利,改变了学生在学校的地位,也促进了高等学校更新教育观念,在更大范围、更大程度上推进了学生事务管理工作专业化的发展。

在这一阶段,具有精英教育传统的大学,在继承家长式的牧师关怀传统的同时,也纷纷发展专业化的学生事务管理模式。而 20 世纪 90 年代新成立的几所理工学院不仅建立了学生服务部门,也发展了个人导师体系。传统辅导模式和学生服务模式在同一学校内合作互补的学生事务管理模式成为这一时期的典型特征。虽然这容易造成两者之间职责不清、关系紧张,但高校通过一些辅助性的规定,使它们实现了相互补充与合作的目的。

---

① 张建新,陈学飞. 从二元制到一元制——英国高等教育体制变迁的动因分析[J]. 北京大学教育评论,2005(7):80−88.

② David Warner and David Palfreyman. Higher Education Management: the Key Elements. England: Open University Press. 1996:170.

二、英国高校学生事务管理体制和模式

(一) 英国高校学生事务管理体制

英国高校在自身的发展过程中,注意吸收和借鉴世界各国发展高等教育的经验,形成了自身的办学理念、治理结构和管理模式,建立了分工明确、职责清晰的较为完整的学生事务管理组织体系。英国高校学生事务管理可以概括为学生事务工作主体集中在学校,学院以个人导师制为必要补充,全国行业协会提供信息与资源的支持。在学校一级,校务委员会(Council)和学术评议会(Senate)一般设立与学生事务有关的委员会,负责就学生事务的政策和战略向校务委员会和学术评议会提出建议,代表校务委员会和学术评议会监督政策与战略的实施,成员包括校长、副校长、学校有关部门负责人、牧师代表、学生代表,其职能部门为学生事务机构,面向全校学生开展工作,提供服务。

在院系一级,院长(系主任)负责学生事务,并为每个学生安排一个导师(Tutor),有的院系在学生个人导师之外,还设有高级导师,负责对全系学生进行指导帮助。导师的主要责任是为学生的专业学习和与学业相关的其他事项如生涯规划提供帮助、作为学生与学校之间的沟通桥梁。由于学校层面的各种服务无法涉及每个学生具体的学业状况,因此导师制是学生事务的重要组成部分。院系也指定专人负责学生事务的具体方面,如职业发展、心理咨询等,它们与学校相关的学生事务机构保持联系。但学校学生事务机构与院系只是合作关系,不具有领导与被领导的关系。在院系一级没有专职人员和专设机构负责学生事务,所有人员都是兼职的。

在英国高校学生事务管理体系中,另一个重要组成部分是全国各种行业协会组织和非政府组织,如英国高校招生委员会、学生贷款公司等中间机构。它们是随着英国高等教育规模的不断扩大和专业化程度的日益提高而出现的,对于高等教育的正常运转起到了重要作用。英国高校招生委员会是与教育部没有行政隶属和经济关系的民间组织,负责管理英国全国的本科生招生工作,为所有申请入学的学生和高校提供信息和咨询服务,收取学生的申请费和学校的录取费;学生贷款公司为高校学生提供贷款服务,学生可以直接向贷款公司申请贷款,高校只负责确认学生的申请资格,贷款的咨询、发放、管理和回收均由贷款公司负责。[①]

---

① 吴惠,汪庆华.英国高校学生事务管理考察及启示[J].思想教育研究,2008(10):52.

（二）英国高校学生事务管理模式

在英国，学生事务管理没有一个被广泛接受的模式，也没有服务范围的规定。一般来说，住宿、职业指导、心理咨询、健康关怀、经济资助和残疾人服务已确认为学生事务的核心内容。对一个具体学校而言，学生事务管理人员的一个基本任务就是确定学生服务的范围；另一个重要任务是整合学校各个部门的学生服务，建立统一的学生服务体系。① 由于英国高校在历史传统、发展战略、办学结构、学校规模等方面存在一定差异，学生事务管理模式在高校间也有所不同。从总体上讲，学生事务管理模式主要有被动反应模式、有限联系模式、主动服务模式、积极应变模式等四种典型模式。②

1. 被动反应模式

这一模式是指学生事务服务部门与学校其他部门并列存在，各自独立行使功能，互动较少。其工作特点是学生事务工作人员等待学生和员工提交服务需求，然后才有针对性地开展工作（如图 2-1 所示）。

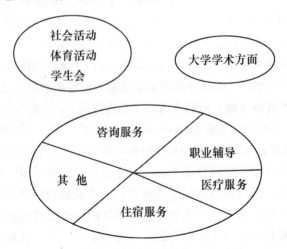

图 2-1　被动反应模式

（资料来源：参见 David Warner and David Palfreyman. Higher Education Management: the Key Elements. England: Open University Press. 1996: 174.）

---

① David Warner and David Palfreyman. Higher Education Management: the Key Elements. England: Open University Press. 1996: 172—173.
② 李永山. 英国高校学生事务专业化发展及其启示[J]. 高教探索，2008(5): 68.

2. 有限联系模式

这一模式允许学生事务服务部门与学校其他部门相互作用，特别是与学生会和学生纪律部门，但是与学校的教学、学生的学习和知识进步等主要行为却没有建立直接的联系（如图 2-2 所示）。

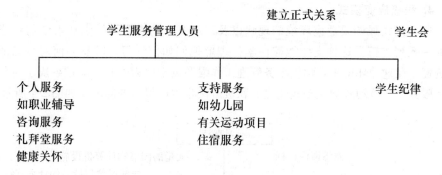

图 2-2　有限联系模式

（资料来源：参见 David Warner and David Palfreyman. Higher Education Management：the Key Elements. England：Open University Press. 1996：174.）

3. 主动服务模式

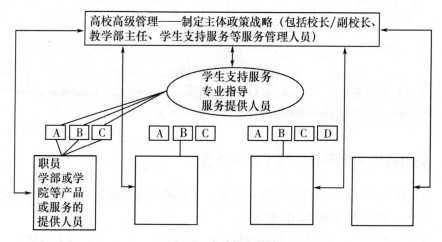

图 2-3　主动服务模式

（资料来源：参见 David Warner and David Palfreyman. Higher Education Management：the Key Elements. England：Open University Press. 1996：175.）

这一模式从更广泛的视角主动地为学生提供服务。学校通过开展员工专业化的培训和为学生提供专业化的服务，致力于解决大学生活规划、高等教育的教与学、处理高中到大学的转变、平等教育机会、吸毒与酗酒、学生住宿生活等问题（如图 2-3 所示）。

4. 积极应变模式

这一模式强调要适应环境的现状以及不断变化的需要和学生从入学前到毕业后的一系列支持。这种支持能够使学生理解他们如何学习，以及如何对自己的学习负责。在这种环境中，学生事务管理工作强调以学生为中心，注重解决学生的问题，服务也从被动式向主动式转变，积极解决学生所提出的问题（如图 2-4 所示）。

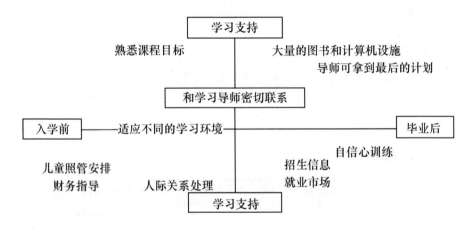

图 2-4　积极应变模式

（资料来源：参见 David Warner and David Palfreyman. Higher Education Management：the Key Elements. England：Open University Press. 1996：176.）

三、英国高校学生事务管理工作的特点

在高校学生事务管理工作的发展过程中，英国形成了独具特色的工作特点。

（一）以人为本的工作理念

英国高校学生事务管理工作倡导以学生为中心的理念，有效地为引导促进学生的学习和个人发展服务。以人为本的工作理念首先体现为以尊重和服务学生为工作前提，具体表现为尊重学生的差异性，尊重学生的多元化需求及多元化的价

值观，以学生的需要为依据来确定服务的内容和形式，力求加强工作的针对性，提高服务质量。尊重学生的各种需要，包括学业发展、生涯发展、财务管理、能力培训等各个方面，并提供各个方面的服务，让学生健康、快乐地学习和生活并取得学业和事业方面的成功。在实际工作中，尊重学生的需要体现在学生事务工作的各个方面：学生有获得经济支持的需要，学校则开展各项资助工作，提供大量的兼职工作信息；学生有获得专业学习成功的需要，学校则提供个人导师与学业指导；学生有参与学校管理、维护学生权利的需要，学校的各级委员会都会设立学生代表席位；学生有成功就业的需要，学校则提供多样的就业能力培养与信息的服务；残疾学生有获得平等受教育权利的需要，学校则设置各项方便设施为其提供支持。可以说，各项学生事务工作的开展都源于学生的需要，以学生的发展为工作目标。尊重还体现在各项服务都非常重视学生的反馈与评价。无论是生涯指导中心还是心理咨询中心，都会及时调查学生对其服务的满意度，将学生的意见作为改进工作的重要依据。体现在对学生个人信息严格的保密。无论是学生的健康状况还是处分决定，未经学生本人同意，任何人无权公开，以免给学生的身心健康带来不良影响。体现在视学生为有能力面对自己问题的成年人。学校提供的各类服务基本上都是欢迎学生前来寻求帮助而不主动干预学生的生活。以发放困难奖学金为例，学校会用各种方式宣传申请的方式，但如果学生不申请则一定不会考虑。学校相信，学生有能力做出判断是否需要帮助，也有责任主动寻求帮助。

其次，把发挥学生的主体作用作为学生事务工作的重点和关键。学生事务部门把学生视为独立的个体，充分尊重学生独立的人格、个性和权益，将学生视为有效开展学生事务工作的重要合作者或伙伴，确信学生自我教育在自我培养能力素质中的重要性。因此，学生事务部门会通过组织各种活动、会议等途径及时了解学生对其所提供服务的满意度，并将学生意见作为改进工作的重要依据。许多学校章程明确规定，在学校领导管理机构（如理事会、校务委员会、学术评议会及其他一些委员会）中都设立学生代表席位，以保证学生在学校领导决策机构中的权益，从而在保障学生的权利方面发挥实质性的积极作用。

（二）灵活的工作方式，现代化的服务手段

学生构成和价值观念的多元化，课程类型的多样化，使高校难以实现对学生从教室、图书馆到饭堂、宿舍的统一管理，也难以经常性地开展统一的、大规模的课外活动，因此，灵活多样的工作方式就成为学生事务管理的最佳选择。学生事务部门为学生提供个体咨询、小组咨询，定期举办研讨会、工作室、讲座，学生可以根据自己的需要和兴趣自愿参加。学生事务部门一般建有小型的图书资料室，而且备有大量的免费文字资料供学生随时取阅，内容涉及学生事务的方方面面。

英国高校学生事务部门现代化的服务手段也是值得称道的。学生工作手段的现代化是生产力高度发展的必然结果，电脑等高新技术已在学校、学生工作中得到普遍使用，形成了设施完整、反馈及时的信息网络，大大提高了学生工作的效率。如学生事务部门以开放的眼光构建了工作网络，通过建立广泛的外部联系，拓展生存与发展的空间，从而优化了工作环境，增强了工作效果。工作网络包括学校内部、学校之间、学校与专业机构、学校与企业等方面的联系。在众多工作网络中各类专业协会通过组织各种活动、会议、讲座、研讨班等形式，促进学术交流，推广先进经验，开阔学生事务工作视野。

（三）完备的法律体系

英国是一个高度法制化的社会，有着非常成熟完备的法律体系，所有社会生活均须在法律的框架下进行，高校学生事务工作也同样如此。一方面，学校在制定与学生事务有关的规章制度时会遵循相关法律，对于学生个人发展、个人记录、心理咨询、学习指导、宿舍管理等各个方面均有明确的规定，对师生各自的权利、义务界定细致明确，针对学生的各种违纪处理，学校都有合乎法律的处理流程，并给予学生相应的申诉权利。2005年1月，英国高等教育独立仲裁处正式成立，它属于非政府机构，英国所有高等院校都属于独立仲裁处的管辖范围。尽管拨款来自政府，但不以营利为目的。独立仲裁处负责受理全国高校学生就校方的某项决定的申诉，审核高校的处理决定是否合理，并做出裁决。裁决虽然没有法律效力，但目前为止还没有一所高校拒不执行。另一方面，学校在处理学生事务中遇到同法律相关的问题时，会转入司法程序，而不会只用行政手段解决。在处理学生事务中，学校及其相应的部门能够明确界定工作职责，仅就工作内容承担有限责任，而非无限责任。以学生参加兼职工作为例，如果某学生通过学校提供的兼职工作信息获得了一份工作，在打工过程中与雇主发生了冲突，那么学校所能做的就是为学生提供法律咨询和建议，而不能代表学生与雇主谈判。只有学生本人和工会（如果他参加了某个工会组织）才有法定权力与雇主处理冲突。

（四）学生事务和学术事务联系紧密

高校学生事务部门的重要工作之一是为学生专业学习提供学习支持和辅导，所以，学生事务部门需要与教师合作，在学生专业学习过程中强调培养学生的演讲能力、交际能力、自信心和合作能力，而且注重理论联系实际，开展专题学习项目研究，经过实践检验再改进推广，从而提高工作水平。如莱斯特大学的学生事务部下设教学部，在学生事务和学术事务之间架起一座桥梁，使相互独立的学术部门和非学术部门走向联合。

四、英国高校学生事务管理工作队伍建设的特点

（一）学生事务工作队伍构成的多元化

英国高校学生事务工作涉及学生在校学习、生活和工作的方方面面。除了专门的学生事务工作人员之外，还有许多兼职人员，处于全职和兼职并存的状态。学生事务工作根据岗位的具体需要选聘最合适的人员，在层次构成上有低级、中级、高级之分。比如办公室的接待秘书一般选聘初中毕业生或高中毕业生，不需要大学毕业生。而学习指导老师则要求具有博士学位，因为该岗位的专业性和学术性较强，需要深厚的学术背景作为支撑。

（二）从业人员的专业化和职业化

随着招生规模扩大，学生事务管理内容也变得多样化，涉及残障学生、女性学生、不同文化背景的留学生等多种对象，以及心理问题、阅读障碍、经济问题等不同工作内容。英国高校针对不同情况分设了较为合理有效的工作内容、服务项目和工作岗位，分工明确，职责清晰。组织结构内部的明确分工，要求从业人员具有专业化的素质和能力。在英国，学生事务管理人员都是专职的，一般都具有较高的学历，而且需要学生事务管理相关专业出身，拥有丰富的专业知识和较强的专业技能，能够为学生提供专业化的指导和服务。如心理咨询中心教师一般都由心理学或教育学的博士担任。在学生事务管理人员的选拔方面，除了有应用计算机的基本技能、与人合作的意识和能力及学历背景等通用素质要求外，还有明确的专业素质要求。"在多种组织结构的背景下，学生支持服务的管理人员需要有管理多种组织的能力与方式。这种管理能力包括劝说和谈判的能力；政治鼓动、诱导和建立团队的技巧；边界管理和取代技巧；财政和其他资源管理能力；人力资源管理技能；时间管理和组织技能；决策和风险管理技能。"[①]以学生就业

---

① David Warner and David Palfreyman. Higher Education Management：the Key Elements. England：Open University Press. 1996：172.

指导服务中心为例,其内部分工明确,有专门负责信息和资料的管理员、有专门负责与用人单位接洽的对外联络员、有专门负责研究就业政策和进行咨询的人员等。一般来讲,信息资料管理员要求具有在相关教育机构(如中小学或其他大学的图书馆或资料室)工作过的经历,而对外联络员则需要具有在社会上其他单位工作过的经历,这样才能了解和掌握雇主的心态和要求,有效地为学生提供建议和方案。

(三)依托专业协会开展丰富多样的队伍培训

英国高校学生事务管理的各专业协会基本涵盖了学生事务所有的工作职能范围,心理咨询、就业指导、学习指导与学生事务管理等都有专业协会的强力支撑,如大学教师发展培训联合会、英国高校大学毕业生就业指导服务协会(AG-CAS)、英国心理学家学会(BPS)、英国咨询和心理治疗协会(BACP)等,学生事务工作人员大多加入相关的专业协会。这些专业协会为每位协会成员提供专业交流和发展的平台,为学生事务部门论证和实施校园服务和学生发展项目提供必须遵守和服从的行规和准则,并提供人员培训、资格准入、工作支持和共享资源,加强学生事务专业理论研究,推动英国高校学生事务专业化发展。

(四)队伍考核工作细致规范

英国高校学生事务工作的考察途径主要有以下几种:一是通过问卷调查,了解学生对于相关工作的意见,掌握工作人员履行职责的情况。二是建立完善的监控体系。英国高校大多采取较为完善的监控制度,分不同层面要求工作人员进行工作汇报和总结,以期达到自控和他人监督的目的。监控的形式主要以书面报告和口述的方式进行。每个部门都设有监控负责人,负责自己所监管范围内工作人员的工作计划执行情况、工作表现、工作效果等。三是组织相关学生进行网络测评。学生都设有自己的个人账户,可以根据学校的需要和安排及时登录网站,对相关工作人员进行网上评价。由于是个人实名登录,因此要求学生进行客观评价,这在很大程度上保证了测评的有效性和公正性。

第二节 美国高校学生事务管理工作的形成和发展

高等教育在美国有着悠久的历史,其学生事务工作理论、职能相对完善,其从业人员具有较高的社会地位。1937年和1949年的《学生人事工作宣言》第一次比较明确地阐述了学生事务管理工作的地位和作用,为学生事务管理在大学找到了生存和发展的依据。"二战"后高等教育规模日益膨胀使高等教育由精英化进入了大众化阶段,突出了学生人事工作地位的重要性,为其向专业化人员的最终转变做了关键性的铺垫。20世纪六七十年代学生发展理论的提出,又为学生事务管理工作从服务性向学术性研究转变、增强学生事务管理工作的职业自尊以及确立专业化定位提供了最坚实的理论支持①,从根本上促进了学生事务管理的专业化和职业化发展。

一、美国高校学生事务管理工作的建立与发展

美国学生事务管理工作起源于17世纪初美国高等学府哈佛学院,先后经历了替代父母制(In Loco Parents)—学生人事工作(Student Personnel Work)—学生服务(Student Services)—学生发展(Student Development)—学习发展理论(Student Learning Imperative)等多种模式,主要经历了形成、发展、成熟三个阶段,最终实现了学生事务管理队伍的专业化和职业化。

(一)美国高校学生事务管理工作的建立阶段(早期殖民地大学到"二战"前)

在早期,美国高校对学生事务和学术事务不加区分,学生事务活动均处于校方控制之下,学生活动没有课内和课外、学术和非学术之分,不论是智力训练还是行为操练,都是学校教育的重要内容,不存在真正意义上的学生事务管理及队伍,实行的是"替代父母制",即"学校代替父母行使职责,对学生在校的学习、生活进行管理,通过精神、肉体等手段促进学生良好道德品格的培养和学识的提高"。②

19世纪中叶,美国高等教育进入一个新的发展阶段,出现了两种不同价值取向的教育模式。一是受德国大学的影响,美国早期的大学开始注重学术与研究;二是受《莫里尔法案》(Morrill Act)影响,美国高等教育规模发展迅速。这两方面因素综合作用的结果,使得现今意义上的学生事务及管理从学校的教学

---

① 李明忠.美国大学生事务管理工作的发展特性[J].现代教育科学,2005(5):28.
② 蔡国春.美国高校学生事务管理模式之嬗变[J].吉林教育科学(高教研究),2000(1):47—50.

和学术事务中分离出来,并获得了前所未有的发展机遇和更大的发展空间。

受到德国大学的影响,早期的殖民地大学陆续变成了现代化的研究性大学。洪堡崇尚科学研究、学术自由的理念越来越受到人们的青睐,学术研究日渐受到重视,研究型大学的模式被美国高等教育体系采纳,诸多教员开始把精力放到教学和科研上,"这些大学里的教员们的精力越来越多地放在教学与研究上,从而产生了非教员专家,他们是学生事务管理人员的前身,他们取代了那些原本是教员们职责范围内的家长式功能"[①]。之后,美国高校学生事务管理逐渐从教学和学术事务中分离出来,开始成为一个独立的领域,也开始出现专职学生事务人员。1870 年,哈佛大学校长艾略特(Charles W. Eliot)任命格内(Ephraim Gurney)为第一位专职负责学生纪律管理的院长。1890 年,哈佛大学成立"新生顾问委员会",并设立了与教务部主任平行的学生事务主任,正式任命布瑞吉斯(Lebaron Russell Briggs)为学生院长(A Dean of Student),专门负责处理学生事务。[②]

1862 年,美国高等教育史上最重要的法令之一《莫里尔法案》的颁布,使美国开始增加对高等教育的投入,公立高等教育迅猛发展,极富美国特色的社区学院也开始出现。在学生规模急剧膨胀的同时也带来学生来源的复杂性和学生需要的多样性,这对高校学生事务管理提出了新的要求。此后,随着心理学成果广泛应用于工业与教育,心理学成为处理高校学生事务所使用的主要工具。在 19 世纪的最后 10 年里,学生服务、咨询和管理机构相继建立。1911 年,斯坦福大学成立"个人训练和指导特别委员会",负责对学生主要是新生进行专业方面的评议咨询指导,如专业选择、教师选择、课程选择和就业选择。之后这种组织被许多高校采纳,于是高校学生事务管理开始进入"学生人事服务"或"学生人事工作"时代。这一时期,几乎所有具有一定规模的高校都有了主管学生事务工作的"院长"或副校长这样的负责人,学生事务管理工作人员也开始由受过一定训练的人员担任,即由非任课教师来兼任。至此,美国高校学生事务管理队伍完成了由教师或其他兼职管理人员向专职化人员的过渡。[③]

---

① ACPA(American College Personnel Association). Journal of College Student Development. Volume 37 Number, March/April 1996:217.
② 赵曙明.美国高等教育管理[M].长沙:湖南教育出版社,1992:61.
③ 蔡国春.美国高校学生事务管理专业化的发展及特征[J].扬州大学学报,2002(1):74.

(二) 美国高校学生事务管理工作的发展阶段("二战"到20世纪60年代)

第二次世界大战是美国高等教育的一个重要转折点,国会通过的《军人权利法案》使得大量退伍军人进入高等学校学习,公立高等院校的学生人数又一次膨胀。这使得学生事务工作及其工作人员的地位和作用重新获得了肯定。1949年,美国国家教育委员会发布了与1937年《学生人事工作宣言》同名的指导文件。该文件对学生的需要进行了分析,如学生的环境适应、学业目标、生活条件、精神寄托、医疗健康、兴趣、经济状况、职业目标等,并提出为学生发展和其在社会中的地位提供一系列最佳服务。为了帮助学生在大学顺利成才,身心健康成长,多数高校开展了非学术性评议和咨询活动,学生咨询服务发展成为高等教育的一项运动,并为后来"学生消费者第一"观念的诞生奠定了基础。学生咨询服务运动的出现在很大程度上是由美国高等教育的性质和职能决定的,同时也是高校为了适应战后社会变迁和高等教育向大众化发展需求而做出的反应。

20世纪60年代以后,由于市场不景气、文凭贬值、义务兵役制的停止以及高等教育适龄人口比例下降等原因,美国高校学生数量增长速度减缓。各高校为了能够在市场竞争中求得生存,纷纷采取策略改善对学生的服务工作,积极展开对生源的争夺。于是,学校和学生之间的关系发生重大变化,"学生消费者第一"的观念逐步形成。"学生消费者第一是以把学生与学校的关系作为买方和卖方为前提的,是一种注重和保障学生对学校权益的市场管理哲学,它的核心是注重学生需要和努力保护学生的利益,学生权益被置于很高的位置。"[1] "学生消费者第一"的观念对美国高等教育的影响是全面的,对学生事务管理的影响尤为突出,导致了"学生服务"这一术语的频繁使用,学生的各种服务工作开始成为学校的工作重点,而"学生人事工作"这一术语则逐渐被废弃。

这一时期,人们开始将学生事务与学术事务加以区分,成立了专门的学生事务机构以及专业化的学生事务专职队伍,学生事务工作迈出了向专业化发展的坚实步伐。但是,与学术事务工作相比,学生事务工作在学校教育和人才培养中处于配角地位。同时,随着学生事务领域的专门化,它与学术事务领域的分化与隔阂日益加深,两者日渐发展成为相互独立、缺少沟通与联系的两个各自拥有特定

---

[1] ACPA(American College Personnel Association). Journal of College Student Development. Volume 37 Number E, March/April, 1996:198.

组织信念的领域,影响了高校育人效能的提升和教育目标的达成。①

(三) 美国高校学生事务管理工作的成熟阶段(20 世纪 70 年代至今)

在"学生服务"之后,美国高校学生事务管理的典型是"学生发展"模式。学生发展理论是在学生人事工作基础上发展起来的。学生人事工作引起了高等教育领域对学生发展的关注,为有关的理论和实践融合成学生发展理论提供了契机,心理学的发展为学生发展理论奠定了基础。罗杰斯(Carl Rogers)理论曾经对学生事务管理起到重要的指导作用;帕森斯(Frank Parsons)开创的职业指导运动对学生职业的选择进行探讨,使职业指导融入学生事务活动领域,为学生发展理论的最终产生作出了贡献。更重要的是,学生事务管理实践的需要催生了这一新的理论。进入 20 世纪六七十年代,美国社会上广泛兴起的民权运动和反越战运动,给大学校园生活带来了深刻的影响。起源于加州大学的学潮迅速蔓延至全国高校,在这次运动中,处于校方和学生之间的学生工作部门显得格外重要,对高校的学生组织和社团、学生课外活动的教育和引导以及学校的民主化管理成为全美高校学生事务管理的重要内容之一。②"在 20 世纪 70 年代后期,美国社会的急剧变化使得学生无所适从。学生们发现要找到一个统一的认识更为困难,于是学生对课外活动的态度发生了变化。如果学生们想要或需要得到的东西不在课堂上,他们就会转而到课外活动中去寻找。"③ 这使得学生事务管理面临着新的机遇和挑战。这以后,大学生成为社会关注的焦点,学术领域对大学生开始了专门研究。关于大学生变化与发展、大学生成长影响因素、大学生人格类型等研究纷纷展开,并取得丰硕成果,学生发展理论终于走向高校学生事务工作的前台。

在"学生发展"模式下,学生事务工作者是学校教育的主要组织者之一,是教育者和教师,是培养人才的主角之一。④ 在学生发展理论的形成和发展过程中,美国高校学生事务和学术事务开始走上了协作与融合的道路。1972 年,美国大学人事协会(ACPA)推出了"明日高等教育工程"。其中最重要的成果之

---

① 方海明.美国高校学生事务与学术事务关系演变及启示[J].高教探索,2006(4):43.
② 赵平.美国高校学生工作[M].北京:北京航空航天大学出版社,1996:5.
③ ACPA(American College Personnel Association). Journal of College Student Development. Volume 37 Number Z, March/April, 1996:199.
④ 蔡国春.中美高校学生观与学生事务观之比较[J].江苏高教,2001(4):77-80.

一是布朗（Robert D. Brown）发表的《明日高等教育的学生发展——回归学术》一文，他在文中强调"学生学习应是学生发展的重点，将学生的个人发展与学生学习融为一体是最重要的"。学生事务工作者应该是"学生发展的教育者"，在"建立能逐渐改变教育环境以利于学生发展的能力"方面是有潜力的。[①] 随着研究的深入，学术事务人员和学生事务人员逐渐发现了他们进行协作与融合的基础——学习（Learning）。1996 年美国大学人事协会（ACPA）发表的《学生的学习是当务之急——州学生事务的含义》（简称 SLI）一文提出了 SLI 项目。根据 SLI 的设想，"以增进学生学习和个性发展为首要目标的学生事务的具体使命应该作为学校其他组织机构使命的补充"，"所有资源都应予以充分利用以便鼓励学生的学习与个性发展"，"学生事务专业人员应主动与其他机构及人员进行合作以促进学生的学习与个性发展"，"学生事务领域应该包括教育学生问题、教育环境问题以及教学与学习进程问题的所有专家学者"，"学生事务的工作政策和项目实施计划的确定应该基于对学生学习以及特殊机构的评估数据等的有效研究与分析"。[②] 随后，关于学生学习与发展、学生事务与学术事务的关系等问题的研究取得了更为丰富和深入的研究成果，关于学生学习与发展以及学生事务与学术事务关系的认识得到进一步丰富和深化。1997 年，美国大学人事协会（ACPA）和美国国家学生人事管理协会（NASPA）共同发表了《优质学生事务实践的主要原则》。报告指出："优良学生事务实践应该促使学生从事积极的学习活动；应帮助学生树立连贯一致的价值与伦理标准，为学生的学习营造和传达较高的期望值；应运用系统的咨询提高学生和学校机构的绩效；应有效、充分地利用资源以便达到学校机构的使命与目标，并着重营造教育性的伙伴合作关系，努力构建支持性、包容性的校园社区以促进学生的学习。"[③] 2002 年，美国学院与大学联合会（AAC&U）发表了《强烈的期待：一种定位于国家民族的大学学习新愿景》。报告提出了"面向 21 世纪的以长期的、有意识发展为基础的"学生学习成果的三项核心指标，强调了学生学习的中心地位，并对学生的学习作了进一步阐释，

---

① American College Personnel Association(1996). Journal of College Student Development. March/April：224.

② American College Personnel Association(1996). The Student Learning Imperative：Implications for Student Affairs[R/OL]. Available：http://www.acpa.nche.edu/sli/sli.htm，1996-02-14/2005-08-21.

③ ACPA & NASPA(1997). Principles of Good Practice for Student Affairs. http://www.acpa.nche.edu/pgp/principle.htm.

为包括学生事务工作者在内的学校各方力量点明了工作的宗旨和使命。① 2004年1月，美国国家学生人事管理协会和美国大学人事协会又发表了《学习的重新考虑：一种聚焦于学生经历与体验的全校园教育》。报告重新审视、界定了学生学习的内涵，并提出了促进和实现学生学习与发展的意见和建议。报告特别强调了学生事务专业人员与大学其他学术事务人员的教育性的合作伙伴关系（Educational Partnership），认为"应该在学生事务专业人员和学术事务人员之间建立一种互动性的教育性合作伙伴关系，在这样的关系模式下，大学校园中所有的教育者共同担负着实现既定的学生学习与发展目标的主要责任"。②

这一时期，学生事务和学术事务工作开始围绕着学生的学习与发展开展广泛的合作与交流，两者开始建立一种教育性的合作伙伴关系，这标志着美国高校学生事务及管理工作又向学术化迈出了坚实的一步，意味着学生事务专业人员与高等教育中的学术性人员一样是高等教育的教育者，共同承担着促进学生学习和发展的主要责任。

二、美国高校学生事务管理体制

美国高校学生事务管理实行一级管理体制和条状运行机制，即学生事务的管理机构设置和权限分配只在学校一级进行，院系没有对应的组织和分工要求，没有相应的管理机构和人员。学生事务及其管理是学校直接面对学生进行的，根据分工由各办公室直接面向学生组织开展工作，多头并进，条状运行。如对宿舍区的管理由学生事务处下属的宿舍部来具体执行。

美国高校学生事务管理已形成比较科学合理的运行机制，其具体运作程序一般为：学生个体—各学生事务办公室—学生事务副校长助理—副校长—校长。规模较大的研究型公立大学一般都有比较完整的学生事务管理。以德州农工大学（TAMU）为例，在学校领导层有一位主管学生事务的副校长，其下有副校长助理和副校长助手各一人。学生事务部有一套完整的管理系统，其中由一位副校长助理分管四个部门，分别是大学艺术收集和展览中心、学生生活研究中心、大型

---

① AAC&U(2002). Greater Expectations: A New Vision for Learning as a Nation Goes to College[R/OL]. Available: http://www. greater expeetations. org, 2002/2005-08-21.

② NASPA(2004). Learning Reconsidered: A Campus-wide Focus on the Student Experience. http://www.naspa.org/membership/leader_ex_pdf.

特别活动及设施中心、学生健康服务中心；一位学生生活部主任分管学生咨询服务中心，该中心设有学生心理咨询室、学生法律咨询室、酗酒和药物咨询室；一位副校长助手分管五个部门，分别是学生住宿部、学生纪念活动中心、休闲体育中心、多元文化服务中心和学生活动中心；另外还有一个由学生事务副校长直接监管的特殊部门——学生军校（准军校）。[①] 可以看出，美国大学学生事务管理实行的是学校集中管理的体制，具有教育行政导向弱、机构设置独立、功能高度分化等特点。

三、美国高校学生事务管理的特点

美国高校学生事务管理工作具有较完善的体系，其规章制度、服务设施、运作方式、工作理念和队伍建设等方面皆具有鲜明特色。

（一）学生事务管理以学生为中心，尊重学生的自主权

20世纪80年代以来，美国高校学生事务管理工作把单纯为学生服务和对学生教育结合起来，将教育融入服务之中，强调"满足和服务于不同天赋、不同需要、不同目的、不同个性的全体同学"的学生工作理念。把尊重学生作为工作的前提，把了解学生作为工作的出发点，把发挥学生的主体作用作为工作的重点和关键，将平等与多元化作为基本的工作原则，将学生发展作为工作的目的。在管理方式和方法上，美国高校注重平等和双向式，特别尊重学生的自主权，强调学生的自我管理和自我教育。斯坦福大学早在1921年就实行了"荣誉制度"，新生入学要在该制度的誓词上签字，因而该校任何考试均不设监考教师。[②] 这有利于培养学生诚实的品德，增强自我意识，同时建立了学生和教师间的相互信任。在方式和方法上注意灵活性和多样性，考虑学生的特点、兴趣和需要。同时，许多大学设有"学生评议会"制度，给予学生参加学校事务和管理的机会。通过这种方式，学生可以对教师的业务水平、课堂教学等进行评估，促进了学生与学生工作部门的合作，也增强了学生的责任感和实际工作能力。

（二）学生事务管理有系统科学的理论基础

学生发展理论是20世纪以来逐步形成的学生事务工作的新的理论基础，也

---

① 赵庆典.美国高校学生事务管理概况及启示[J].国家教育行政学院学报,2004(1):2.
② 祖海珍,方鹏.美国高校学生事务管理工作研究及借鉴[J].中国农业教育,2008(2):11.

是美国高校学生事务管理专业化的理论支撑和奠基学说。学生发展理论十分强调学生的学习和发展,并认为学习和发展不可分割,有效地进行学生事务管理能够直接促进学生的学习和发展,并直接服务于高等教育的使命,实现高等教育目的和培养目标。

由于学生发展理论为学生事务管理提供了理论依据,为理解高等教育的目的提供了新的视角,也为高等学校目标的制定指明了方向,学生事务管理也因此确立了自己独立的地位。学生发展理论对学生事务管理专业化的意义主要表现在以下两个方面:一方面,在观念层面上,这一理论的确立进一步强化了学生事务工作的地位和独特功能,它对高等教育的目的做出了新的诠释。学生发展理论通过对学生发展内容及其机制的科学探讨使人们认识到,对学生课外活动和非学术性事务的管理不仅能为学术活动的健康发展提供保证,对高等教育目标的实现起辅助作用,而且它还有自己独特的教育和发展目标。高等学校学生的培养不仅包括学术发展,而且应该包括非学术方面的发展,学生发展应该是而且必将一直是高等教育的主要目的之一。另一方面,在学生事务管理的实践中,学生发展理论促进了学生事务管理在原有服务体系基础上的进一步发展,学术事务和学生事务的关系得到加强,学术部门和学生事务部门之间的合作增加。

(三)学生事务管理机构设置的独立化和功能的高度分化

由于学生发展理论的支持,在美国,人们已逐步认可将学生事务管理工作作为高等教育工作的一个重要组成部分。几乎在所有高校,学生事务管理的组织机构都是独立设置的,而不再隶属于学术事务管理部门,并在学校的高层行政领导中设有学生工作负责人(CSAO)。在公立大学一般都设有与学术副校长和财务副校长并列的专门管理学生事务的副校长。私立大学一般称呼学生工作负责人为"院长"或"主任"(Dean),即称为"学生院长"、"学生服务主任"或"学生事务主任"。学生工作负责人下辖若干分支机构,所设机构分别处理各种学生事务,分工很细,表现出管理功能的高度分化[①](如图2-5)。

---

① 蔡国春.中美两国高校学生事务管理比较研究[D].华东师范大学硕士学位论文,1999:30.

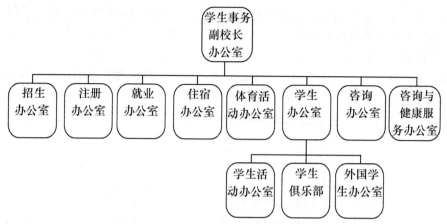

图 2-5　美国高校学生管理的组织结构图

美国高校学生事务部门职能分工明确，分化程度高。在学生事务内部按服务种类进行专业分工，具体分为三部分：严格规范的学生管理工作、种类较多的学生咨询服务（心理咨询、学习辅导、就业指导等）及以学生自主发展为主体的学生社团活动。各高校设有学生事务处、咨询与学习中心、职业发展中心等机构，并配有专门的工作人员，制定工作细则。对工作人员的聘任、提升有着明确的要求和程序，从事学生事务工作的人员不乏心理学、精神病学、社会工作学、学习技巧等方面的专家与学者。

（四）学生事务管理的专业化和职业化

在美国，高校学生事务管理已成为一种专门的职业，具有专业化和职业化的特征，主要表现在专业人员的发展、专业化道德规范的建立、专业协会的成立、专业期刊的创办、学生事务管理理论的成熟、学生事务管理者有较高的专业地位。作为一种有竞争力的职业，有大批专业人员不仅选择学生事务管理工作为终身职业，而且还将其当做终身事业来追求①。

1. 专业学科的设置和专业选拔标准

美国每个州至少有一所大学开办高等教育行政专业，并设有硕士、博士点，有近百所大学设有培养学生事务硕士研究生的专业，为高校培养学生事务管理方面的专门人才，同时将学生事务管理作为一门科学加以研究。高等教育的某些专

---

① 赵庆典.美国高校学生事务管理的启示[J].中国高等教育，2004(6):45—46.

业还为从事这一工作的人提供职前和在职培训。在美国高等教育博士的培养计划中,有针对学生事务管理的培养方向,所以,美国大学的学生事务管理工作部门中,活跃着许多具有硕士、博士学位的相关专业的人员,其中不乏心理学博士、法学博士和医学博士。如南加州大学高等教育博士的课程方案适用的职业领域首先是学生服务,哥伦比亚大学也将学生人事管理列为高等教育博士培养计划的适用领域,在其为高等教育博士所开设的62门课程中关于高校学生管理的就有12门。①

美国高校学生事务管理人员的聘任、提升具有较为明确的要求和程序。通常申请进入学生事务领域工作的人员需要具有心理咨询、学生事务实践、学生发展等方面的硕士学位,要取得中层管理职位还必须拥有相关领域的博士学位,并且通过辅导员协会(ASCA)的职业考试,晋升高级职务者则需要具备学生事务管理的经验。美国辅导员协会要求专职辅导员在心理辅导、职业辅导、学习辅导、生活辅导等方面,能够应用心理学、医学、管理学、组织行为学、公共关系学等学科的前沿理论和实践经验为学生服务。如要求心理辅导员能够提供个体或者团体的咨询服务和心理治疗,帮助大学生解决心理问题,必要时可以采取催眠治疗和放松治疗。职业辅导员主要结合学生的专业学习、个人能力、社交和个性情况,帮助学生进行个人职业发展规划。学习辅导员主要帮助学生掌握学习领域的各种技巧,如如何提高阅读速度、掌握学习方法、应试策略等。生活辅导员则是综合应用医学、营养学等方面的知识为学生提供咨询服务。辅导员工作主要由学校牵头,同时鼓励社区、家庭和社会公益机构的成员参与学生的心理辅导、职业辅导、学习辅导等工作。这既有利于充分利用社会教育资源,提高辅导水平,又可以最大限度地满足学生的辅导需求,发挥学生事务工作的教育功能。

2. 专业协会和专业期刊

随着学生事务管理工作的不断发展,各种专业团体和由专业人员组成的协会大量涌现,进一步加速了学生事务管理的职业化、专业化进程。"在美国,那些辅导员或者提供服务的人,通常都加入美国高等院校人事协会(ACPA),那些有行政官员身份的人都参加全国学生人事管理者协会(NASPA)。第三个主要的组织是全国女院长、女行政官员和女顾问协会(NAWDAC)"。② 目前全国性的

---

① 陈学飞.美国高等教育发展史[M].成都:四川大学出版社,1989:228.
② 胡森.简明国际教育百科全书.教育管理[M].北京:教育科学出版社,1992:326—333.

专业协会有二十多个，地区性的则更多，它们在学生事务管理工作中作出了不可忽视的贡献。每个协会都有明确的任务和服务范围，定位于地区或全国，甚至国际，它们所提供的服务随着一系列因素的不同而有所变化。从一般意义来说，多数专业协会具有以下功能：指导、进行研究，出版和传播研究成果、信息和观点，提供教育训练和专业发展课程，提供处理专业问题的帮助，制定专业准备和实践标准，为专业人员相互合作创造机会等。专业协会提供的服务，通常可以使成员获得更广泛的观点和经验，获得专业发展机会；可以指导学生事务管理专业人员提高和发展管理与专业技能。

专业期刊能为学生事务管理者提供提高专业技能的相关信息，从政策上对其进行指导和提供建议。更重要的是，它为学生事务管理实践人员提供了交流心得体会和进行反思的机会，从而使其工作得到外在的客观评价。到目前为止，学生事务管理工作各个领域内几乎都有各自的专业期刊，例如美国高等院校人事协会拥有《高等院校学生人事杂志》、美国学生人事管理者协会拥有《全国学生人事管理者协会会刊》。[①]

3. 职业道德标准

学生事务管理者在行使其职责时需要遵循一定的道德原则和标准。在过去几十年里，学生事务专业人员越来越意识到为学生事务管理制定一套标准的重要性。于是，为了向学生事务管理者提供相关的道德标准，使他们在日常的专业实践中规范自己的行为，各协会和专业组织相继出台了职业标准和职业道德标准。从20世纪60年代开始，学生事务人员就通过全国性协会制定职业标准。1994年，有人列举了20世纪60年代以来一些学生事务协会制定的14条职业标准，其中以美国学生服务和发展项目促进委员会（CAS）于1986年制定的标准和美国大学人事协会于1988年制定的学生事务管理人员的道德规范最有影响。其主要内容包括：（1）职业责任和职业能力；（2）以关注学生的学习和发展为主要目的；（3）对学校的责任；（4）对社会的责任。[②] 职业标准的制定和推行为学生事务人员论证和实施校园服务和学生发展项目提供了一个极好的工具，而且随着职业标准的不断发展，学生事务也越来越走向职业化、专业化，而职业化、专业化

[①] 胡森.简明国际教育百科全书.教育管理[M].北京:教育科学出版社,1992:333—334.

[②] Margaret. J. Barr. The Handbook of Student Affairs Administration [M]. The Jossey Bass Higher and Adult Education Series,1993:511.

又反过来促使学生事务管理工作的不断发展直至成熟。

(五) 学生事务管理的法制化

美国是个法律至上的国家,联邦政府通过立法手段,对高等教育实行宏观管理,使美国高等教育的管理有法可循。如联邦政府通过立法大量设置奖助学金和贷学金,让更多的人接受高等教育。又如1944年通过《军人权利法案》,为复员军人设置奖学金,使大量复员军人进入高校;其后又通过《国防教育法》和《高等教育法》,设置了"国防学习贷金"、"保证学习贷金"和"佩尔助学金",使大学生人数直线上升。① 联邦政府也通过法庭裁决,强制高等学校在招生和教职工聘用方面遵从联邦法规,实施"肯定行动",不得搞种族、性别和年龄歧视,使少数种族和妇女有了更多就学和在高等学校就业的机会。如1972年制定的《平权法案》规定给弱势群体一定的比例,否则是违法的。这一法案扩展了大学招生。美国的大学招生没有体检,有残疾的年轻人在《平权法案》的保护下比一般的年轻人更容易入学。② 美国高校制定了明确的学生事务工作规范及完备的规章制度,如《美国高等学校学生事务管理人员行为规范》、《美国高等学校学生事务管理人员伦理标准》、《高等院校学生事务管理》、《学生服务手册》、《学生事务应用手册》等,学生事务工作人员依据条例对学生进行管理。对学生的要求也有一系列制度规定,诸如饮酒制度、安静时间制度、会客制度、客人留宿制度、清洁制度、吸烟制度、关于家具及使用电器的规定、安全撤离制度等,③ 体现出学生事务管理制度化、规范化的特点。同时,美国高校一般都有一套纪律管理监督和仲裁系统,学生可以通过监督和仲裁机构起诉或控告校方或学生工作者,以维护自身的合法权利。

此外,在美国还有许多关于高校学生事务的法律咨询机构,涉及种族、投资、疾苦、安全、艾滋病、性暴力等各方面,为学生提供完善的法律咨询服务。例如,旧金山州立大学除了设立基本的学生管理机构外,还设立了公共安全部、顾问及心理咨询服务部、残障学生服务中心、学生纪律管理办公室、艾滋病患者协会、预防性骚扰、性暴力信息咨询中心和学生申诉办公室等。④ 耶鲁大学拥有

---

① 王英杰.美国高等教育发展与改革百年回眸[J].高等教育研究,2000(1):31—38、42.

② 林达.历史的忧虑[EB/OL]. http://www.med8th.com/humed/2/20031121mgdnlqx.f htm,2003—11—21.

③ 杜瑛.美国高校学生事务管理运行机制及启示[J].思想理论教育,2007(Z1):67.

④ 马泽生.美国高校学生工作的特点与启示[J].聊城师范学院学报(哲学社会科学版),2000(4):122.

如投资人责任咨询委员会、种族与人种委员会、大学安全委员会或警察咨询委员会等机构。

四、美国高校学生事务管理工作队伍建设的特点

（一）人员构成多样化

美国高校学生事务管理队伍来源构成体现了多样化的特点。由于高校学生事务管理已成为一种职业方向，所以，管理人员面向全国公开招聘，人员聘任具有较为明确的要求和程序，职位也有专职和兼职之分，但主要是一支具有相应学历、层次分明的专职队伍。对于不同岗位管理人员的聘任和提升都有明确的要求，呈现出多样化的特点。

（二）素质要求专业化

美国教育部门要求从事学生事务管理的工作人员必须具备相应的文化知识和行政管理能力。一般而言，申请初级岗位的人员通常需要具备学生事务实践、学生发展、心理咨询、职业指导等方面的硕士学位；要取得中级层次的管理职位，还要拥有相关领域的博士学位；对于高级管理人员，丰富的学生事务管理经历和实践经验不可缺少。在专业性较强的部、处、室，如学生顾问和心理咨询服务中心，其管理人员要求是持有专业资格证书或行医执照的心理学专家或精神病学专家。美国高校强调，只有专业化的从业人员才能为学生提供个性化、有实效的指导和服务。如美国德克萨斯大学的咨询中心有42人，其中专业人员有心理医师12人、咨询人员4人、学习技能训练人员1人、精神科医师1人、危机管理专项人员1人、水平测试专项人员1人，医师和专业人员基本上都具有博士学位。[①]从事学生事务的管理者的专业化素质不仅在学生中树立了威信，也为管理工作提供了方便。

（三）职前培养和在职培训专业化

为了满足高校学生事务管理的职业要求，美国高等教育为这一职业领域提供了专业化的职前培养、入职教育和在职培训，设置了专门的培养计划和培训课程。在美国，每个州都至少有一所大学开办高等教育行政专业，为高校学生事务管理培养专门人才。许多高校安排各种形式的专门培训，包括主题培训、专家讲座、工作组讨论、指定资料阅读等。对于初级岗位人员，通过安排高级人员指导

[①] 祝文燕.高校学生事务考察培训汇报材料[R].北京师范大学研究生工作部,2003(7):3—23.

其阅读专业期刊和学生事务书籍、安排校内工作研讨等形式,促进其专业发展。对于高级岗位人员,有利于其专业发展的主要途径包括阅读专业期刊和学生事务书籍、参加职业协会会议、接受高级人员指导、参加校内工作研讨等。调查发现,学生事务管理工作人员专业发展过程中比较感兴趣的知识领域依次是人际冲突的调解、学生发展理论、学生特征分析、危机干预策略、团体动力学知识、管理知识、高等教育的一般知识等。[①] 在专业发展途径方面,通常学校向学生事务人员提供资金,资助他们参加地区性或全美有关职业协会的活动。高校对于一般人员提供参加地区性职业协会会议的资助力度处于较高水平,而对高级人员来说则更多地支持他们参加全国性的专业交流活动。据调查,对于初级职位人员的资助情况是,44%的高校通常给予他们全额资助,21%的高校给予部分资助。对于资助中级职位人员参加会议的情况是,60%的高校通常给予他们全额资助,9%的高校给予部分资助。从院校用于学生事务管理工作人员专业发展的基金支出用途方面看,提供参加地区性和全国性职业协会会议的资助比例最高,其次是参加各种培训班和购买专业书刊等。[②] 调查还显示,美国高校对于学生事务工作人员接受进一步的学历教育也提供了较好的支持。63%的学校鼓励初级学生事务工作人员接受继续教育且能够提供时间方便,29%的学校鼓励他们获得其他类型的学位但不提供时间方便,只有7%的学校表示不鼓励他们接受另外的正规教育。对于中级职位人员,上述比例分别为63%、30%、9%。[③] 由于学生事务管理是多学科交叉的研究领域,所以美国高校学生事务工作人员的专业训练内容从应用管理理论到一般的社会学常识都有所涉及。在这些交叉学科当中,又以教育学、心理学、管理学的相关专业背景为主要内容。能力方面,学生事务工作人员的专业领导力是美国高校学生事务管理专业训练和专业培养的核心,此外还包括理论能力、学术能力、转化能力、环境能力以及人际关系等能力。正是通过专业化的培养和培训,造就了一支专家队伍,这是美国学生管理和教育工作专业化、科学化的基础,是高质量做好学生教育和管理工作的根本保证。

此外,学生事务专业人员协会和职业组织在培训和进修上具有固定的格式和

[①] Winston, R. B. Torres, V. Carpenter, D. S. Mcintire, D. & Peterson, B(2001). Staffing in Student Affairs: A Survey of Practices. College Student Affairs Journal, Vol 21, No. 1, 18.
[②] 祝文燕.高校学生事务考察培训汇报材料[R].北京师范大学研究生工作部,2003(7):22.
[③] 同上文,21—22.

程序，体现出目标明确、计划周密、时间紧凑、内容丰富、形式活泼、效果显著等特点。以威斯康星大学—史蒂文斯·波因特分校（University of Wisconsin—Stevens Point，简称 UWSP）宿舍部对专职管理人员和学生管理人员的培训为例，他们精心设置了多种情景，如 21 岁以下饮酒、在安静时间制造音响、室友吵架、学生有自杀倾向、宿舍内发生性骚扰、有人吸毒等，老学生管理员进行情景模拟，让每一个新上岗的学生管理员对各种情景逐一处理，专职管理员在一旁当指导和评委，活动结束后进行交流与讲评，让宿舍专职管理人员学会处理宿舍中的突发事件。培训有夏季集中培训和日常分散培训两种。夏季培训分为新上岗专职人员务需、对新老专职人员共同培训、专职管理员和学生管理员一起培训三个阶段。而平时训练主要针对新上岗人员。新上岗专职人员通过暑假培训后获得上岗资格，上岗后的第一年，每周接受一次培训。[①]

（四）队伍管理规范化

美国高校学生事务工作制度完善，从国家层面的行业协会到高校自身，都有许多规范性的文件指导学生事务工作，学校制定了相应的、详尽的学生管理制度和流程来实现对学生的管理。例如早在 1937 年，美国教育总署就发布了《学生人事宣言》，确立了学生事务管理以形成"完人"为主要目标。1987 年，美国"全国学生人事管理者协会"发布了《学生事务观》，重申了学生事务工作的宗旨。另外，《美国高等学校学生事务管理人员行为规范》、《美国高等学校学生事务管理人员伦理标准》、《学生事务应用手册》、《1969 年应急保险学生贷款法》等规范性文件，对形成稳定的学生事务管理制度产生了深远的影响，也使得工作人员有法可依，有章可循。为了协调工作、沟通信息，大学还建立了高等教育学生事务管理工作委员会。

第三节　中西方高校学生工作比较及其启示

高校学生工作是高等教育发展的缩影，西方发达国家高校学生工作具有较长的历史，其管理体制和工作机制发展得较为完善和成熟。随着世界经济全球化的

---

① 余开业.美国高校学生事务管理队伍建设及启示[J].浙江万里学院学报,2005(3):135.

快速发展，我国的高等教育已经逐渐融入全球化的浪潮之中，英、美两国高校学生工作的发展历程、现状和前沿问题对我国高等教育发展以及高校学生教育管理工作具有借鉴意义。

一、中英高校学生工作之比较

自12世纪初牛津大学和剑桥大学创立，英国高等教育迄今已有八百多年的发展历史。在英国高等教育的发展过程中，重视学生工作的优良传统为英国高等教育赢得了广泛的社会声誉。而我国高等教育自新中国成立以来虽然只有几十年的历史，却取得了举世瞩目的成就，其中学生工作为我国高等教育事业的改革与发展作出了重要贡献。尽管中英两国高校在发展历史、文化传统、社会制度、价值观念、发展阶段等方面存在较大差异，但是，作为以人才培养为首要职能的高等学校，两国高校学生工作在自身发展演变过程中存在相同或相似之处。因此，对中英高校学生工作进行比较研究，分析异同，取长补短，对于我国高校学生工作具有重要的现实意义。

（一）中英高校学生工作的相同点

1. 源源于国家人才培养的政治需要

英国早期的大学是宗教捐款建立的，学校自建教堂，配备神父，从事宗教、道德教育，其明确目的是要把英国上流人士的儿子培养成法律、医学和神职方面的专业人才。因为宗教统治着中世纪的教育，所以中世纪大学从入学考试、日常管理到课程设置都带有强烈的宗教色彩。由于学生年龄普遍偏小，中世纪大学具有寄宿学校的特征，所有的教师既是牧师，也是学生的生活指导者，对学生实行严格的道德监督和行为控制。我国高校设立政治辅导员，专职从事学生的思想政治工作，把培养社会主义的建设者和接班人作为学生工作的根本任务。

2. 在高等教育大众化发展阶段面临新的挑战

随着高等教育大众化的发展，英国高校内部环境发生了重大变化，这使得传统的学生工作管理模式面临严峻挑战。英国高校传统的导师制作为精英教育的精髓，在人才培育方面具有其他方法所不能替代的优点。它对每个学生一视同仁，进行精雕细刻般的训练，这要求大学有一支高水平、大规模的教师队伍，有雄厚的财政经费支撑。然而大众化教育的推行，悬殊的师生比将导师制这一传统辅导模式带入了尴尬境地，需要进行改革。从1998年高校扩招以来，我国高等教育实现了精英化向大众化的转变。伴随着高等教育大众化的发展，高校学生工作面临新的情况与问题：辅导员所带学生人数增多；学生思想和价值观念多元化，学习生活方式发生变化；缴费上学使学生对学校的教学质量和服务水平提出了更高的要求；在校贫困学生人数增加；毕业生就业市场化；在校学生的学习、经济、就业等方面的压力增大，心理问题明显增多，等等，这一切使辅导员工作面临严峻挑战。

3. 无统一的学生工作模式

在英国，高校学生工作没有一个统一的管理模式，也没有统一的服务范围但职业指导、心理咨询、健康关怀、经济资助和残疾人服务已被确认为是学生支持服务的核心。在我国，高校学生工作也没有统一的管理模式，各高校都从本校的实际出发，探索适合自身的发展模式。一般高校都单独设立学生工作机构，但是职能范围并不完全一致。一般而言，大致包括思想政治教育、学生管理、就业指导、心理咨询、助学服务、住宿管理等。在院系工作人员配备方面则呈现较大差别，大部分高校实行专职辅导员制度，而有些高校则实行兼职辅导员或班主任制度，如以清华大学为代表的"双肩挑"制度，以中国科学技术大学为代表的班主任制度等。

4. 注重学生的自我教育、自我管理与自我服务

英国高校学生工作强调发挥学生的主体作用，所以每所学校都建立有学生会，一般由一位主席负责工作，并代表学生参与学校管理，维护学生权益；另有若干位副主席分别负责学生的体育活动、社团活动、志愿者活动、学生福利、学生教育和道德规范等方面的工作。学生会的活动主要有政治类、学习类、管理类和福利类这四类活动，自己聘有职工，有经营场所和娱乐场所，由学生自己领导、自己管理。学生会提供会员制服务，包括提供各种信息和建议、私密的指导，为学生提供免费夜间班车、志愿者培训和认证计划，充分体现出学生工作强调学生的自我教育、自我管理与自我服务的特征。我国高校学生会是在校党委领导下、校团委指导下的群众团体，主要围绕学校的中心工作组织开展学生活动。虽然具有半官方色彩，但也注重学生的自我教育、自我管理与自我服务。

5. 从业人员专业化发展的内在动力普遍不足

20世纪90年代以后，英国高校普遍建立了学生服务机构，聘任专业人员，面向学生开展服务。但是，由于受传统教育的影响，从业人员专业化发展的内在动力普遍不足。在我国，由于政策与待遇难以落实，后续培养与教育不配套，往往往造成辅导员的心理预期出现严重落差，职业发展信心不坚定、职业发展理想缺乏、"过渡性职业"观念根深蒂固，辅导员专业化发展的内在动力也普遍不足，从业人员的素质与学生工作专业化发展存在相当大差距。

（二）中英高校学生工作的不同点

1. 工作理念不同

近年来，英国高校学生工作坚持以人为本的理念，把学生作为独立的个体对待，尊重学生的个体差异，学校及各部门与学生保持平等关系；在导师制的基础上，及时了解学生的需求和心理特点，以学生的需要为依据确定服务内容和形式，有针对性地开展服务工作；发挥学生的主体作用，鼓励并允许学生积极参与学校的学生工作管理，保障学生权益。我国虽然较早提出了以学生为本的理念，但往往由于认识不到位、部门分工配合不紧密等原因导致实际效果不够理想，政治工作始终是辅导员最为本职的工作，其管理职能与服务职能也围绕学生思想政治教育展开，高等教育的社会本位价值观在一定程度上仍然是当前我国高校学生工作基本的价值追求。

2. 管理体制不同

英国高校学生工作管理在院系一级基本没有对应的组织和分工要求，机构设置和权限分配只在学校一级进行，由学校直接面对学生，由学生服务部具体负责学生事务，学部和学院建立了较为完备的个人导师体系。我国高校有比较健全的学校、职能部门和院系三级学生工作机构，学校一般成立有学生工作指导委员会之类的决策、协调机构，有分管学生工作的党委副书记、副校长主管学生工作。

3. 学生参与程度不同

英国高校学生会多是学校一级，代表全校的所有学生，在学部和院系一级没有学生会，其工作经费来源于政府、所在学校和自身经营所得。学生会的工作人员由学生会自己雇用，工资由学生会支付。学生会虽然得到政府和学校的经费支持，但和学生服务部门是平等、合作的伙伴关系，学生会及其经费管理完全独立于学校。学生会主席由民主选举产生，独立负责学生会的事务，一般都由学生担任专职主席，任期届满后参加工作。学生会主席代表学生在大学所有的委员会中担任委员，参加会议并定期与大学高层管理人员见面，所以英国重视学生组织本身的自治。而我国高校学生组织受学校团委指导，自治特征不明显。

4. 学生工作人员与教师的协作程度不同

以学生为中心的教师与学生服务人员的合作伙伴关系，是英国高等教育人才培养的一个重要特色,这种特色通过个人导师制度和建立专业化、综合化的学生服务部门得以具体实现,也是英国高等教育学生工作管理传统在现代高等教育中的传承。在英国高校,担任个人导师是教学科研人员的一项基本职责,在聘任合同中有明确规定。个人导师主要负责学生发展,监督学生进步,充当学生与学校管理人员、任课教师之间的联系人,在学校代表受辅导学生并维护其权利,在能力范围内给学生提供指导与帮助,当超出自己的能力范围时负责把学生转介到校内或校外的专业服务机构。[①]而学校也通过建立规范的导师工作制度,形成了个人导师和学生服务部门各有分工、又密切合作的工作格局。我国高校由于具有较为完善的校、院两级学生工作机构,院系辅导员担负着学生工作的主要责任,与教师的合作不多。

5. 学生工作的法制化程度不同

英国对于高校学生工作有着非常成熟完备的法律体系,学校制定相关规章制度,明确规定师生各自的权利与义务,针对学生的各种违纪处理有明确、合乎法律的处理规定,并给予学生相应的申诉权利。当前,我国在学生管理工作立法上做出了一些探索,取得了一些进步,如《普通高等学校学生管理规定》的出台。但在学生管理过程中,仍然存在用行政命令代替法律条规,临时性的"意见、通知、办法"与法规并存,政出多门、口径不一,存在管理盲区、法律空白等问题。

二、中美高校学生工作之比较

由于文化传统、社会制度、价值观念等方面的不同,中美两国学生工作存在较大差异。美国的学生工作以学生发展理论为基础,以服务学生为价值导向,倾向于把学生当做独立的个体和平等的公民来看待。学生工作重视学生参与,以学生发展为终极目标;学生工作组织结构专门化,管理风格民主化,专业地位职业化。由于受传统文化等级观念影响,我国高校学生工作倾向于把学生看做被教育和管理的对象,工作重点侧重于规范和约束,管理过程缺乏民主和学生参与;学生工作以党团组织为领导保证,以思想教育作为辅助支持,是齐抓共管的管理机制。不过从发展趋势看,中美两国的学生工作表现出一些趋同性,如美国高校学

---

① 陈石研.高校辅导员职业化建设探究[J].琼州大学学报,2006(1):22-24.

生工作强调教育性和发展性，这和我国高校学生工作一直强调德育的传统是趋同的。我国高校学生工作在市场经济条件下对学生需要的重视和满足，在一定程度上反映了对美国学生工作管理的一些经验和做法的借鉴。

（一）产生原因不同

中美两国高校学生工作专职人员的产生，都是高等教育发展到一定历史阶段的产物。所不同的是，美国高校学生工作制度产生的动因在于高等学校内部，即之所以有专职学生工作人员制度，是因为高校教学、课程、管理等发展到一定阶段后，产生了学生事务从学术事务中独立出来的必要性和可能性。而我国高校学生工作制度起源于政治的要求，是在外在影响因素驱动下设计出来的制度。我国政治辅导员制度从一开始就是高校政治工作制度的一个重要组成部分，这一制度设计对我国高校学生工作影响深远。目前许多高校学生工作例会制度还被冠之以"政工例会"的名称，高校学生工作者还被称为"政工干部"，等等。由此可见，我国高校辅导员制度至今仍然具有较为显著的社会属性（政治属性）。

（二）行政权力不同

美国高校学生工作的教育行政导向弱，行业规范影响较大。美国高校具有鲜明的"自治"特色，高校学生管理规章制度由各高校根据自身的管理特点和需要来制定，各高校均有一套行之有效、完整配套的学生管理规定，如"学生行为准则"和"学生的义务和权利"等。在美国，影响高校学生工作的校外因素往往是来自行业规范，即某一专业协会制定推行的职业标准。我国高校学生工作的教育行政导向明显，行政部门直接领导和指导高校学生工作。就目前来说，对本科院校学生工作发挥行政影响的主要是教育部、省或有关主管部门，行政影响主要通过出台法规和制度规范高校学生管理工作。教育部高校学生司、处依据有关法律、行政法规和指令负责高校学生学籍管理、行政管理和其他有关高校学生事务管理的工作，如依据《普通高等学校学生管理规定》、《中国普通高等学校德育大纲》，对高校学生管理工作进行检查、考评、督导，组织校际交流和研讨。在现行情况下，教育部高校学生司和省（直辖市、自治区）教委的高校学生处还负责招生和就业制度改革、高等教育学历文凭的统一管理等。

（三）工作理念、职责和方式不同

在工作理念方面，美国高校学生工作坚持以学生的个性需求为导向，开展全方位的社会化服务。学生工作在发展过程中，逐渐形成了"以学生为本"的管理理念，以"学生的学习和发展为中心"的工作目标，用服务和研究并重来指导工作。另外，美国高校学生工作允许学生参与，充分发挥学生的主体性。这不仅培养了学生的自我管理能力，更有助于学生了解社会，学会与人相处，掌握独立生活的能力。而我国的学生工作则倾向于把学生看做是受教育者和被管理者，学生管理表现为对学生行为的控制和约束，以维持学校的秩序和等级分明的师生关系，主要以"社会本位"为价值取向，强调"德育首位"，培养社会主义事业的建设者和接班人。学生工作主要依靠党团组织来开展。对于学生的党建工作，学校组织部有专门负责的组织员，各教学单位设立党总支，下设若干学生党支部。团委作为一个处级建制，有专门的团干部，负责全校学生工作。学生自治的社团组织，必须纳入校团委的领导和管理之下。辅导员工作是在学校党政双重领导下，完成党团部署的任务，加强对学生的管理和教育，为学生提供一定的服务。不过近年来，学生工作在考虑满足社会需要的同时，开始重视学生需要，在新颁发的高校管理规定中也体现了"以人为本"的工作理念。

从工作职责定位看，美国高校辅导员的工作目标是对学生的反应能力、复杂的认识能力及批判思想的培养和训练；对学生解决实际生活能力的培养和训练；对学生人际关系的处理能力的培养；对人与人之间差异的欣赏和包容；对学生理财能力的培养；对学生自尊心、自信心的培养；对诚实等品德以及城市责任感的培养。[①] 围绕这些目标，美国辅导员协会将辅导员的工作职责分为心理、职业和社会化辅导三方面，工作重心在于教学外围的咨询服务。我国辅导员一般接受学校党委、学生工作部（处）和院系的双重领导，辅导员的职责包括两方面：一是接受学校党委和学生工作部（处）的领导，对学生进行思想政治教育；一是接受院系领导，协助院系做好教学方面的服务性工作，工作重心在于思想政治教育。

就工作方式而言，美国各高校辅导员通过预约制度进行学生事务管理。需要辅导员时，学生可向辅导中心（Learning Centre）提出预约，辅导中心会根据具体情况安排辅导员进行个体或团体辅导，比如高校新生入学后有若干学生向辅导中心预约上课、记笔记方面的辅导，辅导中心会针对学生的需要安排一次团体辅导。我国高校辅导员的工作方式是管理型，辅导员对一个班级（生活园区）实体负责，工作重心在于思想政治教育和班级（宿舍）管理。

---

① 朱丽萍.美国高校学生管理工作的特点[J].思想理论教育导刊,2002(7):58-60.

（四）管理体制不同

美国高校学生工作采取集中管理模式，实行一级管理、条状运行机制。在院系一级没有对应的组织和分工要求，其机构设置和权限分配只在学校一级进行，学生工作及其管理根据分工由各办公室直接面向学生和学生组织开展工作。"学生院长"、"学生服务主任"或"学生事务主任"等。学生工作负责人下辖若干分支机构：学习中心（负责学习、专业、心理咨询等）、宿舍管理中心（负责宿舍调配、公寓管理等）、学生活动中心（负责组织文体、娱乐、社团活动等）、学生发展中心（负责就业指导、助学贷款等）、国际学生服务部等。这些机构分别处理各种学生事务，分工很细，表现出管理功能的高度分化。而我国高校学生工作是分层管理，实行党委领导下党政共管的体制。在校级成立校党委和校行政领导下的学生工作委员会，下设学生工作处（部）。学生工作委员会对学生工作做出部署，提出目标和任务，由学生工作处（部）负责落实。学生工作处（部）、校团委是学生工作管理的主体，承担主要的学生工作，教务、后勤、宣传、德育教研室等部门协同学生工作处、校团委，履行部分学生工作职能。在管理队伍的设置方面，学生工作由分管学生工作的校党委副书记和分管教务工作的副校长共同负责，副书记负主要责任。院系一级设立学生工作组，成员由院系总支副书记（学工组长）、团支部书记、政治辅导员组成，他们在工作上既接受校党委、校行政领导下的学生工作处（部）、校团委等部门的领导，又接受院系党总支、行政的领导。

此外，美国高校学生工作管理的法制化程度较高，而我国的法制化程度较低。美国高校学生工作管理的一个显著特征是依法管理，高校制定了完善的工作法规和健全的规章制度，实行包括奖学金、助学金、贷款和打工在内的经济资助奖励制度，处理学生有严格的法治化程序和学生申诉制度，学生工作管理组织设置健全的法律咨询机构。而我国在学生管理方面没有国家立法，各高校自行制定相应规定，学生管理规章制度的时效性和可操作性较差，往往采取行政命令代替法律条规，法律咨询机构不健全。

（五）队伍建设不同

尽管在高等教育中，我国的学生工作也成为高校管理的重要组成部分，但与美国学生工作的专业化相比，我国的学生工作队伍还很不稳定，许多辅导员只是将学生工作作为一种经历，而不是作为一种稳定的职业或一项事业来对待。与美国辅导员角色专业化相比，角色综合化是我国高校辅导员的一个显著特征。

从辅导员队伍的专业化程度看：美国高校辅导员在文化素质方面大都具有教育学、教育管理学、学生事务等专业的硕士、博士学位；我国高校辅导员则以本科生、兼职人员为主，非学生管理专业出身者仍占主体。在管理能力方面，美国高校辅导员具有丰富的学生管理经验和较高的专业地位，在专业性较强的部门有相关专业的专家进行咨询、管理和辅导；我国高校辅导员却缺乏长效的培训机制和从事学生教育管理的素质、技能。专业建设方面，美国每个州至少有一所大学开设高等教育行政专业，也有学生工作方面的博士点；我国虽然建立了思想政治教育专业的本科、硕士、博士的培养体系，但该专业不是培养辅导员的专门渠道，缺少学生管理方面的专业培养体系。

从辅导员队伍的职业化程度看：美国高校辅导员的职业分类非常细化，既包括全职的心理、职业、学习和生活辅导员，也包括兼职的学习、生活和住宿辅导员等，一个辅导员专门负责一个方面的工作；我国高校辅导员一般统称为政治辅导员或者学生辅导员，工作内容涉及学生的思想政治教育、日常管理、心理健康、特困生资助、就业指导等，一个辅导员一般要进行这几方面的工作。在晋升发展方面，美国高校对辅导员有严格要求，申请初级岗位、中层管理职位和高级管理职位分别有不同的职业准入标准，并提供相应的职前和在职培训；我国高校辅导员经常将辅导员工作当做走向行政岗位和教师岗位的"跳板"，辅导员成为教师队伍的重要组成部分，是后备干部培养和选拔的重要来源。工作强度方面，美国高校辅导员需要把大量的学生工作、社团活动和咨询辅导纳入服务范围，合理收取服务的费用；我国高校辅导员则以工资薪水为主，无其他收入来源；工作事务繁杂、量大，而其地位、职位、福利待遇等与其工作量却不相称。职业归属方面，美国有学生事务专业人员协会和职业组织，推行职业标准和职业规范；我国则没有统一的辅导员协会来推动辅导员制度的发展。

从辅导员的工作内容来看，美国高校辅导员的工作是全方位的，囊括了招生、社团活动等在内的全部内容，并适时推出新服务；我国高校辅导员工作则以说服教育学生、抓纪律和对学生进行奖惩为主。咨询服务方面，美国高校辅导员的工作体系健全，涵盖入学教育、心理咨询等方面，每方面的咨询服务都有相应机构依据各自的服务规范，采取不同的人性化服务方式解决相关问题；我国辅导员提供就业指导、咨询等服务，但专业化程度不高，服务的方式有待改善，服务的内容和范围有待重新界定。

三、英美高校学生工作的启示

尽管我国高校学生工作的背景与英国、美国有很大差别,但是,社会主义市场经济体制的确立提供了两国学生工作比较和借鉴的基础。从两国高校学生工作发展之路来看,我国高校辅导员队伍建设可以得到如下启示。

(一) 加强学生发展和学生工作的理论研究

理论是行动的先导,要有力地指导学生工作实践,必须加强专业性的学生发展和学生工作的理论研究。英、美两国高校学生工作的专业化和职业化发展有着深厚扎实的、系统的理论基础做指导,学生工作中涉及的理论大体有学生发展理论、咨询和人格理论、人类生态学或环境理论、组织与管理理论,有各种学生工作方面的专业期刊,在学生工作及队伍的专业发展中作出了不可忽视的贡献。我国高校将学生工作纳入学生思想政治教育工作或德育范畴,并进行了长期的探索和实践,积累了大量的实践经验,产生了一系列理论研究成果。但总体来讲,我国的学生工作附属于高校思想政治教育工作,一直未能加以专门化的研究,学科建设滞后,学生工作一直处于"经验化"状态,缺乏相应的理论支持,严重制约了辅导员队伍的专业化、职业化建设。

当今人类社会进入信息化、全球化知识经济时代,大学生的发展出现了一些新的特点。由于社会环境和教育的影响,一方面,大学生的知识、能力和素质水平比以往更高;另一方面,大学生在经济、社会、心理和竞争等方面承受了更大的压力,辅导员工作面临巨大挑战。学生发展和学生工作的理论和实践证明,学生工作的良好运作和学生积极参与学生工作的程度,对促进学生发展具有积极作用,尤其是通过积极参与与学生工作相关的活动,能够使学生的领导才能、社会交往和沟通能力得到锻炼和培养,使他们观察和处理问题的能力得到培养。为此,可以由行政部门定期提出研究项目,设立研究资金,促进学生发展和学生工作的研究;成立独立的学科门类,培养专门从事相关研究的辅导员;组织辅导员或相关人员成立研究机构,建立学生工作的学术研究梯队,加强学生工作的专业研究,提出具有中国特色的学生发展和学生工作的基本理论。

(二) 尊重学生的个性和多元化发展,鼓励学生的积极参与

英、美两国高校学生工作实践体现了以学生为本的理念,充分尊重学生的个性,并为学生的个性和多元化发展提供了各种专业的咨询和服务。我国高校学生

工作在对学生的教育和培养方面更倾向于统一性、一致性，缺乏对学生个体的关注，因此，学生工作部门和辅导员要树立以学生为本的理念，切实提高服务学生的意识和水平，尊重学生的个性发展。

学生的积极参与是学生学习和发展的有效途径，这包括课堂内外的各种学习、校园内外的各种体验等。学生发展是全面的、整体的、动态的过程，学生工作要鼓励和引导学生积极参与大学的各种活动，包括课堂的讨论、宿舍生活、课外活动、校外兼职等，甚至参与学校相关事务的讨论，鼓励学生多提出合理化的建议，让学生增强自主学习和自我发展的意识，增强对学校的认同感和归属感。

（三）进一步完善辅导员队伍管理体制和组织机构

英、美两国高校学生工作具备完善的管理体制和组织机构，学生工作机构设置独立化程度高，学生工作内部按服务种类进行专业分工，配备专业人员，直接面向学生服务，表现出较高的专业化和职业化特征。我国高校学生工作在体制建设和组织机构上存在天然缺陷和不足，辅导员队伍无明显分工，实行逐级和条块管理模式，难以适应高等教育的发展，也影响了辅导员队伍的专业化和职业化，所以需要改革管理体制和组织机构，实现管理机构设置的独立化、管理功能的高度分化、运行机制的灵活化，切实改变所有条块工作完全由一个辅导员集中负责的现状，使各部门、各专业辅导员有时间和精力"术业有专攻"。通过强化直线管理，减少层级，有助于达成统一管理，提高学生工作效率。

（四）明确辅导员的角色定位和岗位职责

英、美两国高校辅导员是依据专业进行分类，工作职责明确而具体。而我国多数高校普遍存在的学生思想政治教育与学生事务管理紧密结合的现状，使得辅导员承担了过于繁重的工作任务，扮演了过多的角色，结果不仅造成德育工作被削弱，而且使学生工作的发展也明显滞后于高等教育的发展。为了更好地发挥辅导员在高校人才培养中应有的作用，必须首先给予辅导员准确的角色定位。为此，需要解决学工系统内部的分化、分工与学生工作任务结构的优化。辅导员的岗位应划分为多个方向，并由不同的辅导员从事不同专业方向的工作，如设置心理辅导员、就业辅导员等，做到专职专责。

（五）加强辅导员队伍的专业化、职业化建设

经过长期的摸索实践和调整改进，英、美两国高校学生工作已经实现了专业化和职业化，完善的专业训练、明确的专业标准、丰富的专业内容、众多的专业

协会以及高校辅导员具有较高的专业地位和职业声望等构成了高校学生工作专业化、职业化的重要标志。在我国高校,目前还没有制定辅导员任职的专业标准,辅导员的培养培训缺乏制度保障,其社会地位不高,职业过渡性强,行业协会的作用不明显。因此,加强辅导员队伍的专业化、职业化建设,成为辅导员职业发展的必需。从国家角度而言,需要设立职业资格制度和工作标准,进行辅导员资格认证;建立职称职务评聘制度,确保辅导员与同级别教师、行政人员待遇一致,增强专职辅导员的职业吸引力、归属感和成就感;加强职前培养和在职培训,提升辅导员的理论和实践水平;建立科学的考评机制,并将考评结果与职称、职务晋升相结合,从而建立长效的激励机制。就辅导员自身而言,制定合理的职业生涯规划和建立统一的辅导员协会是实现辅导员职业终身化的关键。

第三章 高校辅导员的角色定位

自 20 世纪 50 年代初期我国高校辅导员制度建立以来，辅导员一直是高校学生思想政治工作队伍的重要组成部分，是高校开展大学生思想政治教育的骨干力量。20 世纪 90 年代以来，随着当代大学生自主发展意识增强，发展内涵更加丰富，原有的辅导员角色定位难以完全适应新环境和实际工作的需要。因此，无论是从理论层面还是从实践角度，重新定位辅导员的角色显得尤为必要和迫切。这既是对辅导员身份、地位、功能和职责的尊重和提升，也是加强和改进高校辅导员队伍建设的内在要求和价值旨归。

第一节　角色定位概述

一、角色的概念

角色一词原指戏剧中演员扮演的剧中人物。20 世纪 20 年代，美国芝加哥社会学派的代表人物 G. H. 米德把角色的概念引入社会学研究领域，用来说明个体在社会舞台上的身份和行为。社会学家凯利认为，角色是他人对相互作用中处于一定地位的个体的行为的期望系统，也是占有一定地位的个体对自身行为的期望系统。[1] 也有学者指出，"角色是指与人们的某种社会地位、身份相一致的一整套权利、义务的规范与行为模式，它是人们对具有特定身份的人的行为期望，它构成社会群体或组织的基础"。[2] 尽管众多研究者研究的角度和表达的方法不一，但对构成角色的三要素的认识还是比较统一的，即认为构成角色的三要素是个体一定的社会地位、社会对个体的要求或期望、个体的行为模式。[3] 如今，绝大多数的角色理论专家认为，角色是个体符合社会期望实现其身份的权利和义务的特殊行为模式。[4]

角色是社会对个人职能的划分，它指出个人在社会活动中的地位，在社会关

---

[1] 庞丽娟. 教师与儿童发展[M]. 北京：北京师范大学出版社，2003：32.
[2] 郑杭生. 社会学概论新编（第三版）[M]. 北京：中国人民大学出版社，2003：106－107.
[3] 丁泗. 高校辅导员的角色定位与专业塑造[J]. 扬州大学学报（高教研究版），2005(12)：48.
[4] 梁忠义. 实用教育辞典[M]. 长春：吉林教育出版社，1989：30.

系中的位置，在人际交往中的身份。在很大程度上，人们的行为只能按照他所处的背景和地位来决定。因此，角色的基本特征来自于每一类角色都有一组由社会为之规定的、由角色行为规范模式决定的并与其所处地位、身份、职位相符合的特殊行为。不同角色相互区别的关键，就在于它们各自具有一组特殊的行为，这些特殊的行为共同构成行为规范模式。也即，角色与行为规范模式之间具有一致性，每一种社会角色都有一特定的行为规范模式与之匹配。

在社会系统中，个体扮演的角色不止一种，而是多重角色的统一体。生涯发展大师，著名学者舒伯（Super）在1976—1979年间在英国进行了为期四年的跨文化研究，在其原有的发展阶段理论上加入角色理论，提出了一个更为广阔的新观念，即生活广度、生活空间的生涯发展观（Life－span，Life－space career development）。他根据生涯发展阶段与角色彼此间交互影响的状况，描绘出了一个多重角色生涯发展的综合图形，构建了"生涯彩虹图"（life－career rainbow）。① 也即在生涯发展中，个体总是承担着多种角色。这些角色往往相互联系、相互依存。

当个体承担了某一角色后，就需要将其表现出来。这一表现过程往往由对角色的期望、对角色的理解领悟以及对角色的实践三个阶段组成。② 角色期望，是指社会对处于特定地位的人规定的一套权利义务和行为规范。角色期望是社会对人的行为规范的要求，是外在的。③ 角色期望又叫角色期待，它是社会结构和角色行为之间的桥梁。一个人的角色行为是否符合其所处的地位和身份，要看他在多大程度上遵从了角色期望。社会对角色所持的期望形成了角色规范，为角色行为规定了一般的准则和方式。④ 在现实生活中，人们正是依据社会对角色的期望才能够把握自己的行为，也是按照角色期望来预测和评价他人的行为。

二、我国高校辅导员角色的嬗变

每个人都生活在一定的社会中，并在其中扮演相应的社会角色。个人正是通过角色的扮演，与其他角色发生相互作用，从而履行一定的社会责任。不过，任

---

① 沈之菲.生涯心理辅导[M].上海：上海人民出版社，2000：60－62.
② 郑杭生.社会学概论新编（第三版）[M].北京：中国人民大学出版社，2003：113－121.
③ 孙俐.从社会角色角度看农民市民化[J].中国农村城镇化研究（电子版），2003(8).
④ 朱智贤.心理学大词典[M].北京：北京师范大学出版社，1991：348－351.

何一个角色的扮演都是由特定的社会需要所决定的，并随着社会的发展而发生变化。高校辅导员队伍建设是与人民政权建设及高等教育事业同步发展的。辅导员一职从 1952 年在高校开始设置，经历了我国社会主义改造、全面建设社会主义和改革开放与现代化建设这些历史进程的演变。

在我国，高校辅导员这一角色诞生于特定的历史时期，起初被称做"政治辅导员"或"学生政治辅导员"。新中国成立后，为贯彻教育工作为政治服务的方针，高校建立了政治工作制度。1952 年，教育部发出《关于在高等学校有重点的试行政治工作制度的指示》，要求在有条件的高校逐步设立政治辅导处，在学生中实行政治辅导员制度。1953 年，清华大学、北京大学提出试点请求。此后，不少高校建立了辅导员制度，辅导员主要承担政治方面的工作，是学生的"政治领路人"。1961 年中共中央批准试行的《教育部直属高等学校暂行工作条例》和 1965 年教育部制定的《关于政治辅导员工作条例》，以法规的形式将政治辅导员的地位、作用、工作任务和职责等都做了明确规定，辅导员的主要任务是辅导学生的政治学习和政治活动。这样，全国各类高校普遍建立了政治辅导员制度。"文化大革命"期间，我国高校政治辅导员制度遭到严重破坏。十一届三中全会后，政治辅导员制度得以恢复。但是因为"文化大革命"前思想政治工作人才（包括辅导员）转岗严重，于是高校就以专业教师兼职为主担任政治辅导员，辅导员工作不再仅仅停留在政治工作上，而逐步向思想政治教育工作转变。在改革开放和社会主义现代化建设的新时期，作为高校专职思想政治工作者，辅导员的身份、地位及工作任务在党和政府的有关政策文件中都有明确规定。1980 年，教育部和团中央《关于加强高等学校学生思想政治工作的意见》提出，高等学校的学生政工干部，既是党的政治工作队伍的一部分，又是师资队伍的一部分，担负着全面培养学生的重要任务。这样就赋予了辅导员"双重"角色。1987 年《中共中央关于改进和加强高等学校思想政治工作的决定》指出，从事学生思想政治教育工作的专职人员，是教师队伍的组成部分，应列入教师编制，实行教师聘任制。这进一步明确了辅导员的教师身份。

随着社会主义市场经济的不断深入和高等教育大众化的全面推开，高校学生工作发生了新变化，高校辅导员角色的内涵大大拓宽。中共中央教育部 2000 年颁布的《关于进一步加强高等学校学生思想政治工作队伍建设的若干意见》将辅导员的性质定位为学生思想政治工作的组织者和指导者、高等学校教师和管理队伍的重要组成部分。2004 年《中共中央国务院关于进一步加强和改进大学生思想政治教育的意见》明确指出，辅导员是高校学生思想政治教育工作队伍的主体之一，是大学生思想上的引路人，生活中的体贴人，学习上的指导者和心理上的疏导者，辅导员的职能随之拓展，需要"帮助学生解决实际问题"，包括帮助困难学生、心理咨询、就业指导、生涯规划、协调人际关系等诸多内容。2005年，教育部发布的《关于加强高等学校辅导员、班主任队伍建设的意见》指出，辅导员是高等学校教师队伍的重要组成部分，是高等学校从事德育工作、开展大学生思想政治教育的骨干力量，是大学生健康成长的指导者和引路人。2006年9月，教育部公布实施的《普通高等学校辅导员队伍建设规定》重申了辅导员具有教师和干部双重身份，将辅导员的身份进一步定位为开展大学生思想政治教育工作的骨干力量，高校学生日常思想政治教育和管理工作的组织者、实施者和指导者，学生的人生导师和健康成长的知心朋友。

梳理高校辅导员角色嬗变的历史，从中可以看出，辅导员的概念和角色具有历史性特征，随着时代的发展和历史的推进而逐渐变化。当前，随着社会的快速发展和高等教育改革的不断深入，特别是高等教育的大众化、高校后勤的社会化以及招生、就业、收费制度等重大改革，辅导员的工作领域正在不断延伸，角色内涵随之不断丰富。辅导员的称谓由传统的"政治辅导员"向"辅导员"过渡，角色定位已从最初单一的思想政治教育者向以指导学生成才为核心的教育者、服务者的多元化方向发展，职责已从单纯的思想政治教育扩展为集教育、管理、服务为一体，引导大学生全面、健康成长。

三、新时期对高校辅导员的角色期望

每个社会成员在社会活动中都扮演着不同的角色，每个角色都有其相应的权利、义务和行为规范。随着高等教育的快速发展，高校辅导员逐渐进入大众视野，日益引起人们的关注。作为一种职业角色，作为高校学生工作的主力军，辅导员在社会、高校与学生这一网络中处于"结点位置"，面对着来自国家、高校、学生的期望和要求。所以，我国高校辅导员的角色要求是多元的，带有一定的复杂性。

（一）新时期国家对高校辅导员的角色期望

要给我国高校辅导员准确定位，必须对我国高校辅导员的工作内容和职业性质进行分析和研究，然后归纳出我国辅导员队伍的角色内容。国家对辅导员的角色要求通过教育部令第 24 号文件《普通高等学校辅导员队伍建设规定》[①] 体现出来。

1. 角色身份

《普通高等学校辅导员队伍建设规定》指出，辅导员是高等学校教师队伍和管理队伍的重要组成部分，具有教师和干部的双重身份。辅导员是开展大学生思想政治教育的骨干力量，是高校学生日常思想政治教育和管理工作的组织者、实施者和指导者。辅导员应当努力成为学生的人生导师和健康成长的知心朋友。这从宏观上确定了辅导员在高校以及育人过程中的角色身份。

2. 工作要求

《普通高等学校辅导员队伍建设规定》中明确高校辅导员的工作是：认真做好学生日常思想政治教育及服务育人工作，加强学生班级建设和管理；遵循大学生思想政治教育规律，坚持继承与创新相结合，创造性地开展工作，促进学生健康成长与成才；主动学习和掌握大学生思想政治教育方面的理论与方法，不断提高工作技能和水平；定期开展相关工作调查和研究，分析工作对象和工作条件的变化，及时调整工作思路和方法；注重运用各种新的工作载体，特别是网络等现代科学技术和手段，努力拓展工作途径，贴近实际、贴近生活、贴近学生，提高工作的针对性和实效性，增强工作的吸引力和感染力。可以看出，教育部对辅导员的工作要求不仅全面，而且标准很高。

3. 工作职责

《普通高等学校辅导员队伍建设规定》涉及的八项辅导员工作职责涵盖了学生事务的各个方面：帮助高校学生树立正确的世界观、人生观、价值观，确立在中国共产党领导下走中国特色社会主义道路、实现中华民族伟大复兴的共同理想和坚定信念。积极引导学生不断追求更高的目标，使他们中的先进分子树立共产主义的远大理想，确立马克思主义的坚定信念；帮助高校学生养成良好的道德品质，经常性地开展谈心活动，引导学生养成良好的心理品质和自尊、自爱、自律、自强的优良品格，增强学生克服困难、经受考验、承受挫折的能力，有针对性地帮助学生处理好学习成才、择业交友、健康生活等方面的具体问题，提高思想认识和精神境界；了解和掌握高校学生思想政治状况，针对学生关心的热点、

---

① 教育部.普通高等学校辅导员队伍建设规定[EB/OL]. http://www1.sxau.edu.cn/dwxcb/web/news/show_news.asp? news_id=210,2006-09-19.

焦点问题,及时进行教育和引导,化解矛盾冲突,参与处理有关突发事件,维护好校园安全和稳定;落实好对经济困难学生资助的有关工作,组织好高校学生勤工助学,积极帮助经济困难学生完成学业;积极开展就业指导和服务工作,为学生提供高效优质的就业指导和信息服务,帮助学生树立正确的就业观念;以班级为基础,以学生为主体,发挥学生班集体在大学生思想政治教育中的组织力量;组织、协调班主任、思想政治理论课教师和组织员等工作骨干共同做好经常性的思想政治工作,在学生中间开展形式多样的教育活动;指导学生党支部和班委会建设,做好学生骨干培养工作,激发学生的积极性、主动性。

(二) 高校对辅导员的角色期望

通过查阅高校学工部工作相关资料,发现高校始终以教育部的政策为指南加强辅导员队伍建设,只是在实际的学生工作中,高校对辅导员提出了一些更加具体的角色期望和要求。

(1) 思想政治教育与引导。为学生讲授形势与政策课,组织开展多种形式的主题教育活动,坚持与学生谈话制度,深入了解学生思想状况,有针对性地开展日常思想政治教育工作和品德行为引导工作。

(2) 心理健康教育与指导。讲授心理健康教育课程,举办普及性讲座,开展个别咨询与团体辅导活动,及时发现并协助有关部门处理由于学生心理疾患而导致的各种问题,努力防止因心理问题而引发恶性事故。

(3) 学风建设与学业指导。加强与任课教师、班主任、研究生导师的沟通,全面了解学生的学习情况,帮助学生端正学习态度、明确学习目标、掌握学习方法、设计学涯规划,促进学业进步。

(4) 党团工作指导。协助院(部)党委指导学生党支部建设,做好学生党员发展和教育管理工作。指导学生团支部开展丰富多彩的主题团日活动,做好团员教育、评议和推优入党工作。

(5) 素质拓展指导。加强对学生校园文化建设和社会实践的指导,依托班级和团支部,组织好学生寒暑假社会实践活动、服务社区活动、技能培训活动、课外科技学术活动和文体娱乐活动,拓展学生素质,培养学生的创业创新能力、实践能力。

(6) 职业规划与就业指导。帮助学生进行职业生涯规划,指导就业,促进学生充分就业。

(7) 班级建设工作。建立学生班级管理档案,做好学生干部的选拔、培养、考核工作，指导学生班级开展丰富多彩的活动，营造积极向上、宽松和谐的氛围。

（8）日常事务管理工作。坚持公开、公平、公正的原则，做好综合测评、评奖评优、助学贷款、勤工助学等学生日常管理工作。及时了解学生的思想、学习、生活情况，维护学生权益，为学生排忧解难。

（9）宿舍管理工作。经常深入学生宿舍，指导学生营造良好的宿舍卫生环境和文化环境。

（10）安全稳定工作。开展日常安全教育，提高学生的安全意识，及时妥善处理学生中出现的各种突发事件。

（三）大学生对高校辅导员的角色期望

学生是辅导员工作的直接对象，他们对辅导员角色的期望是辅导员工作的出发点和落脚点。根据我们所做的问卷调查，[①] 学生对辅导员的角色期望具有丰富的内涵，包含几种角色。学生对辅导员多重角色的排序依次为：人生发展的导航者、了解学生的善察者、为人处世的楷模、生活上的关怀者、学习指导者、心理问题的咨询者、学校与学生之间的协调者、思想政治的解惑者和按章办理的管理者（见表3-1）。对各年级学生对辅导员的角色期望进行非参数检验，结果发现不存在显著差异（P=0.995）（见表3-2）。这表明各年级学生对辅导员的角色期望具有高度的一致性。但从表3-2可以发现，不同年级学生对辅导员的角色期望仍然存在一些差别，比如一年级学生对辅导员作为"为人处世的楷模"角色的要求不如其他三个年级明显，二年级学生对辅导员作为"专业学习指导者"角色的要求明显强烈于其他三个年级，而四年级学生对辅导员作为"心理咨询者角色"的要求比其他三个年级学生强烈，这体现出不同年级学生在不同发展阶段其身心发展特点及其发展需求的差异性。总之，大学生发展需求的多样性和差异性向辅导员传统的单一的管理者角色提出了挑战，同时为对辅导员多重角色的演绎提供了现实依据。

---

① 资料来源：西华师范大学教育学院王小红老师主持的四川省教育发展研究中心课题"幸福教育：大学生思想道德教育存在与发展之必需"（课题编号 CJF07050）的调查数据。

表 3-1 辅导员多重角色调查表

角色	次序（人次）									加权平均	排序
	1	2	3	4	5	6	7	8	9		
人生发展的导航者	349	183	123	101	83	55	63	31	52	6.74	1
了解学生的善察者	127	145	151	168	179	131	85	39	15	5.90	2
为人处世的楷模	163	148	119	119	90	117	109	114	61	5.51	3
生活上的关怀者	95	118	137	152	145	148	117	93	35	5.35	4
学习指导者	102	147	143	101	118	113	135	115	66	5.235	5
心理问题的咨询者	29	107	165	186	180	168	105	67	33	5.233	6
学校与学生之间的协调者	90	107	100	93	97	100	126	166	161	4.50	7
思想政治的解惑者	26	56	56	81	104	144	206	241	126	3.73	8
按章办理的管理者	61	33	47	41	49	67	96	169	477	2.89	9

表 3-2 辅导员多重角色调查表的年级差异

角色	年级加权平均（排序）			
	一年级	二年级	三年级	四年级
人生发展的导航者	6.79（1）	6.34（1）	6.88（1）	6.95（1）
了解学生的善察者	5.95（2）	5.97（2）	5.77（3）	5.92（2）
为人处世的楷模	4.98（6）	5.42（4）	5.78（2）	5.86（3）
生活上的关怀者	5.53（3）	5.33（5）	5.38（4）	5.15（5）
学习指导者	5.43（4）	5.55（3）	5.12（5）	4.84（6）
心理问题的咨询者	5.31（5）	5.17（6）	5.09（6）	5.35（4）
学校与学生之间的协调者	4.55（7）	4.43（7）	4.54（7）	4.48（7）
思想政治的解惑者	3.65（8）	3.85（8）	3.73（8）	3.71（8）
按章办理的管理者	2.87（9）	2.98（9）	2.86（9）	2.84（9）

（注：表 3-1 和表 3-2 的次序是指学生对辅导员角色重要程度的排序，人次是指某一角色被选人数，而排序是指所列出的 9 种辅导员角色经过加权平均后在总体中所占的先后顺序。）

辅导员角色既代表辅导员个体在社会群体中的地位与身份，同时也包含着社会和他人期望辅导员所表现出的行为模式；既包括社会公众、学校管理者和学生对辅导员的行为期待，也包括辅导员对自己应有行为的认识。高校辅导员的角色是社会系统水平上的"特殊行为模式"，是与高等教育结构相适应的特殊角色。

四、高校辅导员的角色定位

角色定位是指与某种职业相一致的一整套权利、义务和行为模式的总和。任何一种职业都有其特殊的、区别于其他职业的角色定位。对高校辅导员而言，其角色定位就是要正确认识自己在高校的位置，包括明确的认知定位、恰当的情感定位、正确的价值观定位。然而在现实中，高校辅导员的角色定位并不清晰，甚至错位，辅导员是教师还是行政管理干部？抑或是并列的两种身份？明晰辅导员的角色定位，是辅导员在其基本职责内卓有成效地开展工作的基础。

（一）高校辅导员有别于一般的专业教师

辅导员是以指导学生发展为中心工作的教师，但其职责却有别于任课老师。按照国家有关文件规定，高校辅导员是高等学校教师和管理队伍的重要组成部分，辅导员首先是教师。但是，辅导员有别于任课教师。高校辅导员工作是以思想政治教育为主线，寓教育于学生党团建设、日常教育管理与服务以及课外活动指导之中。其工作内容包括学生思想政治教育、品德教育、学生党团建设、评奖评优、违纪处理、学生集体和组织管理、课外活动指导、学生学习与成才指导、就业指导与服务、心理健康的一般咨询与辅导等。这些工作体现了学生工作的性质，是学校教育活动的重要组成部分，其工作内容和方式方法，明显不同于任课老师。

（二）高校辅导员有别于一般的行政管理干部

辅导员在学生发展过程中肩负着重要的管理职责，但有别于一般的行政管理干部。辅导员在规范学生行为和加强学生党团、干部及社团建设等方面应该承担管理职责，辅导员也需要关心学生的学习、生活和工作，并为改善学生的学习、生活和教育条件向学校提出积极建议，同时落实国家资助贫困生的各项政策及做好学生成才指导、就业指导与服务等工作。但是，辅导员工作有其特殊性，其任务是通过对学校有限教育资源的配置，促进学生的全面发展，为社会培养更多的合格人才；其管理方式主要是通过智力活动和知识中介来进行；其工作性质具有很强的精神性，所以，辅导员工作不是一般意义上的行政管理工作，也不是一般意义上的服务工作，而是一种以特定方式推动和全面提高学生素质为根本任务的教育活动。辅导员不仅要用自己的知识、经验和感悟辅导学生，寓教育于引导之中，也应该以指导学生发展为主体工作，寓指导于辅导之中，以学生事务管理为基础工作，寓管理于服务之中。

可见，高校辅导员的职业身份既不同于教师，也有别于管理干部，而是作为一种独立职业存在。他们专门从事大学生思想政治教育（包括政治教育和经常性思想工作）和学生事务管理（包括学生心理疏导和健康咨询，学生职业生涯规划和就业指导，学生救助、资助等方面的咨询与服务）工作，以服务学生、引导和促进学生全面发展与健康成长为主要内容。

第二节 高校辅导员的角色扮演

角色扮演（Role Playing）指个体根据自己对各种社会角色的理解，按照这些角色要求来调节自己行为的过程。角色扮演是个体社会化的基础，也是个体相互作用的过程。[1] 每一个个体都处于社会关系网络之中，占据着多个社会为之规定的位置，具有多重社会角色。高校辅导员也具有多重社会角色。

一、大学生思想政治教育的引领者

思想政治教育职能延续了辅导员制度创立之初要求辅导员培养学生政治素质的职能，在辅导员的历史发展过程中，开展思想政治教育活动是党和国家对辅导员工作的一贯要求。中共中央 16 号文件《关于进一步加强和改进大学生思想政治教育的意见》明确指出："辅导员、班主任队伍是大学生思想政治教育工作队伍的主体，是大学生思想政治教育的骨干力量，辅导员按照党委的部署有针对性地开展思想政治教育活动，班主任负有在思想、学习和生活等方面指导学生的职责。"[2]《普通高等学校辅导员队伍建设规定》（教育部 24 号令）对辅导员八项工

---

[1] 朱智贤. 心理学大词典[M]. 北京：北京师范大学出版社，1991：348—351.

[2] 教育部. 关于进一步加强和改进大学生思想政治教育的意见[EB/OL]. http://www.southcn.com/nflr/zhnegccz/zhangcbb/200411040685.htm，2004-10-15.

作职责的规定中，前三项属于学生思想政治教育职责。可见，对大学生开展思想政治教育活动是辅导员的核心职能，高校辅导员努力成为大学生思想政治教育的引领者，既是党的教育方针的要求，也是高校辅导员队伍建设的政治要求。

随着世界多极化和经济全球化进程的不断推进，国内经济体制、政治体制改革的不断深化，社会结构的深刻调整，我国出现社会矛盾纷繁复杂、政治经济和社会生活的新情况层出不穷等问题，在这种形势下，大学生的思想容易陷入迷茫和困惑之中。大学时代是大学生的人生观、世界观和价值观的确立时期，高校肩负着坚持社会主义办学方向，培养学生成为社会主义事业建设者和接班人的光荣使命，也负有坚持不懈地实施思想政治教育的重要任务。高校辅导员在人才培养过程中，能否坚持正确的政治路线和方向，能否坚持以科学的理论武装大学生、以正确的舆论引导大学生，使马列主义、毛泽东思想、邓小平理论和"三个代表"的思想成为大学生自觉坚持的指导思想，并在此思想指导下形成正确的世界观、人生观和价值观，对社会主义事业的成败和大学生的健康成长至关重要。因此，辅导员要运用马克思主义基本原理、观点、方法引导大学生认识世界，了解社会，辨别是非，提高大学生的政治鉴别力和政治敏锐性。一方面，辅导员需要引导大学生正确认识和理解马克思主义是科学的世界观和方法论，是经过历史和实践检验的真理，而不是过时的理论或教条，从而坚定对马克思主义的信仰。另一方面，需要引导大学生用发展着的马克思主义理论去认识和理解不断发展变化的、错综复杂的国际国内形势，认识和理解当代中国的发展以及发展过程中遇到的各种困难和矛盾，从而坚定对社会主义的信念，增强对改革开放和现代化建设的信心，增强对党和政府的信任。此外，在实际教育过程中，在理解和灵活运用各种教育策略和原则的基础上针对学生的特点、特定的教育内容创设一定的思想政治教育环境，采取适当的、学生可以接受的、巧妙的方式传授正确的价值观，使学生在各种思潮的相互激荡中明辨是非，站稳立场，追求崇高，摒弃狭隘。

二、大学生学业发展的引导者

大学教育不仅仅是教给学生必要的现代科学技术和文化知识，更重要的是培养大学生独立学习和获取知识的能力。因此，辅导员需要扮演学生学习引导者的角色，对学生进行必要的学习辅导，使学生培养良好的求知兴趣与态度，养成良好的读书习惯与方法；帮助学生确立发展目标，制订学习计划；帮助学生按照学习计划和步骤，根据难易程度、感兴趣的领域和准备涉猎的领域选择课程；根据学生各自的情况和特点，有针对性地制定职业生涯规划。另外，按照不同发展阶段对学习的不同需要，辅导员对学生的学习辅导必须具有针对性，以突出工作重点。对大一新生来说，要强化辅导员作为学习引导员的角色，帮助他们尽快完成从中学学习方法到大学学习方法的转变。大学新生往往会面临高考压力骤减后的大学生活目标缺乏、对突然增加的自主学习时间不知道如何安排、不适应任课教师"翻页式"的大学教学方式等问题。加上部分同学由于选择高考志愿时的偏差而导致学习兴趣丧失等情况，所以对大学新生进行学习方法和学习能力的辅导尤为关键。辅导员应组织举办学习技巧讲座、学习经验交流会等，为大学生创造良好的学习环境。高年级学生由于基本掌握了大学学习方法，辅导员的主要任务在于帮助他们构建合理的知识结构和体系。当面对自己不熟悉的学科知识时，辅导员应该保持同任课教师的联系，在学生和任课教师之间做一个协调者。

当然，要成为一个合格的学习引导者，辅导员首先应该是一个倡导终身学习、热爱学习的学习型人才，要体现出严谨的治学精神。不但要有自己的专业研究方向，而且要熟悉和掌握一定的社会科学和自然科学知识。

三、大学生职业生涯规划的指导者

根据美国著名的职业生涯研究学者舒伯提出的职业生涯发展"五阶段模式"学说，大学生处在职业生涯的探索阶段。而职业生涯探索阶段又可以分为暂定期（15～17岁）、转移期（18～21岁）和试行期（22～24岁）三个时期，大学时代跨越了转移期和试行期两个时期。在这两个时期，大学生的个体能力迅速提高，职业兴趣趋于稳定，逐步形成了对未来职业生涯的预期。可见，大学时期是大学生进行职业生涯规划和能力储备的关键时期，因此，高校对大学生进行职业生涯规划指导显得尤为必要。对学生进行职业生涯指导，以帮助学生更好就业，成为辅导员工作的重要构成部分。正如1998年联合国教科文组织召开的世界高等教育会议在展望21世纪高等教育时指出："为方便毕业生就业，培养创业技能和主动精神应成为高等教育关心的主要问题……高等院校应培养学生的社会责任感，给他们提供充分施展自己才能的机会，对他们进行有助于其充分参与民主社会生活和推动有助于公平与正义的变革的教育。"①

大学生职业生涯规划指导是一项系统工程,需要贯穿于大学学习的整个过程。在大一进行职业启蒙,大二、大三进行职业意识培养,大四进行就业、择业指导,以帮助大学生认清自我,指导他们合理地进行职业生涯规划。职业生涯规划指导的具体内容包括:根据大学生的兴趣、特长、爱好、性格、学识、技能、智商、情商及组织管理、协调、活动能力等建立相应的综合素质评估体系、目标管理体系、校园活动建设体系等,帮助他们树立人生的短期目标、中期目标和长远目标;引导大学生正确评价自己,探究职业兴趣,获取职业信息,拓宽学习范围,增加就业机会;鼓励和指导大学生参加实习和社会实践;开设就业指导课,向学生传授求职技巧;推荐大学生参加职业交流洽谈会,组织校园招聘与面试活动,指导大学生多种渠道就业;开展创业教育,积极为大学生提供创业信息及咨询,努力为他们构建创业平台,帮助他们进行创业设计,引导他们进行创业实践,为他们成功走向社会打下坚实的基础。

四、身心健康发展的培育者

随着社会生活节奏的加快、生存和发展竞争的加剧,身心发展正走向成熟期的大学生的心理健康面临严峻的挑战。在世纪之初新的时代背景下,大学生心理健康教育工作的重要性和迫切性被提升到从未有过的高度。《教育部关于加强普通高等学校大学生心理健康教育工作的意见》(教社政〔2001〕1号)指出,加强大学生心理健康教育是新形势下全面贯彻党的教育方针、实施素质教育的重要举措,是促进大学生全面发展的重要途径和手段,是高等学校德育工作的重要组成部分。然而长期以来,在高考指挥棒的调遣下,学校和家长在学生成长过程中往往只重视智力教育,忽略了对学生健康人格的培养。当前教育对象和环境的特点、高校的育人目标决定了辅导员必须扮演好学生身心健康发展的培育者角色,帮助大学生形成健全的人格,提高心理健康水平。

当前关于对大学生实施心理健康教育的主体,比较一致的观点是建立三级心理健康网络。一级网络由班级心理卫生委员及心理卫生骨干成员组成,发挥对心理问题迅速反馈、组织学生自助和互助的作用;二级网络由辅导员、班主任和院

---

① 赵中建.全球教育发展的研究热点[M].北京:教育科学出版社,1999:420.

系党总支书记组成,发挥跟踪辅导、早期预防等作用;三级网络由学校心理咨询中心专家组成,通过制定整体的心理健康教育目标、计划,给予一、二级网络以专业性辅导,有针对性地为大学生提供咨询服务。由此可见,二级网络承上启下,至关重要,而高校辅导员是二级网络的中坚力量。为此,辅导员要发挥自身优势,善于借助学生干部的力量,充分利用网站、论坛等渠道及时了解学生的心理动态,及时把握大学生的群体情绪,了解不同学生的不同心理需求;掌握大学生心理问题的表现、成因和处理办法;运用心理学知识、技能指导学生调适心态,提高他们的心理健康水平,增强社会适应能力;指导学生科学、合理地安排课余生活,发展业余兴趣爱好,学会科学用脑,有规律地生活,增强体质,始终保持乐观上进的精神状态;努力成为大学生情感上的朋友,细致、耐心地帮助学生解决实际问题;通过课堂内外与大学生的接触、交流,引导他们以积极、开放、向上的生活态度面对社会、家庭、学习、恋爱等方面的困难和挫折;通过心理测试、心理咨询等手段,通过组织各种有益活动(如爱心访谈会、学习促进会、特困生帮扶活动等集体活动),有目的地引导大学生融入集体和社会,树立正确的生活理念,塑造健康心理。

五、校园文化的创造者和促进者

文化是一个复杂的综合体,它是人类在社会发展过程中所创造的物质财富和精神财富的总和,包含着观念、知识、信仰、艺术、法律、道德、习俗以及其他一切作为社会成员的个体所应具备的能力和习惯。校园文化是依附和从属于社会大文化的一种亚文化,是以社会文化为基础,以校园为空间,以学生、教师为主体,以校园环境和师生实践活动为载体,以精神文化为核心的,观念文化、物质文化、制度文化、行为文化和环境文化相统一的一种社区性群体文化。[1] 从社会学角度来说,校园文化能规范学校成员的思想行为,进而促进整个社会文化的发展。从文化学角度看,校园文化既是物质的,也是精神的,既包括科学知识,也包括审美、娱乐等文化知识;既包括课堂学习,也包括课余实践活动。[2] 从学校自身来说,学校是文化气质、道德风貌、人文环境、科学氛围等和谐统一的有机

---

[1] 周安涛.校园文化的内涵及其功能[J].长春理工大学学报(高教版),2007(2):18.
[2] 校园文化的内涵及其功能[EB/OL]. http://eblog.cersp.com/userlog16/30748/archives/2006/80248.shtml,2006-08-25.

体,单纯依靠知识的传授很难达到预期的教育成效,还需要通过校园文化的潜移默化作用,让环境陶冶学生的性情。丰富多彩、健康向上的大学校园文化活动是广大学生陶冶情操、凝聚精神、升华思想的重要载体,是大学生锻炼成长的舞台,是高校进行学生素质拓展教育的重要阵地。校园文化对于学生某些素质的形成,如道德素质、心理素质,往往比课程教学起着更重要的作用。一般来说,通过校园文化熏陶所形成的素质,往往更为深刻与牢固,影响及于终生。[①]

辅导员是大学校园文化活动的组织者、参与者和一定程度上的决策者,因而指导和协助大学生开展校园文化活动是辅导员工作的一个重要内容。因此,辅导员需要通过策划健康向上的校园文化活动来引导、培育新的校园文化,帮助学生增长文化知识、提高人文素质、丰富社会阅历,形成科学的人生观、价值观、道德观和审美观;通过积极引导大学生参加社团活动、素质拓展活动、科技创新活动以及社会实践活动等,寓教于乐,寓教于美,增添学生工作的艺术性,使学生在喜闻乐见的文化形式中受到启发和教育,培养能力。总之,辅导员通过创造丰富的、健康的校园文化活动,可以为学生营造一个多彩的生活、学习、娱乐环境,从而积极强化高校文化育人的功能。

六、大学生社会化进程的引导者

社会化指个体通过与社会的交互作用,适应并吸收社会的文化,成为一个合格的社会成员的社会化过程。[②] 社会化包含两方面的含义:一是个体通过进入一定的社会环境、社会关系之中以获得社会知识经验等的过程;二是个体通过积极参与社会活动,对一定社会环境的保护和社会关系的维持。社会化是通过个体的积极活动、自我意识的发展和与他人的交往而实现的。个体的社会化是个体在与社会环境的相互作用中,掌握所属社会的各种知识技能、行为规范、价值观念,获得该社会所要求的成员资格的过程,同时也是自我和个性形成和完善的过程,即从一个生物体的自然人转变为一个社会人的过程。[③]

大学时期是大学生社会化、成人化的重要阶段,辅导员作为高校学生工作的

---

① 潘懋元.高等教育:历史现实与未来[M].北京:人民出版社,2004:226.
② 全国13所高等院校《社会心理学》编写组.社会心理学.第二版[M].天津:南开大学出版社,1995:44.
③ 钱扑.教育社会学的理论与实践[M].南宁:广西教育出版社,2001:173.

组织者、管理者和教育者,在大学生社会化过程中有着不可取代的作用,是大学生社会化进程中的引领者。辅导员的榜样示范作用会激起大学生对其人生观、价值观等方面较为强烈的认同和模仿。"人们期望教师将担负起道德指引和教育指引的作用,使学习者能够在大量的信息和不同的价值观中不迷失方向。"① 所以,在育人过程中,辅导员肩负着传递社会文化价值与标准的任务;辅导员需要通过自己的身体力行去说服、教育、引导学生,把各种外在的信息、知识、道德等诉求转化为大学生自觉的行为;需要通过校规校纪及法律教育、主题思想教育等活动,对大学生进行纪律和责任教育;需要通过精神文明建设活动、行为规范活动等规范大学生行为;需要通过形象设计活动、成功者形象引导等活动陶冶大学生的情操。

---

① 赵中建.全球教育发展的历史轨迹——国际教育大会60年建议书[M].北京:教育科学出版社,1999.

第四章 高校辅导员专业素养研究

辅导员作为高校学生思想政治工作的生力军，其专业素养直接影响工作表现，进而影响到大学生的健康成长和全面发展。在新时期，面对市场经济体制的建立、知识经济的发展、高等教育自身改革的不断深化以及大学生发展的要求，加强高校辅导员专业素养研究，更好地适应新形势和新任务的需要，既是高校辅导员适应时代发展的内在要求，也是贯彻中共中央16号文件、加强和改进新时期大学生工作的迫切需要。

第一节　高校辅导员专业素养确立的政策依据

素养，英文为literacy，这个词来自另一单词literate，而后者又来源于拉丁语literateurs，即有文化。素养，也叫素质，是指决定一个人行为习惯和思维方式的内在特质，在广义上还可包括技能和知识。素养是一个人能做什么（技能、知识）、想做什么（角色定位、自我认知）和会怎么做（价值观、品质、动机）的内在特质的组合。专业素养是专门职业对从业人员的整体要求，是指为完成某项工作所必须具备的能力及态度、个性等之和。可以说专业素养是对人的素养中的某些方面的特殊要求，是从业人员稳固的职业品质，是以人的天赋为基础，通过科学教育和自我提高而形成的。具体而言，专业素养主要包括专业知识结构、专业能力与技能和专业情意三方面。专业知识，是作为一名专业人员所必须具备的从事某项专业工作所要求的基本知识，这是进行专业活动的基础。专业能力指从业人员为成功完成某种专业活动所需的个性心理特征，是从业人员必须具备的从事专业工作的基本能力，其水平的高低直接制约和影响活动效率。专业能力主要包含教育能力、科研能力、社会服务能力、自我更新发展能力等。专业技能指从业人员运用实践知识和经验，解决具体问题、完成具体任务时的基本经验要求。专业情意是在对所从事专业的价值、意义深刻理解的基础上，形成的奋斗不息、追求不止的精神境界，是专业人员从事专业活动的不竭动力。专业情意主要包括专业理念、专业情操、专业性向和专业自我四方面。

十六大以来，党中央采取了一系列重大举措，中央和教育部连续颁发政策文件，对高校学生工作、高校辅导员队伍建设做出了规定，对高校辅导员的素养提出了要求，为明确高校辅导员专业素养的内容提供了政策依据。

一、《关于进一步加强和改进大学生思想政治教育的意见》① 的素养要求

《关于进一步加强和改进大学生思想政治教育的意见》指出，在加强和改进大学生思想政治教育中，辅导员必须坚持以马克思列宁主义、毛泽东思想、邓小平理论和"三个代表"重要思想为指导，深入贯彻党的十六大精神，全面落实党的教育方针，紧密结合全面建设小康社会的实际，以理想信念教育为核心，以爱国主义教育为重点，以思想道德建设为基础，以大学生全面发展为目标，解放思想、实事求是、与时俱进，坚持以人为本，贴近实际、贴近生活、贴近学生，努力提高思想政治教育的针对性、实效性和吸引力、感染力，培养德智体美全面发展的社会主义合格建设者和可靠接班人。要求辅导员以理想信念教育为核心，深入进行树立正确的世界观、人生观和价值观教育；以爱国主义教育为重点，深入进行弘扬和培育民族精神教育；以基本道德规范为基础，深入进行公民道德教育；以大学生全面发展为目标，深入进行素质教育。

由此可见，《关于进一步加强和改进大学生思想政治教育的意见》要求辅导员政治素质和思想作风好，理论功底扎实，学历层次高；具有较高的师德和业务水平，以及高度的社会责任感；爱岗敬业，教书育人，率先垂范，言传身教，具有高尚的人格魅力；具有较强的组织管理能力，心理健康教育能力，勇于开拓创新、善于联系实际的能力，掌握国家各项政策和措施、帮助大学生解决实际问题的能力等。

二、《关于加强高等学校辅导员、班主任队伍建设的意见》② 的素养要求

教育部《关于加强高等学校辅导员、班主任队伍建设的意见》明确指出，高校辅导员在重大政治问题上要有坚定的立场，鲜明的旗帜，要与党中央保持高度一致，坚决维护党和国家的利益及高校稳定。高校辅导员必须政治强、业务精、纪律严、作风正，德才兼备、乐于奉献、潜心教书育人、热爱大学生思想政治教育事业。专职辅导员应关心热爱学生，乐于奉献，善于做大学生思想政治工作，

---

① 教育部.关于进一步加强高等学校学生思想政治工作队伍建设的若干意见(教党[2000]21号)[EB/OL]. http://202.121.31.31/jwc/catalogue/catalogue/66.htm,2000-07-03.

② 关于加强高等学校辅导员、班主任队伍建设的意见.教社政[2005]2号,2005-01-13.

具备较强的组织管理能力、群众工作能力以及语言和文字表达能力。班主任应从思想素质好、业务水平高、奉献精神强的教师特别是中青年教师中选聘,原则上应具备相关学科专业背景和较强的组织管理能力。

三、《普通高等学校辅导员队伍建设规定》[①] 的素养要求

《普通高等学校辅导员队伍建设规定》对高校辅导员提出的素养要求是:政治强、业务精、纪律严、作风正;具备本科以上学历,德才兼备,乐于奉献,潜心教书育人,热爱大学生思想政治教育事业;具有相关的学科专业背景,具备较强的组织管理能力和语言、文字表达能力,接受过系统的上岗培训并取得合格证书;专职辅导员可承担思想道德修养与法律基础、形势政策教育、心理健康教育、就业指导等相关课程的教学工作;对辅导员进行思想政治教育、时事政策、管理学、教育学、社会学和心理学以及就业指导、学生事务管理等方面的专业化辅导与培训,开展与辅导员工作相关的科学研究。

上述国家政策文件提出的高校辅导员工作和素养要求反映了当前我国高校辅导员工作的基本情况,对我们明确辅导员专业素养的内涵具有较大的指导意义。综合以上几项文件,得出高校辅导员应该具备的素养(如表 4-1 所示)。

表 4-1 基于国家政策文件的高校辅导员素养要求

知 识	能 力	技 能	品 质
马列主义、毛泽东思想、邓小平理论和"三个代表"重要思想	思想政治教育能力 组织管理能力	群众工作技能 心理健康教育技能	政治敏感、品行端正
形势政策、思想政治教育学	语言、文字表达能力	就业指导技能	热爱工作、热爱学生
道德修养与法律基础			
国家各项政策和措施	课程教学能力		责任感、奉献精神
管理学、教育学、社会学和心理学以及就业指导、学生事务管理等方面的知识	开拓创新能力 联系实际的能力		以身作则、为人师表

---

① 教育部.普通高等学校辅导员队伍建设规定[EB/OL]. http://www1. sxau. edu. cn/dwxcb/web/news/show_news. asp? news_id=210,2006-09-19.

第二节　高校辅导员专业素养确立的理论依据

通过对高校辅导员的工作职责、工作任务以及扮演角色的分析，推导出胜任高校辅导员职位所必备的专业素养，旨在明确高校辅导员胜任本职工作、完成育人目标所必备的专业知识、专业技能及专业情意，为其后专业素养的构建提供科学的理论依据。

一、工作分析和社会角色概述

工作分析，又称为职位（岗位）分析，是指全面了解、获取与工作相关的详细信息的过程，具体来说是对组织中某个特定职位的工作内容和任职资格的描述和研究过程，即制定职位说明书和职务规范的系统过程。① 工作分析的研究内容涉及两方面：一是职位描述，即对工作岗位的研究，以明确该岗位所承担的工作职责和工作任务，以及与其他相关岗位之间的关系；二是对任职资格的研究，即研究胜任该项工作的任职者必须具备的条件与资格，如工作经验、学历、知识、技能、能力特征等。

角色决定了对素养的要求，规定了基本素养的内容；而素养则是胜任角色的条件，其纯度和质量决定着角色的质量和效能。所以，通过工作分析和角色分析（具体内容参见第三章第二节），可以确定某职位的工作职责、工作要求（知识和能力）与最低资格要求（学历、证书和工作经验等）。

二、高校辅导员的工作职责

根据国家政策文件《普通高等学校辅导员队伍建设规定》②，我们可以明确辅导员的主要任务和基本职责。

---

① 郑晓明,吴志明.工作分析实务手册[M].北京:机械工业出版社,2002:5.
② 教育部.普通高等学校辅导员队伍建设规定[EB/OL]. http://www1.sxau.edu.cn/dwxcb/web/news/show_news.asp? news_id=210,2006-09-19.

(一) 高校辅导员工作的要求

(1) 认真做好学生日常思想政治教育及服务育人工作,加强学生班级建设和管理。

(2) 遵循大学生思想政治教育规律,坚持继承与创新相结合,创造性地开展工作,促进学生健康成长与成才。

(3) 主动学习和掌握大学生思想政治教育方面的理论与方法,不断提高工作技能和水平。

(4) 定期开展相关工作调查和研究,分析工作对象和工作条件的变化,及时调整工作思路和方法。

(5) 注重运用各种新的工作载体,特别是网络等现代科学技术和手段,努力拓展工作途径,贴近实际、贴近生活、贴近学生,提高工作的针对性和实效性,增强工作的吸引力和感染力。

(二) 高校辅导员的主要工作职责

(1) 帮助高校学生树立正确的世界观、人生观、价值观,确立在中国共产党领导下走中国特色社会主义道路、实现中华民族伟大复兴的共同理想和坚定信念。积极引导学生不断追求更高的目标,使他们中的先进分子树立共产主义的远大理想,确立马克思主义的坚定信念。

(2) 帮助高校学生养成良好的道德品质,经常性地开展谈心活动,引导学生养成良好的心理品质和自尊、自爱、自律、自强的优良品格,增强学生克服困难、经受考验、承受挫折的能力,有针对性地帮助学生处理好学习成才、择业交友、健康生活等方面的具体问题,提高思想认识和精神境界。

(3) 了解和掌握高校学生思想政治状况,针对学生关心的热点、焦点问题,及时进行教育和引导,化解矛盾冲突,参与处理有关突发事件,维护校园安全和稳定。

(4) 落实好对经济困难学生资助的有关工作,组织好高校学生勤工助学工作,积极帮助经济困难学生完成学业。

(5) 积极开展就业指导和服务工作,为学生提供高效优质的就业指导和信息服务,帮助学生树立正确的就业观念。

(6) 以班级为基础,以学生为主体,发挥学生班集体在大学生思想政治教育中的组织力量。

(7) 组织、协调班主任、思想政治理论课教师和组织员等工作骨干共同做好经常性的思想政治工作,在学生中间开展形式多样的教育活动。

(8) 指导学生党支部和班委会建设，做好学生骨干培养工作，激发学生的积极性、主动性。

三、高校辅导员胜任本职工作的必备素养

通过对高校辅导员工作职责和社会角色的分析，我们总结归纳出辅导员必备的素养，如表 4-2 所示。

表 4-2 基于工作分析和社会角色分析的高校辅导员必备素养

知 识	能 力	技 能	品 质
• 马列主义、毛泽东思想、邓小平理论和"三个代表"重要思想 • 党的路线方针政策、时事政治 • 思想政治教育学、伦理学、社会学 • 职业心理学、大学生心理学、发展心理学、学习心理学、咨询心理学、健康教育、教育心理学、人格心理学等 • 劳动就业、社会保障、勤工助学、就业等政策法规；职业生涯规划与指导 • 学习理论、终身学习理论 • 管理学、组织行为学、时间管理、团队建设等知识；教育研究方法	• 沟通能力、表达能力、观察能力 • 组织管理能力 • 规划能力、执行力 • 信息处理能力 • 心理分析能力、决策能力、预测能力 • 解决问题的能力 • 突发事件处理能力、指导能力 • 说服能力、演讲能力、科研能力	• 课程开发、教材编写技能 • 教学技能 • 现代信息技术技能 • 职业能力倾向测试技术、职业兴趣测试技术、人格和价值观测试技术等 • 职业生涯指导技能 • 心理辅导与咨询技能、心理危机干预技能 • 学习方法技巧；资料收集、分析、应用的技能 • 运用研究方法的技能	• 职业意识 • 敬业精神、奉献精神 • 以身作则、为人师表 • 自我反省 • 创新意识 • 爱岗敬业、热爱学生 • 健康的心理品质 • 正确的学生观、人才观

第三节 高校辅导员的专业素养

专业素养是高校辅导员从事学生工作的必备素质，是高校辅导员队伍建设的

核心内容。基于对中共中央文件和教育部工作会议精神中有关高校辅导员政策、工作计划、要求的解读，对高校学生工作教育属性的认识，以及关于专业素养内涵的研究，高校辅导员应该具备的专业素养主要表现在持久的专业理想和科学的教育理念、系统而多元的专业知识结构与合理且平衡的能力结构以及辅导员工作伦理规范三方面。

一、专业理想与教育理念

（一）专业理想

专业理想是辅导员对成为一个成熟的学生工作者的向往与追求，专业理想为辅导员提供了奋斗目标，是推动辅导员专业发展的巨大动力，也是辅导员献身学生工作的根本动力。我们"很难设想一个对教育工作毫无兴趣的人，一个见到学生就心烦的人，会努力做好教育教学工作"[①]。辅导员的专业理想体现为事业心、责任感和积极性，其核心是对学生的爱心和对学生工作的热爱。因此，高校辅导员的专业理想不能定位在维持自己和家庭生活的手段上，也不能满足于发展个性，发挥个人才智和兴趣、爱好等层次上，而必须把教书育人同培养社会主义建设者和接班人的崇高事业相结合。只有在正确的专业理想的指导下，高校辅导员才会把辅导员工作当做事业费心经营，才会忍受漫长的成果转换周期，才会自愿提高自身的专业素养，促进自身和学生全面发展。

（二）教育理念

教育理念是指辅导员在对学生工作的教育属性的理解基础上形成的关于教育的观念和理性信念，主要是在认识教育的未来性、生命性和社会性的基础之上形成的教育观、学生观和教育活动观。

1. 教育观

教育观是教育价值的定位，发展作为一个中心词，在教育定向中要得到充分具体的体现。21世纪的教育应把每个学生潜能的开发，健康个性的发展，为适应未来社会发展所必需的自我教育、终身学习的意识和能力的初步形成作为最重要的任务。

2. 学生观

学生观是对于教育对象认识的集中体现。传统的学生观把学生作为一个单向

[①] 〔美〕约翰·杜威.我们怎样思维.经验与教育[M].姜文阂译.北京:人民教育出版社,1991:23—26.

的、非完整的人，忽视了学生的主体性。新时期的高校辅导员应该树立新的学生观，将学生看做是发展的人，是独特的人，是完整的人，是有责任能力的行为主体。① 这种学生观认为，学生是"智力、身体、情感、精神、道德、社会"等因素融会一体的人，是具有多方面发展需要和发展可能的人，是具有主观能动性、积极主动参与教育活动的人。应该考虑每个学生的每个方面，并对每个学生个体的尊严、独特性、唯一性、潜能和价值给予尊重。因此，新时期的高校辅导员工作必须围绕促进大学生全面发展的目的，为学生提供个别化服务，培养学生的个性并为之提供展现的空间和机会，尊重学生的权利，鼓励学生民主参与，积极引导学生实现自我管理、自我教育和自我服务。

3. 教育活动观

教育活动是辅导员工作的实践方式，它是沟通教育理想此岸和学生发展彼岸的具有转换功能的桥梁。辅导员作为教育活动的策划者、组织者、承担者、指导者和评价者，必须围绕教育活动的目的与任务，为学生积极主动地参与教育活动，在活动中培养发展能力，学会学习与创造等提供可能、创设条件。这需要辅导员用发展的眼光看待学生，善于发现学生的长处，不以学习成绩的高低作为评价学生的唯一标准；在教育活动中建立人格平等的新型师生关系，尊重学生的思想、情感和行为方式；尊重学生的个性特征，因材施教，使每一个学生都得到充分发展。

二、专业知识与技能

（一）专业知识

高校辅导员工作面对的对象是具有较高文化素质的大学生，他们思维敏捷，善于独立思考，敢于标新立异，涉猎的知识领域广，工作对象的这一特点决定了学生工作不能在低层次上运行；学生工作又是一项复合型的工作，需要有多种学科背景，因此，要有效开展工作，辅导员必须具备从事该项工作所要求的基本知识，这是高校辅导员进行专业活动的基础。

1. 思想政治教育学知识

辅导员是高校坚持社会主义办学方向和保证高校培养的人才成为社会主义建

---

① 蔡国春.21世纪我国高校学生工作的观念变革[J].吉林教育科学.高教研究,2001(1):24.

设者和接班人最直接的教育者和实施者,因此,深厚的思想政治教育专业理论知识是辅导员工作必不可少的理论武器。只有对党的路线、方针、政策有较为深刻的认识和理解,特别是对党在新时期的教育方针有深刻领会,具有较高的政策理论水平和实际应用能力,从理论上科学地把握大学生的思想,特别是政治思想的形成、发展规律,才能做到有的放矢地对他们进行思想政治教育,解决他们思想形成过程中及发展方向上的各种问题,使大学生的整体思想观点、政治立场向符合社会主义道德和法制规范的方向发展,为今后立足社会、服务人民打下良好的基础。思想政治教育学的相关知识包括,思想政治教育学原理,思想政治教育史,思想政治教育方法论,社会思潮与思想教育,思想政治教育管理理论,党的基本理论、路线、纲领以及历史经验;青年学、马克思主义的基本理论;党的思想政治教育传统经验;中国革命、建设和发展的历史;政治学、社会学的基本知识;道德教育等等。

2. 教育学、心理学知识

辅导员是大学生成长阶段最直接的引导者,大学生在成长过程中所遇到的思想、心理、人际交往、专业学习、发展方向、职业选择等诸多问题需要辅导员的正确引导,由此导致辅导员的工作时间长、强度大、任务重、变化大,这不仅要求辅导员具有健康的体魄,更要具备良好的心理素质。为此,要求辅导员情绪稳定,善于自我调节,经常保持良好的心境和乐观的心态。只有这样,辅导员才能在工作中保持昂扬振奋的精神,才能以愉快健康的心情面对复杂的学生工作,实现与学生的良好沟通,促进学生健康人格的形成和良好心理状态的建构。因此,教育学、心理学成为高校辅导员做好学生工作的重要理论基础。教育学知识包括现代高等教育思想与教学理念、高等教育的目的与价值、教育科学研究方法的知识、教育法律法规,辅导员掌握教育的基本规律、原则和方法。心理学知识主要包括成长心理、学习心理、人际心理、恋爱心理、职业心理等方面的知识,是辅导员开展个体和团体心理辅导的基础。总之,教育学和心理学知识可以帮助辅导员客观地认识和把握大学生的身心发展规律和认知特点,能够运用科学的教育手段和方法,有针对性地做好大学生教育工作,提高大学生教育的实效性。

3. 职业生涯知识

大学生职业生涯规划指导是高校辅导员工作的重要构成部分,因而,对于职业生涯规划方面知识的掌握成为辅导员专业知识结构中不可或缺部分。职业生涯规划知识包括类型学理论、发展性理论、职业指导基础理论、职业指导政策与法规、生涯规划基本理论、劳动法、社会保障法、合同法等知识。这些理论都是作为对大学生进行职业生涯规划指导所必须学习和掌握的学科知识。掌握这些理论，可以提升辅导员对大学生的职业生涯规划指导能力。

4. 人才学和现代管理科学知识

高校辅导员需要秉持一种正确的人才观，按照新时代的人才标准对学生加以培养、教育和引导。只有具备了人才心理特点、人才成长规律等方面的知识，高校辅导员才能更有效地促进学生全面发展。

作为学生工作的管理者，高校辅导员在当前教育管理对象日益复杂化、多样化、个性化，管理难度日益增加的情况下，必须精通管理学知识。管理学方面的知识为辅导员组织和管理正式与非正式团体提供了依据，有助于辅导员了解学生管理的特点、明确学生管理的方向、掌握学生管理的方法；有助于辅导员了解学生管理在高校管理中的地位和意义，明确学生管理的职责和目标，掌握学生管理艺术，进而提高管理效率。其内容包括组织行为学、现代管理思想、高等教育管理学、管理心理学等方面的知识。

5. 广博的人文社科素养和自然科学知识

作为大学生人生发展的导航者和服务者，辅导员还必须具备广博深厚的文化基础，掌握较为丰富的人文社科、自然科学等方面的知识。具有广博的知识是培养辅导员内在修养、增强文化底蕴所必需的知识，是高校加强学生综合素质教育、培养学生的创新精神和实践能力对辅导员的基本要求。

（二）专业能力

能力是指人们顺利完成某项活动所必备的心理特征的总和。专业能力指高校辅导员必须具备的从事学生工作的基本能力，它是高校辅导员为达到学生工作目标，取得学生工作成效所具有的潜在的可能性，反映出高校辅导员个体顺利完成工作任务的直接有效的心理特征。辅导员的专业能力和学生工作密切联系在一起，并在学生工作中展现出来，专业能力的水平高低直接制约和影响着学生工作的效果。高校辅导员的专业能力主要包括交往能力、组织管理能力、教育教学能力和科研创新能力等。

1. 交往能力

交往能力是人们在社会交往中表现出来的能力，是人们参加社会集体活动、与周围人保持协调的最为重要的心理条件。高校辅导员工作是一项具有社会性质的工作，辅导员需要深入大学生群体，接触、观察、了解学生，需要在学生与学校、任课教师之间进行沟通和协调。于是，交往能力就成为辅导员工作所必备的能力。交往能力主要包括观察和辨别能力、表达能力和沟通能力三方面。

（1）观察和辨别能力。高校辅导员的教育、教学、指导、服务等工作都必须建立在充分掌握大学生具体情况的基础之上，因而，了解学生成为高校辅导员开展工作的前提，也是其工作的重要组成部分。观察是辅导员了解学生的窗口，辨别是迅速、准确地找出问题并敏锐地判断问题存在的主要原因的能力。具有较强的观察和辨别能力有助于辅导员准确了解、掌握大学生的学习、生活、家庭以及心理发展状况，为展开工作奠定基础。

（2）表达能力。理论讲解、演讲鼓动、心理咨询、职业指导、各种计划总结和通知文件的起草都需要借助良好的语言和文字表达来实现，表达能力的强弱直接影响教育的效果。表达能力包括口头语言、书面语言和体态语言表达能力。辅导员的表达能力必须适合教育需要和学生身心发展特点，富有高度的逻辑性和艺术性。为此，高校辅导员需要熟练使用规范语言，语法正确，语音、语调讲究；语言应简明准确，具有感染力，使学生能够及时迅速地捕捉信息，并获得情感体验。高校辅导员恰当、准确的语言表达，能够把一些经验性的、共性的实践经验归纳、整理、总结成规律，上升为理论，从而进一步有效指导实践活动；能够深入浅出地讲明道理，达到以理服人的效果。

（3）沟通能力。人际关系是在沟通中建立的，辅导员采取何种方式与学生、教师和学校相关部门进行沟通，往往在很大程度上决定了其教育成效和工作成效的大小，所以，良好的沟通是高校辅导员有效开展工作的重要手段。为此，辅导员必须掌握沟通技巧，提高沟通能力，包括沟通中的口语艺术、聆听艺术等，与交往对象建立和谐的人际关系。这样，一方面，可以增进师生之间的了解，以开启学生内在的智慧和各种资源；另一方面，有利于加强自身与任课教师、学校各部门之间的工作配合，提升工作效率。

2. 组织管理能力

高校辅导员作为大学生工作的组织者与指导者，必须具备较强的组织管理能力，才能驾驭全局和处理各种突发事件，对大学生进行有序和有效的组织管理，从而构建良好的校园文化、班级文化和校风学风。高校辅导员的组织管理能力主要包括：第一，领导能力，包括有效指导班级、学生会、学生社团、学生党支部等学生组织开展自身建设和相应活动的能力；培养学生骨干和进行学生队伍建设的能力;发动广大学生参与学校事务管理的能力。第二,决策能力,即在危机或矛盾冲突发生的时刻,做出准确、果断决策的能力。大学阶段是学生思想最为活跃的一个阶段,由于心理发育与生理发育的不同步,在大学生群体中容易产生一些冲动性行为,时常会有突发事件和危机事件发生。因此,高校辅导员必须对危机事件和突发事件有充分的思想准备,具有较强的自我心理调适能力和较强的危机处理能力,在遇到突发性事件或危机时能临危不惧、处乱不惊、有计划、有条理、有秩序地进行处理,以化解学生之间、学生与老师之间、学生与学校之间的矛盾,促进校园和谐发展。第三,协调能力,即处理学生与学校、学生与教师、学生与学生之间的各种矛盾或冲突的能力。第四,组织能力,即制订切实可行的计划并高效完成的能力。

3. 教育教学能力

由于担当着思想政治教育的重任,要使大学生在形势政策课程上获得有用的时政知识,树立正确的世界观、人生观、价值观,高校辅导员必须具备一定的教育教学能力,包括信息获取及处理能力、有效的课堂教学和管理能力、个别化教学的能力、发现问题和解决问题的能力、有效解决学科教学以外的教育问题的能力、认识学生个性和差异的能力以及按照教育原理,认识和发展学校教育和课程的能力,等等,[①] 以增强教育教学的吸引力和感染力。

4. 科学研究和创新的能力

新时期高校辅导员的工作对象、工作内容、工作方式、工作环境都发生了巨大的变化,这对辅导员队伍的研究和创新能力提出了更高的要求。

高校辅导员工作是一项专业性和应用性极强的工作,因此,辅导员不能仅仅依靠经验的积累和对问题的思考来开展工作,而应该把自身工作作为一门科学来思考、研究,必须成为自己工作的研究者。辅导员的研究能力指利用专门的专业理论知识,在高校学生工作及辅导员队伍建设等相关领域开展研究的能力。具体表现为辅导员队伍有组织、有计划地把学生工作的热点、难点、重点确立为研究课题,通过分析学生工作过程的各个方面及其运行机制,揭示出学生工作的规律及其原则;从学生工作对象的发展变化规律和特点中探求学生工作的科学途径和方法,从而提升学生工作的理论层次,提升辅导员的理性品质,推进辅导员工作的科学化。如美国大学人事协会(ACPA)的相关人员,

---

① 钱扑.教育社会学的理论与实践[M].南宁:广西教育出版社,2001:192.

把学生事务管理作为一个专门的研究领域,推出了"明日高等教育(THE)工程"。美国教育理事会(ACE)的成员分别于1937年和1949年两次发表对美国高校学生事务管理具有深远影响和重要意义的《对学生人事工作的看法》,明确了对学生的看法和学生工作的目的与任务。正是通过对学生工作领域的相关研究,美国高校把学生事务管理理论发展成为了学生事务管理的重要理论和哲学基础。

人类总是以其富于创造性的劳动改变着生存环境和人类自身,所以,创新是一个民族进步的灵魂,是一个国家兴旺发达的不竭动力。国内外社会形势的变化、现代科学技术的发展以及大学生工作的性质,决定了善于开拓创新、敢于突破陈规是高校辅导员开创工作新局面的关键所在,也是辅导员有效开展工作的力量源泉,是不断改进工作的动力所在。高校辅导员的创新能力是指辅导员根据环境变化不断改进工作方法、创新工作思路和理念的能力。辅导员的创新能力具体表现为:积极探索新路子、总结新经验,对新时期大学生工作和未来发展趋势及时提出新思路、新方法、新对策,逐步在思想观念、内容、方法、手段和机制上实现学生工作的现代化、科学化;实现由"封闭式"管理向"开放式"管理、由"静态"管理向"动态"管理、由"管理型"向"服务型"转变;树立以培养学生创新精神为核心素质的人才标准观,通过在教育过程中对创造力的发掘、训练、强化,激发学生的创造热情和创造才能,充分调动学生的积极性,培养学生的学习能力、实际动手能力、竞争能力,使其成为社会主义建设真正需要的合格人才。所以,新时期高校辅导员必须注重自身创新素质的培养,不断增强自己的竞争意识、创造意识、超前意识,努力开拓自己的视野,独立思考,积极进取,形成创造性思维的习惯,提高开拓创新的能力,在创新中寻求学生工作的新突破与新发展,形成独具特色的工作方法,为学生工作注入新的活力。

(三)专业技能

专业技能主要指人们解决具体问题、完成具体任务时所必需的各种能力。辅导员的专业技能是辅导员工作水平的直接体现,也是专业与非专业辅导员的根本区别。主要包括职业生涯辅导技能、学习辅导技能、生活指导技能、心理辅导技能、就业指导技能等。

1. 职业生涯辅导技能

职业生涯辅导技能是指辅导员通过科学的职业生涯辅导服务,帮助大学生科学定位自我、发展自我、实现自我的技能。职业生涯辅导技能不是简单的职业设计或就业信息的提供，而是帮助大学生在认识自我和职业世界的基础上，做好职业选择、就业准备的综合性技能。辅导员可以将对大学生的理想信念教育和职业生涯辅导相结合，将对大学生的世界观、人生观和价值观教育与职业生涯目标、职业生涯态度等内容相结合，为大学生提供各种职业生涯发展所需要的信息，帮助大学生认识自我，认识职业世界，并指导大学生有针对性地参加一些职业生涯辅导活动，从而使大学生能够科学地规划学习、生活，正确地进行职业选择，达到人与职业的优化组合，实现职业理想。职业生涯辅导技能包括职业能力测评技术、素质测评技术、职业生涯规划与设计实践经验、与大学生沟通的技巧、信息收集处理技能、预测分析技能、求职面试技巧等。

在进行职业生涯辅导时，辅导员首先需要帮助大学生认识自身的职业兴趣、职业能力和性格特征。因此，辅导员必须熟练运用霍兰德（Holland）职业兴趣测试、斯特朗·坎波尔的兴趣测验、卡特尔十六种人格因素量表（16PF）、艾森克人格问卷（EPQ）、内外向性格类型量表、YG 性格量表等成熟量表，对大学生进行心理测试，并对测试结果予以解释。

2. 学习辅导技能

学习辅导技能是指辅导员针对大学生在学习活动中发生的各种问题进行辅导的技能，它在大学生学习方法和策略的指导、大学生学习习惯的养成、班级学习氛围的形成等方面起着重要作用。其内容主要包括：指导大学生选课、补课、形成良好的学习方法、培养学习兴趣、克服厌学心理、管理逃课现象、创建良好学风等。为此，辅导员需要在全面判断大学生总体水平和学习能力的基础上，运用学习心理学与咨询心理学等相关理论给予大学生学习方法上的指导。比如针对许多大学生存在的学习动机不足、学习方法不适应等问题，辅导员应该开展学习技能、学习态度与动机、学习习惯与方法方面的训练与辅导；对部分大学生的学习问题进行干预与矫治，如帮助大学生克服厌学情绪、注意力障碍、自暴自弃与学习困难等。总之，辅导员需要迅速捕捉大学生的学习问题，对不同的学生进行分类、定位，有针对性地对集体性的问题进行有计划的引导，对个别性的问题进行单独指导。

3. 生活指导技能

生活指导技能是指辅导员在帮助大学生形成良好的生活习惯，促进大学生个人生活健康方面的技能，主要包括身体健康辅导、行为辅导、人际关系辅导等。

身体健康辅导要求辅导员掌握一定的健康知识，对大学生的日常健康提供最为基本的咨询辅导服务；行为辅导主要针对大学生的缺陷行为、不适当行为、不道德行为、违法违纪行为等方面的辅导；人际关系辅导主要针对大学生如何处理师生关系、同学关系、朋友关系等方面开展咨询和辅导。

4. 心理疏导技能

作为大学生成长过程的指导者和引路人，辅导员还必须承担疏导大学生心理的职能。大学生经常面临一些适应性问题，需要辅导员传授相关的知识和技巧，因此，辅导员应具备心理辅导技能，积极协助学校心理健康指导中心做好大学生的咨询和指导工作，并及时做好大学生心理危机干预等工作，关注大学生的心理健康水平，开展深入细致的心理健康教育。辅导员的心理疏导技能包括通过一定的教育活动提高大学生学习、人际交往与社会适应等方面的心理素质，充分开发大学生潜能，促进其健全发展的能力；针对心理困扰或障碍的大学生，通过运用鉴别、诊断、干预等心理咨询的程序与技术，消除其心理不适，防治心理疾病，使其保持心理健康的能力；帮助大学生建立心理防御体系，提高有效规避风险的能力，等等。

5. 就业指导技能

就业指导技能是指辅导员对大学生就业所需要的职业观念、知识、方法和技能进行系统的辅导，并进行全过程、多方位的培训和指导，全面提升大学生的就业能力，帮助大学生成功实现就业的职业指导能力。主要包括成才教育指导、职业素质培训指导、择业心理咨询指导、就业政策与就业技巧指导等。具体体现为从就业指导中心、媒体、网络、往届毕业生、企事业单位等收集静态、动态信息，对信息进行归纳、分析、判断和评估，为大学生提供丰富的就业政策、就业信息的能力；帮助大学生树立正确的就业观念、勇于面对竞争的观念、发挥专业所长但也注重综合素质提升的观念的能力；帮助大学生确立自主创业观念的能力；指导大学生掌握择业心理调试技能、制作简历的技巧以及面试技巧等能力。

三、专业道德与专业精神

辅导员的专业素养不仅包括辅导员所需具备的知识、技能等方面的智能因素，而且包括以专业道德和专业精神为核心的情意因素。辅导员的道德、精神等情意素养主要包括职业态度、职业道德、职业情感、职业信念与职业自信等,①它们对辅导员的专业发展有着直接的影响。目前,我国高校辅导员缺乏良好的职业信念和职业认同感,这成为制约辅导员专业发展的瓶颈。

(一) 专业道德

专业道德是从业人员言行的道德规范和伦理要求以及从业人员在信念、追求上充分表现出来的风范与活力。专业道德也称职业道德、职业道德不仅是从业人员在职业活动中的行为标准和要求,也是该行业对社会所承担的道德责任和义务。职业道德是社会道德在职业生活中的具体化,也是衡量个人有无敬业精神和责任感的重要标志。由此衍生,高校辅导员的职业道德是高校辅导员从事学生工作所应具有的且通过工作行为体现出来的,对绩效产生直接影响的行为准则。职业道德在辅导员工作中集中体现为:高度的责任感、自律性、非营利性的服务动机、奉献精神、善于合作的品行和对学生公正无私的关爱。古人云:学高为师,身正为范。高尚的人格是一种无形的力量,会产生强大的凝聚力和感召力。辅导员高尚的专业道德情操和践行过程,可以为学生做出表率,这是道德教育从理论向实践转化的催化剂。

(二) 专业精神

专业精神是辅导员做好本职工作的重要保证和内在动力,有助于辅导员把自己所从事的工作与社会发展联系在一起,从而对自己的工作充满事业心和责任感。专业精神突出表现为强烈的职业意识。职业意识是指人们关于职业的观念形态,即对职业和所从事工作的看法、理解、评价、满意感和愿望等,它对从事的工作起着巨大的促进(或者阻碍)作用。高校辅导员的职业意识指辅导员对自己所从事职业的社会价值有清醒的认识,有荣誉感、事业心;对学生有理解、尊重、合作的态度,有关心、爱护、严格要求的责任感;对职业伦理及其规范有认同感,并有执行的自觉性。可见,高校辅导员的职业意识体现了辅导员对所从事职业所持有的价值观与态度,它是辅导员从事该职业的内在精神动力,也是辅导员提高专业素养的动力基础。辅导员的职业意识强调把大学生的利益放在首位,对学生发展有职业直觉与敏感性,对促进学生发展的策略具有创新意识,强调对辅导员伦理的自觉遵守。这种职业意识必然表现为一种敬业、乐业的精神。"敬业"是辅导员对自己所从事的工作发自内心的热爱和崇敬。"乐业"是辅导员对

---

① 曲建武.高校辅导员素质与能力建设问题研究综述[J].高校理论战线,2006(4):38—39.

自己的工作保持兴趣盎然的状态。学生工作非常细致、艰巨和繁杂，很难加以量化，这必然要求辅导员对学生工作保持一种无私的奉献精神。因此，高校辅导员必须树立起长远、稳定且明确的职业意识，对高校辅导员职业的性质、任务、作用和意义具有充分的认识，在此基础上树立起崇高的职业理想，激发出强烈的职业情感，安心于辅导员事业，忠诚于辅导员事业，献身于辅导员事业，树立职业生涯的观念。

综上，根据对国家政策要求、工作分析和社会角色三个维度的具体分析，形成了专业理想与教育理念、专业知识与专业技能、专业道德与专业精神三位一体的高校辅导员专业素养结构系统。该系统中，高校辅导员的专业道德与专业精神是辅导员从事该职业的思想前提和根本动力；专业知识与专业技能是辅导员从事该职业的本领与技术；而专业理想与教育理念则是辅导员从事该职业的基础。三者相辅相成，缺一不可。

第五章 高校辅导员专业化、职业化问题研究

在中国，伴随着高等教育由精英教育向大众教育的发展，高等教育的经营化、战略化、信息化、风险化、跨国化和知识化趋势已日趋明显。在这一背景下，高校学生工作也逐渐独立化、规范化，同时也越来越需要由专门组织和专业人员进行统一管理。但是在当前，我国高校辅导员工作不是作为一门专业化很强的职业而存在，辅导员队伍人员配备不足、学历不高、人员不稳定、经验不能积累、队伍没有层次，长期处于"非职业化"的状态，难以满足我国教育事业和人才培养发展的需要。我国著名学者张维迎在谈到组织发展的核心竞争力时讲到：如果一个组织不能够走向专业化、职业化，任何宏伟的战略都是不可能实现的。可见，时代发展呼唤一支专业化、职业化的高校辅导员队伍，这是现代高校学生工作发展的必然选择。于是，高校辅导员的专业化、职业化发展成为目前国内关于辅导员队伍建设的一个热门话题。通过高校辅导员队伍的专业化、职业化建设，可以提升高校的核心能力，获取竞争优势。

第一节　相关概念的概述

一、职业与专业

（一）职业的内涵和一般特征

职业是一种社会和劳动分工，体现为一种行业标准。关于"职业"的概念，国外学者主要从社会学与心理学角度来定义。美国社会学家泰勒认为，职业是一套成为模式的、与特殊工作经验有关的人群关系。泰勒的观点指出了职业作为生产关系的本质，即职业是社会关系中的角色体系，它由特定的社会历史文化条件所规定，由具有相应资格条件的个体来担当，二者的合理匹配有利于职业组织和社会的发展。我国的一些学者认为，职业是人们从事相对稳定的、有收入的、专门类别的工作。它是对人们的生活方式、经济状况、文化水平、行为模式、思想情操的综合性反映，也是一个人的权利与义务、权力与职责的体现，进而是一个人社会地位的一般性表征。[①]《中国大百科全书·社会学》的解释为："职业是随

---

① 吕建国,孟慧.职业心理学[M].大连:东北财经大学出版社,2000:5-7.

着社会分工而出现的,并随着社会分工的稳定而构成人们赖以生存的不同工作方式。"①《现代汉语词典》(第5版)的解释为:"职业是个人在社会中所从事的作为主要生活来源的工作。"② 1999年版的《中华人民共和国职业分类大典》解释是:"职业是从业人员为获取主要生活来源所从事的社会性工作类别。"我们倾向于社会学关于职业的概念,即职业是个体在社会生活中用以谋生的工作,职业生活是当今人类社会最基本、最重要的一种生存状态。除了作为谋生的手段外,职业在社会生活中还占据着特殊的地位,它为人们的交往创造了广阔的空间,它是人的社会角色的一个极为重要的方面。社会学家休斯顿认为:"现代人际应对的诸多角色中以他的职业角色为主要角色,是这个角色决定了他的生活态度、人生价值取向及他人对他的评价。""对我们社会中的绝大多数成年人而言,职业通常是人们的首要身份。"③ 因此,在现代社会,职业活动变成了人际关系的主要媒介。

一般来讲,职业具备以下基本特征:①目的性,即职业活动以获取报酬为目的,是个人和社会存在和发展的基础;②社会性,即职业是适应社会需要而产生,从业人员在特定生活环境中所从事的一种与其他社会成员相互关联、相互服务的社会活动;③稳定性,即职业在一定历史时期内形成,并具有较长的生命周期,其活动对象和内容方式都相当稳定;④规范性,即职业活动有专门的经验或技能要求,需要专人去做,必须符合国家法律和社会道德;⑤群体性,即必须具有一定的从业人群;⑥长期性,即职业是人们可以长期甚至终身从事的工作;⑦层次性,即职业的重要性、价值等方面的社会评价使不同行业的社会地位具有层次上的差别。

(二) 专业的概念界定

专业一词最早从拉丁语演化而来,原始的意思是公开表达自己的观点或信仰。随着社会的发展,职业的分化、组合,职业种类不断增加,一些职业日趋成熟,逐渐由一般职业发展成为专门职业,拥有了专门技术,提供专门性服务,形成了所谓的专业。从职业社会学来看,20世纪许多职业进入了专业的行列。所以,专业是社会分工、职业分化的结果,是职业发展的高级阶段。卡尔·桑德斯

---

① 中国大百科全书·社会学[M].北京:中国大百科全书出版社,1991:175.
② 现代汉语词典(第5版)[M].北京:商务印书馆,2005:1750.
③ 〔美〕戴维·波谱诺.社会学[M].李强译.北京:中国人民大学出版社,1999:97.

(Carrl Saunders，A. M)是较早系统研究专业的社会学家。他认为，专业是指一群人在从事一种需要专门技术的职业，这种职业需要特殊智力来培养和完成，其目的在于提供专门性的服务。① 1933年布朗德士（Brandeis）提出，专业是一个正式的职业；为了从事这一职业，必要的上岗前的训练是以智能为特质，卷入知识和某些学问的扩充，它们不同于纯粹的技能；专业主要供人从事于为他人服务而不是从业者单纯的谋生工具，因此，从业者获得经济回报不是衡量他（她）职业成功的主要标准。"②

不过，在不同的学术领域，专业的含义各有不同。教育学学科专业中的"专业"是指高等教育根据社会专业分工需要而设置的学科门类。汉语语义学中的"专业"是指专门从事某种学业或职业和专门的学问的含义。③ 社会学中的"专业"或称"专门职业"，是指一群人经过专门教育或训练、具有较高深和独特的专门知识与技术、按照一定的专业标准进行专门化的处理活动，从而解决人生和社会问题，促进社会进步并获得相应报酬待遇和社会地位的专门职业。④ 我们倾向于社会学关于专业的定义。

（三）专业与职业的区别

根据以上对专业和职业概念的分析，专业与职业最根本的区别表现在：首先，专业需要专业知识和复杂技能为基础，而职业则无须以复杂的学理作为基础，只须按照例规行事，无内行和外行之别。其次，专业需要接受长时间的专业化训练，一般以是否接受过高等专业教育为标志，而职业主要强调个人体验与个人经验总结。再次，与职业相比，专业要更多地提供一种独特、明确、必要的社会服务与奉献，其从业人员把工作看做是一种事业，在自主的范围内对于自己的行为与判断负责任，以高质量的服务取得高报酬，他们一般具有较高的职业声望，在社会职业声望的排位中处于中上层；职业的从业人员仅仅把工作作为谋生手段，在社会职业声望的排位中处于中下层。最后，专业的特点在于需要不断地面对本领域的发展变化，需要具有创新意识并树立终身学习的理念；而职业更多

---

① Raiph Fessler，Judith. Christensen，董丽敏，高耀明译.教师职业生涯周期——教师专业发展指导[M].北京:中国轻工业出版社,2005:1.
② 赵康.专业、专业属性及判断成熟专业的六条标准——一个社会学角度的分析[J].社会学研究,2000(5):33.
③ 汉语大词典编纂委员会.汉语大词典（普及本）[M].上海:汉语大词典出版社,2000:44.
④ 刘捷.专业化:挑战21世纪的教师[M].北京:教育科学出版社,2002:51.

地体现为工匠式的特点,一旦掌握,即可不断重复,无须创新。① (如表 5-1 所示)

表 5-1 专业与职业的差异

专 业	职 业
工作实践以专门知识和技术为基础	工作实践以经验与技巧为基础
工作过程需要心智和判断力	工作过程以重复操作为特征
工作需要自主权	工作需要服从指挥
专业工作者需要接受高等教育,学习高深的专门知识	从业人员通过学徒培训即可
工作需要不断更新知识,掌握新工具、新方法	工作中日益熟练和灵巧
从业资格不易获得	从业资格容易获得
服务社会	谋生手段

(Ralph Fessler,Judith. Christensen,董丽敏,高耀明译.教师职业生涯周期——教师专业发展指导[M].北京:中国轻工业出版社,2005.3)

(四) 专业的标准

标准(criteria)是衡量事物的准则,标准的建立就是为了克服团体生活中无标准下的任意性,以此减少冲突,提高效率。② 社会生活中的各个领域都应该有自己的标准,要想了解一种职业是否是专业,就要看其是否符合专业的标准,以及专业化的程度如何。对一个成熟专业所具有的标准,国内外许多学者有过相关论述。布朗德士(Brandeis)指出构成专业最基本的三大属性:专业应该是正式的全日制职业;以深奥的知识和技能为基础;应该向它的客户和公众提供高质量无私的服务。③ 这一界定得到了诸多社会学家的首肯,也是被引用得最为频繁的经典性定义。美国学者科尔文提出专业需要具备以下特征:为公众提供服务,可以成为终生投入的事业;具有专门的知识和技能;能够投入研究并将理论应用到实践中(或应用到人类的一般问题);有足够长的专业训练时间;达到营业标准或入职要求;在做出职业决定时享有自治的权利;为公众提供服务时对自己的行

---

① 刘捷.专业化:挑战 21 世纪的教师[M].北京:教育科学出版社,2002:54-55.
② 郑也夫.代价论:一个社会学的新视角[M].北京:生活、读书、新知三联书店,1995:85.
③ 赵康.专业、专业属性及判断成熟专业的六条标准——一个社会学角度的分析[J].社会学研究,2000(5):33.

为和做出的决定承担责任,有一套职业行为准则;对工作和顾客负责,重视服务质量;有专门的管理者保证工作效率,不过在具体的现场监理过程中职工有相对的自由;建立包括职工在内的由职工自治的团体;有职业组织或专家小组来确认职工个人的成就;制定了职业道德准则以便判定有争议的服务事件;职工赢得了公众的高度信任和满意;享有较高的社会地位和经济地位。[①] 社会学家利伯曼(M. Liberman)认为专业具有以下特征:范围明确,垄断地从事社会不可缺少的工作;运用高度的理智性技术;需要长期的专业教育;从业者无论是个人还是集体,均具有广泛的自律性(autonomy);在专业的自律性范围内,直接负有做出判断、采取行为的责任;非营利、以服务为动机;形成了综合性的自治组织;拥有应用方式具体化了的伦理纲领。[②] 美国教育学家舒尔曼认为专业原则上至少有六个特点:服务的理念和职业道德;对学术与理论知识有充分的掌握;能在一定的专业范围内进行熟练操作和实践;运用理论对实际情况做出判断;从经验中学习;形成了一个专业学习与人员管理的专业团体。[③] 美国教育协会对专业提出了八条评判标准:专业实践属于高度的心智活动;具有特殊的知识领域;受过专门的职业训练;经常不断地在职进修;视工作为终身从事的事业;行业内部自主制定规范标准;以服务社会为最高目的;设有健全的专业组织。英国学者何伊尔归纳出专业必备的条件:专业必须是能承担关键性社会职能的行业;有履行这一专业需要具备的相当程度的专门化知识和技能;专业人员必须接受高等教育,掌握系统的知识和形成专业的价值观念,这些价值观念以保护顾客的利益为中心,并由此扩展为本行业的道德规范;以知识为基础的技能必须在非常规则的情境中实施,针对具体案例自主地做出专业判断就成为至关重要的准则;有专业组织对有关的公共事务拥有专业发言权,对社会有高度的专业约束自治权;长期的训练,高度的职责等。

我国教育理论专家叶澜教授根据国内外研究归纳了专业的三条标准:一是作为专业的职业实践必须有专业理论知识作依据,有专门的技能作保证,因此,专业人员必须受过专业教育,同时,每一个专业还必须有与其他专业相区别的专业性要求,方能具有独立专业的资格;二是承担着重要的社会责任,有较高的职业

[①] 教育部师范教育司.教师专业化的理论与实践[M].北京:人民教育出版社,2001:120.
[②] 〔日〕筑波大学教育学研究会.现代教育学基础[M].钟启泉译.上海:上海教育出版社,1986:442.
[③] 谢维和.教育活动的社会学分析:一种教育社会学研究[M].北京:教育科学出版社,2000:60.

道德要求；三是在本行业内具有专业的自主权（比如医生的处方权），不受专业外的影响。学者马信行认为专业的五个层面是：运用专门知识——专业人员从事工作时必须要运用专门的知识与技术；提供专业服务——专业工作能为大众提供重要而独特的服务；具有专业自主——专业人员在执行业务时可不接受外界压力与干预，全权处理问题；接受专业教育——专业人员必须接受长期的专门教育，并必须继续不断地在职进修；信守专业道德——专业人员能信守专业理想，献身专业工作。① 可以看出，尽管不同领域的学者对专业的理解存在一定差异，但总体而言，大家普遍认为专业有别于一般的职业，必须经过专门教育或训练、拥有深厚的理论基础、具有独特的专门知识和技术与专业标准、进行特定的社会服务、在社会上享有相应的专业声誉。

基于上述关于专业标准的研究，我们认为成熟的专业应该具备以下特征与标准：

1. 专门的知识与技能

专门的知识与技能是专业人员从业的依据。社会学家弗雷德逊（Freidson）强调，专业区别于一般职业之处在于它们具有非同寻常的深奥知识和复杂技能，每一个专业都有一个科学的知识体系。② 由于专业的科学知识体系包含了非同寻常的深奥知识和复杂技能，它们往往可以导致一个国家的鼓励、制裁行为，给合格的职业提供市场保护，禁止和惩处没有资格的人员从事需要经过国家特许的职业。

2. 专业道德和专业精神

在现代社会，专业分工已极为纷繁细微，专业群体的数量已非常之大，专业道德脱去了早期的个人色彩，一种非个人的、具有普遍约束力的专业道德规范逐渐成熟起来。专业道德是指某一职业群体为更好地履行职业责任、满足社会需要、维护职业声誉而制定的自我约束的行为规范或伦理标准。对于人们的职业活动来说，这种专业道德规范决不是可有可无的东西，而是职业活动本身的有机组成部分。在今天，专业道德规范不仅是挑选从业人员的标准，而且还是淘汰从业人员的法则，是社会评价其职业活动质量的尺度。职业活动的好与坏、善与恶，正是通过该职业的道德承诺与其从业人员在职业活动中对这种道德承诺的履行程

---

① 马信行.教育社会学[M].台北:桂冠图书股份有限公司,1986:146.
② 赵康.专业、专业属性及判断成熟专业的六条标准——一个社会学角度的分析[J].社会学研究,2000(5):33.

度来加以权衡的。此外，某一职业群体能否得到社会的承认，其职业地位能否得到社会的高度评价，也在很大程度上取决于该职业是否有支配和控制其从业人员的制度化了的道德规范。因为，职业道德通过规范从业人员的职业行为，有力地维护着职业集团的社会声望。① 专业道德规范要求其成员把服务对象的利益放在首位。正如美国教育学家李.S.舒尔曼（Lee S. Shulman）所说："一个专业首要的社会目的就是服务。专业工作者应是那些接受了教育并且利用其知识和技能为不具备这些知识和技能的大众服务的人。他们内心要有为大众提供服务的倾向，有义务以道德理解为起点来运用复杂的知识和技能，并通过提供实际工作以表现出公正、责任感和美德来。"②

专业精神是从业人员在对专业工作本质理解基础上形成的关于专业性质及专业发展的观念和理性信念，是职业主体将从事的职业作为一项固定的、长期从事的职业的信念。具体体现为对工作本质的深刻认识和理解，对工作价值和意义的认识和理解。

3. 专业培养与训练

职业的从业人员需要经过长期的专业培养与训练，并不断进修和学习，才能获得专业的可持续发展。"在现代体系中，专家知识的深奥……依从于长期的训练和专业化的结合"。③

4. 专业自主

专业自主指专业的从业人员的行为不受外力的限制，有专业性的自主权。就其整体而言，专业工作者的聘用、晋级、解聘，实行严格的专业评审制度（如实行专业证书制度），行业群体有权从整体上制定本行业的工作标准及实施程序；就个体而言，其成员有权依据其专业知识进行职业判断，有个体承担责任的权利。

5. 专业组织

成熟的专业团队应有相对固定的维护团队利益的高度自治的专业组织。专业成员发起组织诸如学会、协会、联合会等设定入会资格的志愿性民间组织，通过其会员和专业的意识形态影响和规范同一领域里尚未入会的专业人员的行为。形

---

① 王育民.职业与职业道德[J].社会学研究,1994(1):76.
② 〔美〕李.S.舒尔曼.理论、实践与教育的专业化[J].王幼真,刘捷译.比较教育研究,1999(3):37.
③ 〔英〕吉登斯.现代性与自我认同[M].赵旭东译.北京:生活、读书、新知三联书店,1998:33.

成这样的专业组织,一方面能够保证专业地位的确立,保护和提高成员的个人利益;另一方面能够强化个人以及团体的责任感,保障工作对象的利益;还能够在保护和造就专业人员、促使专业服务产品标准化,以及孕育和维持一个专业特定的知识和服务的意识形态等方面扮演关键角色。① 所以,建立由专业人员组成的,诸如学会、协会、联合会之类的自我管理的专业组织,确立专业准则和规范,并对专业人员的个人成就给予认可是专业发展的必需。

二、专业化与职业化

(一) 专业化的概念

社会学家弗雷德逊(Freidson)指出,"专业化可以被界定为一个过程,在这一过程中,一个组织起来的职业,通常需要专门、深奥的知识和才能以保证工作的质量和对社会的福利,获得履行它的特定工作的排他性权利,控制训练的标准和实施对其成员的培训,同时,有权评估和决定工作如何进行"。② 可见,专业化是一种职业逐步发展成为专业的社会过程。在此过程中,从业人员能够不断地接受专业培训或教育,拥有专业技能,形成业内人员共同遵守的专业伦理规范和规章制度,获得相应的专业地位,其正常活动受到社会认可和国家的法律保护。为此,我们可以把专业化定义为一个普通的职业群体在一定时期内,逐渐符合各专业标准,并获得相应的专业地位的过程。③ 专业化一般有两种层面的理解:从动态的角度来说,是一种职业群体在一定时期内,逐渐达到专业标准,获得相应的专业地位,由非专业、准专业、半专业向完全专业转变的过程;从静态的角度来讲,专业化是一种职业发展状态所处的水平,即专业性的程度。因而,专业化是一个发展的概念,它既可以指一种专门性职业既成的状态,又指某种职业发展成专业的过程。本章节主要采用第一种含义,即专业化是专业动态的发展过程。

(二) 职业化的内涵

职业化的观念,早在"二战"前就由美国提出。职业化是和工业革命后专业

---

① 赵康.专业、专业属性及判断成熟专业的六条标准——一个社会学度的分析[J].社会学研究,2000(5):38—41.
② 赵康.专业、专业属性及判断成熟专业的六条标准——一个社会学度的分析[J].社会学研究,2000(5):35.
③ 陈立民.立足教师队伍建设 提高辅导员队伍专业化水平[J].思想政治教育研究,2007(7):21.

化的分工以及职业阶梯、壁垒联系在一起的。社会分工的专业化造成了职业的专门化，而职业的专业化或专门化，就是职业化。在《美国传统词典》中，"职业化"一词有如下几种解释："遵循某种专业标准开展工作；具有某种特长或是某一领域的专家；全身心投入到给定的工作并视之为职业或靠它维持生计。"① 职业化包含很多方面的内容，如国家政策体制、市场机制、组织环境和人才素质等方面。根据中国人民大学劳动人事学院院长曾湘泉的阐释，职业化可以从两个角度去理解，一是从职业生涯的角度，即将所从事的行业和工作作为终生事业来对待；二是从职业的壁垒和标准的角度，即从事这个行业要有一定的标准和要求。根据这一解释，我们认为职业化是指一种职业的专业性质和发展处于什么状况和水平，是一种工作状态的标准化、规范化、制度化，侧重于对职业的社会认同和制度确认，在于使个体在知识、技能、观念、思维、态度、心理上符合职业规范和标准。所以，职业化既包含了对符合职业要求的人才队伍的教育和培训过程，又包含了相关政策、体制、制度等体系的建立与完善过程，还包含了社会与行业文化的形成过程，即此类职业必须得到社会的普遍认同。

由于职业化是在职场中按照一定的行为规范进行活动的行为，因此具有以下内涵：①具有专业化的人员和明确的职责，即社会对从业人员有专门的职业知识、技能、规范等要求，形成了可以传承的知识经验体系，这些专门素质需要经过一定培训才能形成；②形成了职业自律，确立了核心价值和职业理念，有一整套职业伦理、职业道德等行为标准，能对从业人员的行为进行有效约束；③实现了职业独立，形成了健全的职业组织体系；④拥有良好的社会地位和职业环境，能够为从业人员提供广阔的发展空间。

（三）专业化和职业化的关系

根据以上对专业化和职业化内涵的界定，就社会分工的进化历程来看，专业化和职业化是同一过程的两个不同发展阶段，但两个阶段并不是时间上的递进关系，而是相辅相成的，在时间和空间上可以并存。专业化是职业化的基础，职业化是专业化的外在表现，所以，专业化和职业化既相互区别又相互联系。

一方面，专业化和职业化相互区别。从职业发展的角度看，专业化是对从业人员的内在素质要求，更多地强调专业知识和业务能力，由专业领域的量化标准来进行衡量，侧重于队伍的培养和培训；职业化是对岗位的外在要求，侧重于相

---

① 饶征,彭青峰,彭剑茹.任职资格与职业化[M].北京:中国人民大学出版社,2004:17.

关政策、制度的建立与完善。另一方面，专业化和职业化又相互联系，相互促进。从广义来看，专业化和职业化都是为了促进职业的发展，提高从业者的知识和技能，提高职业的社会地位和从业者的收入水平，在目的以及最终要达到的状态上有很大的共通性。没有专业化，队伍的素质就会参差不齐，其职业化水平必定不高；没有职业化，不能形成专门知识和技能要求，专业化的具体内容也就无从谈起。职业化要靠专业化推动，专业化是职业化深入发展的动力。因此，专业化和职业化并不冲突和矛盾，而是辩证统一的。要实现职业化，必须要求从业人员有专业化的水平；而要推进专业化，也必然要求有职业化的从业队伍。

第二节 高校辅导员专业化与职业化

一、高校辅导员专业化

高校辅导员专业化是指依托专门的机构，对辅导员进行科学的管理和培养，使辅导员不断提升专业知识和技能，实施专业自主，表现专业道德，提高学术地位和社会地位，全面有效地履行职责的过程。辅导员专业化的主要表现是辅导员队伍在发展过程中习得较强的专业素质，具备专门的培养制度和管理制度，形成鲜明的专业标准，拥有稳定的专业地位；其目标是通过发展辅导员的专业素质，提高辅导员的工作水平，最终提升辅导员的学术和社会地位。

由于辅导员既指辅导员个体，也指辅导员群体，所以，高校辅导员专业化既指辅导员个体专业化水平提高的过程，也指辅导员群体为争取辅导员职业的专业地位而进行努力的过程。前者是指辅导员个体专业化，后者是指辅导员职业专业化。辅导员个体专业化指辅导员在整个专业生涯中，通过职前、入职、在职的专业训练成为一名良好的专业工作者的专业成长过程。辅导员职业专业化是辅导员群体专业化的发展和社会承认形式。教育社会学者霍伊尔（E. Hoyle）提出，"职业专业化是指一个职业（群体）经过一段时间后成功地满足某一专业职业标准的过程"；"它涉及两个一般是同时进行并可独立变化的过程，就是作为地位改善的专业化和作为专业发展、专业知识提高以及专业时间中技术改进的专业化"。①因而,辅导员职业专业化是辅导员群体专业化发展的必然结果。辅导员个体专业化和辅导员职业专业化共同构成了辅导员专业化,两者相辅相承,密不可分。辅导员个体专业化是辅导员职业专业化的基础和源泉,是辅导员专业化的根本方面。辅导员在个体专业化的发展过程中,不断接受新知识,增长专业能力,不断推进和发展辅导员专业所需要的知识技能、专业组织、专业道德和专业自主,促进了辅导员职业专业化的发展。反之,辅导员职业专业化从根本上影响着辅导员个体专业化的进程和水平。由此,我们可以从两种角度理解辅导员专业化。其一,从职业群体的角度看,辅导员专业化是指高校辅导员从事的职业由普通职业阶段或准专业阶段向专业职业阶段不断发展的过程,即在整个职业层面上逐渐达到专业标准的过程;其二,从高校辅导员个体的角度看,辅导员专业化是指辅导员个体专业持续发展、日臻完善的过程。

辅导员专业化的本质要求是实现辅导员工作的科学化、专门化、专家化。科学化的基本意蕴是辅导员必须承认并尊重辅导员工作的内在规律,努力按规律办事。专门化的基本内涵是对辅导员工作和辅导员队伍有其特殊要求,包括对辅导员的从业资格、素质等方面的要求,辅导员需要通过专门训练才能上岗,需要一定的经验和实践积累才能胜任。专家化,一是指辅导员的基本职责客观上需要有一批精通学生工作理论和规律,具有丰富经验和较高教育艺术的专家;二是指辅导员能够像其他专业教师一样在高校具有培育专家、成长为专家的环境和条件,并事实上能够涌现出一批这样的专家。

从以上分析,我们明确了高校辅导员专业化在本质上是一种动态的发展过程,是一个贯穿从业者职前、入职、在职阶段的连续过程,为此,在与教育和社会环境的互动过程中,辅导员需要不断调整自己的专业思想、价值取向,丰富专业知识和技能,从而表现出与特定职业发展阶段相适应的角色行为。

二、高校辅导员职业化

高校辅导员职业化是指按照社会分工和相应的从业标准,使辅导员工作的职业品质和职业化程度不断提高,最终成为一种稳定的、长期或终生所从事的专门

---

① 〔澳〕邓金.培格曼最新国际教师百科全书[M].北京:学苑出版社,1989:542.

职业的过程。其主要表现是辅导员队伍具有广博厚实的职业知识和职业技能，能把辅导员职业作为职业生涯、终生人力资本投资的事业来看待，有相应的职业培养机构和职业标准保障制度，有专业组织对从业人员进行资格认定，实行职业化管理，有相应的社会地位和经济地位；其目标在于打造一支具有职业化素养、职业化技能、职业化行为规范的专家型辅导员队伍。

辅导员职业化的本质要求是辅导员工作的长期性、连续性、稳定性、职业认同性和社会化。长期性主要针对辅导员的从业年限，指辅导员职业可能并且事实上能够成为许多人愿意选择作为终生从事的或赖以为生的特定活动即生计。这意味着从事辅导员工作不再是以往那种流动性大、短期的、过渡性的权宜之计，而是要将它作为一项长期的甚至终身为之奋斗和实现职业理想及人生价值的事业来做。连续性是指辅导员工作不仅客观上需要长期经验的积累，而且辅导员个人也需要有一个逐步熟悉、了解、适应和进入角色的过程。稳定性指辅导员职业得到社会普遍承认而获得稳定性的存在。职业认同性指逐步建立辅导员工作的进入、考核、晋级、淘汰等机制，实行职业资格标准。社会化主要指高校辅导员身份和来源的社会化。高校辅导员职业化，意味着辅导员将不再只是高校中的一个工作岗位，不再是一个孤立作战的人和群体，而是一种专门的社会职业，意味着辅导员队伍要形成一种行业生存方式，即从业人员具有共同的身份感，共同的话语系统，共同的价值观，清晰的社会边界，同时有行业协会或专业社团在行业管理方面起主要协调作用。从直观意义上讲，辅导员的选聘不应仅仅局限于应届毕业的本科生、研究生，凡是热爱辅导员工作、并具有相应的理论素养和专业技能的人员均可以跻身到这一行列。从更长远的意义上讲，专职辅导员的工作内容并不仅限于高校校园，而是可以在全社会范围内合理流动，也就是说辅导员除了从事大学生思想教育、心理咨询、就业指导等工作外，还可以从事其他组织的员工培训、辅导岗位或其他社会公益性服务岗位的工作。辅导员队伍的多样化和学校与社会之间的流动，形成了辅导员队伍的立体性流动格局，增强了社会和辅导员自身对这一职业的认同感，从根本上解决高校辅导员队伍的稳定性问题。

总之，辅导员职业化是对辅导员岗位属性的一种确认，是通过政策保障、岗位准入、管理培训、职业规划等措施强化职业人员的职业形象，提高职业道德和技能，固化从业标准，以使辅导员拥有事业发展的平台，拥有不可替代的职业地位，拥有较高的职业声望。对辅导员而言，其职业化需要他们认同与适应整个学校文化，把个人的专业发展与学校的宏观发展有机结合起来，并把学校的发展目标内化为个人的职业目标,以之作为个人发展的动力,充分发挥高校辅导员队伍的整体协同效应,使高校学生工作有序并获得高效。

三、高校辅导员专业化与职业化的关系

高校辅导员专业化与职业化是加强和稳定辅导员队伍建设过程的两个发展阶段,两者既有区别又有联系。如果说辅导员职业化将要求从业者长期甚至终身从事辅导员工作,进入职业有相当高的壁垒和标准,那么要达到这样的程度也必然要求辅导员的专业水平不断提高。而辅导员专业水平的提高,也会表现为辅导员职业成为有较高的准入门槛长期稳定的职业。只有在辅导员队伍专业化建设的基础上,才能更好地规划辅导员队伍的职业化发展,才能真正建设一支专门的高水平的辅导员队伍。因此,我们对于辅导员专业化和职业化建设的研究并没有将着眼点放在两个概念的辨析上,而是将其统一起来进行论述。只是为了对两个概念的分析需要,才进行了区分。在现阶段,我国高校辅导员的专业化和职业化应并行发展,但应各有侧重。高校辅导员工作的专业化要求提高辅导员个体和群体的专业化水平,而高校辅导员工作的职业化则强调高校辅导员工作是一个独立的社会职业。通过高校辅导员工作的专业化,发展辅导员的专业伦理、专业精神、专业知识和专业能力,提高辅导员的专业水平;通过高校辅导员工作的职业化,使辅导员工作成为一项可以终身从事的职业,稳定辅导员工作队伍,纠正辅导员行政化、业余化倾向,提高辅导员工作的独立性、规范性和社会声望。最终,辅导员专业化将统一到辅导员职业化中,辅导员职业经过发展逐渐成熟,逐渐符合专业标准,成为专门职业。可见,专业化使辅导员有了职业规范,有了努力的方向;职业化使辅导员有了发展目标,从而使得队伍更加稳定。因此,辅导员队伍要按照专业化的要求来接受培养、培训,并且按照职业化的要求来完成工作任务。

综上所述,专业是职业的必要条件与基本前提,也是职业化的内在动力和基础保障;而职业化是专业化稳定性的提升与发展。关于专业与职业、专业化与职业化的关系,首都师范大学王树荫教授描述为专业(学科)—职业(工作)—专业化(工作专门化)—职业化(事业)—专家队伍。高校辅导员工作是一项专业性、科学性很强的工作,又是一门综合性、实践性很强的工作,通过专业培养或岗前培训,辅导员才能从事学生工作;经过工作实践锻炼和继续教育,辅导员工作业

务逐步专门化；随着职业资格的真正具备（内容而不是形式）和职业理想的养成，一部分辅导员视辅导员工作为长期从事的具有专业性要求的事业，逐步走上了职业化道路，并在职业化的基础上进一步专家化。即在全面履行辅导员工作职责的基础上，从大学生成长成才的实际需要出发，经过科学分析、合理规划，在涵盖大学生发展的各项工作中，凝练出辅导员专业发展的主要方向，成为具有丰富工作理论和实践经验的专家。

四、高校辅导员专业化与职业化的内涵与外延

高校辅导员的专业化与职业化，是一个富有历史文化含义而不断变化的动态发展的过程，其实质是以提高辅导员工作成效为目标，以教育的专业性、科学性为基本要求，以角色的稳定性和长期性为基本特征，使辅导员逐步走向专门职业和特定专业的发展趋向和过程。① 基于前述专业的标准，专业化与职业化的理解，可以从以下五个方面来理解高校辅导员的专业化与职业化。

（一）体系完备的专业知识结构和专业技能

高校辅导员工作的专业化与职业化，要求辅导员必须接受专门的专业教育或培训，具有学生工作必需的专业知识和专业技能，否则就不可能形成专业；要有相关学科的建设，否则就不可能持续发展。

完备的专业知识结构是辅导员专业化与职业化的知识基础。因为辅导员工作是一项复合型的工作，工作中会涉及多方面的学科知识，为此，辅导员必须通过严格训练和终身学习，不断实践和总结，提升专业理论，具有丰富的管理学、教育学、心理学、组织行为学、社会学等学科的专业知识，为学生提供学习、生活、就业、心理等多方面的帮助和服务。专业技能如调查研究能力、文字表达能力、演讲沟通能力、组织协调能力等是辅导员工作水平专业化、职业化的直接体现，也是区别非专业辅导员的根本方面。

（二）具有专业精神和职业伦理

辅导员的专业精神是指辅导员在思想上把辅导员工作当做一项专门的事业来对待，树立育人成才的专业理想和专业信念，由此能够引导专业行动。具体体现

---

① 朱平.高校辅导员的职业化、专业化解读[J].安徽师范大学学报（人文社会科学版），2007（2）：218－233.

为辅导员对学生工作的本质、目的、意义、价值、规律等有深刻的理解和感受，认识到辅导员工作的目的和价值在于以学生为本，塑造学生的灵魂，促进全面学生健康成长。专业精神是辅导员专业化和职业化发展的重要前提，有利于保证辅导员将工作视为一项事业而奋斗，而不是一个过渡性的职业，从而改变辅导员队伍低水平循环发展的现状。

职业伦理是辅导员队伍专业化、职业化发展最根本和最直接的体现，包括从业者的职业道德、职业意识与职业心态。职业道德是辅导员在职业活动中必须遵循的道德规范和行为准则，其内容可概括为爱岗敬业、诚实守信、乐于奉献、公正公平、团结协作、承担责任、追求卓越。职业意识表现为辅导员对自身职业的认识、积极的职业情感和优良的职业品质。当前，尤其要求辅导员具备学习意识、实践意识、敬业意识、奉献意识、创新意识、竞争与合作意识、效率意识和诚信意识等。辅导员职业的使命感和责任感要求辅导员具有积极进取的心态与思维方式，辅导员的职业心态常有积极进取、消极倦怠和介于两者之间的模糊心态之分。

只有对辅导员职业有了明确、清晰的定位和深刻的理解，才能自发形成高尚的职业道德、正确的职业意识和积极的职业心态。

（三）具有专业职责和权力，形成专业自我

岗位职责不明确、岗位权力实施受阻是辅导员专业化、职业化发展的重要阻碍，因此，实现辅导员的专业化与职业化发展必须明确其专业职责和权力。所谓专业职责，是指辅导员的工作范围和责任范围。一个专业只有有了专门的、其他专业无法替代的服务领域，才是一个成熟的专业。辅导员的专业化与职业化标志着辅导员工作是一个独立的、自成体系的职业领域，所以，需要明确辅导员的职能定位、岗位职责以及行为规范准则，这不仅体现了工作职能的专业化，而且有利于明确辅导员工作的目的性和方向性，为辅导员的专业化发展扫清事务性障碍。所谓专业权力，是指在工作范围内，辅导员应当具有相对独立、自主的发言权和处理事务的权力，减少其他非专业部门和人员的干预。这样，辅导员就能够在职业生活中创造并体现符合自己志趣、能力与个性的独特的工作方式以及在职业生活中形成知识、观念、价值体系与工作风格，最终树立风格独特、理念清晰、行为高效的专业自我的地位。专业自我是辅导员职业走向成熟、最终形成专业化特色的标志。

（四）具备健全的法律法规制度

社会专门职业的发展，必然有相应的法律法规作保障。高校辅导员的专业化与职业化发展,也必须有相关法律法规提供政策和制度保障。通过制定一整套严格规范的关于辅导员的选留制度、培训制度、考核制度、激励制度和保障制度,才能对辅导员进行规范化管理,进而推动辅导员发展。

(五)设立专门的培养培训机构

专业教育和训练是专业化的关键,所以,设立专门的教育培训机构,建立包括上岗培训、日常培训、高级研修、专题研修、学历学位培养在内的完整的教育培训体系,有利于促成辅导员专业化进程。其内容包括心理咨询、就业指导、职业生涯规划、教育管理方法的掌握和运用,还有相关政策的理解和执行能力等,以此体现教育、管理和服务的专业化。

(六)建立专业团体组织

为了规范辅导员队伍从业人员的职业活动,为了协调辅导员职业与社会其他方面的利害关系,更主要的是为了维护辅导员职业团体的集体声望,需要建立社会化的专业团体组织,比如辅导员协会。辅导员专业团体组织,一方面通过制定职业道德章程、守则、规范乃至职业誓词等,约束、规范和维护辅导员群体的行为,强化辅导员个人以及团体的责任感;另一方面,可以在辅导员业务工作的研究、培训、培养、交流方面发挥重要作用,提升辅导员队伍的专业素养,提高其专业地位。

(七)建立专门的职业能力测验和测试机构

专业和职业需要考核和测定,需要有严格的认证制度。因此,建立专门的职业能力测验和测试机构,研究和分析辅导员职业的基本能力要求,设计能够客观反映这些能力的测验内容和测试方式,对辅导员是否具有专业素质进行专业认证,推行辅导员职业资格制度,对实现职业认定的专业化并实施职业化管理有重要意义。

第三节 高校辅导员队伍专业化、职业化建设的必要性、重要性与可行性分析

积极推进高校辅导员队伍的专业化、职业化建设,不仅需要明确辅导员专业化、职业化的科学内涵及其辩证关系,而且要充分认识这项工作的必要性、重要

性与可行性。辅导员作为大学生健康成长的指导者和引路人,在促进大学生全面成才、培养社会主义事业合格建设者和可靠接班人方面负有十分重要的责任,是贯彻党的教育方针、实施大学生思想政治教育、维护高校和社会和谐稳定的重要依靠力量。加强辅导员队伍的专业化、职业化建设,努力提高他们的工作能力、学术水平和职业素养,增强队伍的战斗力和凝聚力,是促进大学生健康成长的根本要求,是深入贯彻落实中共中央16号文件的重要保证,也是辅导员自身发展的内在需要。而国家连续几年出台的政策文件,辅导员工作的理论和实践成果,西方发达国家学生工作的成功经验,以及教师专业化发展途径则为辅导员队伍的专业化、职业化建设的开展和实施提供了现实基础。

一、高校辅导员队伍专业化、职业化建设的必要性

高校辅导员队伍的专业化、职业化建设既是现代社会职业发展之必需,新形势下加强和改进大学生思想政治教育之必需,适应高等教育快速健康发展之必需,促进大学生全面发展之必需,也是实现辅导员队伍可持续发展之必需。

(一)现代社会职业发展之必需

不同的联系纽带构成现实生活中人的不同缘分,决定着人们以不同的方式和形态聚合成不同的社会类型。社会学中将社会传统地划分为三缘社会,即血缘社会、地缘社会和业缘社会。从业缘社会的角度来考察人类社会生活及其状态,是我们深刻而全面地把握现代人类社会的最主要、最基本、最有效的社会学方法和认识模式之一。[①]

现代社会催生了职业的专业化和专业的职业化,专业化和职业化是现代社会文明的重要特征之一。在现代社会,各种职业间的差异越来越明显,对从业者的要求也就迥然不同。社会学家涂尔干(E. Durkheim)提出:"在高等社会里,我们的职责不在于扩大我们的活动范围,而在于使它们不断集中,使他们朝着专业化的方向发展。我们必须划定我们的范围,选择一项确定的工作,全心全力地投入进去。"[②] 为了适应现代职业发展的需要,医生、律师、教师、工程师等职业已经初步实现专业化,其从业人员职责规范明确,工作技能专业性强,享受专业自治,职业相对稳定且发展较快,在服务社会、促进社会进步

---

① 刘捷.专业化:挑战21世纪的教师[M].北京:教育科学出版社,2002:7.
② 〔法〕涂尔干.社会分工论[M].渠东译.北京:生活·读书·新知三联书店,2000:359.

方面发挥着重要作用,体现出其独有的专业价值。因为"无论就表面还是本质而言,个人只有通过最彻底的专业化,才有可能具备信心在知识领域取得一些真正完美的成就"。① 所以,辅导员职业要具备专业素养,具备专业的培养制度和管理制度,形成鲜明的专业标准,拥有稳定的专业地位,就必须走专业化和职业化发展之路。

(二)新形势下加强大学生思想政治教育,构建和谐校园之必需

当今世界,政治多极化的趋势继续发展,经济全球化的进程不断加快,多元化思潮正在形成,传统两大阵营的对峙和意识形态的冲突正在被以各个国家为代表的多元文化的冲突所取代,加之网络的飞速发展和快速普及,全球成为一个开放的系统。国际和国内局势的瞬息变化,既给高等教育的发展提供了机遇,也使高等教育面临前所未有的挑战,大学生处在越来越复杂的环境中。当代大学生群体在总体上是健康向上的,具有较强的自主意识、创新意识、成才意识和竞争意识,但是在部分大学生中不同程度地存在政治信仰迷茫、理想信念模糊、价值取向扭曲、诚信意识淡薄、社会责任缺失、艰苦奋斗精神淡化、团结协作观念差、心理素质欠佳等现象。如2004年的"马加爵事件"透视出个别大学生对生命价值的藐视、对所肩负的社会责任和家庭责任的忽视,也折射出贫困大学生群体自卑自闭等心理健康问题;大学生自我约束力缺失,对自我维权意识和对法律法制精神的追求更加强烈,助学贷款遭遇还贷率低、呆账、坏账充斥的诚信危机尴尬局面……如何针对大学生的思想特点,把握大学生思想意识发展变化的规律,在尊重大学生群体多样化价值取向的基础上,全面贯彻落实科学发展观,利用社会主义核心价值体系等主流意识形态引领他们健康发展,成为大学生思想政治教育的重要课题,也是高校贯彻落实中共中央关于构建社会主义和谐社会精神的主要表现。高校辅导员是大学生思想政治教育的骨干力量,是大学生思想政治教育的组织者、实施者和指导者,肩负着大学生的世界观、人生观和价值观教育、道德教育、法制教育、诚信教育等重任。辅导员队伍的素质、工作的方式方法直接决定着大学生思想政治教育的效果。因此,建立一支专业化、职业化的辅导员队伍,是加强和改进大学生思想政治教育工作的当务之急,对于实现国家的长治久安和社会主义事业的兴旺发达具有重大的战略意义。

---

① 〔德〕马克斯·韦伯.学术与政治[M].冯克利译.北京:生活、读书、新知三联书店,1998:23.

(三) 高等教育改革和发展之必需

随着高等教育改革不断深入,我国高等教育已经逐步实现由精英教育向大众化教育的顺利过渡。但与此同时,高校扩招带来学生人数剧增,辅导员工作量不断增加,使其工作时间精力无法保证;办学条件跟不上规模扩大的需要,学生人数众多与学校资源相对短缺的矛盾愈发凸显甚至出现冲突,影响了教育教学和学生的教育管理;随着学分制和弹性学制的完善,班级概念逐步淡化,学生对个性发展的需求越来越迫切;后勤社会化改革使包括学生公寓在内的生活服务逐步从原先由学校统包统管向由社会化的学校后勤企业或社会企业过渡,其工作性质也从高校的后勤保障向社会化的消费服务转变;高校收费制度和就业制度改革,使学生成为知识的有价"消费品",高昂的上学费用和竞争激烈的就业市场使学生面临巨大的经济压力和就业压力⋯⋯高校在规模、结构、体制等方面发生了巨大变化,这给传统的高校辅导员的工作观念、模式、内容提出了变革要求,也向高校辅导员解决新问题的能力与方法提出了挑战。曾任斯坦福大学校长的唐纳德·肯尼迪说:"对学生负责是大学的主要使命。"[1] 对当前我国高校而言,对学生负责就要加快学校的硬件建设,提高教学质量,为学生提供更多更好的服务,而最根本的是要加强师资队伍建设,使学校拥有一批高水平、高素养的教师。辅导员作为高校坚持社会主义办学方向和培养社会主义建设者和接班人最直接的教育者和实施者,也必须具有较强的专业素养。由此可见,高等教育的改革和发展使辅导员工作面临严峻的现实和巨大挑战,但同时也成为辅导员队伍专业化、职业化建设的契机。为此,加强高校辅导员队伍的专业化、职业化建设,引导辅导员树立终身学习和开拓创新的观念,不断研究新情况,增强竞争意识、服务意识,更新专业知识结构,提升专业技能,有效引导大学生正确对待学习、生活、情感和就业等方面的问题,及时化解各种矛盾,维护校园和谐、稳定,促进高等教育事业持续健康发展。

(四) 促进大学生健康成长与全面发展之必需

一方面,在当前文化多元化的背景下,大学生出现了重利轻义、重智轻德、重知识技能轻政治信仰、重做事轻做人等倾向;缺乏挫折逆境教育;对网络的强烈依赖使其沉迷于网络的虚拟世界进而导致自我封闭;集体合作精神的缺乏导致大学生社会交往出现困难;情感的困惑再加上学习、就业的压力以及家庭、社会

---

[1] 朱孔军.价值审视和制度构建[J].思想教育研究,2007(7):24.

不利环境的影响,大学生中患有心理障碍和心理疾病的人数比例呈上升趋势;民主意识空前高涨,对学校改革特别是涉及自身利益的一些问题如学校的学科专业发展、后勤改革等十分关注,对建立民主的学生管理方式和新型平等的师生关系寄予厚望;法律意识越来越强烈,学会理性地对待学校的管理,开始懂得用法律武器维护自身合法的权益。另一方面,随着近年来高等教育的大众化和大学生就业的市场化以及大学生缴费上学、自主择业、学分制和弹性学制的实施、后勤社会化改革等,当今大学生在学业、心理、生活、就业等方面的服务需求越来越多样和独特,更关注自身的发展与成长,迫切需要高校辅导员提供更全面更专业的指导与服务,而传统的学校经验式、粗放式的教育管理模式显然已不能适应这一要求。

大学生是祖国的希望,民族的未来,要促进大学生的全面发展,就要加强对大学生成长过程的引导。作为大学生健康成长的指导者,辅导员给予学生的指导和帮助不仅是思想政治素质的教育和提高,而且还要为学生提供心理健康教育、职业生涯辅导、学生事务管理等诸多方面的服务。这一系列的工作需求赋予了辅导员诸多不同的职业角色,这些职业角色需要相应的专业知识和专业技能作基础,而这绝不是靠多一点补助和搞一点政策吸引就可以解决的,也绝非简单地嫁接其他专业的高学历就能实现。只有保证辅导员的专业化培养和职业化发展,才能确保广大辅导员胜任这一专业性要求非常高的工作,才能适应大学生日益强烈的成才需求,真正按照以人为本的原则,促进大学生健康成长与全面发展。

(五)高校辅导员专业发展之必需

信息化社会的来临,知识更迭的速度加快,打破了辅导员专业知识和技能一次性学习的格局,"合格辅导员"已成为一个相对概念,辅导员要在社会和自身行业中求得更好的生存与发展,就必须通过不断的教育培训,更新教育观念,提升专业知识和技能,实现专业持续化发展。在终身教育思想的指导下,按照专业发展的不同阶段,辅导员的专业发展分为职前培养、入职教育和在职培养三个阶段。可见,辅导员的专业发展不是终结性的、一次性的,而是一个动态的、连续的过程,所以,在职前培养阶段接受系统专业基本训练的准辅导员,走上工作岗位后还必须步入以提高岗位工作适应性和专业发展为主要目的的在职培训。

但是长期以来,高校辅导员工作始终处于非专业、非职业化状态,表现为没有完整的知识系统,没有认同的职业标准,没有认可的评价体系,造成人员过渡性强、待遇与地位不高、工作职责不明确、专业性不强等问题。近年来,虽然重视这支队伍整体素质的提高,但无非是借助其他专业的高学历,人员结构有所改变,人员素质、工作水平并没有根本改观,这些问题一直困扰着辅导员队伍的建设,也严重影响了学生的培养质量。实践证明,没有专业培养作基础,辅导员队伍素质就必然参差不齐;没有职业发展作保障,辅导员队伍的可持续发展就必然受到极大影响。长期下去,辅导员的职业生命就会萎缩,甚至被其他职业代替。[①] 只有专业培养与职业发展结合起来,辅导员队伍才能走科学发展之路。一方面,辅导员经过专业化的培养,不断提高自身素质,持续地向社会提供优质的、专业化的服务,进而从根本上解决辅导员职业的社会认同问题;另一方面,通过制定辅导员职业标准、建立辅导员职称职务序列、完善辅导员职业管理制度、发展专业团体等,才能有效解决辅导员的归属感和职业忠诚度问题。所以,无论是从辅导员专业发展规律,还是从辅导员专业发展需要看,辅导员队伍的专业化、职业化建设都具有必然性和必要性。

二、高校辅导员队伍专业化、职业化建设的重要性

加强辅导员队伍专业化、职业化建设,可以从根本上提高辅导员队伍的整体素质,改变辅导员边缘化的尴尬处境,保持辅导员队伍的稳定,增强辅导员工作的实效,促进大学生的健康成长和全面发展,保证高校人才培养的质量。

(一)提升高校辅导员的专业自我和专业地位,推进工作的科学化、规范化

专业自我是人们认识所从事职业的专业性特征,并由此对职业形象、自尊、职业动机、工作满意度,对所承担的任务的认识以及对职业未来的期望等产生的积极的态度与体验。一个成熟的专业(如医生、律师)享有很高的专业权威与很强的专业自主,具有良好的职业声望与社会地位。当前,高校辅导员疲于应付日常的事务性工作,缺乏专业学习的自觉性与主动性,缺乏专业发展的紧迫感与方向感;辅导员工作仍然被认为是任务繁杂、缺乏挑战性且经验型、事务性很强的非专业性工作,在一定程度上受到社会冷遇,这一现状严重影响了辅导员职业在人们心目中的形象与地位,也导致身处如此环境中的辅导员难以体验到工作的乐趣,充满着职业自卑情结,表现出明显的专业自我失落倾向,职业过渡性强,职

---

① 冯刚.论辅导员的专业化培养和职业化发展[J].思想教育研究,2007(11):13-15.

业发展乏力。

学生工作是一门极其复杂、没有专门训练及具备深厚的专门知识与技能就难以胜任的工作，辅导员专业化与职业化的推进必将明确辅导员的从业标准，提高辅导员的专业素养，这对于辅导员重新审视自己的职业性质，摆脱职业自卑，树立专业自尊，找回专业自我具有重要意义。随着辅导员专业化与职业化建设的不断深入，一批成熟、自主、理性的辅导员形象必将展现在社会公众面前，以科学化、规范化的工作方式和专业的、高质量的服务赢得广大教师、学生与社会公众的尊重和信赖，从而提升自身的社会地位和学术地位。随着辅导员职业形象的改变带来的社会地位提高和强烈的社会认同与肯定，对于优秀人才无疑将构成一种强大的吸引力，使得他们继续留任和加盟到高校学生工作中来，把辅导员工作作为个人的终身事业来追求，从而推动辅导员队伍的建设与发展走上良性运转的轨道。

（二）提升大学生思想政治教育的成效

辅导员队伍专业化与职业化是确保大学生思想政治教育取得实效的基本条件，是中国特色大学生思想政治教育的重要保障。通过辅导员队伍的专业化和职业化建设，能够从整体上提高辅导员队伍的综合素质，推动他们深入研究和把握思想政治教育的科学规律，在实践中不断改进工作的方式方法，切实有效地开展大学生思想政治教育工作，并采取有力措施引导大学生增强抵御西方资本主义消极、腐朽思想的能力；有助于推动辅导员在市场经济条件下对大学生进行价值取向和行为选择的正确引导，在多种文化环境中坚持社会主义意识形态的主导性，巩固和加强马克思主义在高校的指导地位，增强大学生的爱国主义和社会主义信念，开拓出大学生思想政治教育的新局面，帮助大学生健康成长，构建和谐高校。

（三）推动高等教育改革，促进大学生健康成长与全面发展

伴随着高等教育改革的不断深入和发展，当前大学生的学习、生活与发展环境发生了重大改变，多元文化环境下大学生发展多样化的需求迫切需要高校辅导员提供更全面、更专业的指导与服务。加强辅导员队伍的专业化与职业化的建设，必将要求辅导员深入学习、研究学生工作与学生发展的相关专业理论知识，逐渐加深对学生工作和学生发展问题的理性认识，提高专业成熟程度，从经验型向研究型发展，真正成为学生工作和学生发展的理论研究者和实践者。随着辅导员专业化与职业化建设的不断深入，政府及高校不仅会积极主动地给予辅导员信

赖、支持并大力改善其工作环境和物质生活待遇,而且会加强对辅导员队伍的教育培养、考核管理、晋升发展等制度的积极探索,这必将吸引一批优秀人员的加入,为学生工作队伍输入新鲜血液,不断推动学生工作和学生发展理论研究水平和实践水平的提高,从而进一步推进高等教育的改革和发展。同时,与辅导员专业化与职业化建设相伴而生的辅导员队伍科学的教育理念和管理思想,精深的专业知识结构,较高的职业道德、专业精神和不断提高的对学生发展过程的理解能力、实践能力和驾驭能力等,必将为辅导员队伍赢得良好的专业信誉和专业地位,有助于辅导员根据形势的变化为大学生提供更好的思想政治引导、学习生活指导、职业生涯指导和心理健康辅导,从而满足大学生日益强烈的成才需求,促进其健康成长与全面发展。

三、高校辅导员队伍专业化、职业化建设的可行性

从我国辅导员发展的历史条件和现实基础来看,辅导员队伍的专业化、职业化建设在目前是切实可行的。国家政策的制度保障、不断深化的辅导员工作的相关理论与实践成果,西方发达国家学生工作的成功经验以及教师专业化发展的经验都为辅导员队伍的专业化、职业化发展提供了有利的现实基础。

(一)国家政策提供了制度保障

党和国家历来高度重视高校辅导员队伍的建设问题。自建国初期设立政治导员制度以来,虽然几经变化,但是一直延续到现在,辅导员在全面贯彻党的教育方针,保证社会主义办学方向和培养人才质量方面功不可没。尤其是改革开放以来,在历次召开的高校党建和思想政治工作会议上都特别强调要不断加强和改进辅导员队伍的建设问题,充分肯定他们在维护高校改革、发展与稳定大局方面的重要作用,充分肯定他们在合格人才培养中所具有的特殊地位。教育部党组2000年颁发的《关于进一步加强高校学生思想政治工作队伍建设的若干意见》,不仅充分肯定了辅导员队伍在大学生思想政治教育工作中的重要地位和特殊作用,而且对队伍建设提出了指导性意见,推动了高校辅导员队伍建设和管理的规范化、制度化。中共中央和国务院在2004年颁发的《关于进一步加强和改进大学生思想政治教育的意见》和在2005年出台的《关于加强和改进高等学校辅导员班主任队伍建设的意见》,确立了辅导员的选聘原则,明确了辅导员的培养、工作发展以及与学生的配备比,要求鼓励和支持一批骨干长期从事辅导员工作,

向职业化、专家化方向发展。2006年教育部在上海召开的全国高校辅导员队伍建设工作会议，明确了辅导员的角色定位、工作职责、素质要求和晋升发展、待遇等具体问题。2006年颁布的《普通高等学校辅导员队伍建设规定》进一步发展和完善了辅导员队伍专业化、职业化的建设方向，规定了辅导员的工作要求和工作职责，辅导员队伍的配备与选聘、培养与发展、考核与管理等原则，成为新时期加强辅导员队伍建设的纲领性文件。《2006—2010年普通高等学校辅导员培训计划》对辅导员队伍培训的指导思想、培训原则、培训目标、主要任务以及保障措施提出了更为详细具体的要求和规范化的操作程序。

这些文件明确了辅导员队伍的角色定位、工作定位、工作职责和素质要求，明确了辅导员队伍建设的领导和管理体制，明确了辅导员队伍建设的选聘、培养和发展机制，为加强高校辅导员队伍的专业化、职业化建设提供了持续有力的政策和制度保障。

（二）已有相关理论与实践成果的巨大推动作用

近年来，围绕高校辅导员的专业培养和职业发展，一些专家学者进行了深入研究，在学生工作的基础概念、基本范畴、基本理论和基本方法等方面已经形成了一套相对稳定的知识体系，这些理论成果一方面深化了对辅导员队伍建设规律性的认识，丰富了辅导员队伍建设的内容，拓宽了工作思路；另一方面用于指导实践，提高了学生工作的绩效。为落实中共中央16号文件，教育部举办了大规模的学生工作骨干国内外示范培训，实施了辅导员学位提升计划，建立了一批辅导员培训和研修基地，开展了全面系统的培训。同时，也成立了辅导员的全国性组织——中国高等教育学会辅导员工作研究分会，定期举办工作论坛。各省的辅导员培训和研修基地正式运行，开展对本省高校辅导员的培训工作，取得了巨大成效。如2007年4月，中共福建省委教育工作委员会、福建省教育厅下文委托福建师范大学、华侨大学、福州大学、福建医科大学、集美大学等5所高校建立全省高校辅导员培训基地，福建师范大学负责辅导员骨干培训和辅导员在职攻读硕士、博士学位工作，华侨大学负责辅导员事务管理业务技能培训，福州大学负责辅导员学生职业生涯指导业务技能培训，福建医科大学负责辅导员心理健康教育和心理咨询技能培训，集美大学具体负责辅导员形势与政策教育教学能力培训；上海建立了专业辅导员培训基地，并与高校合作在全市范围内设立6个分基地，承担职业生涯规划和就业指导服务辅导员、心理辅导专业化辅导员和生活园区住楼辅导员的教育培训工作。

在高校，一些专业性较强的理论知识和实践技能正不断被使用在学生工作中，如针对正在探索中的大学生指导服务体系，一些高校成立了大学生心理健康指导中心、帮困助学中心、就业指导中心、创业指导中心、学习指导中心和生活指导中心等机构，为学生提供针对性的指导和服务。如针对大学生在人际交往、恋爱情感、经济困难、求学择业等方面存在的困惑，一些高校建立了比较规范的学生心理测量、咨询以及解决体系，并取得了一定实效；在大学生的就业指导方面，一些高校已经开展了系统化、专业化的职业生涯辅导，从大学一年级就开始进行职业倾向的测量、生涯设计以及职业能力的培训等；一些职业资格证如心理咨询员、心理咨询师、职业指导师、人力资源师等已在高校学生工作队伍中开始实行。高校辅导员协会自2005年以来纷纷成立，由于集培训、交流和学习功能为一体，大大提升了辅导员在教育学、心理学、管理学和社会学等领域的理论素养和运用能力。很多高校还成立了思想政治工作专门研究机构，定期举办思想政治工作研讨。《思想政治教育导刊》、《学校党建与思想教育》、《思想理论教育》等思想政治教育类期刊为辅导员工作的研究提供了交流平台和理论阵地。一些高校还大胆地吸收了国外先进的管理理念、技术并运用到学生事务管理的许多方面，使大量的学生工作事务摆脱了传统的人工管理方式，代之以高效、便捷、科学规范的计算机系统服务模式。这些都为辅导员专业化、职业化的理论建设、学术阵地建设和课程建设打下了良好的基础，大大促进了辅导员队伍专业化、职业化建设的进程。总之，各地各院校辅导员队伍建设的实践表明，推进辅导员队伍专业化、职业化建设不仅十分重要，而且也是完全可行的。

（三）西方发达国家高校学生工作专业化、职业化的成功经验

西方发达国家尤其以英国、美国为代表的学生工作专业化、职业化的成功经验为我国高校辅导员队伍的专业化、职业化建设提供了有益的借鉴，值得我们深入研究（具体内容参见第二章相关章节）。

（四）高校辅导员专业和职业发展的强烈要求

首先，随着高校毕业生就业形势的紧张和高等教育的快速发展，高校辅导员岗位日益成为高校毕业生的就业选择目标，这为各高校选聘优秀毕业生提供了可能。"华东理工大学2008年对外公开招聘21名学生辅导员，吸引了全国各地2000余名优秀硕士、博士前来应聘。南开大学2008年公开招聘10个岗位，国内外1820名研究生应聘，五成以上应聘者拥有知名高校的硕士或博士学历，最远的来自德国不莱梅。"其次，当前辅导员出于自身素质提高的强烈愿望，使得高

校辅导员专业化、职业化建设的实施具备了积极的主观需求。辅导员渴望通过这一建设过程发展和提高自己的工作能力和工作水平，同时提高自己的社会地位和学术地位，以改变目前的现实困境。

（五）教师专业化的发展和理论成果提供了现实借鉴

教师专业化是现代教育发展的历史要求，实施科教兴国战略的需要，是世界各国的共同目标，教师专业化发展已是不争的事实。高校辅导员作为高校教师的重要组成部分，自然也将被纳入专业化、职业化发展的轨道。国内外关于专业化、职业化理论研究的已有成果如《高等教育法》、《教师法》的制定出台，《教师职业道德》的广泛认可，教师资格证制度的推行，教师教育类期刊的丰富发展以及师范教育专业课程建设的日趋成熟等，都为辅导员的专业化、职业化建设提供了有益的借鉴，进而推进高校辅导员的专业化、职业化进程。

因此，在已经具备了有力的政策保障、良好的理论基础和实践成果、积极的主观愿望等条件下，我国各高校应该大胆开拓，开创出具有中国特色的高校辅导员工作机制，为社会主义主义现代化建设培养合格人才做出应有的贡献。

第四节 高校辅导员队伍专业化、职业化现状、问题与原因分析

高校辅导员队伍的专业化、职业化是我国高等教育迅速发展向高等院校学生工作提出的新要求，也是辅导员队伍建设着力解决的重要问题。我国高校辅导员制度从建立以来走过了五十多年的历程，其角色从最初的政治指导员演变成现在学生全面健康成长的指导者。大学生成长环境的丰富性、发展的多样性、需求的多元化以及大学阶段的基础性与重要性，都越来越彰显出辅导员工作及其专业素养的重要性。但是，目前我国高校辅导员队伍却存在种种非专业化、非职业化的现象，其专业、职业发展遭遇整体素质亟待提高，职责过于宽泛，从业时间相对较短等问题，客观上影响到辅导员队伍的质量和稳定，严重制约了大学生的全面健康发展。

一、高校辅导员队伍专业化、职业化现状及其问题

随着高等学校的辅导员队伍建设工作逐步深入,对辅导员专业化、职业化内涵的认识逐步加深,一些地方和高校纷纷开展了一些实践探索,积累了一定经验。但是,当前我国高校辅导员专业化、职业化发展的水平和速度,与高等教育自身发展的要求相比,与世界发达国家相应人员专业化、职业化水平相比,与理想的辅导员专业和职业标准相比还存在很大差距。就整体而言,我国高校辅导员队伍处于边缘化、离散型的非专业性、非职业化状态。从全国范围来看,我国高校辅导员队伍存在队伍不稳定、工作周期短,职业意识淡薄;社会认同感低,职业归属感不强;职称偏低、兼职比例偏大、非专业背景居多、年龄结构不合理;职责不明确、工作成果不明显、工作事务化倾向突出;社会地位和学术地位偏低;专业知识欠缺,工作胜任力低,专业研究基础薄弱等问题,这已经成为制约辅导员队伍建设和发展的瓶颈,无法适应新形势下大学生成长、成才教育的需要。

(一)"泛化"的学生工作内容体系

高校学生工作泛化,是我国高等教育改革和发展的产物。所谓学生工作泛化,是指高等教育大众化和高校内部管理体制改革进程中,高校学生工作内涵、职能不断超出其原有范围,呈现扩展、派生的态势,以及学生工作与学校其他工作交叉、渗透、融合并不断深化、强化的现象。① 随着高校扩招,学生数量剧增,辅导员的日常工作也随之增多,其工作内容呈现出复杂性和琐碎性的特点。辅导员工作的范围大到学校的改革建设,小到学生的起居生活,包括学生思想政治教育、班级建设、课堂考勤、心理辅导、就业指导、宿舍管理、危机处理、勤工助学、社团活动,组织部发展党员、体育部组织学生运动会、后勤管理处查处学生违章用电、繁重的文体比赛、各种检查评比等。在做好常规工作的同时,还要深入实际,了解学生的品德、学习、生活、兴趣等各方面的特点,因材施教,进行个别教育。另外,加强与任课老师之间的联系,及时与学生家长沟通学生的情况,做好家校之间的信息传递,也是辅导员工作的重要内容。辅导员工作可以说事无巨细,事务多,责任重。

---

① 马援.高校学生工作泛化及对策研究[J].扬州大学学报(高教研究版),2005(3):44.

(二) 高校辅导员专业地位不高包括辅导员自身待遇偏低

目前,高校学生工作的地位还没有得到高校内部其他人员的广泛认可,很多人仍然质疑学生工作的专业性。在大部分人心目中,教学和科研无疑需要专业人士承担,至于学生工作,人人都可以做,谁做都一样,结果导致辅导员工作带有明显的事务性倾向。根据调查,认为学校领导比较重视学生工作,在学校中同管理、教学、科研人员地位大致相同的占 16.0%,认为在学校没有地位和有机会就跳槽的占 46.0%,认为从所处地位能够接受的占 38.0%。①

高校辅导员队伍不仅专业地位不高,还普遍存在待遇偏低的情况。一般来说高校教师和专业技术人员,大部分能从国家、单位、市场三方面获得收入,但由于工作性质和相关的规定与要求,辅导员既无科研项目,又不能从事第二职业或外校带课,只能获得国家和单位的分配,直接导致他们的工资待遇明显较其他教师要低。调查显示,近 65% 的一线辅导员对工资待遇现状表示不满意;对于工资收入同学校同等级别专业课教师比较,50% 的辅导员回答低,30% 的辅导员回答基本持平,只有 1% 的辅导员回答高;70% 的辅导员对学校给予的相关激励措施持否定态度。② 在津贴方面,辅导员的收入也比较少。实际工作中,辅导员经常会面临一些突发事件,在车费、误餐费、电话费等方面的经济损失长期得不到重视与补偿。同时,由于在分房、补助等福利待遇方面缺乏相关政策的倾斜,使没有职称、实际工作支出又大的辅导员们明显处于弱势。

(三) 高校辅导员队伍不稳定

稳定是一支队伍生存和发展的前提和基础,没有稳定,人心就会涣散,就会失去凝聚力和向心力,也就谈不上战斗力。没有相对稳定的高校辅导员工作队伍,就没有学生工作的稳步提升。当前,我国高校辅导员队伍的不稳定性主要表现在两个方面:

1. 高校辅导员对所从事的工作抱有临时观念

在实际工作中,高校辅导员的敬业爱岗精神不足,对本职工作缺乏动力,不安心本职工作,缺少长期做学生工作的思想准备,担心今后的前途和出路。调查

---

① 梁金霞,徐丽丽.完善制度 健全机制 推动辅导员队伍健康发展[J].国家教育行政学院学报,2006(6):84.

② 裴情敏.高校辅导员问题大盘点——辅导员也需要辅导[EB/OL].http://job.chsi.com.cn/jyzd/zazhi/ch/200703/20070316/759776.html,2007-03-16.

显示，相当多的辅导员缺乏方向感和目标，关于"个人事业发展前途是否迷茫"的选项中，只有 15.14% 的辅导员选择"没有困扰"，选择"困扰较大"和"困扰很大"的人数比例合计为 44.76%。当被问及是否愿意长期从事辅导员工作时，选择"不愿长期从事，但会干完一个任期"的比例为 51.91%，3.49% 选择"不愿长期从事，希望马上调离"。也就是近六成的辅导员不愿意长期从事这个职业。① 频繁的人员流动，强化了在岗辅导员对前途的迷茫，他们无法从前任同行和工作中找到成就感或可能"实现自我"的价值，所以，不少人把辅导员作为职业生涯的过渡。

2. 高校辅导员在岗时间短，人员更替频繁

辅导员工作既要引导和帮助学生树立正确的人生观、价值观，又要不断结合形势变化有针对性地研究解决大学生中不断出现的各种问题，同时还要对学生当中的各种显性和隐性组织、组织行为进行辅导和帮助，所以，辅导员工作必须满足大学生从外在行为养成实践到内在心理素质培养的需要，而这需要长期实践经验的积累和人文素养的积淀，同时还要辅之以沉稳练达的心理和多方面知识的有机构建。② 但是调查发现，富有长期从事学生工作经历和经验的辅导员为数不多，且随着年龄的增长而呈现数量越来越少的趋势。截至 2006 年年底，全国高校辅导员队伍中，从事辅导员工作的时间，4 年以下的占 68%，4—10 年的占 23%，11—20 年的占 7%，20 年以上的占 2%。③ 而对于 4 年以内的从业人员，从业时间在 1 年以下的占 17.2%，1—2 年的占 15.1%，2—4 年的占 29.4%。④ 可见，当前我国高校辅导员队伍的从业人员非正常流动快，在岗时间短，人员更替比较频繁，呈现出岗位过渡性职业、离职率高等特点。辅导员队伍不断有新手加入，加入—熟悉—流失—再加入，如此不断培养又不断流失，使辅导员队伍陷入恶性循环。这一状况严重影响了辅导员工作的积极性、主动性和创造性；破坏

---

① 周凯,樊未晨.高校辅导员探讨职业化发展[EB/OL].http://www.cyol.net/zqb/content/2008-03/07/content_2092146.htm,2008-03-07.

② 廖敏,树立科学发展观 建立高校辅导员独立专业发展标准[J].陕西师范大学学报(哲学社会科学版),2006(7):115.

③ 周凯,樊未晨.高校辅导员探讨职业化发展[EB/OL].http://www.cyol.net/zqb/content/2008-03/07/content_2092146.htm,2008-03-07.

④ 梁金霞,徐丽丽.完善制度 健全机制 推动辅导员队伍健康发展[J].国家教育行政学院学报,2006(6):83.

了学生工作的连续性、系统性和有效性，不利于辅导员队伍工作经验的积累，降低了工作威信和成效，也制约了辅导员队伍向专业化、职业化和专家化方向的发展。

（四）高校辅导员队伍结构不合理

高校辅导员队伍的结构主要指年龄、学历和职称的基本构成。辅导员队伍的结构是否合理，关系到大学生的教育、管理和服务职责能否有效履行。当前辅导员队伍在年龄、学历和职称方面的不合理状态，严重影响了学生工作的科学性、有效性。

1. 高校辅导员配备不足，师生比例不协调

《普通高等学校辅导员队伍建设规定》指出，高等学校总体上要按照师生比不低于1∶200的比例设置本、专科生一线专职辅导员岗位，辅导员的配备应专职为主、专兼结合，每个院（系）的每个年级应当设专职辅导员。但是，根据调查，现阶段按标准配置辅导员队伍的高等院校仅占33.8%，未达到标准配置的占66%，其中10%以上的高校存在着严重不达标现象。[①] 截至2006年年底，全国高校共有本专科生专职辅导员69 198人，师生比为1∶238；研究生专职辅导员2721人，师生比为1∶374。本专科生兼职辅导员36 819人，研究生兼职辅导员3682人。[②] 事实表明，辅导员数量配置不足在很大程度上影响着高校大学生工作的正常开展，学生隐性存在的问题难以及时疏导，教育效果难以保证，教育管理的质量难以提高。因此，在加强辅导员队伍建设的过程中，科学合理配置辅导员仍然是一项重要课题。

2. 高校辅导员队伍的年龄构成

年龄结构是根据高校辅导员队伍的年龄层次划分的，辅导员队伍的年龄结构反映着其生存和发展的自然基础状态。目前高校辅导员队伍的中坚力量处在26—35岁年龄段，整个队伍呈年轻化的趋势。据调查，截至2006年年底，我国高校辅导员队伍的年龄分布，21—30岁的占65%，31—40岁的占21%，40—50

---

① 赵庆典,李海鹏.努力建立大学生思想政治教育的组织保证和长效机制——高校辅导员班主任队伍建设情况调研报告[J].国家教育行政学院学报,2006(2):77-78.

② 周凯,樊未晨.高校辅导员探讨职业化发展[EB/OL].http://www.cyol.net/zqb/content/2008-03/07/content_2092146.htm,2008-03-07.

岁的占10%，20岁以下和50岁以上的占4%。① 辅导员队伍的年轻化可以适应学生工作的很多需要，比如有朝气、有活力，容易和学生实现交流和沟通，在思想上和心理上与学生比较接近，也更容易理解学生的想法和行为；精力充沛、年富力强，可以较好的适应当前工作量大、工作时间长等要求；对新知识的接受能力较强，自身的知识更新速度比较快，能够跟上学生成长的需要。但是，高校辅导员不仅仅是大学生的益友，更应该成为大学生的良师。然而，调查发现，刚刚大学毕业就从事辅导员工作的人约占20%。他们普遍缺乏人生体验和工作经验，在社会阅历、知识积累、能力水平等方面存在严重不足，理论功底也不深，对学生中的一些热点和难点问题存在困惑和不解，难以站在理论高度释难解疑。总体上看，年轻辅导员难以从人格魅力、知识积淀、人生经验等方面给予学生准确、适时的指导，其工作处于"做中学"的状态，"保姆"、"办事员"成了他们的代名词，结果辅导员工作难以深入开展，只能应付日常事务，处于一种低水平的重复过程，很难有创新和提高。至于促进学生健康发展的实效性，更是难以达成。

3. 高校辅导员队伍的学历、职称与职务普遍较低

学历结构是指高校辅导员队伍的学历构成。在育人过程中，学生对辅导员有潜在的期望心理。如果辅导员和学生学历相当，将很难树立自身在学生心目中的威信，其工作也难以取得实效。因为从某种意义上讲，学历是知识和素质的象征，辅导员要有一定的学历层次，才能胜任工作需要。教育部《普通高等学校辅导员队伍建设规定》要求选聘的辅导员至少具有本科以上学历。然而，目前辅导员队伍的学历层次基本以本科为主，虽然有硕士和博士，但数量相对较少。据调查显示，截至2006年年底，辅导员队伍学历构成，大学专科及以下学历占9%，本科学历占62%，研究生学历占27%，博士研究生学历占2%。② 2008年10月，广东高校一线专职辅导员有4800人，其中本科学历者占70%，研究生学历占28%，博士研究生学历占1.7%。③ 这样一支学历层次偏低的辅导员队伍，要在以教学和科研为主旋律的高校开展好大学生工作，存在很大局限性。

职称结构是指高校辅导员队伍的职称构成。根据调查，截至2006年年底，

---

① 周凯，樊未晨.高校辅导员探讨职业化发展[EB/OL]. http://www.cyol.net/zqb/content/2008－03/07/content_2092146.htm,2008－03－07.

② 同上。

③ 徐静.广东高校辅导员可评教授近期出台拟分三级[EB/OL]. http://www.sjtu.edu.cn/news/shownews.php?id=19366,2008－12－29.

高校辅导员队伍的行政职级，副科级以下占83.2%，正科级占10.2%，正处级占1.3%；专业技术职务，初级及以下占68%，中级占23%，副高级占8%，正高级占1%。① 可见，当前我国高校辅导员队伍的职称、职务结构呈现出中、初级职称比例较大，高级职称职务者比例较小的特点。这说明许多年轻的辅导员还没有达到晋升中级专业职务的年限，一些已经达到或晋升高一级专业职务年限的辅导员可能遭遇晋升困难的门槛。

（五）高校辅导员队伍的专业素养较低

高校辅导员工作是涵盖了管理学、组织行为学、心理学、伦理学、哲学、社会学等多学科的专业，其工作内容包括学生思想政治工作，指导团委、学生会工作，评定奖学金、贷款，对学生的培养、教育，就业指导等。因此，辅导员给予大学生的指导和帮助融专业知识、实践经验、能力为一体，集服务水平、态度、方法于一身，这决定了高校辅导员岗位是一个复合型的岗位，一名优秀的辅导员，必须是具有专业化素质的复合型人才。但目前大部分辅导员都缺乏必要的教育学、心理学、管理学等方面的专业知识，运用这些教育科学理论开展学生工作的能力较弱，难以对学生进行有效教育和引导。据国家教育行政学院对全国高校辅导员队伍的调查显示，当前辅导员中，具有哲学社会科学（含思想政治教育）学科专业的占9.6%，具有教育学、心理学和社会学学科专业的占3.8%，两者相加只有13.4%，相对较少。而理工类、农林医类、地质和石油化工类学科专业的占32.9%，其他普通文科类学科专业的占53.7%，两项合计为86.6%。② 没有相关的专业背景和知识储备，在面对大学生工作的新要求和各种复杂局面时，辅导员不同程度地存在知识恐慌和本领危机。由于缺乏相应的心理学知识，很多辅导员缺少有效识别和干预学生心理问题的专业技能，不能做到防范于未然；在就业指导、职业发展方面，大多缺乏洞悉职场发展趋势或指导学生进行职业生涯规划的能力，只能停留在为学生提供少量求职信息、组织参加招聘会、办理签约手续等较低层次的服务水平；知识更新意识不强，知识陈旧、知识面狭窄，对新知识利用少，重经验轻创新；难以准确抓住问题的实质、掌握教育时

---

① 周凯，樊未晨.高校辅导员探讨职业化发展[EB/OL].http://www.cyol.net/zqb/content/2008-03/07/content_2092146.htm,2008-03-07.

② 赵庆典，李海鹏.努力建立大学生思想政治教育的组织保证和长效机制——高校辅导员班主任队伍建设情况调研报告[J].国家教育行政学院学报,2006(2):77-78.

机；处理信息的能力尚显不足；组织协调和沟通能力不强，指导和服务学生的能力不足。

另外，高校辅导员队伍的科研水平也较低。理论是行动的先导，要有力的指导学生工作，辅导员必须提高自身的科研能力，加强学生工作和学生发展的理论研究。但目前我国还没有建立起学生工作的学术梯队，还无法有组织、有计划地把学生工作的热点、难点、重点确立为研究课题。科研意识不强、科研能力较差，学术水平与地位不高，缺乏对学生问题的洞察力和敏感性。从其科研成果看，经验性、政治性、事务性的研究风格居多；就专著而言，大多为学生工作论文集、学生工作手册和相关学生工作的论著等；从期刊论文而言，学生管理、思政类的文章占绝大多数，真正专业性的研究很少。

高校辅导员队伍专业素养的缺失导致辅导员现有的专业水平、实践能力远远不能满足学生、学校和社会发展的需要。面对学生的思想困惑、行为偏差、心理压力和就业迷惘，往往心有余而力不足，有的只能简单地以制度和纪律来约束学生，既影响了大学生的健康成长，也不利于辅导员自身的持续发展。

二、高校辅导员队伍专业化、职业化发展现状的制约因素

当前，我国高校辅导员队伍的专业化、职业化发展受到政府、高校和辅导员自身等多方面因素的影响和制约。一方面，辅导员队伍的专业化、职业化发展缺乏制度保障。国家关于辅导员政策的实施受到各级政府、各级管理层、学校所处发展阶段等因素的限制，辅导员队伍专业化、职业化的制度建设与理想还有较大差距，其完善还需要一个过程。广东省教育厅副厅长李小鲁曾指出："现行制度决定了辅导员是个过渡性职业，无法打持久战。"另一方面，我国辅导员队伍的专业化、职业化发展水平不高，发展不平衡，辅导员的职业胜任能力模型还没有得到有效构建，辅导员自身素质良莠不齐，社会认同感和职业声望较为低下，这些构成了辅导员专业化、职业化发展的迫切需要与辅导员发展现实之间的矛盾，成为辅导员专业化、职业化建设的瓶颈。

（一）高校辅导员队伍专业化、职业化建设的政策偏差

长期以来，高校辅导员队伍不仅在高校中的地位不明确，队伍建设也缺乏长远规划和有效措施，这与国家教育行政主管部门所制定的有关辅导员队伍建设政策存在偏差有一定关系。

1. 对高校辅导员的角色定位不够准确

关于高校辅导员的角色，长期以来国家一直都将其定位局限于思想政治教育者或德育工作者，未能完整地反映辅导员工作的实际情况，难以适应新形势下学生工作和学生发展的实际需要。而与之相对应的，高校学生事务工作也一直被当做思想政治教育工作的附庸，始终未能给予充分认识和肯定，结果导致辅导员工作处于"泛化"状态。不过，将学生事务工作内容的大学生学习辅导、心理健康教育、就业指导等工作简单归之于思想政治教育或德育范畴，未免有些牵强附会。让辅导员来落实这些工作，从纯粹角色意义上看，似乎是"不务正业"，在一定程度上难免会冲淡思想政治工作的主题，也难以真正把上述工作做到有效。

所谓"名不正"，则"言不顺"。能否对辅导员角色做出明确定位，将直接影响到辅导员的角色认同。由于受教育行政主管部门政策文件中角色定位局限的影响，长期以来，无论是高校，还是辅导员自身，都在一定程度上对辅导员身份存在模糊认识，以致辅导员无法获得清晰的角色期望，难以适当地执行角色行为，容易造成角色冲突。

2. 缺乏专业化和职业化导向

高校辅导员队伍建设指导思想的非专业化和非职业化导向是当前辅导员队伍专业化、职业化建设陷入困境的重要原因。

（1）工作任职的短期性。按照中共教育部党组 2000 年颁布的《关于进一步加强高等学校学生思想政治工作队伍建设的若干意见》的规定，专职学生辅导员任期一般为 4—5 年；任期满后，根据工作需要、本人的条件和志向，再有计划地定向培养。政策的这种流动导向性显然从一个侧面反映出辅导员工作并非一项可以终身从事的职业，而只是作为辅导员个人职业生涯的过渡。由于非职业化的工作性质，在岗辅导员难以树立起牢固的职业思想，从自身发展和前途考虑，不愿也不敢潜心本职工作，从而造成了辅导员的主观动机与制度上的角色期望之间的冲突。多数辅导员工作两到三年就读研或者转岗，使辅导员岗位一直成为新手练习的平台，从而陷入一种恶性循环。总之，辅导员的非职业性特征制约了队伍专业化水平的提高，而非专业性特征又影响了队伍的职业化程度，使之更不具有职业吸引力。

（2）发展导向的功利性。在对高校辅导员的分流问题上，相关政策文件要求把辅导员作为党政后备干部和教学科研后备力量来培养。《关于加强高等学校辅导员、班主任队伍建设的意见》明确指出,要把专职辅导员队伍作为党政后备干部培养和选拔的重要来源……根据本人的条件和志向,也可向教学、科研工作岗位输送。这些政策的初衷是为了吸引人才,为辅导员提供好的出路,但实际却加剧了辅导员的主观动机与制度上的角色期望之间的冲突。专职辅导员长期脱离专业教学和科研,所以,使他们成为教学科研后备力量往往变为一种美好的理想。辅导员的职业生涯发展规划缺乏选择空间,出现个体发展到一定层次后难作新的定位,以致个人在事业发展道路上倍感前途莫测。同时,这种政策导向也不免会让一些带有功利色彩的人为了"曲线留高校任教"或为了"曲线读研"而进入辅导员队伍,带着这样的目的而非热爱学生工作的意愿进行工作,对学生工作难以深入研究,职业转向的可能很大。不仅如此,将辅导员作为党政后备干部培养更在某种程度上体现了根深蒂固的"官本位"思想,容易导致辅导员把行政职务的高低作为衡量个人事业是否成功、人生价值是否实现的目标,使其只是将担任辅导员视为一种经历,而不是作为一种职业和事业进行追求,难以将辅导员工作作为学科和专业来进行研究实践,不利于辅导员队伍的长期可持续发展。尽管2005年教育部颁布的《关于加强高等学校辅导员、班主任队伍建设的意见》中提出,鼓励和支持一批骨干攻读相关学位和业务进修,长期从事辅导员工作。但是,辅导员作为一种"临时职业"的观念在高校教师、学生甚至部分领导干部当中已根深蒂固。"应急型"、"经验型"的角色标签已被直接或间接地贴在了辅导员身上。如果不从根本上把辅导员工作提升到学科、专业的高度来认识,把辅导员队伍作为高校的一支专业技术队伍来建设,将很难从根本上改变上述状况。

(3)培训内容和目标的片面性。高校辅导员工作是一项专业性的工作,有着自身的工作特点、工作规律、工作程序和工作方法,也有着相应的理论体系。因此,辅导员工作是一项集多种学科于一身的专业性工作。在西方发达国家,学生工作已形成了相关的教育理论和技术,并在高等教育学框架内建立了相应的学科方向。而我国却将高校将辅导员工作纳入学生思想政治教育工作或德育范畴。在美国,从事学生工作需要具有高等教育学、心理学、学生工作等领域的硕士学位,中层管理职位还必须拥有相关领域的博士学位,并通过美国学生人事协会和辅导员协会的培训和考试。而在我国,针对辅导员的培训内容更多地体现为思想政治教育学科,培养目标则是成为思想政治教育方面的专家。如《关于进一步加强和改进大学生思想政治教育的意见》规定辅导员培训以"马克思主义理论和思想政治教育工作相关学科专业为主要内容",鼓励他们成为"思想政治教育方面的专家"。①《普通高等学校辅导员队伍建设规定》要求"高等学校应当鼓励、支持辅导员结合大学生思想政治教育的工作实践和思想政治教育学科的发展开展研究","支持辅导员在做好大学生思想政治教育工作的基础上攻读相关专业学位,鼓励和支持专职辅导员成为思想政治教育工作方面的专门人才"。② 辅导员培训仅仅以马克主义理论和思想政治教育工作相关学科专业为主要内容是片面的,难以满足辅导员承担的人才培养的重任和学生日益多元的需求,在一定程度上会造成辅导员现实的角色行为水平与理想的角色要求之间的冲突。

(二)高校组织人事因素

高校在辅导员队伍建设方面缺乏专业化、职业化导向,缺乏科学的管理机制,这成为制约辅导员队伍专业化、职业化的另一重要因素。

1. 高校辅导员队伍建设缺乏专业化和职业化导向

(1)指导思想的非专业化和非职业化。高校在辅导员队伍专业化、职业化建设上缺乏必要的导向,主要体现在队伍建设的指导思想上。部分高校对辅导员的工作年限以及转岗或深造等方面做了相关规定,有的学校提出只要在辅导员岗位上干满两年即可免试直升相关专业的研究生,有的提出在一定时期内完成一定的科研项目,就可以转到教师岗。这些政策对辅导员的安排存在短期思想,很少有建设一支专业化、职业化、专家化辅导员队伍的意识,结果导致不少辅导员刚参加工作就不得不面临转岗的问题,因为他们感受到的只是分流、转岗的压力和对前途的迷茫,看不到自己的从业方向和发展目标,所以无奈之下不得不把辅导员作为职业生涯的过渡。

(2)职业入口无严格的专业门槛限制。当前,我国高校辅导员在招聘和录用上,决定性条件主要包括中共党员、研究生及其以上学历、做过学生干部并且具有较高的组织和管理能力等非专业化条件,而教育学、心理学、管理学等相关专业学科出身,专业能力等方面的要求却成为了附带条件。

第一,强调政治素养,忽视专业学科背景。从招聘条件可以看出,大多数高校偏重于政治素养,这主要源于国家对高校思想政治教育工作的重视。《普通高

---

① 教育部.关于进一步加强和改进大学生思想政治教育的意见[EB/OL]. http://www.southcn.com/nflr/zhnegccz/zhangcbb/200411040685.htm,2004-10-15.

② 教育部.普通高等学校辅导员队伍建设规定[EB/OL]. http://www1.sxau.edu.cn/dwxcb/web/news/show_news.asp? news_id=210,2006-09-19.

等学校辅导员队伍建设规定》第八条明确规定，高校选聘辅导员应该坚持政治强、业务精、纪律严、作风正的标准。可见，对于辅导员的政治素养要求排在业务素质要求前面，加之指导学生党支部和班委会建设是辅导员职责之一，因此，高校在招聘辅导员时，大都将党员（或预备党员）和良好的政治素质列为第一位，而对应聘者所应具备的专业学科没有明确要求，只有少数高校提及管理学、教育学、心理学、思想政治教育学等相关专业背景的毕业生优先。这使得一些管理学、教育学、心理学、社会学等相关专业的毕业生，即使品学兼优、如果不是党员将难以涉足辅导员队伍。这样就把一大批拥有丰富理论知识，甚至大量实践经验的专业人才排斥在外，而那些拥有党员资格的非专业应聘者却往往能如愿以偿。由于相关专业知识的匮乏，选聘后的辅导员很难有效引导、教育学生，特别是不能较好地给学生以职业生涯、心理健康教育、学习方法等方面的指导。

第二，重视学历和一般能力，忽略专业能力要求。高校招聘辅导员，通常都对应聘者的学历有明确要求，目前一般为研究生；对应聘者能力的要求主要体现为语言与文字表达能力、逻辑思维能力、计算机操作能力等一般能力方面。不少高校还要求应聘者在校期间通过大学英语四级和六级，或持有效外语成绩（TOEFL 550 分以上、GRE 1800 分以上或 IELTS 6.0 分以上），或有在国（境）外学习进修一年以上的经历；有的学校要求应聘者在校期间的学习成绩优异，如本科毕业生的平均学分积点：文科 2.8 以上，理科 2.6 以上，研究生学习成绩平均分必须在 80 分以上；有的要求应聘者必须取得 2009 年国家公务员考试或本市公务员考试笔试成绩，普通话水平测试达二乙以上……而对学生工作必需的专业能力，如职业生涯规划指导能力、心理健康教育能力、学习辅导能力等却没有明确规定。大学生工作千头万绪，高校如果只强调辅导员的学历和一般能力，而忽略其专业背景和专业能力，很容易造成辅导员所学专业与当前职业相去甚远这一问题，结果往往导致辅导员产生严重的挫败感。同时，高校对辅导员在专业要求上的低限制状态，工作能力和工作水平的业余化，更会导致辅导员只凭经验进行重复性劳动，严重影响工作实效。

第三，注重经验管理，忽略经验的专业性。高校招聘对于经验的重视，主要集中于管理方面，如要求担任过学生干部并有一定的工作业绩，如在校期间获得过校级以上优秀学生、优秀学生干部（含优秀团干）或优秀党员的奖励，对辅导员的实践工作经验却没有明确规定，结果可能导致辅导员工作停留于经验层面，难以取得突破性进展。

第四，招聘存在性别、年龄歧视、地域和学校层级限制。许多高校在招聘条件中对应聘者的性别、年龄、户口所在地以及毕业学校的层级提出要求。性别要求，多体现为男性优先，或者只限于男性，有的甚至要求男生身高1.70米以上，女生身高1.60米以上；年龄方面，一般要求应聘者在30岁以下，有的高校甚至限制在26周岁以内；居住地要求方面也有优先顷向，本地生源优先，有的高校给本校毕业生留有一定数量的职位，因为认为这些毕业生熟悉当地文化环境，而且学校可以不提供住处，从而节省教育成本；学校层级方面，一些高校要求应聘者是"211"或"985"学校的毕业生，有的甚至要求应聘者的第一学历必须是"211"或"985"院校全日制本科。这些招聘条件往往容易导致辅导员队伍年龄结构年轻化、性别不均衡、近亲繁殖和名校崇拜等问题的产生。

2. 高校辅导员队伍管理缺乏科学机制

当前，高校在辅导员队伍管理方面的多层体制，如严格科学的选聘制度、专业化的培养培训制度、完善的考核制度和激励机制的缺乏也制约着辅导员队伍的专业化和职业化进程。

（1）多层管理体制。我国高校学生工作实行校党委、校行政领导下的学生工作委员会，学生工作处（部）、校团委是学生工作管理的主体，院党总支副书记、院长（主任）具体负责。从学生工作管理的链条来看，校领导（分管学生工作的副书记或副校长）——校级党委、行政职能部门、校学工部及团委——二级学院或系党总支——辅导员。在这个行政链条中，对辅导员具有直接、间接指导或有工作指派关系的部门一般有：党委组织部、宣传部、校办、党办、学生处、教务处、招生办、计财处、校团委、后勤部门（公寓管理中心、校医院）等；辅导员的人事管理由人事处负责；任用、选拔、提升、流动则在组织部；编制在二级院系，因此还承担了院系内的教学秩序管理和行政事务工作。这种分散管理方式使得辅导员处于多头管理的局面，结果导致其职责不明确，整天陷入事务性工作当中，成为学校职能部门的"勤务兵"和院系的"服务员"。辅导员有一个成长过程，自身能力培养和素质提高有赖于合理的工作安排及有利的工作环境，而当前高校将辅导员置于一种职责宽泛不明确、工作繁杂无中心的状态，繁重的工作压力令他们分身乏术，这既不利于辅导员的专业和职业发展，又必然造成其工作的针对性不强、实效性差，同时使得辅导员在组织上无归属感，事业上难有成就感。

（2）选聘制度不完善。高校在辅导员的选留和聘任方面有一整套程序，但缺乏明确的选聘制度或选聘办法。目前高校的选聘方法,首先是看简历,再通过笔试、情景模拟和个别面试等阶段和环节来确定应聘者的去留。在面试以及决定过程中,主要凭借面试者的主观印象,以及应聘者的临场发挥,没有一套严格、科学的评价和判定标准。也就是说,在辅导员队伍的进口中,没有职业或者行业标准。这样,在面试过程中难免有人由于临场发挥不好或者其他人为因素而被淘汰。同时由于没有一定的职业或者行业标准,降低了辅导员自身的价值和社会认可度。

(3) 缺乏专业化的培养培训制度。随着高校辅导员工作专业性的日益突显,其工作目标的实现既有赖于深入研究大学生的发展规律和相应的教育规律,也有赖于深入研究辅导员的专业素养要求,以构建从业者的专业知识和能力结构体系。对于高校来说,加强辅导员的培养培训工作,是辅导员队伍建设的关键环节。目前,各高校积极组织了各种形式的辅导员培训,选派优秀辅导员参加教育部、各省份举办的骨干培训和境外考察,在一定程度上提高了辅导员的专业水平。但是,相对于辅导员专业发展历经职前培养、入职教育和在职培训一体化的建设目标而言,当前的培训还远远不够。由于对辅导员专业发展的研究才刚刚起步,我国高校目前还没有建立一套完善的培养培训制度,没有设置辅导员专业,大部分辅导员都是直接从高校各专业毕业来校或直接留校的。而各高校往往又重使用、轻培养,重经验积累、轻专业学习,缺乏有针对性的专业教育和培训,辅导员进修、考察的学习机会少,呈现出非专业化发展状态。

从培训交流情况看,2006 年,每位辅导员平均参加校级培训 3.5 次,32%参加了省级培训,12%参加了各类专项培训。① 辅导员平均接受业务培训的时间仅为 40.5 小时(5 个工作日),由辅导员行业组织的培训仅占 2.50%。关于辅导员培训规划,认为所在学校有常规培训规划的占 41.7%,认为无计划但偶尔有一些培训的占 57.1%,认为没有培训计划的占 1.2%;关于辅导员岗前培训,认为所在学校辅导员岗前必须进行培训的占 75.5%,回答否定的占 9.8%;关于辅导员的专业培训,认为培训经常化的占 24.1%,偶尔进行培训的占 67.3%,回答没有培训的占 8.6%;关于辅导员的脱产、半脱产和在职培训计划,给予否定回答的占 58.1%,给予肯定回答的占 41.9%;关于选拔优秀辅导员攻读与本职

---

① 吴晶. 我国大力开展高校辅导员班主任骨干培训工作[EB/OL]. http://news.sohu.com/20071229/n254382897.shtml, 2007-12-29.

业相关的学位,给予肯定回答的占 26.1%,认为没有此项计划的占 73.9%。① 可见,大部分高校对辅导员有培训计划并进行了一定的培训,但大多没有对辅导员进行常规培训的规划;大部分高校组织过相关专业的培训,但是,这种培训没有做到常态化,只是偶尔进行,结果导致辅导员工作过程以经验性和事务性为基本特征。其中既有基层工作具有直接性、事务性、琐碎性特征的原因,也有辅导员工作缺少专业研究和理论支持的原因,而专业化基础薄弱是重要因素。这首先是辅导员工作的学科支持薄弱,即便是与辅导员工作联系最为紧密的思想政治教育学科发展的历史也不是很长,其中关于辅导员工作的研究和教学起点还很低;其次是对于辅导员工作内容和方法的研究不够深入,辅导员队伍自身也缺少对本职工作的研究,大多数成果还处于经验总结层次,缺少调查研究、科学实验、理论总结;再次是辅导员缺少专业团体组织,较低的社会化程度客观上限制了辅导员素质、能力和水平的提升。

总之,专业化培养培训制度的欠缺,导致大多数辅导员不具备从事学生教育、管理、咨询、辅导等相关工作的业务知识和专业能力,严重阻碍了辅导员队伍的专业化和职业化发展。

(4) 考核制度不科学。从 20 世纪 50 年代高等教育试行辅导员制度以来,经过半个世纪的发展,辅导员队伍已经成为一个独立的职业群体。目前,大部分高校已经建立了辅导员考核机制,但是总的来讲,考核机制不够完善,考评制度对辅导员工作性质的特殊性缺乏科学认识,对考核缺乏系统的规划,考核指标体系的科学性也值得商榷。

当前,高校对辅导员的考核模式主要有三种。一是基于德、能、勤、绩的考核模式,主要根据个人述职情况和日常考核记录来评定等级。这一模式缺乏对辅导员的角色定位及其岗位特征的科学分析,难以体现辅导员工作的特殊性。因为辅导员职责的不确定性和工作类型的多样性导致工作难以量化;辅导员的职业特点决定了其劳动成效需要通过学生的长期发展才能展现出来,短期内的考核很难对其工作效果进行评定。由于这种评价体系很难真实体现辅导员工作的实际绩效进而形成奖惩体系,结果在辅导员多是学术论文少、科研成果少、职称不高的处境下,其工资收入、工作待遇和职业成就感必将受到很大影响。二是基于业绩指

---

① 梁金霞,徐丽丽.完善制度 健全机制 推动辅导员队伍健康发展[J].国家教育行政学院学报,2006(6):85-86.

标的考核模式，主要把工作和任务完成的数量、质量、时间、成本费用等作为考核指标。这一模式能够较完整地描述岗位职责及业绩的不同侧面，紧扣辅导员岗位要求的特点，但过多关注工作的完成与结果，而且指标的选取及其权重赋予的科学性不够，难以形成科学的评价结果。辅导员职业要求从业者既要善于从心理角度帮助不同学生从自身成长历程的脉络中梳理出可转化的潜力财富，也要善于从学生当前所面临的情况中获取促进学生共性发展的现实资源，分析和把握其中具有稳定性的联系，并从实践层面逐步总结上升到理论研究的高度，最终指导实践。这些都需要以深入、细致、长期的工作为基础，而过多量化考评的结果会使外在的、可视的东西越来越多，而内在深沉的、凝练的东西却越来越少，它只会日益勾起人们肤浅的名与利的需求，只能让人们在泛数字化的考核指标体系指挥棒下，不断强化自我和欲望，却难以赋予人们精神上的寄托与理想的拥有。① 三是基于任职资格标准的考核模式，其指标主要限定在任职能力的基本要求上。这种考核从对结果的关注转向对辅导员工作任职能力的思考。但由于只关注知识、技能等显性要素，而对人格等方面的深层次特征关注甚少，忽视了后者对辅导员工作绩效的影响或价值。

从考核目的来看，在于重奖惩、轻发展。当前，高校对辅导员的考核目的大多着眼于给辅导员的工作评定优劣，实施奖惩，而较少从促进辅导员更好地发展自身的岗位胜任能力去定位考核目的，即考核的终结性特征突出，发展性特征微弱。如高校很少考虑到以辅导员为本进行考核问题的探讨；很少考虑如何在提高考核效度的同时通过考核为辅导员后续的职业生涯发展提供努力的方向，促进辅导员的成长；很少考虑如何做到既准确评价辅导员的绩效行为和外显业绩，又能体现辅导员的动机、个性特质等内在个体特征对绩效的影响和价值等，这些问题仍然是目前高校辅导员考核制度的难点。

考核制度科学性的缺乏，势必增加辅导员工作评价的主观性和随机性，无法基于辅导员工作的实际绩效形成激励机制，结果将严重制约辅导员的工作积极性，影响辅导员的职业成就感，甚至产生职业倦怠。

（5）激励机制不到位。在人力资源管理中，工资待遇不仅是组织对所使用的人力资源的报偿，而且是对人力资源激励的重要手段和增加人力资源凝聚力的组

---

① 廖敏.树立科学发展观 建立高校辅导员独立专业发展标准[J].陕西师范大学学报(哲学社会科学版),2006(7):115.

织文化手段。① 但是,目前高校对辅导员的激励机制严重缺乏,对辅导员的职务职称级别,各学校没有一个切实可行的制度保障,这成为制约辅导员专业化、职业化发展的主要障碍。走行政路线,辅导员的最高行政级别是科级,特别优秀的可升为分院(系)、党支部领导,但到达这级干部的实际人数很少;专业技术职称评审又有着十分严格的硬指标,如授课及发表学术论文等条件,辅导员很难达到相关要求。两难状况使得辅导员的职业发展空间狭小,会加速辅导员从认识和实践上脱离该岗位,导致辅导员难以对职业进行正确定位,职责难以明确,待遇和社会地位也较低。职业梯度不明,往往也导致辅导员职业的频繁流动性特征,影响了辅导员队伍的稳定与发展。因此,缺乏有效的利益激励在一定程度上挫伤了辅导员的工作积极性,影响了职业认同度。

(三)高校辅导员自身因素

除了国家政策层面和高校组织人事方面的因素外,高校辅导员自身专业知识与专业技能水平较低,职业信念与专业精神缺失也构成了辅导员队伍专业化、职业化建设制约因素之一。

1. 专业知识和专业技能水平低下

随着高等教育的社会功能、管理体制和培养模式的转变,大学生的价值取向和行为方式发生了很大变化,社会赋予了高校辅导员特定的身份和地位,由此对辅导员提出了越来越高的专业知识和专业技能方面的要求。当前,辅导员的专业知识和专业技能与环境变化的不适应矛盾表现得尤为突出,多数辅导员对做好学生工作相关的专业知识和专业技能准备不足,难以适应高等教育大众化背景下学生工作的要求。由于缺乏相应的专业知识和专业技能,辅导员对于日常的学生管理工作还能够应付,但是对于深入研究学生发展的问题就显得不够主动和力不从心;由于缺乏心理咨询辅导、就业指导和职业发展等相关专业背景和专业训练,多数辅导员不能满足学生的发展需要,亟须进行相关学科的专业教育和培训。

2. 职业信念淡化和专业精神缺失

高校辅导员队伍的专业化与职业化,不仅要求辅导员的基本素质和能力不断提高,也要求辅导员具有与专门职业相匹配的职业信念和专业精神。高校辅导员工作的职业价值在于服务学生、服务国家和学校目标。换言之,关心学生和学校

---

① 广东省高校学生工作专业委员会.学生工作的释义与构建[M].广州:中山大学出版社,2006:17.

的发展是辅导员职业理想的关键,是职业伦理性的体现。① 然而长期以来,由于辅导员没有成为一种能够长期从事的职业,更没有被视为一门专业,造成了辅导员职业信念的淡化和专业精神的缺失。

职业信念是从事任何一种职业的精神支柱,职业信念一旦确立,将对从业者的发展起到深远而稳定的影响。然而,在现实中,辅导员工作的非专业化、非职业化倾向导致人员流动快、在岗时间短的现状,致使辅导员感受到分流、转岗的压力和对前途的迷惘,对职业的认同感普遍较差,难以建立职业自信心和荣誉心,更谈不上树立职业信念,将辅导员工作作为一种终身从事的事业。

在大学生成长和发展需求日益多样化的今天,高校辅导员的专业精神主要体现为良好的服务意识、服务态度和服务品质。然而,专业精神的缺失恰恰是国内高校辅导员工作非专业化的主要表现。按照科恩的观点,确定责任的性质可以从社会来看,也可以从内部即从自己的"自我"来看。外部责任是以社会、集体为社会监督和定性的主体,而内部责任则是以个人本身为社会监督和定性的主体。前一种涉及的是职责,而后一种涉及的是道德义务。② 辅导员肩负着崇高使命,关乎国家民族的未来,只有具有高度的责任感,才能更好地服务于学生的全面和长远发展。但是长期以来,由于我们对责任的认识比较片面,实质上把责任当做了"义务",要求辅导员无条件执行。也就是说,传统的对辅导员的理想道德期待是以外部要求和职责来约束辅导员,而没有遵从专业精神应通过内部责任、以自律方式生成的要求,结果致使辅导员的主动服务精神缺乏,没有形成正确的角色观念,行为的选择与学生的期望产生较大差距。

第五节 高校辅导员队伍专业化、职业化建设

在新形势下,加强辅导员队伍建设,大力推进辅导员队伍的专业化、职业化,是突破辅导员队伍建设瓶颈的必由之路,也是提升辅导员队伍专业素养的关键所在。本节从辅导员的思想建设、体制创新、制度建设、专业化培养、职业化

---

① 卜玉华.论高校辅导员队伍建设的道德维度[J].思想理论教育,2005(3):14—18.
② 科恩.自我论[M].北京:生活.读书.新知三联书店,1986:459.

要求等五个方面提出了辅导员队伍专业化、职业化建设的基本思路与构想。通过高校辅导员队伍专业化、职业化建设,完善辅导员队伍培养和管理的长效机制,促进辅导员队伍的可持续发展;强化辅导员队伍的专业意识,提高辅导员的专业知识和专业能力,增强辅导员的工作实效;提升辅导员的职业声望和专业地位,从根本上改变辅导员的职业形象,最终建立起一支政治强、业务精、纪律严、作风正、德才兼备、乐于奉献的专业化、职业化的高校辅导员队伍。根据专业化、职业化研究的两个维度,辅导员队伍建设的重点一是辅导员的内在专业素养问题,二是辅导员专业的外在保障问题。国家应该在法律、政策、经济、激励机制等方面明确政府在推进辅导员专业化、职业化进程中的重要职责。

一、高校辅导员队伍专业化、职业化建设的教育理念

推进高校辅导员队伍专业化、职业化建设,与时俱进、更新观念是前提条件。建构主义心理学认为,认知活动不是主体对客体的被动反映,而是主体在已有知识和经验基础上的主动建构,是在社会—文化背景之中进行的过程。[①] 将这一观点引入高校辅导员专业化、职业化建设,要求其教育理念实现以下转变:①辅导员在专业发展中居于主体地位,其参与学习培训的过程是对自身工作实践经验不断批判和反思的过程;②辅导员专业发展是新旧知识不断调整适应并重组的动态持续的过程,决定了学习培训不仅仅是终结的知识成果由外到内的转移和传递,更是训练辅导员主动建构自己知识结构的过程;③知识具有社会—文化属性,决定了学习培训课程的设置应充分考虑社会和教育的需求,辅导员的文化背景、兴趣和需求。也即从建构主义教育理念出发,高校辅导员队伍专业化、职业化建设需要树立以人为本的发展理念,把专业培养、职业化建设过程内化为辅导员主体内在的根本需要,关注辅导员的生命价值和意义,实现满足社会需要和辅导员自身需要的外在社会价值和内在自身价值的统一;遵循辅导员专业发展规律;关注辅导员在专业发展中的认知心理特点,把辅导员作为实践主体,理解和确认辅导员在发展过程中的作用,强调辅导员主体价值的实现,力求对辅导员进行深刻而全面的人格塑造,实现专业培养和职业发展。

---

① 李建华.建构主义心理学理论发展与评析[A]//邱济隆,李建华译.教育科研论文选[C].北京:教育科学出版社,2001:295.

(一)确立以人为本的发展理念,匡正高校辅导员专业化、职业化发展方式

以人为本是科学发展观的核心和本质。党的十六届三中全会明确指出,"坚持以人为本、树立全面、协调、可持续的发展观,促进经济社会和人的全面发展"。这是我党适应新世纪、新阶段全面建设小康社会的客观要求提出的科学发展观,是马克思主义者应始终坚持的发展理念。以人为本就是一切活动都要以人为出发点,以人为归宿;以人为中心,也以人为目的。以人为本内含着对人的生活状况的关注,对人的尊严的崇敬,对符合人性的生活条件的肯定,对人类的全面而自由发展的追求。以人为本具有三层基本含义:其一,它是一种主体原则,是一种对人在社会发展中的主体作用和主体地位的充分肯定。其二,它是一种价值取向。以人为本的价值取向强调尊重人、解放人、依靠人、为了人和塑造人。尊重人就是尊重人的独立人格、实际需求、能力差异、个性发展,就是尊重人的个性价值和社会价值的充分实现。解放人,就是不断冲破一切束缚人的潜能发挥和自我实现的思想观念、现实阻碍,创造一切可能条件促进人们自由而全面的发展。其三,它是一种思维方式。以人为本的思维方式要求我们在分析、思考和解决问题时,既要坚持运用历史的尺度,也要确立并运用人的尺度;既要关注社会进步、科技发展,也要关注人的发展和生活的和谐;既要关注人的生活世界,也要关注人的精神世界;既要关注人之共性特征,也要关注个人独特的本质;既要尊重人们对理性的诉求,也要关注人们对幸福和价值的向往。以人为本,意味着任何个人都应享有作为人的权利,对任何个人的权利都应给予合理的尊重;也意味着对人以外的任何事物都应注入人性化的精神和理念,给予人性化的思考和关怀。①

从整体的角度而言,辅导员是人,是生物人、社会人、职业人、文化人或理性人的统一,"人"是辅导员专业化与职业化发展的基础和根本,要真正实现辅导员的专业化与职业化发展,就不可忽略辅导员作为"人"的因素的存在。一直以来,高校把辅导员当"完人"来要求,当"超人"、当"工具人"来使用,结果使不少辅导员倍感工作的艰辛和沉重,难以体会到职业生涯的幸福。改变这种状况,需要确立以人为本的发展理念,将辅导员作为"人"的一般性和辅导员职业角色的特殊性统一起来。同时,辅导员的专业化、职业化发展,不是将辅导员

---

① 韩庆祥.科学发展观笔谈,解读"以人为本"[N].光明日报,2004-04-27.

工具化,不能单纯强调手段的合适性和有效性而忽略辅导员作为主体的内在的根本需要,否则,辅导员的专业化、职业化建设将处于低效的局面,辅导员也将被异化。因此,辅导员的专业化与职业化发展,不是强调辅导员群体外在的专业性提升,也不是强调辅导员作为工具理性的价值,而是强调辅导员作为主体的内在的根本需要,唯有如此,才能促进辅导员工作潜能和创造力最大限度的发挥。可见,坚持以人为本,不仅反映出辅导员队伍建设总目标对辅导员个人发展的总要求,更是遵循了辅导员个人身心发展的规律。

(二) 遵循高校辅导员专业发展规律

高校辅导员专业发展是辅导员专业不断发展的历程,是辅导员不断接受新知识、增长专业能力的过程。它不仅强调辅导员专业发展的阶段性,更突出专业发展的动态性、连续性和辅导员的主体性。正如教育必须遵循人的身心发展规律一样,作为辅导员专业发展重要途径和方式的专业化、职业化建设,也理应以辅导员专业发展的阶段性和连续性为准绳来规划。既要重视辅导员工作的改进,即关注辅导员专业发展的阶段性特征或近期目标,更要重视辅导员的专业成长,即关注辅导员专业发展的连续性特征或长期目标。只有真正体现了发展性和辅导员的主体性,专业化、职业化建设才能帮助辅导员改进工作和不断提升自己,实现在原有基础上的超越与持续发展。

从辅导员专业发展的阶段性出发,培养培训机构应充分了解并有效解决辅导员目前工作的难点和未来工作的需求点,对教育中鲜活的问题或案例,重点突破,进行情景性问题处理训练,提高专业技能如心理健康教育能力、职业生涯辅导能力、学习辅导能力等,培养适应学生工作要求的合格辅导员,改变过去学习培训过于抽象、理论化和不切实际教育的状况,增强辅导员对学生工作的胜任程度。周小山、严先元主张从以下三方面实现理论与实际的联系:即以案例采编为中介把思想理论同现实情景联系起来;以学科为中介把课程理念同具体实施联系起来;以教学设计为中介把目标要求同实际操作联系起来。①

根据辅导员专业发展的连续性特征,培养培训机构应该在对辅导员的现状与潜力进行系统评估的基础上,根据辅导员的专业发展和认知发展规律,依据"最近发展区"理论,在协助辅导员实现专业发展的阶段性目标(近期目标)的同时,着眼于辅导员专业发展的更高级目标的构建和实施,体现辅导员专业发展的

---

① 周小山,严先元.新课程的师资培训与教师教育改革[J].教育研究,2002(11):93.

动态过程,为辅导员持续的专业发展拓展空间并提供其目标实现的可能。为此,培养培训要树立以辅导员为主体的发展性的教育教学观,教会辅导员学习,培养辅导员对知识的获取能力、处理加工能力和创造能力,把培养培训过程转化为其主动建构知识的过程,使其获得智慧,促进其智力和认知能力的发展,而不仅仅局限于终结性知识的传递,现代意义的培养培训不仅考虑知识的功利价值(实用价值),更强调知识的认知价值,而知识的认知价值着眼的不是简单的"实用和实效",而是一种具有丰富人类学意义的习得性遗传。[1] 培养培训要不断更新辅导员的知识结构,帮助辅导员树立与时俱进的教育新理念如主体教育、终身教育、合作教育、民主教育、教育效率、教育多元化和个性化等,创新工作方法,培养适应素质教育需要的现代型辅导员。培养、培训要培养并提高辅导员的反思、批判意识和能力以及研究能力。反思式教育的一个重要组成部分就是关注自身所在的环境。因此培养培训应从教育学的角度看待辅导员的专业发展,帮助辅导员形成对自己周围场景"教育意义"的敏感性,具有协调诸种可能和现实因素以利于自我专业发展的意识和能力,[2] 引导辅导员从经验中学习,在反思中成长。对辅导员在实践工作中如何反思给予指导,尤其要突出辅导员工作实际情景与自身教育经验所做的多视觉、多层次的分析和反思。[3] 另一方面,通过课题实验,帮助辅导员树立研究精神、养成研究习惯、提高研究能力,成为研究型、专家型、创造型辅导员。

(三)尊重高校辅导员在专业发展中的认知心理特点

高校辅导员作为其专业发展的主体,有着自身的发展需要和兴趣,而需要和兴趣是辅导员专业发展的内在条件和动力系统,对辅导员专业发展起着启动、定向和动力的作用,它们能否得到尊重和满足,关系到辅导员学习、工作的积极性能否维持和专业动机能否继续等方面的问题。皮亚杰认为,"一切有成效的工作必须以某种兴趣为先决条件。"所以,以辅导员专业发展为出发点和归宿的专业化、职业化建设必须尊重辅导员在专业发展中的这一认知心理特点,以辅导员的需要和兴趣为出发点来选择知识(或培训内容),遵循知识选择(培训内容)的学习者(辅导员)本位取向原则,同时反映社会和教育发展的需求。

---

[1] 洪成文.现代教育知识论[M].太原:山西教育出版社,2001:190.
[2] 叶澜.教师角色与教师发展新探[M].北京:教育科学出版社,2001:220-221.
[3] 钟启泉.新课程师资培训精要[M].北京:北京大学出版社,2002:152.

知识选择的学习者本位取向原则由克莱因（M. F. Klein）提出，要求以学习者的需要、兴趣和能力为出发点选择知识，学习者的需要就是知识选择的依据，教师的责任在于保证学习者在探求问题过程中所需要的知识和材料能够尽快地到位。[①] 这种知识选择模式反映在专业化、职业化建设中，要求培养培训以尊重辅导员的主体性、感受性、兴趣和需要为前提，培训内容既要符合社会发展需要和辅导员发展需要，又要尊重辅导员的兴趣特点，以发动辅导员参与培训的行为。因为心理学研究表明，教学内容与个体旧有知识技能有关系和具有相似性时，个体便会产生兴趣进行学习；个体应当学习的新课题、新知识与个体的旧有经验、旧有知识技能或业已习惯化了的思维方式及活动方式之间构成了矛盾，[②] 也会激发个体的学习兴趣，所以学习培训的内容，一方面应与辅导员旧有经验、旧有知识和技能相关，但另一方面辅导员凭借旧有经验或思维方式与活动方式又不能解决工作中的问题和困难，而通过学习培训能够发现问题的解决方式或获取目标的信息时，辅导员就会产生参与学习培训的积极态度和心理倾向，参与学习培训的探究活动和智力活动就会能动化、积极化，并表现为对学习培训活动的持久性。这样，辅导员在其主体性发挥过程中解决发展中的矛盾，而富有成效的学习培训结果又会增强辅导员进一步参与学习培训的动机，产生更高效的成绩，从而形成良性循环。课程专家蔡斯也认为，只有经过学习者本人选择的教育内容并赋予内容某些个人的意义，才会有真正的学习。而真正的学习可以激发学习者内在的动机，而不仅仅依靠外部的惩罚。让学习者通过亲自选择的知识来探究问题还可以挖掘学习者的潜力，其解决问题的能力也会得到充分的发展。[③] 总之，专业化与职业化建设尊重辅导员在专业发展中的认知心理特点，有助于启动辅导员主体参与培养培训的心理与行为，成为推动辅导员专业发展的外部动力，因此，辅导员的需要、兴趣和问题欲的诱发设计应成为学习培训的逻辑起点，因为尊重并激发辅导员需要依据内容使辅导员"乐学"，实现其认知与情感的交融，以启动、催化辅导员参与学习培训的行为能够即时性发生、发展并维持，增强学习培训实效，推动辅导员专业发展。

---

① 洪成文.现代教育知识论[M].太原:山西教育出版社,2001:209－210.
② 〔日〕佐藤正夫.教学原理[M].钟启泉译.北京:教育科学出版社,2000:260.
③ 洪成文.现代教育知识论[M].太原:山西教育出版社,2001:190.

（四）关注高校辅导员的生活世界，提升高校辅导员生命发展的境界

作为教育中的人，辅导员的生活世界是多维度的，但在众多维度里，"人"这个维度应是最基本、最前提性的维度。辅导员的生活世界是一个包含了"人的世界"和"教育的世界"的双重世界；是一个包含了灵魂与肉体、道德与欲望、情感与意志的世界；是一个自由、自主却又充满了规训和教化的矛盾世界。但是，现实中辅导员的生活世界单极化，严重倾向"教育的世界"而忽视"人的世界"，主要表现为辅导员教育权利的丧失，辅导员的生命价值被漠视。要改变这一现状，专业化、职业化建设需要关注辅导员的生活世界，提升辅导员生命发展的境界，实现辅导员职业的外在社会工具价值与内在个体生命意义的统一。

辅导员的专业化、职业化发展首先是辅导员"具体的个人"的发展，是其生命的存在与发展。人对其生命意义的寻找与发现是一个无尽的过程，人的一生就是其生命显现的历程。辅导员生命的意义及价值是在其教育生活世界中，通过理性和非理性觉察内在生命存在的价值意义，不断提升专业化、职业化水平，从"自在"到"自为"，在自己的领域内独立进行创造，进而实现自身生命内在价值和意义的过程。作为具体的个人，辅导员发展的内在根本是个人生命完整的发展和生命质量的提升。因此，在辅导员的专业化、职业化建设过程中，必须重视辅导员的生命价值和生存状态，关注辅导员的生活世界，让辅导员的专业化、职业化发展过程成为充满生命活力的过程，成为彰显辅导员生命价值意义的过程。唯有如此，才能切实提高辅导员的专业素养，最终实现学生、辅导员、学校生命的共生、共存和共同成长。也只有真正走进辅导员的生活世界，通过把辅导员在工作和生活中曾经发生和正在发生的事件"串缀成有现实意义的链条，赋予独特的体验和韵味"，把增进辅导员的生命主体意识看做辅导员专业化、职业化发展的重要规定，才可能对辅导员以及辅导员发展做出精致的诠释。

（五）尊重高校辅导员的主体地位，引导高校辅导员主体价值的实现

专业发展强调个体的一种自主活动状态，而不是受外部力量的强制而被动地进入某种违背自己本性和意志的存在状态和发展模式。实践表明，专业发展不是被动、被迫、被卷入的，而是以主体自主性为起点，逐步向高层次发展的过程。辅导员的专业化、职业化发展也遵循这一规律，是辅导员职业生命的自我完善和

自我更新，是辅导员在职业发展中的自觉行为。如果辅导员的主体性没有得到足够的张扬，即使掌握了专业知识，精通专业技能，辅导员在专业化、职业化过程中最终也摆脱不了被工具化的命运。"主体对自己所固有的内在的本性的承认和认可，并自觉地把这种本性的要求转化为自己的意志，进而在自身的存在和发展中将其实现出来。也就是说，主体本性的要求成为他的活动的目的，成为他在塑造自身存在，发展自身的需要和能力时的真正准则"。[①] 辅导员的主体性主要表现在自主性、自为性、选择性和创造性等层次水平上。所以，在辅导员专业化、职业化建设过程中，必须强调辅导员是自己存在和发展的内在根据和理由，必须把辅导员作为实践的主体、中心和焦点，确立辅导员的主体性维度，尊重辅导员的主体性，承认辅导员在专业发展中的作用。只有把促进辅导员自我教育能力及专业自主意识和自主发展能力的形成作为辅导员专业化、职业化建设的重要规定，才能促进辅导员为自我提升、价值实现、人格完善而不断追求专业化、职业化，才能使辅导员在自己存在的生命长河以及生命意义中把握历史使命，在专业发展中寻找自我，在从现实走向未来理想的道路上获得意义的慰藉，获得生存发展价值和方向上的确定性、满足感，从而使人生境界不断提升。一个不清楚自己生命价值，不通过自己创造性的劳动来努力实现其生命价值的辅导员谈不上发展，更谈不上专业化、职业化发展。

总之，高校辅导员的专业化、职业化意味着辅导员已不仅仅是一种职业，更是生命存在的一种方式，一种将职业活动看做生命成长和价值实现的手段。探索高校辅导员专业化、职业化建设过程中辅导员主体价值的实现，不仅是辅导员职业生涯的终身发展性要求，而且是辅导员职业走向专业化、职业化的必然要求；不仅是现代教育发展的必然趋向，而且是人类对教育的现代特性和对人的本质属性认识的升华，从某种意义上讲，这种价值实现将会使辅导员个体洋溢着灵性之光。为此，将辅导员的生命成长融入其专业化、职业化发展过程中，让辅导员成为创造自身职业生命的主体，激发辅导员生命的主体价值。

二、高校辅导员队伍专业化、职业化建设的实施策略

高校辅导员队伍的专业化与职业化是一个过程，可以有多种途径和方式，必

---

① 涂艳国.走向自由——教育与人的发展研究[M].武汉:华中师范大学出版社,1999:17-18.

须根据社会、经济和高等教育事业发展的需要，结合学生工作实际，按照职位设置和工作要求，通过多种形式，组织辅导员参与提高专业素养的培养培训活动。其中健全制度、竞争激励是重要动力；加大培训，提升专业素养是必要条件；专门培养、设立专业是重要依托；积极进取、自身修炼是关键。

（一）政府在高校辅导员队伍专业化、职业化建设中的举措

高校辅导员队伍的专业化、职业化建设，既是一个目标，也是一个过程，是一项长期的任务，任重而道远，需要国家及各级政府的政策支持。国家及各级政府的相关部门需要在法律、政策、机构、经济、激励机制等方面提供支持和帮助，积极营造出有利于辅导员队伍专业化、职业化建设的外围基础和政策环境。

高校辅导员队伍的专业化、职业化建设是一项复杂的系统工程，由高校辅导员组织结构，管理过程中的选聘制度、培训制度、考核制度与激励制度等子系统组成，彼此相互联系、相互作用，共同构成了高校辅导员队伍建设的影响因子。教育部《普通高等学校辅导员队伍建设规定》对辅导员的配备与选聘，培养与发展，管理与考核等问题做出了相关要求和规定，但总体上看，比较泛化，所以需要继续研究，进一步制定诸如《普通高等学校辅导员资格认定的指导意见》、《高校辅导员工作考核评价指导意见》、《关于高校专职辅导员职称评定、职务晋升的指导意见》等详细具体而又具有操作性的政策法规，从制度上保证辅导员工作有条件、干事有平台、发展有空间、生活有保障，充分调动他们的积极性和创造性。

1. 进一步建立和完善选聘制度

（1）逐步建立高校辅导员职业资格认证制度。某一专业区别于另一专业在于它们各有自己的职业边界，通过制定从业标准，规范从业人员的职业行为，并对从业人员进行资格限制。劳动部、人事部发布的《职业资格证书规定》指出："所谓职业资格是指从事某一行业工作人员基本条件的客观规定，通常由国家相关部门对某一类职业所做出的统一的关于学识、技术和能力的基本要求。"在现代社会，由于经济、文化、科技、教育各领域的发展，社会分工越来越细，各行业对从业人员的素质要求也趋于专业化。从1994年开始，我国对越来越多的职业类别作出了职业资格规定，国家劳动部已对九十多种职业实行职业准入制度，要求从业者经过相关培训，对合格者颁发资格证书，如《注册会计师资格证》、《医师资格证》、《律师资格证》、《对外汉语教学资格证》等。在教育领域，成为教师也必须获得教师资格证书，中学有中学的教师资格证书，大学有高校教师资

格证书。从业资格认证制度的应运而生,对提高从业人员的素质和专业水平,促进行业规范化起到了重要作用,这也是行业专业化、职业化发展的必然要求。

高校辅导员兼有教师和管理干部的双重身份,他们与专业教师的素养要求并不完全重合,所以辅导员仅仅具备一般教师的素养和能力是不够的,应该具有本行业的特殊素养要求。但是,目前我国尚无专门的辅导员资格证书,高校辅导员一般所持资格证书是高校教师资格证书,主要进行教学的资格证明,但对能否有效进行大学生工作,并没有很高的证明力。教育部2006年制订的《2006—2010年普通高等学校辅导员培训计划》明确提出,要逐步建立辅导员持证上岗制度,2006年起参加工作的专职辅导员必须取得高等学校辅导员培训证书方能上岗。可见,建立辅导员职业资格认证制度,是高校辅导员队伍专业化、职业化发展的必然结果。辅导员职业资格证书,是指拟从事辅导员工作的人,经过严格系统的教育和培训,掌握能胜任辅导员工作的特殊知识和技能,通过国家有关部门考核而获得的书面证明。辅导员职业资格认证制度通常包括辅导员入职资格制度、辅导员再认证制度和辅导员资格等级制度。辅导员入职资格制度是根据辅导员职业准入的基本要求,通过专业组织对申请者进行考核认定,合格者可以聘任的制度。入职资格制度创造了人才公平竞争的软环境,保证了队伍的素质。辅导员再认证制度指辅导员职业资格证书具有一定的有效期,在任期届满之后,需要通过专业组织的复审,合格者才可以继续聘任的制度。再认证制度满足了辅导员个性化发展需求,保证了辅导员队伍的合理流动,促使辅导员队伍结构更加专业化。辅导员资格等级制度是按照不同的职务层级和人员类别要求,通过专业组织对辅导员进行考核认定,合格者才可以聘任的制度。资格等级制度有助于促进辅导员队伍专业素养的不断提升。

关于高校辅导员的选聘标准,教育部《普通高等学校辅导员队伍建设规定》做出了原则规定:政治强、业务精、纪律严、作风正;具备本科以上学历,德才兼备,乐于奉献,潜心教书育人,热爱大学生思想政治教育事业;具有相关的学科专业背景,具备较强的组织管理能力和语言、文字表达能力,接受过系统的上岗培训并取得合格证书。只是上述认证标准和条件相对比较泛化,尤其对辅导员专业素养的要求比较模糊,需要进一步研究。教育部门应指定有关部门以《普通高等学校辅导员队伍建设规定》的高校辅导员选聘标准为基础,在广泛征求专家意见,了解全国高校范围内辅导员现状与高校对辅导员专业素养要求的基础上,制定详细的辅导员选聘指标体系,其中既包括政治素养要求,也包括业务素养要求,最终形成类似《高校辅导员资格认证制度》之类的政策文件。辅导员资格认证的申请者可以是高校教师、行政管理人员,也可以是在校高年级学生和社会人员。申请者首先要符合一定的素质、学历和专业要求,如党员、预备党员或入党积极分子,大学本科以上;毕业于或在读思想政治教育专业或教育行政与管理、教育学、心理学等相关专业……辅导员职业资格考试应当由教育行政部门举办或委托高校举办,务必保证公正公平。资格认证主要通过若干门考试科目,如《教育学》、《心理学》、《社会学》、《案例分析与处理》和操作性的情景模拟测试两种方式,全面考察申请者的知识、能力和素养,对合格者颁发由国家高教委认定的高校辅导员资格证。不过,辅导员职业资格证书的实施需要有一段过渡的时期。对于目前的高校辅导员,要求其必须接受相关培训,并通过考试获得辅导员职业资格证书。在一定时限内不能获得证书者,将面临转岗或辞退的命运。在辅导员招聘时,对持有辅导员职业资格证书者须重点考虑,并在过渡期后将资格证书作为应聘的必要条件。这样,在几年的时间内,辅导员队伍就可以普遍实行持证上岗,这是构建高素质职业型辅导员队伍的有力保证,也会大大推进辅导员队伍职业化建设进程。

另外,对辅导员职业资格证书的效力范围需要认真研究,以制定出符合国家、各省、各高校实际情况的认证制度。一般而言,职业资格证书的效力范围有三种:国家统一颁发,全国有效;各省级行政部门统一颁发,省内有效;市(地区)三级行政部门分别颁发,在相应级别内有效。我国辅导员职业资格证书应当由国家教育行政部门统一颁发,这样有利于辅导员专业化、职业化程度的提高。全国范围统一,可以使得全国高校的辅导员工作可以进行横向比较和认可,并使得辅导员在地区和高校间的流动成为可能。但是考虑到全国各地高等教育发展差异及可操作性,可先试行"各省级行政部门统一颁发,省内有效",由各地省级教育行政部门统一管理实施辅导员资格证书制度。辽宁省在全国率先实行了高校辅导员持证上岗制度,对新上岗辅导员进行集中岗前培训,培训合格者颁发辅导员上岗证书。[①] 上海市自2005年以来,在高校培养了一批学生职业发展辅导员、心理发展辅导员、学生宿舍辅导员;采用了专业化辅导员矩阵式配备模式,在一千人以上的院系,按工作职能配备党团建设、心理辅导、学生事务、职业发展指

---

① 辽宁多种途径提升高校辅导员专业水平[EB/OL]. http://teacher.eol.cn/article/20051206/3164482.shtml,2005-12-06.

导等专业化辅导员；启动了学校心理咨询与辅导教师、职业咨询师的职业能力资格认定，有二十多人获得初级认证。北京市已于2009年开展了学生心理咨询和发展辅导专业知识与技能培训，鼓励和引导辅导员通过学习培训和考核取得两项专业证书。这些做法值得借鉴和推广。

（2）制定专业标准。根据我国高校的特点和辅导员的专业分工，逐步建立起各类辅导员的专业标准，如辅导员伦理准则、行为规范、工作手册等，对不同专业辅导员的责任、权利及任职要求做出明确的规定，确立辅导员的职业道德和专业伦理。具体说来，就是根据辅导员职业准入的基本要求（学历标准、岗前培训和职业资格）和辅导员岗位职责的具体要求，严格区分辅导员职务层级和人员类别，并按照不同的职务层级和人员类别制定相应的专业标准。在职务层级上，可以把辅导员分为见习辅导员、初级辅导员、中级辅导员、高级辅导员；在人员类别上，可以把辅导员分为政治辅导员、心理辅导员、生活辅导员、职业规划辅导员等，通过各级各类专业培训，逐步获得相应的专业资格证书，如职业指导师资格、心理咨询师资格等，持证上岗。上海市结合各辅导员的专业背景和综合素质，帮助他们制订了职业生涯发展规划。在专业标准上，应注意区分不同类别辅导员所需知识的专业领域及其职务层级，制订相应的专业资格和综合业务能力量化指标体系。在岗位职责方面，应规定辅导员在日常教育管理、专业培训与考核、辅导员各专业领域学术研究等几个主要技术参数上的考核标准和具体要求，确定相应的工资福利待遇和奖惩措施，使各级人员权责分明、分工合理。同时，应建立规范化的辅导员晋升和考评制度，拓展辅导员的发展空间。

为此，国家应加强辅导员综合业务能力测评体系的构建。构建辅导员综合业务能力测评体系，主要是在专业资格认定基础上，采取专家（资深的专家型辅导员，一般要具有10年以上辅导员工作经历、高级专业技术职务）打分和学生认可度调查相结合的方式，综合评估辅导员的专业化水平，并把测评结果存入辅导员专业化发展档案，作为高校辅导员聘任、高级专业技术职务或被选拔为其他岗位领导干部的主要依据。

2. 构建终身性的专业培养和发展体系

辅导员的专业发展，依赖辅导员自身的不断学习，也依赖有关部门系统规划的培养培训。完善辅导员培养培训制度，是促进辅导员专业化、职业化发展的根本保证。高校辅导员专业化、职业化在本质上是一个贯穿辅导员整个专业生涯动态的发展过程，历经职前培养入职教育和在职培训三个阶段，每个发展阶段的内涵不同。职前阶段是辅导员角色的储备期,主要活动是专业准备和学习,以获得书本知识为主,初步形成辅导员职业所需要的知识和能力。入职阶段是辅导员角色的适应期,主要内容是帮助辅导员树立专业思想,学习辅导员专业规范和要求;熟悉高校育人环境,实现辅导员角色的转换;进一步学习专业理论知识,进行相关专业学科的培训。在职阶段注重专业规范的内化以及职业精神的保持与发挥,向专业化、职业化辅导员转型。在现阶段,我国高校辅导员的职前培养、入职教育和在职培训的一体化体系还没有建立,因此,大力加强针对辅导员的三位一体的培养培训体系的构建成为推进高校辅导员专业化、职业化建设的当务之急。通过加大职前培养和职后培训的力度,辅导员可以逐渐提高自身专业素养,适应大学生工作的要求,发挥其在大学生发展中的导向、动力和保证作用,也为辅导员的专业发展搭建立交桥。

(1)高校辅导员培养培训的原则。根据教育部制订与实施的《2006—2010年普通高等学校辅导员培训计划》①,在对辅导员开展培养培训的过程中,必须坚持如下原则:

第一,注重理论联系实际,突出专业特点。

紧密联系新的形势和任务,联系辅导员的思想和工作实际,把学习理论同解决问题、总结经验、推进工作结合起来,学以致用,突出辅导员的专业特点。

第二,注重区分层次,力求科学施教。

坚持日常培训和专题培训相结合,中长期学习与短期培训相结合,学历教育与在职培训相结合,国内培训与国外研修相结合,逐步建立分层次、分类别、多渠道、多形式、重实效的培训格局。

第三,注重系统规划,保证培训质量。

加强对培训需求的调研,优化培训内容。制订切实可行的教育培训实施计划,精编注重实效的培训教材。建立高水平的培训和研修基地,努力提高师资水平。建立和完善教育培训评估体系,做到严格考核和管理。

第四,注重研究借鉴,创新培训机制。

遵循教育培训规律,按照理论创新、体制创新、方法创新的要求,积极借鉴国内外优秀的教育研究成果,不断丰富和创新辅导员教育培训的内容与模式,努

---

① 教育部.2006—2010年普通高等学校辅导员培训计划[EB/OL]. http://www.xuegong.cug.edu.cn/Article_Show.asp? ArticleID=1256,2006-09-19.

力体现时代性、规律性、创造性和实效性。

（2）纵向建立国家、省（市）、校三级培训网络。目前国家非常重视高校辅导员培训工作，《普通高等学校辅导员队伍建设规定》对国家、省（市）、校三级培训网络问题做出了纲领性的指导，"要求省、自治区、直辖市教育行政部门建立辅导员培训和研修基地，承担所在区域内高等学校辅导员的岗前培训、日常培训和骨干培训，对辅导员进行思想政治教育、时事政策、管理学、教育学、社会学和心理学以及就业指导、学生事务管理等方面的专业化辅导与培训，开展与辅导员工作相关的科学研究。各高校负责对本校辅导员的系统培训。高等学校要积极选拔优秀辅导员参加国内国际交流、考察和进修深造"。①《2006—2010年普通高等学校辅导员培训计划》以更详细和具体的方式，明确了国家、省（市）和高校在辅导员培训中的角色和地位：辅导员培训应以教育部举办的全国辅导员骨干示范培训为龙头，以辅导员培训和研修基地举办的培训为重点，以高校举办的系统培训为主体。

第一，全国辅导员骨干示范培训。

从2005年开始，教育部连续举办了17期全国高校辅导员骨干示范培训班，共培训辅导员骨干三千多人。培训采取集中授课和分组讨论相结合的方式，邀请有关部门负责人及相关专家担当培训老师。内容包括文件精神解读、思想政治教育理论与方法、大学生思想变化特点规律、校园安全稳定工作、家庭经济困难学生资助、大学生心理健康教育、校园文化建设、网络管理与舆论引导、大学生就业问题等。2008年的培训内容增加了灾后大学生心理调适、辅导员工作方法创新案例、灾后应急反应等与辅导员工作密切相关的问题。为了进一步开拓辅导员视野，教育部在英国和美国分别举办了学员事务高级研修班，从2005年到目前为止已经派出了7期，每期选三十多个骨干参加研修，3个月的时间，开阔了辅导员的视野。实践证明，全国辅导员骨干示范培训作为辅导员培训的龙头，在提高辅导员的专业素养方面发挥了重要的指导性作用，今后需要加大力度，继续进行和开展。在教育部全国高校辅导员骨干示范培训班的带动下，各地、各高校也积极开展了分层次、多形式的辅导员培训工作。

第二，省（市）级培训——教育部高校辅导员培训和研修基地建设。

---

① 教育部.普通高等学校辅导员队伍建设规定[EB/OL]. http://www1.sxau.edu.cn/dwxcb/web/news/show_news.asp? news_id=210,2006-09-19.

加强辅导员的培养培训，推进教育部高校辅导员培训和研修基地建设是重中之重。辅导员培训和研修基地是国家推进辅导员培训培养的龙头项目，是加强辅导员培养培训的方向，是导向性、示范性的措施。2007年，教育部确定了首批21个全国高校辅导员培训和研修基地，基地建设工作全面启动。通过基地的设立，搭建了辅导员培养培训的平台，进一步会聚了力量，加强了辅导员工作的研究和交流，以科学规范的方式提升了辅导员的工作水平。按照教育部的规定，基地除承担培训任务外，还要承担专题研究的任务，要在教学实践和科研的基础上，为教育部和省级教育部门制定相关政策提供决策咨询，确保政策的合理到位，努力成为加强辅导员队伍建设及大学生思想政治教育的智库。

为此，各省（市）级相关部门要制定政策，把高校辅导员队伍纳入当地人才建设规划之中，主要负责高校辅导员培训和研修基地的建设。各省（市）主要由教育厅、教工委负责，加强基地建设，拟订本省市辅导员队伍培训计划。基地建设中，培训研修是核心，组织管理是关键，条件投入是保障。

A. 建立科学规范的管理机制。基地是辅导员的进修和交流互动的平台，也是队伍状况观测和理论与实践创新的平台，同时还是专业化的工作培训中心和理论研修中心、信息咨询中心，因此，必须建立科学规范的管理机制，以达成辅导员培训的目标和任务。教育部和各地教育部门要定期加强对基地的监督和培训质量的检查，完善基地自我约束、自我管理机制，不合格的将按照有关管理办法予以淘汰。武汉大学基地成立了培训和研修基地教学指导委员会，设立培训与研修基地办公室、配备专职管理人员和工作人员，组成实体性的和相对独立的辅导员培训研修机构，为基地建设提供有力的组织保证。[①]

同时，各基地每年要投入专项经费，用于基地的日常办公、辅导员培训和研修、购买图书资料、科研费用等。专项经费必须专款专用，列入年度经费预算，由财务管理部门统一管理、核算。上海市从2005年起，每年投入70万元用于辅导员培训基地的创建，在复旦大学、上海交通大学等高校陆续建立了15个市级辅导员培训基地，共有三千余人次参加了市级培训。[②]

B. 以教学培训为核心。教学培训是基地建设的核心，主要采取上岗培训、

[①] 杨晨光.首批高校辅导员培训和研修基地建设工作解读[N].中国教育报，2007-10-12(2).

[②] 徐敏.让辅导员成为一种职业[EB/OL].http://news.hexun.com/2008-02-26/104048980.html，2008-02-26.

日常培训及研修相结合的方式,原则上上岗培训不低于40学时,日常培训不低于20学时,研修培训不低于80学时。

首先,优化教材和课程体系,打造精品教材和课程。建设专业化的课程体系和教材是加强辅导员队伍建设的根本。积极吸收国内外的优秀研究成果和实践经验,加强学科建设,把思想政治教育、心理学、教育学、管理学等学科融合创新,组织编写贴近高校辅导员培训需要的系列精品教材,逐步建立以理论学习、技能训练和案例教学为重点的全国辅导员培训教材和课程体系,以提升学科地位,创新学科内涵。教材和课程体系的设计应坚持知识与技能、过程与方法、情感态度与价值观三维并进的原则。在内容上纵向涵盖背景知识、岗位基础、工作实务、经验实践等板块,横向涵盖思想政治教育、学生管理、困难生资助、心理健康教育、校园文化建设、职业指导与生涯规划等板块。复旦大学基地积极参与编写教材及讲义,《高校学生事务的新视野》、《高校学生组织工作指引》、《网络思想政治教育》、《高校辅导员生涯发展规划》和译著《学生服务》等相继出版或已进入出版流程。①

其次,建立专业化的师资队伍。基地要建立开放式的师资队伍管理模式,从国内外长期从事高校学生管理、学生思想教育或相关学科研究的各类优秀人才中,选聘高水平的兼职辅导员,建立和完善专家资源库,会聚一批高层次人才。通过学员与名师大家的对话,他们不仅可以学到系统的知识,更重要的是可以启迪辅导员的心智,感受真谛,实现顿悟。

最后,培训内容注重层次性和针对性。辅导员工作范围广,学科跨度大,因此设定切实的培训目标,由浅入深的开展培训就成了关键。将岗前培训、日常培训、专题培训、职业化培训结合起来,对辅导员进行系统化的专业培训。例如心理工作,针对新上岗辅导员,通过课程讲座重点解决工作中的具体问题,如对学生常见心理问题的识别;针对有一定经验的辅导员,通过专题培训培养其引导学生养成良好心理品质的基本能力;针对选择心理学方向并有专业背景的辅导员,开展系统心理学知识培训与研修,并支持他们争取相关课题申报立项,攻读心理学硕士、博士学位。

岗前培训重在应知应会的通识教育,帮助辅导员认知岗位,掌握基本技能,

---

① 赵彩瑞.京津沪渝 高校辅导员队伍建设显成效[EB/OL]. http://job.chsi.com.cn/jyzd/zazhi/ch/200703/20070316/759779.html,2007-03-16.

提高适应岗位的能力。新上岗的辅导员必须先接受培训，才能开始从事辅导员工作。上海市目前已初步形成岗前培训制度。上海市要求新任辅导员岗前培训共7天，56学时。其中，辅导员培训基地组织的统一岗前培训共5天，40学时。具体设置的课程有：岗位认知与思想政治素质提升（2学时）；依法开展学生日常事务管理（2学时）；学生党建、团学工作和主题教育（4学时）；心理健康教育（4学时）；职业发展教育与学习指导（4学时）；网络思想政治教育（2学时）；校园危机处理（4学时）；大学生生活园区学生工作（2学时）；思想理论研究（2学时）。另外，还有团队训练（4学时）；主题讨论（4学时）；新老辅导员交流（2学时）和考核总结（4学时）等内容。此外，校内岗前培训共2天，16学时，由各高校根据本校实际设置培训内容。

专题培训的内容应能切合辅导员当前工作的实际需要。持续地开展此类培训，将会极大程度地提高辅导员的专业能力。专题培训的内容为：主题教育、心理健康教育与咨询、高校学生管理的法治化、辅导员管理技能、心理健康教育与咨询、高校帮困育人体系建设、团体辅导技能与主持策略、领导艺术与礼仪、生活园区思想政治工作、职业发展教育、学业指导、辅导员科研能力培养、网络思想政治工作、学生党建工作的理论与实践、学生创业教育理论与实践、辅导员人文素质提升等等。上海2007年的培训计划要求辅导员培训基地每年必须组织不少于2次（每次不少于3天24学时）的专题培训，全市各高校每次推荐3名左右的辅导员参加专题培训，最终确保专职辅导员分批次轮流参加。福建省高校大学生事务管理辅导员培训基地（华侨大学）于2009年5月举办了全省高校辅导员事务管理业务技能专题培训班，内容包括学生事务的发展现状与趋势、学生资助事务实践、学生综合素质评估机制、学生素质拓展规划、学生住宿管理与后勤保障、社会实践项目化管理、学生危机事件预警与处理、辅导员的执行能力培养等。

职业化培训是按照辅导员专业发展方向进行的系统培训，以使辅导员成为某一领域的专家。目前，上海依托专业化培训基地，已初步确立了三个方向的专业化辅导员，即职业发展教育专业化辅导员、心理辅导专业化辅导员、生活园区住楼辅导员。上海市科教党委、市教委与市人事部门合作，启动了"职业咨询师"和"学校心理咨询师"的职业能力培训与认证工作，为辅导员成为专业的社会工作者提供可能。"截至2009年年底，上海市已有五百多位辅导员接受了学校心理咨询师培训，一千多位辅导员接受职业咨询师培训，六百多位辅导员获得中级职业咨询师证书①。"

2007年,上海市岗前培训、日常培训、专题培训、职业化培训等辅导员培训全面铺开,据统计,仅岗前培训和专题培训就有2133人次参加。2008年,上海市教育部门又设立27个培训专题,内容包括BBS等校园网络平台的管理及引导、大学生网络成瘾预防与干预、新资助政策解读、职业发展教育、大学新生适应问题应对策略等,涉及学生事务管理和思想政治教育的多个方面,全方位提升了辅导员工作能力。②辽宁省教育厅设立了5个思想政治理论培训基地、2个心理健康教育师资培训基地、1个大学生思想政治教育艺术研究中心,建立了10个辅导员实践基地。③但也应当看到,这些基地成立时间不长,培训工作刚刚起步,还处于设计培训课程的初步阶段,需要进一步研究提高。

C. 以研修深造为发展平台。研修深造是从学术层面提升辅导员专业化程度的必要手段。东北师范大学基地在纵向上设计了上岗培训、专题培训和高级研修三种层级递进的培训和研修体系,其中高级研修班采取"2+1"模式,两个月的国内研修后在学员中择优参加1个月的海外研修。横向上构建了课堂教学、挂职锻炼、科学研究、学位进修四位一体的培训和研修体系。④

首先,把基地建成调查研究中心。依托基地,建立所有学员参与的学术研究团队,由学科骨干和受聘的全国专家教授作为学术带头人和导师指导学术研究。一方面,可以对大学生发展状况进行动态监测、科学分析和精准预测;另一方面,基地可以投入一定的经费面向本地区高校辅导员设立科研项目,创办辅导员学术期刊,提高科研实效。东北师范大学基地面向学员设立了"大学生思想政治教育实践创新研究"科研项目,一次性投入经费20万元,包括高校辅导员队伍专业化发展研究、大学生先进典型的榜样示范作用研究等12个研究方向,通过具体的科研实践拉动学员科研能力的提升。⑤

---

① 上海制度创新引领辅导员更专业化、职业化发展[EB/OL]. http://www.chsi.com.cn/jyzx/200912/20091230/60041867-3.html,2009-12-30>.

② 徐敏. 让辅导员成为一种职业[EB/OL]. http://news.hexun.com/2008-02-26/104048980.html,2008-02-26.

③ 辽宁多种途径提升高校辅导员专业水平[EB/OL]. http://teacher.eol.cn/article/20051206/3164482.shtml,2005-12-06.

④ 杨晨光. 首批高校辅导员培训和研修基地建设工作解读[N]. 中国教育报,2007-10-12(2).

⑤ 薛丽华. 东北师范大学全力做好辅导员培训和研修工作[EB/OL]. http://www.moe.cn/edoas/website18/94/info1228270554140294.htm,2008-10-03.

其次，加强学科建设，实施辅导员继续攻读学位的计划。选拔优秀辅导员攻读相关专业的硕士和博士学位，鼓励和支持一批骨干辅导员攻读相关学位和业务进修，长期从事辅导员工作，向专业化、职业化方向发展。北京市从2008年开始筹备设置学生事务管理的硕士和博士培养方向，鼓励专职辅导员攻读思想政治教育专业、学生事务管理专业的硕士和博士学位。2008年4月，复旦大学基地完成首批"高校辅导员在职攻读思想政治教育专业博士学位研究生"招收试点工作，择优录取了3名专职辅导员。东北师范大学基地成立了思想政治教育研究中心，首创"辅导员硕博联合培养班"的辅导员高级人才培养模式，将培训中表现优异的学员纳入继续深造行列，聘请校内外三十余名学科带头人、学生工作专家长期担任学术导师，参照MBA培养方式，理论教学与案例教学相结合，多导师联合培养与校际交流培养相结合。① 在各培训基地和高校的努力推动下，各地高校辅导员的学历和专业素养逐步得以提升。截至2008年年底，北京市共有专兼职辅导员6524名，拥有硕士、博士学历者占62%。② 上海市高校现有专职辅导员2675名，具有硕士及以上学历的达62%。③

最后，设立一批辅导员出国研修项目。设立专项培养计划，选送优秀辅导员到国外参加短期访问与课程学习，以帮助辅导员拓展视野，提高工作能力。辽宁省教育厅把辅导员纳入"大学生思想政治教育名师建设工程"之中，在全省高校范围内遴选若干名优秀辅导员，作为"名师"进行专门扶持，为他们参加学术活动、工作交流、科研立项和国内外考察创造条件。④ 东北师范大学基地以百余所海外友好学校为依托，现已启动英国胡佛汉顿大学、佩斯里大学、澳大利亚悉尼大学、日本九州大学作为首批海外研修基地。⑤

---

① 薛丽华.东北师范大学全力做好辅导员培训和研修工作[EB/OL]. http://www.moe.edu.cn/edoas/website18/94/info1228270554140294.htm,2008-10-03.

② 北京切实加强高校辅导员队伍建设出实招见实效[EB/OL]. http://fdyjd.nenu.edu.cn/TutorTrain/jsp/trainee/showNewsDetail.action?newsId=33,2009-05-25.

③ 徐敏.让辅导员成为一种职业[EB/OL]. http://news.hexun.com/2008-02-26/104048980.html, 2008-02-26.

④ 杨晓慧.培养培训与高校辅导员队伍专业化建设研究[EB/OL]. http://www.univs.cn/channels/zhuanti/fudaoyuan/18.html,2008-02-25.

⑤ 薛丽华.东北师范大学全力做好辅导员培训和研修工作[EB/OL]. http://www.moe.edu.cn/edoas/website18/94/info1228270554140294.htm,2008-10-03.

第三，高校培训。

各高校要重点抓好本校辅导员的系统培训，把辅导员的培养纳入高等学校师资培训规划和人才培养计划，把辅导员队伍建设放在与学校教学、科研队伍建设同等重要位置，统筹规划，统一领导。

(3) 横向搭建"四个平台"。《2006—2010年普通高等学校辅导员培训计划》指出，要积极吸收国内外优秀研究成果和实践经验，在教育部统一指导和协调下，组织编写贴近不同高校辅导员培训需要的系列精品教材，制作相关的课件，在3年内逐步建立起科学合理、绩效突出，以理论学习、技能训练和案例教学为重点的全国辅导员培训教材和课程体系；计划5年内，分批选拔5000名优秀辅导员攻读思想政治教育专业硕士学位，分批选拔500名优秀辅导员定向攻读思想政治教育专业博士学位；鼓励和支持一批骨干辅导员攻读相关学位和业务进修，长期从事辅导员工作，向专业化、职业化方向发展；配合教育部留学基金委员会设立专项培养计划，每年选送30—40名优秀骨干到国外参加短期访问与课程学习，积极联系国外或港台地区培训机构和专业学会，开展形式多样的国际合作培训，逐步确定一批中长期辅导员研修项目，帮助辅导员开阔视野，更新观念，不断提高工作水平。① 在此基础上，继续加强高校辅导员队伍培养与发展体系的横向建设，努力构建课程平台、进修平台、交流平台和科研平台。

第一，"构建课程平台"。

设立省（市）、校两级政治素质与专业素质、基础理论与工作技能、理论教学与案例教学相结合的课程培训体系，为辅导员构建完整、系统的专业知识体系创造条件。进行包含学生工作、学生党支部建设、共青团建设、辅导员素质与工作要求和学生工作心理学等知识在内的岗前培训。对新任辅导员进行包括思想政治培训、角色培训、技能培训、业务培训四个方面的专业培养。2008年8月和2009年8月，福建师范大学举办了第一期和第二期"福建省高校新任辅导员岗前培训"，时间7天，内容包括辅导员职业认知与发展、学生思想政治教育、学生稳定工作、学生事务管理、学生工作载体及建设等五个方面。

第二，"构建进修平台"。

每年选拔一定数量的优秀辅导员定向攻读学位、境外培训或在职进修，要求

---

① 教育部.2006—2010年普通高等学校辅导员培训计划[EB/OL].http://www.xuegong.cug.edu.cn/Article_Show.asp? ArticleID=1256,2006-09-19.

各高校提供政策支持。同时，要对辅导员进行专业知识和技能培训，鼓励辅导员成为这一领域的专家，并为其多样化发展提供制度保障和广阔空间。教育部在2006年招收高等学校教师在职攻读硕士学位工作中，专门单列1000个指标用于鼓励和支持高校辅导员在职攻读思想政治教育专业硕士学位。2008年6月20日，教育部制定了《教育部关于做好08年招收高校辅导员在职攻读思想政治教育专业博士学位研究生工作的通知》，决定设立"高校辅导员攻读思想政治教育专业博士学位计划"，2008年先行试点，之后逐步扩大规模，由教育部高校辅导员培训和研修基地所在高校承担招生和培养工作。上海近年来建立了专业辅导员培训基地，并分期选派辅导员赴国内外开展培训。辽宁省规定高校辅导员学历必须比辅导对象学历高一层次，不符合条件的需要进修。从2005年开始，辽宁省教育厅已在东北大学、辽宁师范大学和沈阳师范大学分别开设了专为辅导员学历提升的研究生班和本科班，委托东北大学、辽宁师范大学招收了55名在职辅导员攻读思想政治教育、行政管理等相关专业的硕士学位，委托辽宁师范大学招收了2名辅导员攻读思想政治教育专业博士学位。

第三，"构建交流平台"。

创建高校辅导员队伍建设主题网页和"辅导员之家"在线学习网站，建立辅导员学习交流、经验共享的虚拟空间。发挥高校辅导员工作学会的积极作用，完善高校辅导员之间沟通交流的现实平台。每年有计划地组织校级间辅导员队伍交流，定期组织优秀辅导员到国内外进行学习考察。教育部从2005年开始，每年选派30名左右的辅导员骨干赴英国参加为期3个月的专题研修，帮助辅导员开阔视野。上海正同包括耶鲁在内的国外高校进行联系，拟建立境外培训基地，并计划每年送4批辅导员赴培训基地进行3个月左右的考察，亲身感受国外高校先进的管理方式。

第四，"构建科研平台"。

要求各基地和各高校设立学生工作专项科研基金，支持高校辅导员开展理论研究和问题研究，提高辅导员的科研水平。每年资助出版"学生工作干部学者文库"，鼓励高校学生工作者向专业化方向发展。上海市把高校学生思想政治教育研究纳入上海市哲学社会科学研究的整体规划中，2005年市科教党委、市教委已出资50万元重点资助10个德育重大决策咨询课题，同济大学、华东师范大学、上海师范大学等多所高校已设立了学生思政研究基金，鼓励辅导员开展德育研究。① 北京市按照每年人均不少于 1000 元的标准设立辅导员专项培训经费，组织全市辅导员进行课题研究，建立北京高校辅导员网络学习与交流平台。从 2005 年起，辽宁省教育厅通过争取省社会科学研究立项支持、在教育科研立项和高校科研立项中面向辅导员单列等方式，就大学生思想政治教育中迫切需要解决的若干重大问题，进行科研立项。每年通过上述渠道立项 30 余项，资助经费达 20 余万元。②

3. 建立健全高校辅导员队伍的管理体制与考核制度

（1）完善高校辅导员队伍管理体制。教育部《普通高等学校辅导员队伍建设规定》指出，高等学校辅导员实行学校和院（系）双重领导；高等学校要把辅导员队伍建设放在与学校教学、科研队伍建设同等重要位置，统筹规划，统一领导；学生工作部门是学校管理辅导员队伍的职能部门，要与院（系）共同做好辅导员管理工作；院（系）要对辅导员进行直接领导和管理。③ 可以看出，关于高校辅导员队伍的领导和管理问题，《普通高等学校辅导员队伍建设规定》没有做出具体和明确的规定，结果导致当前各高校辅导员处于多头管理的局面。所以，各级教育部门需要继续加强辅导员队伍领导和管理体制的指导研究工作，要求学校党委统一规划辅导员队伍工作，进一步明确各高校党委书记和校长是加强辅导员队伍建设的第一责任人，党委学工部（处）负责具体实施。要求各高校把与辅导员队伍建设相关的工作列入对本校各院（系）和职能部门的考核指标中，各院（系）分党委（党总支）对所辖辅导员进行直接管理和领导，做好本院（系）辅导员的日常培养、使用、管理和考核等工作。加大辅导员队伍建设在高校党委评估中的权重，把辅导员队伍建设状况作为衡量各高校办学质量和办学水平评估以及高校领导干部工作业绩考核的重要指标。

（2）建立健全高校辅导员考评机制。考评是科学管理和评价辅导员的重要环节，建立辅导员考评机制并加强对辅导员的考核，是保证辅导员队伍健康成长的

---

① 赵彩瑞.京津沪渝 高校辅导员队伍建设显成效[EB/OL]. http://job.chsi.com.cn/jyzd/zazhi/ch/200703/20070316/759779.html, 2007－03－16.

② 教育部.专业化培养 职业化培训 规范化管理辽宁打造高素质的高校辅导员队伍[EB/OL]. http://www.moe.edu.cn/edoas/website18/level3.jsp?tablename＝1214549540569641&infoid＝1223347677844638, 2008－09－27.

③ 教育部.普通高等学校辅导员队伍建设规定[EB/OL]. http://www1.sxau.edu.cn/dwxcb/web/news/show_news.asp?news_id＝210, 2006－09－19.

重要举措。《普通高等学校辅导员队伍建设规定》指出，各高等学校要制定辅导员工作考核的具体办法，健全考核体系；对辅导员的考核应由组织人事部门、学生工作部门、院（系）和学生共同参与，考核结果要与辅导员的职务聘任、奖惩、晋级等挂钩；教育部设立"全国高校优秀辅导员"称号，定期评选表彰优秀辅导员，各地教育部门和高等学校要将优秀辅导员表彰奖励纳入各级教师、教育工作者表彰奖励体系中，按一定比例评选，统一表彰。[1] 可以看出，《普通高等学校辅导员队伍建设规定》只是对考核主体和考核结果的使用提出了建议，没有制定明确的考核标准和指标体系。所以，政府相关部门应加强辅导员队伍考评制度的研究与建设，制定类似《高校辅导员工作考核评价指导意见》的政策文件，以加强对辅导员工作考评的指导，推动辅导员考评工作的制度化、规范化和科学化发展。

依据辅导员工作的内容、特点和性质，应该坚持定性与定量考核相结合的原则，建立以工作实绩为主要内容、以学生满意度为主要指标，采取辅导员自评、职能部门评价和学生评价相结合的方式，体现同时具有科学性和可操作性的考核体系。考核体系应改变目前以综合性考核为主的模式，在涵盖基本素质和技能（如职业素质、大学生心理健康教育、职业发展教育、帮困工作、思想政治教育等）的基础上，突出专业内容，特别是大力开展心理咨询师、职业生涯指导师及其他咨询辅导师的考试，增强辅导员考核的专业导向性。各高校可以结合实际，自定等级标准。考核结果将作为其专业技术职务聘任、晋级和各类奖惩的重要依据。考核结果为优秀的辅导员可以直接授予校级年度优秀辅导员荣誉称号，并作为参评市级优秀辅导员的必备条件。如果连续两年考核不合格者，将不再聘任。此外，考核结果经辅导员本人确认后将直接作为学校年度人事考核结果，并记入其个人档案。上海市于 2008 年 2 月率先颁发了《上海市高校辅导员考核工作的实施意见》，根据辅导员的理论基础、实践能力、研究水平和工作实效等因素，建立起了一整套辅导员考核机制，设立了自低到高 1 至 5 级辅导员岗位，最高级别等同于教授，实行分级聘任、考核。其辅导员考核指标体系包括两级：一级指标主要包括职业素质、思想政治教育、学生组织建设、学生事务管理、维护校园稳定及特色和创新工作等内容；二级指标有 18 项，分为 A、B、C、D 四个等级；

---

[1] 教育部.普通高等学校辅导员队伍建设规定[EB/OL]. http://www1.sxau.edu.cn/dwxcb/web/news/show_news.asp? news_id=210,2006-09-19.

考核内容为德、能、勤、绩、廉五个方面;考核分为优秀、称职、基本称职和不称职4个等级,连续两年考核不合格者,不再聘为辅导员。① 上海市还建立起专职辅导员与公务员、社会工作者、职业咨询师等岗位的双向交流机制。每年要从上海市公务员考试笔试合格的考生中选拔优秀者向相关高校推荐;工作满4年且考核优秀的专职辅导员,报考上海市公务员,在同等条件下可优先推荐、优先调剂、优先录用。② 辽宁省从2005年11月8日起,建立了对辅导员工作进行考核的制度,考核制度分为学年考核和届期考核,学年考核是届期考核的主要依据。重点考核辅导员对大学生进行政治指导、思想教育、行为引导、事务管理以及大学生对辅导员工作的评价情况。辅导员在年度考核中,考核不称职的票数超过20%(含)以上的,将被调离辅导员岗位或解除聘任。北京市也建立了辅导员在学校与其他部门之间的流动渠道,每年推荐一批优秀辅导员到北京市党政机关和国有企事业单位挂职锻炼。

4. 建立完善高校辅导员保障制度

一种职业专业化程度的提高必然表现为且依赖于从业人员社会地位和经济收入的提高。吸引优秀人才从事辅导员工作,就必须拓宽辅导员的职业发展空间,提高辅导员的收入和地位。因此,推进辅导员专业化、职业化发展,必须建立完善辅导员队伍的激励保障机制。

(1) 设立高校辅导员岗位补贴。为改善高校辅导员队伍待遇普遍偏低的实际情况,政府必须做出努力,要求高校将辅导员待遇问题纳入学校党委行政的重要议事日程,将辅导员津贴纳入学校内部分配体系,切实提高辅导员的物质生活待遇,这是辅导员专业化、职业化建设的物质保障,有助于提升辅导员工作岗位的吸引力,提高队伍的稳定性。对此,很多省市做了有益尝试,值得借鉴和推广。如北京市每年投入2000万元,按照每200名在校学生设立一个辅导员岗位,在绩效考评基础上,每个岗位每月给予500元补贴,确保辅导员每月薪酬比同期留校相同学历的任课教师略高。③ 辽宁省从2005年起给予辅导员每月不低于200元

---

① 计琳.上海建立高校辅导员考核指标体系连续两年不称职将不再聘为辅导员[N].中国教育报,2008-02-27(1).

② 汪华.上海建立辅导员与校内外其他岗位双向交流机制[EB/OL]. http://www.91student.com/showdoc.do? docid=240190,2006-11-06.

③ 薛丽华.北京切实加强高校辅导员队伍建设出实招见实效[EB/OL]. http://www.moe.edu.cn/edoas/website18/level3.jsp? tablename=2246&infoid=1239265712009193,2009-04-09.

的工作补贴,以确保辅导员的实际收入与本校专任教师的平均收入相当。①

(2) 建立高校辅导员专业技术职务、职称系列评聘制度。职务、职称评聘是推动高校辅导员专业化、职业化建设的一个重要杠杆。《普通高等学校辅导员队伍建设规定》对高校辅导员的职务、职称评聘制度提供了有力的政策保障,要求高等学校结合实际合理设置专职辅导员的相应教师职务岗位:专职辅导员可按助教、讲师、副教授、教授要求评聘思想政治教育学科或其他相关学科的专业技术职务,高等学校应根据辅导员岗位基本职责、任职条件等要求,结合各校实际,制定辅导员评聘教师职务的具体条件,突出其从事学生工作的特点;辅导员评聘教师职务应坚持工作实绩、科学研究能力和研究成果相结合的原则,对于中级以下职务应侧重考察工作实绩;高等学校应成立专职辅导员专业技术职务聘任委员会,具体负责本校专职辅导员专业技术职务聘任工作;高等学校可根据辅导员的任职年限及实际工作表现,确定相应级别的行政待遇,给予相应的倾斜政策。②

虽然有了政策法规的规定,但是,目前高校辅导员的职务道路仍然非常狭窄,走专业技术职称之路辅导员又不具有竞争力,因为当前辅导员的职称申报依然按照普通专业教师申报职称的办法和条件要求,必须具备一定的教学工作量、科研成果,辅导员很难达到。因此,走专业化、职业化之路,需要在《普通高等学校辅导员队伍建设规定》的基础上,进一步研究制定专门的辅导员职称评定、职务晋升政策,形成类似于《关于高校专职辅导员职称评定、职务晋升的指导意见》的政策文件,采取指标单列、标准单列、独立评审的办法。评审充分考虑辅导员工作的特点,坚持"三个同等对待":一是辅导员在学生工作方面发表的论文、取得的成果与教学、科研方面的论文、成果同等对待;二是辅导员讲授学生党课、团课和带领学生社会实践、军训、指导社团活动等与专业课教师的课时同等对待;三是辅导员指导的受到市级以上表彰的优秀学生社团、集体和个人与优秀科研成果同等对待。在确定行政级别方面,可以考虑把辅导员作为学校青年后备干部、党政管理干部、学科专业骨干培养和选拔的重要源头之一。

目前很多省市开始了辅导员新的职称申报体系和评聘办法的尝试。2006 年,

---

① 教育部.专业化培养 职业化培训 规范化管理辽宁打造高素质的高校辅导员队伍[EB/OL]. http://www. moe. edu. cn/edoas/website18/level3. jsp? tablename = 1214549540569641&infoid = 1223347677844638,2008-09-27.

② 教育部.普通高等学校辅导员队伍建设规定[EB/OL]. http://www1. sxau. edu. cn/dwxcb/web/news/show_news. asp? news_id=210,2006-09-19.

上海市科教党委、市委组织部、市教委等五大部门联合出台的《关于进一步加强上海高校辅导员队伍建设的若干意见》指出，建立大学生思想政治教育专业技术职务与其他专业技术职务的衔接机制；对转到教学科研岗位的辅导员，聘任同级专业技术职务时，原则上给予认可；聘任高一级专业技术职务时，充分考虑辅导员工作的经历、实绩和研究成果；高校选拔党政领导干部，一般应有辅导员的工作经历。① 2007年1月，上海市教育委员会正式出台《上海高校学生思想政治教育教师职务聘任办法（试行）》，将高校学生思想政治教育教师高级职务岗位单独设置，规定本市高校专职从事学生思想政治教育的教师设立助教、讲师、副教授、教授职务，其编制总数不低于其他专业技术职务岗位的平均比例，其中思想政治教师高级职务岗位将单独设置，不得用于其他专业技术职务岗位，为辅导员职称的评定开拓了新的空间。根据规定，在各高校没有空间参加高级职称评审的辅导员，可以到上海市教委统一参评，这在我国专业技术职务聘任发展过程中尚属首次。上海市目前正探索将辅导员队伍的职称评聘单独作为一个系列，纳入学校职称的评聘制度：从事辅导员工作年限累计8年以上的，可竞聘教授职务；从事辅导员工作年限累计4年以上者，可竞聘副教授职务。目前上海高校已有123位辅导员获得高级专业技术职务，占辅导员总数的4.6%，141位辅导员定为副处以上职级。② 这一举措必将促进辅导员队伍涌现出更多的高级职称、职务者，改变队伍初级职称、低级职务比例过大的局面，从而形成低、中和高级职称、职务合理搭配的结构，稳定辅导员队伍，提高辅导员素质，推进辅导员队伍专业化、职业化进程。

（3）实施高校辅导员职级制度。职级与职务相结合，是我国职员制度发展的重要特征，在一些职业中已经得到应用。在辅导员职务发展空间尚未非常清晰的情况下，加强职级制度建设，对提升辅导员发空间、保障辅导员待遇、促进专业化发展有显著的推动作用。《普通高等学校辅导队伍建设规定》建议"高等学校可根据辅导员的任职年限及实际工作表现，确立相应级别的行政待遇，给予相应

---

① 汪华.上海建立辅导员与校内外其他岗位双向交流机制[EB/OL]. http://www.91student.com/showdoc.do? docid=240190,2006-11-06.

② 徐敏.让辅导员成为一种职业[EB/OL]. http://news.hexun.com/2008-02-26/104048980.html, 2008-02-26.

的倾斜政策"。① 当前，部分高校职级制差别很大，有的是五级，有的是六级。有的是六级相当于教授，有的是四级相当于教授。不过，目前的辅导员职级制是高校临时制定的，不具有稳定性；校际之间标准各异也缺乏可比性，认可度低，所以，需要完善辅导员职级制。为此，需要有关部门统一管理，统一制定评定标准。可以考虑将辅导员职级的标准确定与教师职务级别对应起来，与助教、讲师、副教授、教授对应设成四级、三级、二级、一级辅导员。其待遇标准可根据学校实际情况适当高于、低于或等同职务系列规定。评定职级的标准要适当降低研究要求，增强实践要求，充分考虑辅导员工作实践的效果。

同时，辅导员职级制度的实施，可与辅导员职业资格证书制度结合起来。即在资格证书中将辅导员的职级予以说明，颁发的辅导员职业资格证书注明是一级辅导员或二级辅导员等级别。就目前来说，辅导员职级制在全省甚至全国统一比较困难，所以应首先加大在高校内的推广，先从校级做起，从基层开始提高辅导员的待遇保障。推行职级制，是为了即使在职务评审没有真正打通的情况下，辅导员也能得到待遇上的保障。

（二）高校在辅导员队伍专业化、职业化建设中的职能

2004年，中共中央16号文件《关于进一步加强和改进大学生思想政治教育的意见》明确指出，辅导员、班主任工作在大学生思想政治教育第一线，任务繁重，责任重大，学校要从政治上、工作上、生活上关心他们，在政策和待遇方面给予适当倾斜。②《普通高等学校辅导员队伍建设规定》要求高校把辅导员的培养纳入高等学校师资培训规划和人才培养计划，享受专任教师培养同等待遇；高等学校应当鼓励、支持辅导员结合大学生思想政治教育的工作实践和思想政治教育学科的发展开展研究；各高校负责对本校辅导员的系统培训，支持辅导员在做好大学生思想政治教育工作的基础上攻读相关专业学位，鼓励和支持专职辅导员成为思想政治教育工作方面的专门人才；高等学校要积极为辅导员的工作和生活创造便利条件，应根据辅导员的工作特点，在岗位津贴、办公条件、通讯经费等方面制定相关政策，为辅导员的工作和生活提供必要保障；高等学校应把辅导员

---

① 教育部.普通高等学校辅导员队伍建设规定[EB/OL]. http://www1.sxau.cn/dwxcb/web/news/show_news.asp? news_id=210,2006-09-19.

② 教育部.关于进一步加强和改进大学生思想政治教育的意见[EB/OL]. http://www.southcn.com/nflr/zhnegccz/zhangcbb/200411040685.htm,2004-10-15.

队伍作为后备干部培养和选拔的重要来源,根据工作需要,向校内管理工作岗位选派或向地方组织部门推荐。①

因此,高校必须认真贯彻落实中央和教育部的有关文件精神,牢牢把握高校育人这一根本任务,增强做好学生工作的责任感和使命感,切实加强辅导员队伍建设,把辅导员队伍建设放在与学校教学、科研队伍建设同等重要位置,统筹规划,统一领导,优化环境,为辅导员队伍专业化、职业化建设创造条件。在辅导员队伍专业化、职业化建设过程中,选聘制度是前提,培训培养体系是动力,管理考核制度与保障机制是保证。为此,高校必须加强对国家政策措施的研究、部署和协调,制订出加强辅导员队伍建设的具体方案,诸如《高校辅导员任职资格条例》、《高校辅导员工作职责条例》、《高校辅导员培训进修制度》、《高校辅导员晋升奖励制度》、《高校辅导员流动制度》等,把高校辅导员队伍建设纳入科学的轨道,使之规范化、科学化、连续化,不断推进辅导员队伍的专业化、职业化建设稳步、健康发展。

1. 建立完善选聘制度,实现高校辅导员队伍从业人员的专业化

加强辅导员准入机制的建设,科学设岗、严格选配,同时严格执行辅导员职业资格证书制度,把好"入口关",从源头优化辅导员队伍的质量,是推进辅导员队伍专业化、职业化建设进程的重要环节。高校应该结合自身实际和学生工作的发展规划制定出辅导员的总体数量和群体结构计划,完善辅导员的选拔标准和录用程序。

(1)合理配备高校辅导员。合理的辅导员队伍结构不仅有师生比的要求,也对辅导员的年龄、学历和职称构成有规定。师生比应严格按照教育部不低于1:200的比例要求足额配备专职辅导员队伍,在编制上,应由目前专、兼职并重过渡到以专职为主、兼职为辅的模式。北京、上海、天津、湖南、湖北、河南、陕西等省市辅导员师生比已经达到1:200,上海市本专科生辅导员与学生配备比为1:127。② 年龄构成上应实现老中青结合,实现梯队合理化。老同志稳重,富有经验,可以发挥以老带新的作用,形成学术权威;中年同志年富力强,有进取精

---

① 教育部.普通高等学校辅导员队伍建设规定[EB/OL]. http://www1.sxau.cn/dwxcb/web/news/show_news.asp? news_id=210,2006-09-19.

② 肖春飞.高校未来将有10万专职辅导员和5万兼职辅导员[EB/OL]. http://www.jyb.cn/xwzx/gdjy/sxkd/t20080225_144016.htm,2008-02-25.

神，便于形成骨干力量，承上启下；年轻辅导员虽大多缺乏理论素养和实践经验，但他们易于和学生沟通，工作积极，有创新精神。因此，充分发挥各个年龄阶段辅导员在知识、经验和能力方面的优势，实现教育、管理、服务三职责的最佳组合。学历构成上实现以硕士研究生学历为主、博士研究生学历和本科学历为辅的合理结构。目前就业形势的紧张和高等教育事业的快速发展使越来越多具有高学历的毕业生加入到辅导员队伍当中，这使得辅导员队伍的高学历化成为可能。高学历化是辅导员队伍专业化、职业化的必然趋势和要求，它可以改变辅导员在学生心中知识水平偏低的形象，从而树立威信，也使得辅导员对学生深层次的教育工作变得具有说服力和感染力。从一般意义上来讲，本专科生的辅导员要具有硕士研究生学历，研究生的辅导员要具有博士研究生学历，即辅导员的学历原则上应该比辅导对象高。职称职务构成上要扩大高级职称职务的比例。只有合理的辅导员队伍结构，才能实现队伍间的优势互补，取长补短，进而提升辅导员工作的效果。

（2）建立严格规范的选聘标准。目前高校辅导员的选聘要求在不断提高。不过，从当前高校的招聘条件来看，对辅导员要求的提高更多地局限在学历、英语、计算机、工作经验等指标上，对辅导员的工作能力和职业理念这些难以量化的指标却较少提及，而这些恰恰是做好辅导员工作最重要的元素。因此，高校应该遵循辅导员任职资格标准，一方面可以在面试中增强对辅导员工作能力和职业理念等素养的考察，另外也可通过职业资格证书制度的建立加强考量，从源头上保证辅导员队伍的质量。

第一，摒弃性别、年龄歧视和地域限制。

高校辅导员招聘，牵涉到就业公平等社会问题，因此，高校应该抛弃狭隘的学校本位主义，为不同性别、年龄的应聘者营造平等的就业机会。招聘启事在学校网站上或者学术期刊上公布，面向社会公开招聘，条件符合者均可应聘，以拓展辅导员的生源。为了避免招聘的人为因素和"近亲繁殖"，适度限制本校毕业生应聘，从而保证招聘的公平性和公正性。

第二，强调专业知识结构。

高校辅导员工作是一项专业性较强的工作，高校在设定招聘条件时，应该突显对应聘者的专业学科背景要求，以确保能够把一批管理学、教育学、心理学、社会学等相关专业具有丰富理论知识和大量实践经验的毕业生招募进来，以提升辅导员的工作实效。

第三，重视专业能力。

高校招聘高学历人才充实辅导员队伍是必要的，但是，仅仅停留于学历的追求和满足却远远不够，高校在重视应聘者的学历的同时，更应该对其专业能力有明确的要求。除了语言与文字表达能力、逻辑思维能力、计算机操作能力等一般能力外，还必须要求应聘者具备较强的组织能力、卓越的人际沟通交流能力、教育教学能力、科学研究和创新能力、职业生涯规划指导能力、心理健康教育能力、学习辅导能力等专业能力。条件成熟的高校应该根据学生发展需要设置岗位，对辅导员进行专业分工，以更有效的方式引导大学生的身心和谐发展。

第四，重视职业道德和专业精神。

职业道德和专业精神是辅导员专业发展的内在精神动力，所以，高校应该要求应聘者对辅导员职业具有良好的职业信念和职业认同感，具有服务学生的动机和奉献精神，能够真正关心、爱护学生，对职业伦理及其规范有认同感，并有执行的自觉性，具有忠诚于辅导员事业的信心和决心。

复旦大学辅导员协会采取项目运作制，对辅导员进行素质认证，设置了一定的从业标准。山东大学建立了职业准入制度，明确了辅导员资格标准，要求辅导员除应为中共党员、具有硕士或以上学位外，还应具有与工作相适应的专业知识背景、职业素养和职业能力。[①] 上海大学在辅导员的招募与选拔过程当中不但强调备选对象的知识结构，还重视其个性、能力、兴趣、经验、民主意识、对工作的期望值和对生活的满意度等非智力因素的考察。天津大学坚持严格的进入标准和选聘程序，出台了《辅导员选拔与管理办法》。河南大学在招聘辅导员过程中，优先录取心理系、教育系毕业的硕士生和职业发展指导技术人员。[②] 中山大学要求辅导员的学历达到研究生水平，在专业知识方面要求掌握人文社会科学、自然科学的基本知识，具备思想预测能力和独立从事科学研究的能力。特别强调辅导员要具备对学生的职业选择和职业生涯规划给予科学指导的能力等。[③] 这些做法有助于把具备良好专业素养的辅导员吸纳进队伍中来，实践也证明其效果显著，值得借鉴学习。

---

① 朱正昌.以专业化职业化为目标建设高水平辅导员队伍[J].中国高等教育,2006(10):29.

② 孙长缨.高校辅导员:成长着学生的成长,幸福着学生的幸福[EB/OL]. http://job.chsi.com.cn/jyzd/zazhi/ch/200703/20070316/759775.html,2007-03-16.

③ 陈艳,刘才刚.大学生思想政治工作队伍职业化、专业化建设的探索[J].中山大学学报论丛,2006(2):192.

（3）建立规范的选拔程序和方式。在严格选拔标准时，要有科学的选用程序，也要按照一定的流程操作。辅导员的选拔，应该在学校党委的统一领导下，坚持"公平、公开、公正"的原则，实行竞争上岗，择优选聘。基本流程可为：学校和院系提出用人需求—编制人员甄选与录用计划—组织推荐和公开招聘—资格审查—初试—复试—录用评估。

第一，信息发布。

以网上发布信息的形式面向全社会进行公开招聘，如在学校主页、中国教育和科研计算机网中发布，明确招聘要求、聘期和待遇。从选拔途径上来讲，不但可以采取内部人力资源调换配置的方式，还可以采用外部招募的方式甄选合适的人选，以拓宽选聘渠道。辅导员队伍的社会化是国外高校的成功经验，也是缓解当前我国辅导员数量、结构、素质不足的重要途径，所以，应该在发挥校内辅导员队伍作用的同时，面向社会各类专业咨询机构聘请专业人员，承担对学生的专业化辅导。如北京大学聘请了一批优秀校友担任光华管理学院、政府管理学院、法学院等院系的校外辅导员，他们丰富的社会阅历和突出的实践能力对学生产生了有益的影响。

第二，网上报名或现场报名。

符合招聘启事规定条件的应聘者，按照要求向学校相关部门提交个人基本信息（包括本人基本情况、学习经历、工作简历、主要学术成果等）及相关证书的复印件。

第三，资格审查与筛选。

成立由学校人事处、组织部、学生工作处、用人单位等部门负责人组成的辅导员招聘工作领导小组，根据招聘条件和岗位要求，负责对应聘者进行资格审查和材料核查，按照择优录取的原则确定参加笔试的名单。

第四，笔试。

主要对应聘者的相关专业知识和专业能力进行考核；对应聘者进行心理测试，考察心理健康程度。

第五，面试。

由辅导员招聘工作领导小组聘请相关专家共同组成评审小组，对应聘者进行面试，内容主要包括申请做辅导员工作岗位的优势及对做好工作的设想等。选拔过程中，在充分考虑应聘者知识、外显技能的同时，重视其内隐特征与辅导员工作的匹配程度，也要对辅导员各项胜任力特征进行分析，并对其胜任力做出发展性评价，以对其今后的工作成绩做出最大可能的预测。

第六，确定录用人选。

根据笔试和面试的综合成绩确定并公布录用人员名单。

可见，建立和推行严格的选聘制度，既要保证辅导员队伍的数量充足、比例相对平衡，又要使其年龄、学历、职称结构合理、知识能力结构互补，以促进队伍的整体优化组合，从源头上保证辅导员队伍的质量，使辅导员能够熟练运用专业知识和专业技能，深入持久地开展学生工作。

2. 健全高校辅导员队伍的培养培训体系

工欲善其事，必先利其器。专业地位的提升是辅导员专业化、职业化的核心，而专业地位的提升以专业素养为基础，只有辅导员队伍的素养实现了专业化，才能建立起自己的专业地位，也才能最终实现辅导员队伍的专业化、职业化。缺乏系统的培养培训是高校辅导员专业素养开发的现状，也是造成高校辅导员专业素养部分缺失的重要原因。因而，建立一个职前培养、入职教育和在职培训一体化的培训体系，逐渐提高辅导员的专业素养，发挥其在大学生健康成长中的导向作用是高校辅导员专业化、职业化建设的必需。

（1）加强专业学科建设，提高专业素养和学历层次。问渠哪得清如许，为有源头活水来。社会分工日趋细致，每个职业都有自己的学科依托，越来越多的学科专业进入了高等教育体系，成为国民教育系列的重要组成部分，高校学生工作的专业性、综合性、创造性、重要性也要求在高等教育学科专业体系中有所反映。首先，高校辅导员的工作职责要求设置辅导员专业。一直以来，人们倾向于将思想政治教育专业等同于辅导员专业，认为两者内涵相同。思想政治教育专业也已经具备了本科、硕士和博士多层次的培养能力，但由于没有明确是为高校学生工作培养人才，所以在课程设置、培养方式等方面没有突出该职业的特征和要求。随着近些年辅导员工作职能的扩展，高校辅导员不仅要给予学生思想政治上的引导，更要为学生提供学习方法指导、职业指导、心理咨询等方面的服务。从构建的高校辅导员专业素养模型来看，除了思想政治教育学，辅导员还需要具备教育学、心理学、管理学、社会学、人才学等专业知识和专业技能，而思想政治教育专业显然无法覆盖辅导员任职的这些要求。所以，高校学生工作发展的现实要求在高校专业设置中为学生工作留一席之地，这既是国外学生管理工作的成功经验，也是在以学科论定位的高校提高辅导员专业地位的重要措施。此外，高等教育的发展为辅导员专业的设置提供了现实依据。2009年，高等教育毛入学率达到 23.3%。根据规划，今年将达到 25%，在校生不低 3000 万人。按照教育部师生比 1∶200 的比例设置本、专科生专职辅导员岗位，全国高校需配备专职辅导员 15 万人。如此庞大的工作对象和从业人员的存在，为开设辅导员专业提供了巨大的现实支持。因此，需要在高校专门开设高校辅导员培养专业或研究方向，为从业人员奠定坚实的专业基础。

第一，设立高校辅导员专业或研究方向。

在高校后勤社会化、学籍管理学分化、办学环境多元化的新形势下加强对辅导员工作规律的研究，应根据辅导员工作内容、工作特点、角色定位，依托马克思主义理论教育及相关哲学社会科学学科，着手开展学生思想政治教育、学生发展指导和学生事务管理等方向的学位教育。可依托马克思主义理论教育一级学科，招收学生思想政治教育方向的研究生；依托管理学、社会学、教育学、心理学等相关学科，招收学生发展指导方向的研究生；依托管理学、政治学、法学等相关学科，招收学生事务管理方向的研究生，逐步建立起独具特色的学科体系，并争取相应的学位授权点。辅导员专业应属普通高等师范四年制本科教育或研究生。北京师范大学已经开办了我国第一个学生事务管理硕士学位班；中国地质大学（武汉）高等教育研究所于 2003 年设立了高等教育学硕士点，设有三个方向，其中就包含高校学生事务管理方向；天津大学依托管理学学科优势申请设立了学生事务管理硕士点，在原有法学硕士点的基础上，依托学工部下设的心理研究所与职业教育学院联合申请设立了心理学硕士点，取得了良好成效，值得借鉴。

辅导员专业的方向设置，可在安排学生系统学习学生工作管理专业基础课程的基础上，根据当前学生工作需要，设置诸如思想政治教育、班级（楼层）管理、职业规划指导、心理健康教育等研究方向，学生根据自身兴趣爱好选择不同的专业方向，使他们术有专攻，为今后成长为专家型辅导员打下坚实的基础。

第二，提高高校辅导员队伍学历层次。

高校辅导员专业化、职业化建设没有大的进展，与辅导员队伍的学历层次不高有关系。美国高校学生事务管理是一种职业化方向，是一项专业化的工作，从事学生事务管理的工作人员普遍具有指导学、咨询学、高等教育学、心理学、学生事务等相关领域的硕士学位、博士学位。在专业性较强的部处室，如学生顾问和心理咨询服务中心工作的管理人员抑或是持有专业资格证书或行医执照的心理学专家或精神病学专家。应该说，这样一支专家队伍是学生教育和管理工作专业化、职业化的基础，是高质量做好学生教育和管理工作的根本保证。针对目前我国辅导员队伍学历偏低的情况，辅导员专业的学生来源可依据高起点、高标准的原则，从普通高校四年制本科优秀毕业生中招考、选拔。选拔范围既可以是思想政治教育学、哲学、教育学、心理学等相关本科专业，也可以是希望从事辅导员工作的其他专业学生。对于在职辅导员，鼓励他们攻读思想政治教育、心理学、教育学、管理学等专业的硕士或博士学位，加速其学历提高的进程。不过，高学历化不是唯学历主义，而是要求辅导员具有真才实学，意味着与时代发展相适应的高等教育管理综合知识体系、新思维理论和方法论、新技术手段方面的知识，获取开发利用信息的能力、辩证思维和系统思维的能力、科学决策的能力等，所以，学历身份的变化，应该要能够树立一个专业形象，使辅导员职业更具有学术性、专业性。天津大学积极支持辅导员在做好本职工作的前提下，攻读相关的硕士、博士学位或进修，鼓励辅导员向专业化、职业化与专家型方向发展。目前有近40%的辅导员已获得研究生学位或正在通过在职攻读学位的形式进行深造，一部分辅导员已成为在天津乃至全国有较大影响的专家。重庆大学辅导员中在读或取得硕士学位以上的比例为72.5%，具有博士学位（含在职攻读）的有35人。

第三，搭建创新研究平台。

高校辅导员专业致力于培养一批受过良好专业教育、具有扎实专业知识和专业技能的人才，同时，也应担负起辅导员专业的学科研究，组建学科研究中心，推进学科专业深入发展。因为专业发展离不开理论的支撑，专业应具备的专门知能需要不断更新，才能更好的适应形势的发展与需要，而科学研究和学术交流是专业理论生长和专业知能发展的有效途径。进入知识经济时代，高校辅导员面临着巨大挑战，辅导员必须掌握足够的知识和技能才能满足时代发展对其职业的需求，进而为大学生发展提供帮助。《普通高等学校辅导员队伍建设规定》明确指出，高等学校应当鼓励、支持辅导员结合大学生思想政治教育的工作实践和思想政治教育学科的发展开展研究。① 因此，高校建立学术研究交流阵地，为辅导员搭建创新研究的平台，推动辅导员不断学习，开展相关职业领域的研究，以优化知识结构，提高职业素养，增强为学生提供咨询辅导的能力，成为辅导员队伍专业化、职业化建设之必需。

首先，凝练专业方向，搭建专业研究平台。没有固定的专业发展和研究方

---

① 教育部. 普通高等学校辅导员队伍建设规定[EB/OL]. http://www1.sxau.edu.cn/dwxcb/web/news/show_news.asp? news_id=210,2006-09-19.

向，辅导员很难在现实环境中确立学术地位和社会地位。因此，高校可以考虑组建专门的学术研究机构如高校学生事务研究中心，下设思想政治教育研究中心、学生事务管理研究中心、心理健康教育研究会、职业咨询指导研究中心、校园文化建设中心等学术团体，使辅导员在专业发展导师的指导下明确自身的专业发展方向，建设有利于辅导员专业发展的研究平台。西南交通大学将辅导员队伍组成心理健康教育、社会实践与成才、校园文化育人、网络思想教育等 10 个学术团队，由资深专家担任负责人，让辅导员结合自己的兴趣和职业规划开展理论研究。① 福建师范大学辅导员协会机构由心理健康教育核心团队、思想政治教育核心团队、形势政策教育核心团队、就业指导核心团队、学生事务管理核心团队、文体活动组织核心团队、辅导员沙龙管理及策划团队 7 个团队组成。②

其次，创建专业刊物、网站和社团，搭建业务交流平台。高校通过在学报上开设"学生教育与管理"专栏，出版辅导员工作研究刊物，建立网站、社团等方式，积极为辅导员参与学科建设、开展学术交流创造条件和机会。可以考虑在传统思想政治教育类（如《思想政治教育导刊》、《学校党建与思想教育》、《思想理论教育》等）、教育管理类学术期刊的基础上，创办一些直接针对辅导员工作理论研讨和实践交流的专业性刊物、网站，举办辅导员论坛，加强辅导员之间的交流沟通，形成辅导员学习研讨和工作创新的长效机制。北京大学于 2005 年创办了《北大青年研究》，5 年来，作为北大学生工作系统的理论研究刊物，《北大青年研究》推出了一批具有科学性、针对性的专题，如高校稳定工作机制研究、学生基本状况滚动调查、学风状况调查、学生宿舍人际关系研究等，为北大学生工作队伍的理论提升提供了平台，有力推动了学生工作经验与理论研究的有机结合。③ 安徽师范大学于 2009 年创办了《高校辅导员学刊》，作为全国第一份公开发行的以高校辅导员为研究对象的专业性学术理论期刊，坚持新时期高校辅导员工作和队伍建设专业化、科学化发展方向，坚持大学生思想政治教育理论与实践相结合，致力于提升高校辅导员队伍理论和工作水平。2010 年新年伊始，教育

---

① 朱正安. 西南交大"磐石计划"让每个学生得到关怀[EB/OL]. http://teacher.eol.cn/article/20051206/3164529.shtml,2005—12—06.

② 福建师范大学辅导员协会机构及组成人员名单[EB/OL]. http://glxy.fjnu.edu.cn/fdyjd/onews.asp?id=134,2009—05—27.

③ 《北大青年研究》创刊五周年 北大学生工作理论水平再上新台阶[EB/OL]. http://pkunews.pku.edu.cn/xwzh/2010—01/14/content_166968.htm,2010—01—14.

部思想政治工作司将《高校辅导员学刊》确定为"全国高校辅导员工作研究指导性期刊"。① 山东大学主办的《高校辅导员》也于2009年11月正式创刊,办刊宗旨及业务范围为着力展示全国高校辅导员队伍职业化、专业化建设研究成果,提升辅导员理论研究水平,指导高校辅导员工作实践,为加强高校辅导员队伍建设服务。② 北京科技大学成立了"辅导员沙龙",讨论研究诸如大学学习的适应与转变、如何看待社会潜规则、校园人向社会人的转变等课题,旨在加强辅导员之间的沟通与交流,形成了辅导员队伍研究工作、交流经验、共享成果的互学互动互助氛围。③

再次,加强课题研究,搭建学术提升平台。目前辅导员多从事一些事务性的、琐碎的工作,可以申请或参与的研究课题寥寥无几,大部分学校连校级课题都没有,即使有课题,也往往是围绕思想政治教育方面,关于辅导员工作的较少。因此,立足于开拓辅导员的理论视野,提升辅导员的研究能力,高校应该积极为辅导员的科研立项创造条件,加大对辅导员工作科学研究方面的投入力度,促进辅导员开展学生工作研究,努力探寻解决问题的新途径。高校可以考虑设立专门针对学生工作的诸如心理健康、职业生涯规划、学生事务管理等校级科研项目,鼓励辅导员申报立项,并提供物力、财力支持,促使他们进行相关领域的研究和探索;增设包括研究基金、出版基金、奖励基金在内的一定的科研基金,并对优秀研究成果予以奖励。同时,高校还要积极鼓励和推荐辅导员申报省级、国家级科研项目,提升学生工作研究的学术含金量。北京大学启动基层学生工作创新基地建设工程,投入四十余万元专项经费支持12个院系辅导员对学生工作进行系统研究。④ 同济大学每年投入近三十万元基金资助辅导员开展课题研究。华东师范大学、上海师范大学等多所高校已设立了学生思政研究基金,鼓励辅导员

---

① 《高校辅导员学刊》被确定为"全国高校辅导员工作研究指导性期刊"[EB/OL]. http://www.ahedu.gov.cn/newscentre/show.jsp?id=MTgzOTUz,2010-02-26.

② 教育部主管山大主办《高校辅导员》创刊[EB/OL]. http://net.xinhuanet.com/market/school/2009-12/25/content_18598680.htm,2009-12-25.

③ 孙长缨.高校辅导员:成长着学生的成长,幸福着学生的幸福[EB/OL]. http://job.chsi.com.cn/jyzd/zazhi/ch/200703/20070316/759775.html,2007-03-16.

④ 薛丽华.北京切实加强高校辅导员队伍建设出实招见实效[EB/OL]. http://www.moe.edu.cn/edoas/website18/level3.jsp?tablename=2246&infoid=1239265712009193,2009-04-09.

开展德育研究。① 上海交通大学制定了《辅导员科研考核及奖励办法》，根据职称等级规定相应的论文发表要求，在完成基本任务后则给予相应奖励。近三年来，该校辅导员以第一作者公开发表论文六百余篇、参编著述近三十本、承担国家社科基金重大课题等高水平课题三十余项。②

大学是一个学术组织，治学是学术界的生活方式，学业精深是治学的标志。把从事辅导员工作同建立终身的、连续的、独立的专业发展和研究方向结合起来，使辅导员工作从本质上返归到大学本质的"真"上，使从事这一职业的人把追求更高、更深的研究不仅作为一种学术使命，更作为一种事业和精神的追求，以培养大量热爱这项工作的出类拔萃的专业人才为依托，带动大学生工作的不断创新，同时增强辅导员对自身职业的归属感，树立崇高的职业道德责任，从而以深入的学术研究代替浮光掠影的串场，以孜孜不倦的对事业的投入代替浅尝辄止的量化操作，推进队伍的专业化、职业化。

（2）建立完善培养培训制度。完善的培养培训体系是推进辅导员队伍专业化、职业化建设可持续发展的动力。任何一项职业的专业化，都必须由其规范的、可持续发展的培养培训体系来推动，辅导员职业的专业化同样如此。从高校发展的战略高度出发，高校应结合学校的发展规划，制定辅导员培养培训制度，以制度的形式把辅导员的培养培训工作纳入到学校的日常工作中去，纳入到全校师资力量的提高中去，并在经费上给与大力支持，使培养培训工作贯穿于辅导员职业生涯的整个过程。培养培训坚持联系实际、推动科研，加强研究、开阔视野的原则，将岗前培训与在职培训，短期培训与学习进修，定期培训与适时培训，集体培训与个别培训，理论培训与社会实践相结合，通过集中学习、社会实践、挂职锻炼、学习考察、在岗研修5种形式，通过互派访问学者、联合举办名师讲坛、辅导员工作论坛和开展课题研究，加强高校之间的学习交流，不断拓展辅导员培养培训工作的思路，提高队伍的综合素质。

第一，制订高校辅导员培养培训计划。

高校应将辅导员的培养培训列入学校师资规划和人才培养计划，统筹安排，

---

① 赵彩瑞.京津沪渝 高校辅导员队伍建设显成效[EB/OL]. http：//job.chsi.com.cn/jyzd/zazhi/ch/200703/20070316/759779.html,2007－03－16.

② 潘敏.深抓内涵建设 增强发展动力[EB/OL]. http：//www.univs.cn/channels/zhuanti/fudaoyuan/19.html,2008－02－25.

科学管理。每年制订相应的学习培训计划,并规定辅导员每年必须达到一定的学时,修满一定的学分。北京工业大学将辅导员队伍纳入学校人才队伍整体规划之中统筹考虑,与学校专业教师和管理干部同步建设。重庆大学建立了推免研究生担任辅导员的"2+3"模式,即从推免研究生中选拔优秀者担任学生辅导员,工作两年考核合格后,在职三年攻读硕士学位。

第二,设立高校辅导员专项学习培训基金。

学校每年应划拨一定的经费建立专项基金,用于辅导员的学习培训,形成科学培养与使用相结合的机制。复旦大学设立了"青年精英培养基金",每年拿出50万元,专门用于辅导员队伍培养。[①] 上海交通大学设立辅导员发展基金,5年计划筹集1000万元,第一年通过自筹落实了300多万元。2005年该校用于辅导员考察、培训及科研奖励等费用已达100万元,[②] 有效开展了辅导员的学习培训工作。

第三,建立高校辅导员学习培训制度。

建立辅导员学习培训制度,需要针对不同阶段的辅导员开展有针对性的培训。如通过学习培训,强化对新任辅导员的"入格"培养,对成长期辅导员的"合格"保证,对成熟辅导员的"升格"再造,对优秀辅导员的"风格"凸现。在辅导员的"入格期"加强其榜样性学习,在"合格期"加强其实践性学习,在"升格期"加强其反思性学习,在"风格期"加强其理论性学习,不断推进辅导员在不同发展时期的自我突破和提升。

首先,建立岗前培训制度。

高校辅导员在上岗前都需接受入职培训,使新任辅导员对本职工作有初步的了解,具备基本的任职基础。培训内容包括教育政策法规、教育学、心理学、管理学,以及思想政治教育理论、辅导员工作职责以及具体工作实务培训等方面的内容,同时,规定只有培训合格、取得辅导员上岗证书后方能上岗。

其次,建立在职培训制度。

定期组织辅导员进行业务学习,举办辅导员业务培训以及与辅导员工作紧密相连的相关专题讲座、学术报告,如心理健康教育、就业形势与职业指导、政治理论辅导等,相互学习、取长补短。开展实践能力培训,通过社会实践、外出考

---

① 沈祖芸.复旦用制度保障越来越多青年才俊投身学生工作[N],中国教育报,2007-12-22(1).

② 孙长缨.高校辅导员:成长着学生的成长,幸福着学生的幸福[EB/OL]. http://job.chsi.com.cn/jyzd/zazhi/ch/200703/20070316/759775.html,2007-03-16.

察、岗位轮转、挂职锻炼、调研等方式,增强培养培训的感染力和有效性,帮助辅导员积累经验,提高其实践能力。培训内容要满足不同年龄、不同学历、不同性格和生活经历的辅导员的需求。聘任专业领域的知名教授、专家和一线优秀辅导员担任培训教师,为每位学员配备指导老师进行跟踪指导。复旦大学辅导员协会采取项目运作制,开发辅导项目充实辅导员培训,建立辅导员论文库、案例库,将辅导项目制作成可随时检索的目录菜单等。西南交通大学为辅导员配备政治导师和业务导师,实行辅导员培养的"双导师制"。辽宁大学面向在职辅导员培养硕士和博士研究生。上海交通大学加大了社会培训资源的引入,推出职业化培养计划,建立了心理咨询师、职业咨询师等近十个培训实践基地,先后联合市精神卫生中心开办心理健康教育骨干教师培训班,联合市就业指导中心开办中级职业咨询师培训班,参训辅导员达到了80%。[①]

再次,建立专业化培训制度。

高校应加强辅导员的专业化培训,鼓励专业细分,突出辅导员的职业特点。美国高校学生事务管理人员的分类非常详细,既包括专职的心理辅导员、就业辅导员、学习辅导员、生活辅导员,也包括兼职的学习辅导员、生活辅导员、住宿辅导员等,这些辅导员多具有相关专业的硕士和博士学位。我国高校辅导员在过去的五十多年里没有进行分类,统称为政治辅导员或辅导员,不仅负责学生的思想政治教育,而且要开展专业学习、心理健康、职业规划等各种辅导,是一种综合性角色,要求辅导员必须具有很高的综合素质,但是多数人都很难达到要求,往往成为"万金油",缺少专业特色,结果导致辅导员的职业地位低下、职业认同感低。鉴于当前的情况,可以考虑把辅导员按照学生工作的内容划分为心理辅导员、就业辅导员、生活辅导员、学习辅导员、学生活动辅导员等,分别进行专业培养,提高其专业素养,逐步实现各专业辅导员持证上岗。如从事就业工作的具备职业指导师资格证,从事心理咨询的具备心理咨询师资格证,使其逐渐成长为对学生进行心理辅导、职业规划指导、就业指导等方面的专家和权威。上海师范大学积极推进专业化培训,将辅导员培训与职业指导师、心理咨询师等经过国家劳动社会保障部认可的专业证书结合在一起。聘请专业的培训师,对部分辅导员进行一年半时间的长期系统培训。对参与考取专业证书的辅导员出台了激励政

---

① 孙长缨.高校辅导员:成长着学生的成长,幸福着学生的幸福[EB/OL]. http://job.chsi.com.cn/jyzd/zazhi/ch/200703/20070316/759775.html,2007-03-16.

策：工作两年以上的辅导员可以报名参加；5800元培训费用由校学工部和辅导员所在学院共同承担，各出2900元；考试费用800元由辅导员个人先垫付，如能通过考试，可报销400元，辅导员个人最终只须承担400元。目前该校已有41位辅导员拿到了职业指导师专业证书，38位辅导员拿到了心理咨询师专业证书。此外，学校还与美国大学合作，每年派遣一个辅导员进行为期四个月的访问学习，交流学生事务管理经验。山东大学对辅导员进行专业知识和职业技能培训，目前全校已经有67名辅导员获得职业指导师资格，12名辅导员获得心理咨询师资格。① 上海大学确立了辅导员"3+x"模块化培训制度，对辅导员进行3个基本项目的培训：学生工作事务培训、大学生心理咨询与辅导培训、大学生职业生涯规划和就业指导培训。"x"是指与辅导员工作相关的专业知识与技能培训，辅导员可以根据自己的兴趣和工作需要，选学有关项目。② 这些措施极大提高了辅导员的专业能力，值得借鉴和推广。

最后，建立考察交流制度。

高校辅导员的工作具有形似性、普遍性，同时，由于学校性质、规模不同，院系的学科性质、生源不同，辅导员工作也具有一定的特殊性，因而，不同学校、不同院系的辅导员既有相似的经历，也有各自独特的经验。针对这些情况，辅导员之间的交流机制的建立，交流平台的搭建尤为重要。第一，在整个学校范围内，建立辅导员基地，为各个院系的辅导员提供定期学习、培训、交流的平台。第二，建立高校辅导员俱乐部，定期组织团体活动，为辅导员提供职业生涯发展讲座，邀请有经验的辅导员针对日常工作进行案例讲演。此外，积极创造条件，支持辅导员赴国内外参加短期培训、交流，开阔眼界，增强工作的预见性和前瞻性，进一步提高辅导员队伍的整体业务水平。上海大学实施"12345"机制，即每年力争从优秀辅导员中选送1%出国进修，2%到校外进修，3%到各级党校进修，4%赴市区县挂职锻炼，5%在职进修思想政治教育专业学位。③ 浙江大学、同济大学等高校开始选派辅导员赴国外高校进行学习交流和业务培训。上海交通大学积极开辟国际化合作，先后在香港中文大学、澳大利亚墨尔本大学等海

---

① 纪秀君. 山东大学打造专业化职业化辅导员[EB/OL]. http://www.xgb.sdu.edu.cn/CMS/model/display.php?id=132,2006-05-09.

② 上海大学党办. 围绕中心抓党建推进学校发展[EB/OL]. http://shdx.cuepa.cn/show_more.php?doc_id=81782,2008-07-04.

③ 同上。

外知名学府建立了学习实践基地。①

（3）培训内容的设置。

促进辅导员的专业化发展，关键是通过专业化的培养培训方式，提高辅导员的专业素养。而培养培训的关键首先在于培训需求的确定，即培训对象的准确定位，培训内容的合理设置。由于我国目前没有专门培养辅导员的专业，辅导员之间有着不同的学科背景、工作经历。为了提高辅导员的专业水平，实现其专业发展，培养培训内容的选择就得从辅导员的重点工作任务入手，也即根据工作要求，分解出符合辅导员需求的培训内容。

第一，常规工作内容培训。

首先，职业意识教育。研究表明，任职者对自己所从事的职业的价值赋予越大，就会对其越重视，从而对自己践行的工作就会产生一种神圣的责任感、使命感和光荣感，进而促使自己越发热爱自己的职业，对从事的职业认同度高，付诸的精力和获得的成就感也相应增加。因而，无论是出于对高校辅导员事业的热爱，还是基于就业的压力，每位辅导员都应该在岗前和日常工作中接受职业意识教育，以明确辅导员工作的任务和意义，认识到辅导员事业的重要性和使命感。为此，通过教育培训，使辅导员树立专业理想，坚定长期从事学生工作的信心；帮助辅导员树立起符合学生工作要求的职业观、专业观；培养为学生服务的精神；增强对学生发展的职业敏感性；加强职业伦理教育并增强遵守的自觉性。

其次，专业知识和专业能力教育。对辅导员进行教育学、心理学、职业生涯知识、人才学和现代管理科学知识等专业知识教育，进行交往能力、组织管理能力、教育教学能力、科学研究和创新的能力等专业能力的教育。课程设置要选择相关知识组建基础科目、专业科目和选修科目等课程。如《大学生发展》、《大学生心理健康教育》、《大学生咨询工作实习》、《精神卫生》、《学生人事管理教程》、《大学集体活动管理》、《学生宿舍管理》、《大学组织及行政》等。通过系统的专业化教育，培养出一批具有深厚理论功底、具备相关工作技能、专门从事高校辅导员工作的学士、硕士或博士，提高辅导员队伍的专业水平，形成适合辅导员工作特点和要求的专业化人才梯队，从根本上解决辅导员队伍的来源、学历与专业素质要求问题，促进辅导员队伍的专业化、职业化建设与发展。

---

① 孙长缨.高校辅导员：成长着学生的成长,幸福着学生的幸福[EB/OL]. http://job.chsi.com.cn/jyzd/zazhi/ch/200703/20070316/759775.html,2007-03-16.

再次，高校规章制度培训。近年来中央和教育部出台了不少相关的新政策，在中央和教育部的政策、文件精神指导下，高校应根据各校的实际情况制定符合学校特点，独具学校特色的规章制度。例如辅导员工作条例、考核细则、学生手册等，通过培训使辅导员领悟学校精神，掌握辅导员工作的基本原则，熟悉各项业务，尽快上岗。

第二，特殊能力培训。

对辅导员进行思想政治教育辅导、学习辅导、生活辅导、社团建设辅导等方面的培训，尤其需要进行职业生涯辅导技能和心理咨询技能的培训，因为与传统角色相比，职业指导师和心理咨询师的角色仍然处于薄弱环节，因而，应该加大力度进行培训（具体内容参见表5-2）。

表5-2 高校辅导员培训内容

重点工作任务	素质要求	培训重点
思想政治教育	熟悉党的路线、方针、政策、时事政治等；热爱学生思想政治工作；熟悉伦理学、德育、思想政治教育学等知识；掌握班级活动组织经验	党的路线、方针、政策、时事政治；职业意识教育；伦理学、思想政治教育学相关知识；班集体建设实践经验
提供职业咨询、就业指导和服务	熟悉职业指导知识；熟悉劳动力市场行情；熟悉职业指导、劳动人事法规政策；熟练掌握职业咨询、职业性向测试、量表技能；掌握职业生涯规划技术、针对市场进行前景趋势预测	职业指导理论知识、咨询技术与实践经验；劳动人事法规政策；职业能力测评技术；职业生涯规划与设计经验；职业生涯发展理论；职业生涯辅导的角色与职责；职业规划的基本沟通技巧；了解职业性向测评工具及其应用；分析劳动力市场状况；掌握行业分类及其需关注的因素；掌握求职技巧；简历制作和面试技巧
大学生心理辅导	熟悉心理学、教育学、法律、管理学、医学等方面的知识；熟练掌握心理辅导、心理测评、心理咨询技能	心理咨询理论；大学生心理特征分析、新生的适应性问题；大学生易发心理问题、原因和对策；大学生心理障碍的表现形式、原因及策略；团体辅导的程序设计；团体辅导的理论与技术；大学生心理危机的原因、类型与策略；大学生自杀的现状、特点以及处理技巧

续表

重点工作任务	素质要求	培训重点
指导大学生的学习	熟悉方法论知识；了解学生学习心理；了解终身学习观念；了解时间管理知识	方法论知识；学习理论；学习心理学；时间管理知识；终身学习理论
帮助大学生解决生活问题	熟悉助学政策规定	贫困大学生资助的相关政策；学校勤工助学相关规定
指导学生党支部、班委会、团支部和学生社团的建设	熟悉班级活动组织经验 熟悉班级文化建设	管理学、社会学知识；人才学知识 组织行为学、团队建设知识
参与相关理论与实践的科学研究	掌握课程开发、教材编写；掌握教学技能；熟悉研究方法	教育研究方法；课程论、教学原理、教学方法论

A. 职业生涯辅导技能培训。辅导员要具有职业生涯辅导技能，必须接受人力资源开发与管理、就业求职心理研究、毕业生就业与管理研究、职业指导理论知识、劳动人事法规政策、职业生涯发展理论、咨询技术与实践经验、职业生涯辅导的角色与职责、职业规划的基本沟通技巧、劳动力市场状况、人才需要趋势、行业分类及其因素、求职技巧、简历制作等理论知识方面的培训，必须接受职业能力测评技术、职业生涯规划与设计技术、职业性向测评工具使用技术、人才测评与统计等能力方面的培训。

B. 心理辅导能力培训。从理论层面来讲，高校辅导员的心理辅导能力属于特殊的专业能力，其形成应该是职前初步形成、入职基本形成和在职提高完善三个阶段紧密联系的过程。但当前高校辅导员大部分没有心理学或相关专业的学科背景，也就是说没有经历职前初步形成这一阶段，所以其心理辅导能力的培养显得尤为重要。

首先，加强心理学基本理论的培训，使其掌握心理辅导的基本方法和技巧。辅导员心理辅导能力的提高完善需要掌握一定的心理教育知识，构建相应的知识结构。《心理咨询师国家职业标准》要求掌握的基础知识包括普通心理学、社会心理学、发展心理学、心理健康与心理障碍、心理测验学、咨询心理学、与心理咨询相关的法律知识等，所以，培训内容应该包括上述学科的基本知识。辅导员也需要熟悉心理学的基本研究方法，如观摩法、实验法、评价法和个案法等，这些研究方法可以直接应用到心理教育的实践与研究中去。同时培训内容还应该包括教育学知识，因为掌握教育的一般规律对于辅导员的心理辅导工作有直接的指导作用。如教育学的科学性和思想性统一原则、理论联系实际原则、启发性原则、循序渐进原则、因材施教原则等各项原则对心理教育工作者有重要的指导意义，如：可以在学科心理教育过程中加以具体应用。心理教育也可以借用教育学中的各种方法，如讲授法、谈话法、演示法、读书指导法、参观法、练习法等，以及学校德育中常用的说服法、榜样法、参观法、锻炼法、陶冶法、修养法、表扬与批评、奖励与惩罚等方法。

其次，实践操作能力培训。包括心理诊断技能培训，如初诊接待、摄入性会谈、求助者资料的整理与评估、求助问题的性质判断、一般与严重心理问题的区分能力等方面的培训；心理咨询技能培训，如倾听、鼓励和重复、内容反应、情感反应、具体化等参与性技术的培训；内容表达、影响性概述、非言语运用等影响性技术的培训；心理测验技能培训，如心理量表的应用、统计、结果分析、书面报告等技能方面的培训；科学运用各类测验，并严谨地对待结果的解释。上述培训内容不仅限于理论知识的学习，更侧重于实践层面的实际操作与专业实习。接受培训的人员应该多接触一些实际案例，亲身参与以了解一定的心理咨询与教育实践过程，并接受培训专家的指导。

最后，职业道德修养培训。心理咨询师的职业道德修养是关系到心理咨询成效、进程及名声的大问题。由于来访者要对咨询人员袒露大量的个人信息，其中许多都涉及个人隐私，且带有强烈的情感色彩，因此，保密、尊重、平等、情感中立等可以说是咨询人员要严守的道德原则。新颁布的《心理咨询师国家职业标准》对心理咨询师的职业守则和职业道德都做出了明确规定，要求在咨询前让求助者了解自己的权利及这一工作的局限；不能利用求助者对咨询师的信任谋取私利；要严格遵守保密原则，不能随意透露求助者的任何信息。同时，培训还要为学员提供自我探讨和自我成长的机会，引导他们注重和保持自身心理健康，在深层次的自我反思的基础上增强自我认识、自我觉察和自我调整的能力。如香港城市大学学生发展处专门邀请心理分析专家作督导，定期协助辅导员处理个人生活与工作中的问题，使他们能保持良好的工作状态。香港专业辅导协会作为辅导人员的专业学术组织，经常通过多元化的方法为他们提供不同形式的培训，如讲座、研讨、工作坊、小组游戏、情绪疏导等，使辅导人员自身的能力及素质能够得到提高与锻炼。①

第三，加强高校辅导员职业生涯发展规划培训。

加强高校辅导员队伍的专业化、职业化建设，发展是关键。发展既是辅导员专业发展的内在要求，也是决定辅导员职业是否具有吸引力的核心。为此，引入职业生涯管理理论，对辅导员进行职业生涯规划培训，对促进辅导员的专业发展，推进辅导员队伍的专业化、职业化建设有重大意义。

职业生涯管理是20世纪90年代由西方传入我国的人力资源管理科学的概念，主要指组织对员工的职业生涯进行设计、规划、执行、评估、反馈和修正的一个综合性的过程。通过员工和组织的共同努力与合作，使每个员工的职业生涯目标与组织发展目标一致。个人可以根据自己所掌握的知识及自身能力、兴趣、人生观、价值观等在对所从事的事业有较深了解的基础上，确定自己的职业生涯目标，设计自己的职业生涯路径，其中包括与人生目标及长期目标相配套的职业生涯发展战略，与短期目标相配套的职业发展策略。在职业生涯管理中，组织不断地对员工的生涯设计和执行进行指导，努力为员工提供培训、进修、晋升的机会，为他们搭建有利于其发展的平台，并且还要使员工了解单位的发展目标与前景，以便他们能够将自身职业目标与单位目标有机结合起来，从而达到双赢的局面。将职业生涯管理理论引入高校辅导员的专业化、职业化建设，对辅导员进行职业生涯规划培训，既有助于推动辅导员的专业发展，又是高校人力资源开发与管理的明智之举。

首先，建立共同愿景，增强内在合力。共同愿景是学校对未来发展所持有的共同愿望和奋斗目标，是学校凝聚力的源泉，是学校竞争力的灵魂，也是支撑辅导员队伍存在和发展的核心力量，它对辅导员队伍和辅导员个体的发展起着导向作用。建立学校共同愿景，需要加强与员工个人愿景的融合与协调，从员工的实际出发，鼓励他们参与愿景的制定，激励他们建立并发展个人愿景，明确自己的职业理想和发展目标。也就是既要善于在尊重个人愿景的基础上形成共同愿景，又要能够将共同愿景转化为每个人的奋斗目标。在共同愿景的感召下，学校内部会形成强大的凝聚力、战斗力和创造力，员工的集体荣誉感和归属感才会增强，互相之间才会友爱互助，关系才会和谐共融。为此，高校必须利用各种机会向辅导员宣传学校的发展目标、发展思路和学校人力资源开发的策略等，考虑辅导员

---

① 樊富珉.香港高校心理辅导及其对内地高校心理健康教育的启示[J].思想理论教育导刊,2005(7):67.

职业发展空间、职业声望及职业的长期性，使辅导员能够将个人事业发展、成就欲望与学校宏观发展目标有机结合起来，把学校的发展目标内化为个人的职业目标，并以之作为个人发展的动力。这样既利于辅导员充分利用学校发展的资源和机遇，促进个人职业生涯目标的实现，同时又能促进学校的发展。

其次，尊重个体差异，推动高校辅导员职业的可持续发展。辅导员个体具有显著差异，学校管理的重心不是依据辅导员的优劣进行甄别和选拔，而是在承认差异的基础上，帮助辅导员认识自己，找准位置，不断突破自我，实现自己的人生价值，这既是辅导员队伍专业化、职业化建设的重要目的，也是辅导员队伍专业化、职业化建设的根本追求。因此，学校需要利用各种方式支持并促进辅导员的自我超越，同时成就学校的发展。于此，培训需要帮助辅导员更加深入的了解自身的特质与行为特点及其发展需要；帮助辅导员进行自我定位，确立自己的职业发展目标，并制订相应的工作、培训计划，并按一定的时间安排采取行动措施，从而指导辅导员设计出更为符合其自身特征的职业发展规划。这有利于辅导员个体对自己未来发展的把握和预见，明确自己今后的发展和努力方向。辅导员在满足自身发展需要的同时，通过其个人能力的提高与行为模式的完善促进学生工作的优化，达到个人与学生、学校的协同发展。

（4）培训途径和方法的选择。高校辅导员队伍的专业化培养不只是知识的灌输，更是意识的启发、能力的提高和内在素质的综合开发。为此，需要以辅导员的学习需求为导向，遵循成人学习的规律，有针对性地开展培训活动。

第一，全员培训与重点培训相结合。

全员培训指针对全体辅导员的培训。学校要安排一定的课时，对全体辅导员进行系统规范的培训，使他们对相关专业知识有比较全面系统的了解与掌握，自觉增强教育意识并提高专业能力。同时需要开展重点培训。一方面，根据工作需要并结合辅导员的生涯发展规划，建立培养梯队，分层进行次培训；另一方面，根据分工进行针对性培训，如对新生辅导员进行大学生入学适应方面的心理问题分析及辅导，对毕业班辅导员开展就业心理辅导方面的指导等。

第二，理论培训与实践锻炼相结合。

理论培训主要指对辅导员进行专业知识和高校政策法规等内容的课堂讲授。除了课堂的理论知识传授外，还必须注重辅导员的实践锻炼过程。实践是培养和锻炼能力的最重要、最有效的途径。所以，需要在培训中渗入案例、创设仿真的情境，让培训置身于真实问题构筑的模拟情景中。同时，利用角色扮演、案例分析、小组讨论等根据培训内容设计的培训方式创设真实性的环境，使辅导员置身其中，通过意义建构，获得属于自己独有的新知。为此，学校应积极为辅导员提供和创设实践机会，将专业理论和技能渗透到实际工作的每一个细节中，如针对学生心理，引导辅导员捕捉学生的心理问题，提高沟通技巧，正确干预或转介出现心理问题的学生；允许和鼓励辅导员参与心理教学、开设心理知识讲座和开展集体心理咨询工作，通过实际工作不断积累实践经验。

第三，校本培训与校外培训相结合。

校本培训是指依靠学校自身的学科背景和师资力量对本校辅导员开展的培训。校本培训首先要拟订科学系统的、针对性与实用性强的培训大纲；其次是采取灵活多样的培训方式，如专题讲座、建立网上知识库、教学录像、案例分析等；还可通过辅导员沙龙、网上论坛等交流平台，使辅导员共同研讨学习实践中遇到的难题。而选送骨干辅导员攻读高一层次的学位、参加国内外高层次的培训和学术交流等是校外培训的主要途径。

3. 建立健全管理考核机制

考核是管理和评价高校辅导员工作的重要环节，科学合理的考核制度对促进辅导员专业发展、引导辅导员队伍建设有着重要意义。

（1）设置独立的学生工作管理机构，促进学生工作管理专业化。学生工作管理专业化以学生工作及其管理在高等教育中具有相对独立的地位、专门设置的机构、职业化的工作岗位和专业化的管理人员等为标志。[①] 当前，我们可以考虑建立直线一职能型学生工作管理机构，强化直线管理，并致力于减少科层层级，促使机构扁平化。这样既能保持直线型结构集中统一指挥的优点，又能吸收职能型结构分工细密，注重专业化管理的长处，从而提高学生工作的管理效率。

第一，学生工作处（部）统一管理。

学工部由分管学生工作的校党委副书记（或副校长）直接领导，学工部统一管理学校所有辅导员的人事关系、日常工作部署和管理（包括选聘、考核、培训等）（如图 5-1 所示）。北京邮电大学将全校专职辅导员统一管理、统一办公、统

---

① 蔡国春.美国高校学生事务管理专业化的发展及其特征[J].扬州大学学报（高教研究版），2002(1)：73—76.

一工资、统一委派、统一考核,发挥"集团作战"的优势,工作效率显著增强。① 由于高校辅导员工作涉及面广,为了提高工作的针对性和实效性,学工部的功能也应高度细化。借鉴美国学生工作管理机构高度分化和细化的经验,按照辅导员的工作职能,学工部可以下设学生日常事务管理部门、辅导员管理部门、职业指导中心、心理咨询辅导中心和辅导员理论研究室等。这样,辅导员直接由学工部管理,向它负责,并按照各自专长分属于学工部下属各职能部门,不再隶属于各院系。北京航空航天大学全面建设大学生心理健康教育的课程化教育教学体系,搭建专业化的校级心理咨询与院系发展辅导服务体系。在多年的心理咨询实践中,总结出坚持咨询方向相对集中,划分为职业生涯规划辅导、学习策略与学业发展辅导、心理健康与素质发展辅导等三个方向的心理咨询。同时,建立心理调适室、团体辅导室、小组辅导室、心理测评室等,为大学生提供专业化的心理咨询服务。学校在各院系都设置了大学生发展辅导中心,结合专业和院系特点,心理辅导员为本院系学生提供不同的心理辅导,帮助不同群体学生健康成长。② 这一举措取得了很好的成效,值得借鉴和推广。

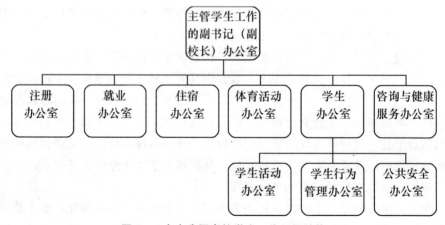

图 5-1　未来我国高校学生工作组织结构

---

① 薛丽华.北京切实加强高校辅导员队伍建设出实招见实效[EB/OL]. http://www.moe.edu.cn/edoas/website18/level3.jsp? tablename=2246&infoid=1239265712009193,2009-04-09.

② 孙长缨.高校辅导员:成长着学生的成长,幸福着学生的幸福[EB/OL]. http://job.chsi.com.cn/jyzd/zazhi/ch/200703/20070316/759775.html,2007-03-16.

第二，学校各职能部门、各院系协助学工部开展工作。

学校各职能部门、各院系对于高校辅导员的工作布置需要报备分管学生工作的校党委副书记或学工部，通过协调，进行总体性布署。各院系可以具体安排辅导员的日常工作，即辅导员的具体工作范围和内容。

第三，高校辅导员按专业分工，各司其职，相互协作。

根据专业分工，由各职能部门辅导员直接面向学生组织开展心理辅导、学习辅导、职业生涯辅导等专业化的咨询服务工作，多头并进、条状运行，使学生工作深入到学生发展的各个阶段、各个领域。

辅导员队伍可设定为初级辅导员、中级辅导员和高级辅导员三个等级。新任辅导员纳入初级系列，在专业（高级）辅导员的指导下统一开展工作，负责与学生的第一线接触，筛选出相应类别的学生送交专业辅导员辅导（有心理问题的送心理辅导员、入党积极分子送政治辅导员、学习差的送学习辅导员、找工作的送职业规划辅导员、人际关系或恋爱问题的学生送生活指导辅导员、希望从事社会工作的送社会活动辅导员等）。达到一定工作年限后，愿意把辅导员工作作为终身职业的新任辅导员，可以选择参加相应的技术培训，取得相应证书后上岗成为专业（高级）辅导员，把辅导学生和教学研究按指标纳入工作任务和工作量，并且可以评聘职称职务，与专业教师待遇相同。辅导员队伍也可以按照职能进行模块划分，组成功能型团队。实际工作中，将辅导员队伍划分成两大职能模块。小部分人员从事前台服务，主要提供学生事务服务，例如受理各种申请、答复各种咨询等，类似医院的急诊部门；大部分人员按照学校学生教育管理服务需求类别或者学生特征类别，组成各种功能化的专业工作团队，开展学生思想政治工作和其他教育、管理、服务工作，例如学生成才服务社、德育教育中心、学生社区工作部、心理辅导中心、艺术教育中心、信息服务中心等。两大模块的人员定期换岗，使得人员的素质类型互补、工作职能衔接。[1] 中国人民大学实施"就业辅导员"制度，就业辅导员每年由院系申报，学校毕业生就业指导中心聘任产生。就业指导中心根据需要组织讲座、报告和研讨活动，对就业辅导员进行培训，为每位就业辅导员订阅《中国大学生就业》杂志等就业指导刊物，鼓励就业辅导员参

---

[1] 周渔刚,钱峰.科学配置人力资源　提高辅导员工作的实效性[J].思想.理论.教育,2001(7):15—18.

加国家职业指导师培训学习。①

学生工作管理机构的独立设置和机构职能的专业分化,一方面,可以有效避免多头管理,防止辅导员工作的事务化和行政化倾向,有利于保证学生工作政令统一、机构精简,有利于学生工作思想的统一和各项工作之间的协调;另一方面,有助于辅导员的角色定位更加准确、科学,角色责任进一步明晰,从而使辅导员工作由全面综合走向适当分工,由工作的粗放式、表面化向功能化、专业化转变,在保证和促进辅导员有充足时间促进学生成长成才的同时,按一定方向提高自己、发展自己、完善自己。

(2) 健全高校辅导员考核制度。考核是对辅导员在一定时期内的工作做出评价的过程,是对辅导员工作成绩与不足的系统描述。教育部《普通高等学校辅导员队伍建设规定》要求各高等学校制订辅导员工作考核的具体办法,健全辅导员队伍的考核体系。通过对辅导员工作的考核,一方面可以使学生工作职能部门了解辅导员的工作效果,为改进工作提供依据;另一方面,考核结果作为对辅导员实施奖惩的依据,可以激励优秀,鞭策后进。

高校要以岗位和目标任务以及责任为依据,制定辅导员职责与考核办法。各高校要设立辅导员考核工作领导小组。领导小组成员由学校分管领导、党委学生工作部、组织部、人事处、团委等相关职能部门负责人组成。领导小组全面负责本校辅导员的考核工作,包括考核原则的确立、考核指标的确定、考核结果的审定、考核争议的处理等。领导小组下设办公室,由党委学生工作部部长任办公室主任,具体负责本校辅导员考核的相关工作。各高校院(系)要成立辅导员考核小组,成员由院(系)党政领导、教师代表、学生代表等组成,具体负责本院(系)辅导员考核的相关工作。

第一,优化绩效考核标准。

科学合理的考核标准是有效考核的先决条件。针对辅导员工作的绩效评估,在标准设计上不但要充分考虑绩效目标的设定,还要全面考虑辅导员对工作胜任能力的发展目标的考核。所以,不仅把辅导员的知识和技能等作为考核指标,还需要将包括价值观、态度、自我形象、个性、动机等发展性指标纳入其中,构建公正合理、具有发展导向的绩效评估动态模型。高校可以考虑从工作、学习、研

---

① 孙长缨.高校辅导员:成长着学生的成长,幸福着学生的幸福[EB/OL]. http://job.chsi.com.cn/jyzd/zazhi/ch/200703/20070316/759775.html,2007-03-16.

究三个方面进行考察。工作业绩可以从学生信息反馈、对学生的日常教育管理、班风学风建设、心理健康教育、就业教育与指导、工作研讨成果等分项目加以考察；政治学习和业务学习的出勤率将成为学习绩效指标；年度论文发表率、课题承接率作为研究绩效的评估，区别对待不同刊物的等级和立项的等级（详细内容参见辅导员专业素养相关内容）。考核标准应明确具体、切实可行。调查显示，绝大多数辅导员认为应当计量辅导员的工作时间和所带学生数。而这点在目前的辅导员考评中没有被计量。天津大学建立了科学的辅导员工作量化考核评价体系，设立十多项考核指标对辅导员工作进行量化考核。通过考核，可以有效区分辅导员间的绩效差异并找出导致业绩差异的关键因素，有利于确保辅导员在完成任务和怎样去完成之间的平衡，可以帮助辅导员寻求个人提升的通途，实现激励性与发展性两种效用，改变只关注学生工作要求、忽视辅导员个人发展的考核缺陷。

第二，确立考核主体。

考虑到考核的全面性以及辅导员自我教育的实现，可以从管理部门（学生处、院系）、辅导员和学生三个角度，坚持领导考核与学生评议、自我评价与他人评价相结合的原则，合理确定考核主体及其评价权重，保证考核的客观公正性。辅导员的考核主体包括学生、院系和学工作部门，其权重以学生工作部门为主。学生是评价的主导，因为辅导员的工作对象是学生，学生是辅导员工作最直接的感受者，学生的评价意见最能反映辅导员工作的优劣，因此，强调学生参与对辅导员工作广度和深度的考核是必须而且必要的。北京师范大学出台了《北京师范大学辅导员考核量表》，通过辅导员自评和他评两个方面，考察学生对辅导员工作的满意度，[①] 取得了良好的反响。院系是学生工作具体的实施部门，在评价中应占有较大分量。学生工作部门对辅导员实行统一领导和管理，能相对准确地把握辅导员的工作性质和特点，所以，理应对辅导员的表现做出评价。

第三，建立公平公正的考核方式。

考核方式是考核工作的载体，其公正与否直接关系到考核结果的科学性和信服力。考核方式应该由专门的考核领导小组来完成，按照每位辅导员的表现分项打分，并结合相关部门和人员的评价进行综合评议，合理地赋予各指标以权重，

---

① 孙长缨.高校辅导员:成长着学生的成长,幸福着学生的幸福,http://job.chsi.com.cn/jyzd/zazhi/ch/200703/20070316/759775.html,2007－03－16.

确定考评指标等级。建议创建"辅导员工作日志"等记录辅导员日常工作过程"痕迹"的考核机制,弥补年终一次性"总结"考核的不足。

第四,科学使用考核结果。

在对辅导员进行考核后,要把考核结果及时反馈给辅导员管理部门,尤其是辅导员本人。反馈结果时,考核人员或相关专家需要对辅导员进行解释,以帮助辅导员寻求其需要在知识、技能或个性等方面进行改善的地方,并探索提升的方法等。在考核结果的使用上,在体制允许的范围内尽可能的实行弹性薪酬管理模式,增加奖励性福利比例,引入切合学校实际情况和发展需要的辅导员激励机制;对于考核不合格者,应该及时调离,从而优化队伍结构,真正形成高效、务实的人才评价体系,促进辅导员个体与学校快速、健康、持续发展。天津大学将考核结果作为辅导员晋升职称和岗位聘任的重要依据,并根据考核结果对总分前十名的辅导员进行表彰,对工作业绩欠佳者提出批评和整改目标甚至解聘。湖南农业大学明文规定,考核不合格的见习期辅导员不予转正,不再录用,其他辅导员实行戒勉谈话并不得提拔使用。

总之,高校应切实加强对辅导员的考核管理,根据辅导员工作的性质和特点,科学设置考核内容体系、考核主体、考核方法,科学使用考核结果。重庆大学、湖南农业大学等高校推出了辅导员考核"四结合"原则,即平时考核与年终考核相结合,领导(部门)考核与学生考核评议相结合,定性考核与定量考核相结合,考核结果与使用待遇相结合。实践证明,科学的考核制度能够有效规范和督促辅导员的言行和工作责任性,激发辅导员的岗位意识和责任。

4. 高校辅导员队伍专业化、职业化建设的保障机制

要使辅导员队伍获得持续稳定的良性发展,高校就必须在分配政策、职务晋升、职称评聘及分流转岗过程中为辅导员创造便利的条件,以增强职业吸引力,搭建辅导员实现人生价值的平台。

(1)完善激励机制。现代管理理论告诉我们,激励机制是实现管理重要的也是最基本的方式,科学有效的激励机制能激发并维持动机,调动人的积极性、主动性和创造性,为实现组织的目标而努力。美国哈佛大学教授詹姆士研究发现,按时计酬的职工一般只要发挥其能力的20%—30%就能保住饭碗,而如果受到充分激励的话,其能力可发挥至80%—90%。① 因此,在新的历史时期,加强激

---

① 冯瑛.建立和完善高校教职工激励机制探讨[J].成都电子机械高等专科学校学报,2004(1):41.

励机制建设，构建科学有效的高校辅导员队伍激励机制，激发辅导员的工作积极性、主动性和创造性，引导他们将个人发展与组织的目标相结合，是学校工作的重点课题之一。

激励理论告诉我们，需要引起动机，动机导致行为。动机是驱动人们为满足一定的需要而采取某种行动的直接动力和原因。动机的主要来源，一是人自身没有满足的需要，这是动机产生的内在原因；二是作用于人的身心的外在刺激，这是动机产生的外在原因。① 科学的高校辅导员队伍激励机制必须对引发辅导员动机的因素进行研究，针对辅导员的需要来设立。高校辅导员的需要有多种，有最基本的物质生活需要，有渴望得到社会对辅导员职业的认同和尊重的需要，有职业发展规划、关注工作的成就感、实现自我价值的需要等。这些需要是不断变化的，通常任职年限短的辅导员对物质因素考虑更多，而任职年限长的辅导员更关注工作成就感，渴望自我实现。因此，高校制订激励措施时，应充分尊重和满足辅导员的需要，制订多元化的激励方案，同时考虑精神动力和物质动力，以保障辅导员工作的积极性和持续性，引导辅导员在实现自我价值的同时，协调好学校目标和个人发展目标，达成个人与学校的共同发展。完善的激励机制包括薪酬激励、目标激励、发展激励与情感激励。

第一，薪酬激励。

薪酬激励永远是人力资本激励的一个重要方面。《普通高等学校辅导员队伍建设规定》"高等学校在岗位津贴、办公条件、通信经费等方面制定相关政策，为辅导员的工作和生活提供必要保障。"② 所以，高校制订辅导员队伍激励措施时，应充分认识到辅导员物质需要的重要性，按照公平的原则，参照本地区、同级别的高校辅导员平均薪酬水平，并结合本校的实际情况进行设计，不断提高辅导员的薪酬水平。

首先，实行"基本薪酬+绩效薪酬"制度。辅导员的基本薪酬要与专任教师有适当的差距，应与机关一般行政人员基本持平或略高于行政人员。绩效薪酬更具有激励作用，必须与业绩挂钩，使其充分体现劳动价值，避免分配制度的平均主义，以增强公平感，从而起到积极的激励作用。

---

① 余凯成.组织行为学[M].大连：大连理工大学出版社，2001.
② 教育部.普通高等学校辅导员队伍建设规定[EB/OL]. http://www1.sxau.edu.cn/dwxcb/web/news/show_news.asp? news_id=210,2006-09-19.

其次，适当增加激励性因素。对辅导员取得的优异工作成效给予精神奖励的同时，应恰当地辅以物质奖励，如优先列入晋升工资人选、发给一定数额的奖金、提升岗位津贴等。沈阳音乐学院对公开聘任的 38 名辅导员实行每年 5 万元的年薪制，这个标准与该校副院级领导持平，数额之高在全国属罕见；重庆工学院对特别优秀、贡献突出的辅导员给予政府津贴的奖励；四川外语学院设立了辅导员专项基金，用于对辅导员工作的奖励；湖南农业大学规定辅导员享受学院教师同等待遇，学校还单独为辅导员补助手机费，发放业务学习补助费，为住学生公寓的辅导员发放加班补助费等；中南大学、重庆大学给予辅导员岗位补助。实践证明，薪酬激励作为辅导员队伍专业化、职业化建设的物质保障，能充分调动辅导员的工作积极性，增强队伍的稳定性和工作的吸引力，同时也能体现学校对辅导员的尊重和认可，因此，薪酬激励必须提到学校党委行政的重要议事日程。

第二，目标激励和发展激励。

目标激励和发展激励主要通过工作目标提升、成就需要的满足等方式实现，它是激发辅导员自我成就感和上进心的内在心理机制和推动力量。知识管理专家玛·坦姆仆经过大量研究后认为，激励员工的前四个因素分别是个体成长、工作自主、业务成就、金钱财富。由此可见，激励有工作和成就需要的辅导员，不能以金钱刺激为主，而应以其发展、成就和成长为主。所以，高校需要制订符合辅导员长远发展和实际需要的激励措施。目标激励和发展激励就是通过统筹规划辅导员的职业发展，把以学生工作为中心与以辅导员发展为中心结合，使辅导员的职业发展目标和学生工作责任相联系，实现学生发展、学校发展与辅导员自我发展的双赢局面。为此，高校应根据辅导员的相关个人情况，合理规划辅导员的职业生涯，帮助辅导员确立岗位发展目标。具体体现为鼓励辅导员提高学历层次，积极参加专业知识、技能培训，提升专业水平；通过授予"优秀学生思想政治工作者"、"十佳辅导员"、"先进个人"等称号，对优秀辅导员进行荣誉激励；按照干部职级晋升的条件，给予工作优秀的辅导员及时或提前定级，或晋升高一级职级的晋升激励；提供继续留任、转为行政机关人员、提拔重用等多种发展途径，形成合理的流动机制。总之，通过目标激励和发展激励，唤起辅导员对学生工作目标的责任感，激发他们对自我职业发展的激情，实现学生发展、个人职业发展与学校发展的统一。

第三，情感激励。

情感激励是精神激励中保证组织成员思想统一、步调一致的最主要激励方式。这一激励方式要求高校丰富辅导员参与管理的内容和形式，建立健全民主管理与监督制度，鼓励辅导员就学校的发展进行讨论并提出建议；尊重辅导员的人格和个性，关心辅导员的生活与发展，建立相互信任、相互依存的干群关系，加强相互间感情的联络与沟通；充分利用广播、墙报、橱窗等载体，大力宣传辅导员的成绩和贡献，营造一种学先进赶先进的工作氛围，提升辅导员对工作的价值体验，增强辅导员对学校的归属感，真正实现"感情留人"。

（2）完善高校辅导员职称、职务评审制度。高校辅导员作为大学教师，属于国家事业编制，其工资一部分由国家统一发放，一部分由各高校自行负责。国家工资依靠财政税收，大幅提高的可能性不大。高校工资大幅提高的可能性也不大，因为高校系统复杂，人员众多，即使高度重视辅导员，也难以打破工资平衡，为辅导员另起炉灶。因此，辅导员收入的提高不应寄望于基本工资的大幅提高，而应努力使辅导员能够像一般大学专业教师一样，在职务职级的提升、科研经费、社会服务等方面获得收入的增加。而完善高校辅导员职称、职务评审制度，使辅导员能真正享有像专业教师一样的待遇和发展空间，是提升辅导员地位和收入的根本体现。《普通高等学校辅导员队伍建设规定》要求"高等学校结合实际，按各校统一的教师职务岗位结构比例，合理设置专职辅导员的相应教师职务岗位。专职辅导员可按助教、讲师、副教授、教授要求评聘思想政治教育学科或其他相关学科的专业技术职务。高等学校应根据辅导员岗位基本职责、任职条件等要求，结合各校实际，制定辅导员评聘教师职务的具体条件，突出其从事学生工作的特点。"[①] 所以，高等学校要根据辅导员的岗位职责要求，制定辅导员专业技术职称、职务评审标准和实施细则，实行指标单列、序列单列、评审单列，为切实解决辅导员职称、职务评聘创造有利条件，提高辅导员队伍的职业声望和专业地位，为辅导员队伍的可持续发展奠定基础。考虑到辅导员角色的特殊性，在职称、职务限额上应该给予倾斜，评审中充分考虑学生工作的特点，注重考核辅导员的实绩，改变与专业课教师竞争中处于科研劣势的实际情况，减轻思想压力；及时提拔重用和落实职称、职务上的待遇，并将他们作为党政后备干部的重要来源进行培养、选拔和使用，解除其发展的后顾之忧。同时，高校应该根据辅导员的理论基础、实践能力、研究水平和工作实效等因素制定辅导员分级聘

---

① 教育部.普通高等学校辅导员队伍建设规定［EB/OL］.http://www1.sxau.edu.cn/dwxcb/web/news/show_news.asp? news_id=210,2006-09-19.

任制度，明确相应职级的任职资格、岗位职责、考核标准以及相应的岗位报酬、科研经费，与教学、科研系列并列。这样，就能够实现辅导员的编制标准化、职业通道明朗化、职责清晰化。华中科技大学自2006年1月起将辅导员纳入教师考评体系，并特设教授、副教授、讲师及助教岗位。学校分别按3％、25％的比例设立教授岗、副教授岗，讲师和助教岗位数则按具体情况设定。上海大学于2004年6月率先在上海市启动了以"职级制"为核心的辅导员队伍聘任改革工作，出台了《上海大学学生辅导员岗位聘任实施方案》、《上海大学学生思想政治教育教师职务聘任办法（试行）》和《上海大学学生思想政治教育教师高级职务聘任评议细则（试行）》，实施了辅导员岗位聘任制、任期制、职级制：把辅导员的任期定为二至四年，一年一考评，两年一聘任；由低到高设立了1—5级辅导员岗位，规定3级辅导员相当于副教授级别并享受同等待遇，4级辅导员相当于教授、硕士导师级别并享受同等待遇，5级辅导员等同于博士导师级别与待遇。① 华东师范大学首次推行了双轨制的辅导员认证制度，辅导员可以走教授职称认证路线，最终成为"教授级"辅导员；也可以通过行政职务晋升，达到副处、正处级别。重庆大学在辅导员的职称评定上给予政策倾斜，计划单列、评定标准单设、评审委员会单独成立，每年都有2—3名符合条件者晋升高级职称。② 北京师范大学从2005年起，为保障辅导员职称评聘单列，从专业技术职务中已划出一定比例，作为专职辅导员职务评聘指标。③ 各高校相关措施的推行，为辅导员工作设定了较为科学的评价体系，也为辅导员提供了发展的空间，有效地激励了辅导员的工作积极性。

（3）拓展高校辅导员队伍的后续发展空间。加强辅导员队伍的专业化、职业化建设，高校必须将辅导员的发展放到全校、全社会发展的大环境中去考虑，拓展辅导员的后续发展空间。因为通畅了辅导员队伍建设的"出口"，也就盘活了辅导员队伍建设的全局，使辅导员岗位成为一个有吸引力、生命力、战斗力、影响力的舞台。

第一，作为后备干部的重要储备。

---

① 上海大学学生工作办公室.学工视窗[EB/OL].http://www.shu.edu.cn/Default.aspx?tabid=9509&ctl=Detail&mid=16180&Id=42666&SkinSrc=[L]Skins/xgbskin－1fen/xgb－1fen,2008－12－18.
② 罗涤,凌晓明.重庆大学:抓好辅导员队伍建设有"五招"[N].中国教育报,2005－12－06.
③ 孙长缨,高校辅导员:成长着学生的成长,幸福着学生的幸福[EB/OL].http://job.chsi.com.cn/jyzd/zazhi/ch/200703/20070316/759775.html,2007－03－16.

随着学生工作事务的拓展，辅导员职责的进一步分化，辅导员可以在更多的领域有更多的职业选择方向和发展出路。教育部《普通高等学校辅导员队伍建设规定》指出："高等学校应把辅导员作为后备干部培养和选拔的重要来源。根据工作需要，向校内管理工作岗位选派或向地方组织部门推荐。"① 因此，高校对辅导员队伍中无意成为专家但工作特别优秀的辅导员，可以考虑推荐到党务、行政、管理等重要岗位任职。学校党政职能部门在聘任干部时，可以优先照顾适合并愿意从事党务、行政工作的辅导员。天津大学就把专职辅导员队伍作为党政后备干部培养和选拔的重要来源，近5年来，已有50％工作四年以上的辅导员走上了党政工作岗位。②

第二，向教学科研岗位分流。

对于有专业背景，又有较强的教学科研能力的辅导员，根据本人的条件和志向，可向教学、科研等其他工作岗位输送。对转岗的辅导员学校要进行转岗培训，培训内容应与所转岗位需求相适应，培训方式可以采取脱产或半脱产的形式。培训期间，辅导员原待遇不变。

第三，开辟社会交流通道。

高校要加强与地方的交流合作，选派优秀辅导员赴地方政府机关、企事业单位、乡镇农村进行挂职锻炼，同时还应在辅导员队伍和公务员队伍之间搭建人才交流的通道，探索建立高校与社会之间的人才沟通和交流机制，并积极向各高校和地方组织部门输送和推荐。

上海交通大学对具备较强科研学术功底的辅导员，鼓励其从事专业教学和科研工作；对有志于从事党政工作的优秀辅导员，举荐和输送到校内外挂职或担任一定干部职务；同时培养一批专家型人才。21年来，从辅导员队伍中，走出了27名局级以上干部，涌现出了长江学者，973、863专家及社会知名企业家，学校6位副校长有3位从事过思想政治教育工作。③ 复旦大学为部分既有专业背景、又有学术造诣的辅导员转入教学、科研岗位创造条件，把一些既有政策水平、又

---

① 教育部.普通高等学校辅导员队伍建设规定[EB/OL]. http://www1.sxau.edu.cn/dwxcb/web/news/show_news.asp?news_id=210,2006-09-19.

② 赵婀娜.天津大学辅导员队伍：四项"拷问"锻英才[EB/OL]. http://teacher.eol.cn/article/20051206/3164487.shtml,2005-12-06.

③ 潘敏.深抓内涵建设 增强发展动力[EB/OL]. http://www.univs.cn/channels/zhuanti/fudaoyuan/19.html,2008-02-25.

有管理能力的优秀辅导员列为党政后备干部。与市委组织部、市人事局、市民政局、市社会服务局和区县党委联手,构建辅导员与公务员、社会工作者、职业咨询师、心理咨询师等岗位的"立交桥"。① 重庆大学采取了"专、转、提、派"的模式。"专",即对适应并愿意继续从事学生工作的留岗骨干加以培养,目前全校专职辅导员占三分之二;"转",即对有意从事教学科研或其他工作的,学校认真协调安排,优先推荐参加国内外学术进修;"提",即对能力强、业绩突出的辅导员提拔到党政管理岗位;"派",就是选派部分辅导员参与社会经济建设。② 衡阳师范学院、湖南农业大学、中南林业科技大学、上海财经大学等高校实行的"二五八"或"三六九"干部选拔任用机制等措施广开"优出"渠道,为辅导员的发展指明了方向,很有推广价值。

(三) 高校辅导员自身的努力

事物发展的根本原因,不在事物的外部而在事物的内部,对个体来说,环境和教育都只是促进其发展的外因,外因必须通过内因才能发挥作用。政府和学校的努力,是辅导员专业化、职业化建设的外在动力,但仅仅让辅导员拥有外在动力还不够,因为辅导员可能是在缺乏自我学习动机、专业责任感和判断的情况下参与学习培训的。受传统观念的影响,目前我国大多数辅导员习惯于被动接受的学习方式,对主动参与式和探究式培训的教学形式缺乏认同感,缺乏多样化的学习理念和习惯,自我发展、学习、思考和研究的意识不强,不仅影响了教育培训实效,更严重制约了辅导员的专业化、职业化发展。打破这一局面,需要辅导员更新教育理念,树立自我专业发展意识,主动关注自身发展。

1. 树立自我专业发展意识,追寻专业自主发展和自我超越

人作为生命的存在,其最高意义和价值在于不断地发展自我和超越自我。这种自我超越的意义就在于人可以凭借其创造性的活动使自己的存在获得开放的、应然的性质,从而不断展现、充实自己的本质,进而彻底摆脱自然存在物的那种封闭、既成、宿命的存在方式而获得人的内涵,由此也就从根本上体现了人的存在实质上是一种价值的存在。换言之,正是自我发展和超越使人的价值成为可能。所以,发展之于人的绝不是使人滞留于已有的种种规定性,而是不断创造出

---

① 孙长缨.高校辅导员:成长着学生的成长,幸福着学生的幸福[EB/OL]. http://job.chsi.com.cn/jyzd/zazhi/ch/200703/20070316/759775.html,2007—03—16.
② 罗涤,凌晓明.重庆大学:抓好辅导员队伍建设有"五招"[N],中国教育报,2005—12—06.

种种新的规定性。辅导员作为生命的存在,也应该永远处于自我发展和超越之中。

就人的一般发展来说,自我意识起着重要的作用。"因为它意味着人不仅能把握自己与外部世界的关系,而且具有把自身的发展当做自己认识的对象和自觉实践的对象。人能构建自己的内部世界。只有达到这一水平,人才在完全意义上成为自己发展的主体"。① 辅导员的自我专业发展意识,作为辅导员在专业发展中的重要心理因素,是辅导员专业化、职业化发展的内驱力,有助于培养辅导员的专业责任感,提高辅导员的判断力,推动专业发展,所以,辅导员自我专业发展意识既是辅导员专业发展的重要方面,又是辅导员专业发展实现的重要条件和保障。辅导员在具有自我专业发展意识的前提下,一方面,能够认同自己所从事职业的专门性质,了解专业标准及其要求,把握自己与外部世界的关系,不断地为自己的专业发展创造条件,而不是消极地期待客观条件的成熟。辅导员自我专业发展意识使辅导员的注意带有一定的倾向性,指引和导向辅导员行为,进而促进学习培训的开展、维持和加强。同时,出于对更完善发展状态的企望和追求,辅导员会千方百计地探索正确而能达到自身专业发展的成功途径,主动参与专业学习培训或以其他方式寻求和充实知识、技能,进而将新知识、技能在工作中加以应用,突破自己现有的境界、目标、尺度或环境条件和限制。发生在辅导员身上的积极变化会增强辅导员的角色与责任,提升他们的自信,使之继续找寻发展和学习的契机,如此周而复始,形成一个螺旋上升的不断追求发展的良性循环。另一方面,能够规划自己的专业发展目标与方向,勾勒自己的专业发展前景,选择专业发展目标。具有自我专业发展意识的辅导员对自身的专业发展目标有鲜明的态度和坚定的立场,外部条件的刺激和影响对他们活动的制约不起决定作用,他们能够根据自己的发展目标决定自己的行为策略,对达到目标所需的内部与外部资源进行有效管理,并控制今日的行为,一步一步地为实现自己的专业发展目标而奋斗,这样,辅导员便把自己专业发展的过去、现在、未来在意识中联结起来。由此实现的专业发展目标,会给辅导员带来自我生命活力的体验和专业满足感,增强辅导员对自身专业发展更为内在和执著的热爱之情,自觉推动专业的进一步发展,形成专业发展不断推进的动态过程,从而构成辅导员自我专业发展意识、学习兴趣水平、内在动机和专业发展相辅相成的良性发展态势,实现辅导员

---

① 叶澜.教育概论[M].北京:人民教育出版社,1991:217-218.

与教育环境的双向建构过程，使自己的生活成为生动的、富有意义的自我实现和自我发展。

辅导员自我专业发展意识的实现有赖于如下两方面的达成。其一，辅导员对自身专业发展和自己知识水平的正确理解。理解与主体参与是此生彼长的关系，是具有共存性的。理解是主体参与发生的前提，在主体参与的过程中始终起着定向的作用。① 辅导员对学习培训有正确理解时，能自觉主动地调控自己参与学习培训的心理和行为，将自己融入学习培训当中，变被动接受为积极参与，实现实质性参与而非形式性参与，主动地发展自己的专业知识和能力；辅导员懂得自身专业发展的阶段性和连续性规律，而非一次性、终结性，就会提高参与学习培训的意识，在完成专业阶段性发展的同时，更关注伴随终身的专业发展的连续性，树立终身学习、终身教育观念；辅导员对自己的知识水平、发展需求有确切了解，意识到自己的"无知"、"无能"，才会对危机有自觉意识及改变的自愿性，这为辅导员提供了一个"觉悟到必须改变的切入点"和确立发展目标的时机。其二，辅导员的学习观和教育观的改变。在学习型社会，知识和学习的性质发生了根本性的变化，辅导员将面临不断更新的问题情景，不再担当知识的权威，而是作为学生发展的指导者，辅导员这一角色的变化需要辅导员树立终身学习或主动学习的新理念，不断接受新信息，不断学习将各种信息重新整合的方式，在学习型时代具有可持续发展的素质和能力，主动适应社会发展需要；辅导员工作的个体性和创造性，需要辅导员形成独立探究的信念和习惯，所以辅导员应该树立自我发展的责任意识与观念，在实践中不断自我反思、自我建构，适应自身职业发展的需要；辅导员职业的全时空性（即工作无时间、空间限制）、不确定性和情境性，需要辅导员针对情境做出灵活应变的决策，而这种能力的养成仅仅依靠学习培训是无法达到的，它更需要辅导员通过自我完善的终身学习过程去获得并不断加以提高完善。社会和辅导员的专业发展以及辅导员职业的性质决定了辅导员应该而且必须主动、有意识地关注自身专业发展，以新的理念改变自己的学习方式、教学方式，提升自己在从事辅导员职业中所具有的独特的意义和价值。

辅导员专业发展如同任何个体的发展一样，是外在价值引导下与时俱进的自主开发过程，辅导员"应该自主地追求与自己的专业知识和实践标准相关的继续学习，而不是一味地服从一种经常是在继续学习和改进的伪装下进行的、由他人

---

① 王升.论发展性教学主体参与的机制[J].教育研究,2002(11):68.

所要求的无尽的变革义务"。① 辅导员只有具有强烈的自我专业发展意识,才能自觉地把社会发展的需要、教育发展的需要内化为自身的内在需要,把参加培训,提高自身素质内化为自觉迫切的要求,才会产生寻求解决途径的积极态度和动机,将理性与激情、认知与情感、技能与意志成分有机整合,在培养培训过程中主动参与学习、反思、探究教学活动,拓展专业内涵,提高专业水平,实现自我超越。

2. 培养和塑造积极健康的人格

积极健康的人格具有一种无形而巨大的说服力和感召力。乌申斯基说过,"在教育工作中,一切都应以教师的人格为依据,因为教育力量只能从人格的活的源泉中产生出来。任何规章制度,任何人为的机关,无论设想得如何巧妙,都不能代替教育事业中教师人格的作用"。苏霍姆林斯基也说过,"我们工作的对象是正在形成中的个性的最细腻的精神生活领域,即智慧、感情、意志信念、自我意识,这些领域也只能用同样的东西去施加影响"。因此,辅导员应当严以律己,宽以待人,不仅要用正确的言行去启发、教育学生,而且要率先垂范,以身作则,以自己伟大的人格魅力感染学生。

(1) 树立与时俱进的思想观念。观念是客观现实在人们意识中的理性反映,思想支配行动,没有现代化的思维品质和观念,就不会有现代化的认识世界和改造世界的行动。当前,科学技术迅猛发展,知识经济时代兴起,整个社会不断发生着变化,新事物不断出现。高校辅导员必须解放思想、自觉更新观念,以适应时代发展的需要。其中最主要的是树立以辩证唯物主义和历史唯物主义为基础的科学世界观和以集体主义为价值取向的正确人生观,树立反映时代特点和要求的一系列新观念,如市场观念、竞争观念、时效观念、信息观念、创新观念、法治观念、人才观念、科教兴国观念等。因为良好的思想、工作作风是高校辅导员了解大学生思想实际的感情桥梁,是赢得大学生信任、建立辅导员崇高威信的基础和充分发挥教育主导作用的直接因素。因此,新时期高校辅导员的思维方式需要进一步从封闭走向开放,从静态走向动态,从经验走向创新,注重思维方式的广阔性和前瞻性,这样才能做好大学生工作,开创大学生工作的新局面。

(2) 塑造高尚的品德修养。作为大学生发展的引领者,辅导员具有丰富的专业知识和娴熟的专业技能固然重要,但更重要的是高尚的品德修养。高尚的品德修养会产生强大的感召力和凝聚力,辅导员身上体现出来的精神风貌、优秀品质

---

① 饶从满.国际新教师专业特性论介评[J].外国教育研究,2001(11):60.

是任何教科书、任何箴言、任何奖惩制度都不能代替的教育力量。尼采也说过："要提高别人，自己必须是崇高的。"因而，辅导员必须通过多种途径提高自己的道德修养和水平，养成勤劳朴实、正直友爱、大公无私的美德，以高尚的品质去陶冶学生的情操，以优雅的行为去影响学生的习惯。

（3）培育良好的心理素质和健康的体魄。心理素质是指人的各种心理品质的综合状况。健康的心理是辅导员高效率、高质量工作的素质保障，也决定了他们受到学生欢迎与容纳的程度。辅导员所应具备的良好的心理素质主要包括开朗的性格和较强的自我认识、自尊、自信、自我调整与自我控制的能力。其具体表现为：第一，在对待大学生的态度或处理与大学生的关系上，表现为真诚热情、友善、富于同情心；乐于助人，关心和积极参加大学生的非正式活动；严于律己，有进取精神，自信而不自大，自谦而不自卑；对待学习、工作和事业，表现得勤奋认真。第二，在管理大学生的理智上，表现为感知敏锐，具有丰富的想象力，在思维上有较强的逻辑性，尤其是富有创新意识和创造能力。第三，在对待大学生的情绪上，表现为善于控制和支配自己的情绪，保持乐观开朗、豁达的心境，情绪稳定而平衡，与大学生相处时精神舒畅。第四，在意志上，表现出目标明确、行为自觉、善于自制、勇敢果断、坚忍不拔、积极主动等一系列积极品质。

健康的体魄是从事任何工作的前提。高校辅导员需要长时间与大学生进行交流、协调和组织学生社团、社会实践，做好教学、科研和管理等大量艰苦的工作，这些都要求新时期高校辅导员要具有强健的体魄。因此，辅导员必须有意识地加强体育锻炼，保证身体健康、以充沛的精力投入学生工作。

3. 树立终身学习理念，成为学习型辅导员

现代社会是一个科学技术日新月异、知识更新日益迅速的社会，一个不学习的人，必将为社会发展所淘汰；一个不善于学习的人，也不可能成为一个与时俱进的人。一个不学或不善于学习的辅导员，是不可能赢得学生尊重的。所以，辅导员必须树立终身学习理念，立足自我发展、自我教育和自我开发，成为学习型辅导员，不断提升学习品质和学习能力。

学习型辅导员的内涵包括：具有不断增长的学习力；具有较强的自我超越的意识和能力；不断改善自己的心智模式；有着清晰的发展目标；具有团队学习精神；学会系统思考；掌握最新的教育管理理念、方法和技术；建立和谐的师生、同事关系。

（1）具有较强的自学能力和勇于创新的精神。在学习型社会中，个体如果没有较强的自学能力和勇于创新的精神，将难以获得持续性和创造性发展。就辅导员而言，主动适应终身学习时代的需要，具有较强的自学能力和敢于创新的精神，是其突出的素质。现代社会不仅孕育了高校辅导员"学习者角色"，促使其不断提高自主学习的能力和水平，而且随着学习型社会的建设，辅导员成为学习者的内涵将不断丰富和升华。学习型辅导员善于学习体现在善于跨越时空，多渠道、多方式学习，善于选择学习内容和手段，不断丰富、更新知识，并应用于教育管理实践。具体而言，在学习空间上由所在学校扩展到社会；在学习途径上由教育机构的培训扩展到利用计算机、互联网学习；在学习内容上由本学科的知识扩展到其他学科知识。

学习型辅导员的创新精神主要表现在日常教育管理活动的思维创新和实践创新。思维创新和实践创新是在实践基础上，通过自觉反思并再度实践而实现的。自觉反思既是对自己意愿和理想的追求，又表现为对旧事物、旧观念的批判和超越，是思维创新和实践创新的重要前提。辅导员的自觉反思，主要是在教育管理实践中主动以自身的行为活动为思考对象，对自己的决策、行为过程及结果进行审视和分析，通过提高自我决策和行为水平来促进能力的发展，进而不断提高自身素养和教育管理效能。学习型辅导员在反思中不断发现和确认问题，以问题引导学习，在学习中深化反思，在反思中加强学习，从而形成自觉反思的思维品质并成为创新实践者。新时期的教育要求培养学生的创新精神和实践能力，为此辅导员首先要学会创新，通过自觉反思，不断创造性地工作和学习。

（2）具有良好的协调沟通能力和乐于合作的精神。学习型社会既是人人进取、激烈竞争的社会，又是相互合作、团队作战的社会；既是尊重、张扬个性的社会，又是人际和谐的社会。因而良好的协调沟通能力和乐于合作的精神，不但是学习型社会建设过程中的社会要求，也是学习型辅导员的必备素质之一。这就要求辅导员打破过去孤单甚至封闭的学习、工作状态，强调辅导员之间的合作学习、资源共享和开发组织能力。事实上，辅导员相互之间的协调合作与和谐交流，首先能明显提高学习效率，使辅导员个体得到发展；能加强辅导员相互间的了解和信任，建立信任与合作一体化的合作型信任关系，增强辅导员团队的凝聚力，进而提高教育管理水平和质量，因此，高校中的各种辅导员自治组织要为辅导员的共同学习创造条件。其次，良好的协调沟通能力和乐于合作的精神，能促使辅导员在学习和工作中形成目标一致的职业理想和共同愿景。共同愿景作为一种共同的愿望和理想，是学习型辅导员合作精神形成的重要体现。为了实现共同愿景，每个人都自觉学习、相互合作，在学习和合作中实现自我发展和团体发展。再次，良好的协调沟通能力和乐于合作的精神，有利于辅导员形成良好的个性品质，使其不满足于现有经验，敢于突破现状并坚持自己的独特见解，形成与众不同的风格。辅导员良好的个性品质，不仅可以给学生以人格感召和影响，而且可以丰富和完善自身。

(3) 具有较强的教育管理研究能力和个性化的教育哲学思想。学习型社会既是人人学习知识的社会，又是人人参与创造知识的社会。辅导员所从事的是面向未来、不断革故鼎新的现代教育管理工作，培养的是能适应未来社会发展的高素质建设者和接班人。因此，高校辅导员要在教育管理实践中不断提升自身的教育研究能力，凝练具有鲜明自身特色的教育管理理念和个性化的教育哲学思想。正如学习型组织诞生是为了适应环境的变革，学习型辅导员也要能适应社会变化而不断革新自己。学习型辅导员不仅要善于工作，而且要善于研究，具有较强的教育管理研究意识和能力。教育管理研究，不仅可以促进辅导员的专业化、职业化发展，使辅导员具有较强的自我发展、自我超越能力，也有助于更新辅导员的知识，提高其职业能力，职业奋斗目标更加明确；不仅有利于辅导员充分了解自身工作领域的最新成果，更深刻、透彻地理解教育管理实践中发生的各种问题，也有利于将最新成果介绍给学生，开阔学生眼界，从而使教育管理更具时效性、科学性和针对性。在教育管理实践中，按照学习型辅导员的发展要求，辅导员还需要不断更新丰富知识结构，掌握广博的现代教育管理理论；能有意识地将现代教育管理理念灵活运用于教育管理实践活动；能掌握先进的教育管理方法，努力提高灵活应用现代教育管理技术的能力；善于获取多学科知识，发现、分析、选择、保存和灵活加工应用新信息的能力；善于博采众长并结合自身工作实践不断总结提炼，进而形成自己独特的育人理念和个性化的教育哲学思想。

4. 建立高校辅导员组织

组织是现代社会的基本结构单位，建立在社会分工基础上的专业化组织，将具有不同能力的人聚合在一起，以特定的目标和明确的规范协调人的活动和能力，从而更有效的满足人们的多种需要。组织的主要特征是具有特定的组织目标、一定数量的固定成员、制度化的组织结构、普遍化的行动规范；组织对其成员采取行业管理方式，同业人员具有行业生存方式、共同的职业道德标准、共同的价值观、共同的话语系统、统一的执业资格标准等；组织的主要职能在于服务其成员，为他们创造发展和交流的机会，同时也通过规章制度对同业成员产生一定的约束力。随着我国高校辅导员队伍的日趋壮大以及辅导员工作的日趋专业化，目前各高校对辅导员管理模式的各自为政的状态已越来越无法适应新形势发展的需要，辅导员组织的建立并发挥其应有作用已成为必然趋势，是新时期加强辅导员队伍专业化、职业化建设的重要举措，是辅导员队伍专业化、职业化的重要标志。高校辅导员组织是由辅导员组成的具有专业性、服务性、互利性的专业群体。美国辅导员协会（American School Counselor Association，ASCA）是面向全美中小学、大学辅导员的全国性的辅导员组织。该协会章程规定了辅导员的行为准则，即维护全美中小学以及大学辅导员的正当权益，通过收集并向会员及时提供相关政策方针及专业信息，增强辅导员的专业技能及其相互之间的合作；它通过为专职辅导员提供相关知识、技能和各种教育资源间接地促进学生在家庭、社区乃至全球范围内的进步；该协会还开展学生辅导领域专业的、具有本土特色的相关研究及评估和认证。在我国，目前由高校辅导员组成的专业组织才刚刚起步，只有部分高校成立了学生工作处领导下的辅导员协会，如安徽教育学院、复旦大学、上海师范大学、同济大学成立了各自的辅导员协会，主要职责局限于为本校辅导员提供培训服务、搭建交流平台，力量相对薄弱。至于地区性、全国性的高校辅导员组织还没能建立。

鉴于高校辅导员的专业发展、地位和待遇的落实，更需要地区性、全国性的辅导员组织的推动。借鉴国外成功经验，成立非行政模式控制的地方性、全国性的高校辅导员组织，诸如学会、协会、俱乐部非常必要。目前，我国高校辅导员组织需要承担的职责有：

第一，制定和推行辅导员资格认证标准、辅导员必须遵守和服从的行规和准则，强化辅导员的专业道德与服务精神，规范辅导员的职业行为，以保证其专业性；

第二，提供系统的辅导员培训和交流服务，提升专业素质；

第三，参与研究、制订辅导员选聘、考核的具体方案，能够代表辅导员与政府、学校协商辅导员招聘的准则与条款；

第四，组织开展理论探讨和工作交流活动，筹办内刊等，为辅导员提供经验交流和资源共享的平台；

第五，促进学生工作管理的革新与发展，为教育主管部门和高校改革提供政策和信息咨询等；

第六，团结辅导员力量，以制衡、影响辅导员的相关政策的制定，争取辅导员的地位和利益,维护辅导员的合法权益。

正如美国卡耐基促进教学基金会主席舒尔曼教授所说:"我们说某人是专业人员,即是说它是某专业团体中的一个成员。专业知识由专业人士团体掌握。社团不但比个体掌握了更多的知识,而且负有一定的社会与伦理责任。因此,专业人士在自己特定的范围内工作生活,又被更广阔的社会圈子所认同……假若没有专业社团组织的存在,个体专业人员就会陷入一种自我的圈子中,只相信他自己的经验具有教育价值。通过创造和培育专业社团,个人的经验才能变成公共经验,人们才能共享专业知识并推动实践发展水平的提高。"[1] 在专业团体组织的推动下,通过对辅导员队伍外围服务的关注和公共关系的处理必将大大改善辅导员的工作环境,在促进辅导员个人素质的提高、综合能力的提升、工作方法的改进、工作的规范化和专业化方面起到积极的作用,从而使辅导员从具体事务中解放出来,维护其专业自主权,促进其职业认同,加强专业化、职业化建设,从而促进辅导员的专业发展。

---

[1] 李·S.舒尔曼.理论、实践与教育的专业化[J].王幼真,刘捷译.比较教育研究,1999(3):37.

下 篇

Xiapian

第六章 高校辅导员工作效能的调查研究[①]

---

① 本章资料来源：西华师范大学教育学院王小红老师主持的四川省教育发展研究中心课题"幸福教育：大学生思想道德教育存在与发展之必需"(课题编号CJF07050)的调查数据。

高校辅导员是学校工作的主力军，是教育管理的直接参与者。高校辅导员工作对大学生素质的提高是一个全方位多层次的影响、示范和感召过程，是一种特殊的人际交往过程，也是师生间思想、意志、品质、情感和人格等心理方面相互作用和相互影响的过程。因此，辅导员队伍的工作效能直接关系到人才培养质量乃至整个学校的发展。本研究以学生的视角，采用实证研究的方法了解辅导员的工作效能。

第一节 高校辅导员工作效能概况

一、研究对象

四川10所高校学生（年龄在17~25岁间，平均年龄21岁）。采用随机抽样的方法共发放问卷1120份，有效问卷1040份，问卷回收率为92.86%。

二、研究工具

在查阅文献与访谈基础上（访谈对象为30名）编制由34个问题构成的调查问卷。在南充市选取50名学生进行了预测，通过对收回的数据进行因素分析，对一些题目进行了删除和修改，最后对问卷项目重新随机编排，形成了高校辅导员工作效能的正式问卷，共29个项目。问卷包括两方面内容。第一部分为辅导员对大学生发展的具体影响，问卷设有辅导员的指导方式、谈话次数和遭遇困难时的求助行为等问题。第二部分为高校辅导员工作满意度评定。该部分内容是为了解大学生受到辅导员影响的原因，从工作能力、工作态度和师生关系三个维度进行考察。预试后，经项目分析及因子分析（采用主成分分析法下的方差极大正交旋转法，抽取特征根大于1的因子），最后得到工作能力、工作态度和师生关系3个因子共18个题目的正式问卷，采用5级评分制（完全不符合，比较不符合，一般，比较符合，完全符合，评分标准为1~5分），题目得分越高，表明辅导员工作效能越强。通过相关分析，得到问卷的内部一致性系数为0.886，克朗巴赫系数为0.959，三个维度的信度指标分别为0.760、0.747、0.693，表明问卷有较好的信度。通过因素分析，得到各因子条目的载荷量在 0.34～0.77 之间，累积解释率达 61.992%，表明问卷有较好的效度。

三、研究过程

采用统一指导语进行集体测试，学生根据自己的切身感受进行选择。全部数据采用 SPSS 12.0 处理，主要用到的统计方法有因子分析、t 检验及方差分析。

四、研究结果

高校辅导员工作各因子得分及总分见表 6-1。由表 6-1 可知，高校辅导员的工作效能处于较低水平，尤其是对工作能力因子水平的评价最低。

表 6-1 各因子分均值

	工作能力	工作态度	师生关系	总 分
平均数	2.52	2.94	2.98	2.81
标准差	0.73	0.70	0.72	0.66

研究结果表明，高校辅导员的工作效能处于较低水平。从开放式问卷反馈情况看，其原因在于辅导员对大学生生活、就业、心理和学习方面的指导能力较差，工作态度不够认真负责，与学生关系不够融洽友好。所以，高校辅导员应加强自身业务素质的培养，不仅拥有广博精深的学识，包括系统扎实的管理学、教育学和心理学知识，而且具有驾驭全局和处理各种突发事件的能力，掌握大学生的思想动态和心理特点，促进工作有效开展。这是高校育人工作的要求，也是高校辅导员工作职责所在。

第二节 高校辅导员的工作效能差异

从文化程度、职称与任职年限三个维度探讨高校辅导员的工作状况，以期为提高辅导员的工作效能提供一定的理论和现实依据。调查结果显示，高校辅导员的工作效能具有明显的文化程度差异、任职年限差异，但不存在职称差异。

一、不同文化程度高校辅导员的工作效能差异

高校辅导员工作效能的文化程度差异见表 6-2。由表 6-2 可知,不同文化程度的辅导员工作效能总分均值差异显著($P=0.000$),在工作能力($P=0.000$)、工作态度($P=0.005$)及师生关系($P=0.000$)3 个因子上也存在显著差异。

表 6-2 不同文化程度高校辅导员工作效能差异比较($\bar{x}\pm s$)

	本　科	研究生	T 值及显著性
工作能力	2.45±.72	2.64±.71	4.092＊＊＊
工作态度	2.90±.70	3.03±.69	2.823＊＊
师生关系	2.91±.73	3.11±.69	4.25＊＊＊
总　　分	2.75±.66	2.93±.65	4.064＊＊＊

注:＊＊$P<0.01$,＊＊＊$P<0.001$

为进一步了解辅导员对学生的具体影响,我们增设了"指导方式"、"对大学生的影响程度"、"谈话次数"和"学生求助行为"四个补充性和校正性问题。结果发现,不同文化程度的高校辅导员对大学生生活困难的指导方式存在显著差异($P=0.023$),而在就业问题($P=0.091$)、心理问题($P=0.628$)和学习问题的指导方式($P=0.203$)方面不存在显著差异。但从其百分比可知,研究生学历的辅导员采取"积极引导"方式的比例高于本科学历的辅导员,而采取"不闻不问"和"消极压制"方式的比例低于本科学历的辅导员(见表 6-3)。不同文化程度高校辅导员对大学生的影响存在显著差异($P=0.012$),研究生学历的辅导员对学生"积极影响"的比例(56.4%)高于本科学历的辅导员(49.3%),对学生的发展"没有影响"的比例(25.1%)低于本科学历的辅导员(34.1%)(见表 6-4)。本科学历和研究生学历的辅导员与学生谈话次数存在显著差异($P=0.005$)。研究生学历辅导员跟学生"经常"和"偶尔"谈话的次数高于本科学历的辅导员,"一次也没有"的比例低于本科学历的辅导员(见表 6-5)。高校辅导员文化程度的不同不会影响学生在面临困难时向辅导员求助的行为,彼此不存在显著差异($P=0.243$)。不过从其百分比可知,相对本科学历的辅导员(37.3%),研究生学历的辅导员会面对更多学生的求助(41.0%)。这说明文化程度与高校辅导员工作效能相关。

表 6-3　不同文化程度高校辅导员指导方式的差异

		本　科	研究生
辅导员对你的生活困难	积极引导	306（44.4%）	186（53.0%）
	不闻不问	371（53.8%）	162（46.2%）
	消极压制	12（1.8%）	3（0.8%）
辅导员对你的就业问题	积极引导	377（54.7%）	217（61.8%）
	不闻不问	298（43.3%）	128（36.5%）
	消极压制	14（2.0%）	6（1.7%）
辅导员对你的心理困惑	积极引导	308（44.7%）	161（45.9%）
	不闻不问	373（54.1%）	188（53.6%）
	消极压制	8（1.2%）	2（0.5%）
辅导员对你的专业学习	积极引导	317（46.0%）	182（51.9%）
	不闻不问	365（53.0%）	166（47.3%）
	消极压制	7（1.0%）	3（0.8%）

表 6-4　不同文化程度高校辅导员对大学生影响的差异

	本　科	研究生
没有影响	340（49.3%）	198（56.4%）
积极影响	114（16.5%）	65（18.5%）
消极影响	235（34.1%）	88（25.1%）

表 6-5　不同文化程度高校辅导员与大学生谈话次数的差异

	本　科	研究生
经常（4次以上）	54（7.8%）	42（12.0%）
偶尔（2~3次）	308（44.7%）	176（50.1%）
一次也没有	327（47.5%）	133（37.9%）

二、不同任职年限高校辅导员的工作效能差异

高校辅导员工作效能的任职年限差异见表6-6。由表6-6可知，不同任职年限的辅导员工作效能总分均值存在显著差异（$P=0.000$），在工作能力（$P=0.000$）与工作态度（$P=0.005$）两个因子上也存在显著差异，在师生关系因子上不存在显著差异（$P=0.163$）。多重比较后发现，任职0~0.5年与1~1.5年（$P=0.021$）、0~0.5年与2~2.5年（$P=0.000$）、1~1.5年与2~2.5年（$P=0.005$）、2~2.5年与3~3.5年（$P=0.005$）的辅导员，其工作能力存在显著差异，其他任职年限间不存在显著差异；任职0~0.5年与1~1.5年（$P=0.001$）、0~0.5年与2~2.5年（$P=0.000$）、1~1.5年与2~2.5年（$P=0.008$）、2~2.5年与3~3.5年（$P=0.000$）的辅导员，其工作态度存在显著差异，其他任职年限间不存在显著差异；任职0~0.5年与2~2.5年的辅导员，与学生的关系存在显著差异（$P=0.028$），其他任职年限间不存在显著差异。

不同任职年限的高校辅导员，对大学生的生活指导方式（$P=0.000$）、就业指导方式（$P=0.000$）、心理指导方式（$P=0.000$）和学习指导方式（$P=0.000$）存在显著差异。从其百分比可知，大学生对任职0~0.5年的辅导员采取"积极引导"方式的评价比例最高，采取"消极压制"方式的比例最低（对就业问题的"积极引导"除外，任职3~3.5年的辅导员享有的比例更高，这和大四学生面临就业的特殊性相关）（见表6-7）。不同任职年限的高校辅导员对大学生的影响存在显著差异（$P=0.000$），任职0~0.5年的辅导员对学生"没有影响"的比例最高，对学生"消极影响"和"积极影响"的比例最低（见表6-8）。高校辅导员任职年限的不同还会影响大学生在面临困难时向辅导员求助的行为，他们存在显著差异（$P=0.000$）（见表6-9）。这说明任职年限与高校辅导员的工作效能在某些因子上有明显的关系。

表6-6 不同任职年限高校辅导员工作效能差异比较（$\bar{x}\pm s$）

	0~0.5年	1~1.5年	2~2.5年	3~3.5年	F值及显著性
工作能力	2.62±.71	2.48±.71	2.29±.72	2.59±.72	9.382＊＊＊
工作态度	3.08±.69	2.89±.68	2.72±.73	2.98±.66	11.622＊＊＊
师生关系	3.02±.72	2.98±.73	2.87±.69	3.00±.74	1.711

（续 表）

	0～0.5年	1～1.5年	2～2.5年	3～3.5年	F值及显著性
总 分	2.90±.65	2.90±.65	2.79±.65	2.85±.66	7.698***

注：***$P<0.001$

表6-7 不同任职年限高校辅导员指导方式的差异

		0～0.5年	1～1.5年	2～2.5年	3～3.5年
辅导员对你的生活困难	积极引导	184（54.3%）	130（47.6%）	58（32.0%）	120（48.6%）
	不闻不问	152（44.8%）	139（50.9%）	117（64.7%）	125（50.6%）
	消极压制	3（0.9%）	4（1.5%）	6（3.3%）	2（0.8%）
辅导员对你的就业问题	积极引导	210（61.9%）	151（55.3%）	70（38.7%）	163（66.0%）
	不闻不问	122（36.0%）	121（44.3%）	105（58.0%）	78（31.6%）
	消极压制	7（2.1%）	1（0.4%）	6（3.3%）	6（2.4%）
辅导员对你的心理困惑	积极引导	172（50.7%）	127（46.5%）	52（28.7%）	118（47.8%）
	不闻不问	166（49.0%）	144（52.8%）	125（69.1%）	126（51.0%）
	消极压制	1（0.3%）	2（0.7%）	4（2.2%）	3（1.2%）
辅导员对你的专业学习	积极引导	197（58.1%）	137（50.2%）	62（34.3%）	103（41.7%）
	不闻不问	138（40.7%）	133（48.7%）	117（64.6%）	143（57.9%）
	消极压制	4（1.2%）	3（1.1%）	2（1.1%）	1（.4%）

表6-8 不同任职年限高校辅导员对大学生影响的差异

	0～0.5年	1～1.5年	2～2.5年	3～3.5年
积极影响	214（63.1%）	127（46.5%）	69（38.1%）	128（51.8%）
没有影响	43（12.7%）	43（15.8%）	44（24.3%）	49（19.8%）
消极影响	82（24.2%）	103（37.7%）	68（37.6%）	70（28.3%）

表 6-9　不同任职年限高校辅导员与大学生求助行为的差异

	0～0.5 年	1～1.5 年	2～2.5 年	3～3.5 年
是	151（44.5%）	92（33.7%）	49（27.1%）	109（44.1%）
否	188（55.5%）	181（66.3%）	132（72.9%）	138（55.9%）

三、不同职称高校辅导员的工作效能差异

高校辅导员工作效能的职称差异见表 6-10。由表 6-10 可知，不同职称辅导员的工作效能总分均值不存在显著差异（$P=0.505$），在工作能力（$P=0.368$）、工作态度（$P=0.542$）及师生关系（$P=0.238$）各因子上也不存在显著差异。

不同职称的高校辅导员，对大学生学习问题（$P=0.532$）、生活困难（$P=0.828$）、就业问题（$P=0.686$）和心理问题的指导方式（$P=0.126$）不存在显著差异（见表 6-11）；对学生发展的影响也不存在显著差异（$P=0.886$），但副教授职称的辅导员对学生的"积极影响"（54.3%）高于助教（50.8%）和讲师（51.4%）职称的辅导员，而对学生"消极影响"和"没有影响"两方面，副教授职称的辅导员的百分比又低于助教和讲师职称辅导员的百分比（见表 6-12）。不同职称高校辅导员对大学生的求助行为没有显著影响（$P=0.692$）（见表 6-13）。可见，职称与高校辅导员的工作效能存在一定的关系。

表 6-10　不同职称高校辅导员工作效能差异比较（$\bar{x}\pm s$）

	助　教	讲　师	副教授	F 值及显著性
工作能力	2.51±0.71	2.49±0.76	2.58±0.70	1.001
工作态度	2.92±0.69	2.95±0.72	2.99±0.69	0.613
师生关系	3.01±0.70	2.93±0.77	3.00±0.68	1.436
总　分	2.82±0.64	2.79±0.69	2.85±0.64	0.683

表 6-11　不同职称高校辅导员指导方式的差异

		助 教	讲 师	副教授
辅导员对你的生活困难	积极引导	234 (48.8%)	160 (45.5%)	98 (47.1%)
	不闻不问	238 (49.6%)	187 (53.1%)	108 (51.9%)
	消极压制	8 (1.7%)	5 (1.4%)	2 (1.0%)
辅导员对你的就业问题	积极引导	263 (54.8%)	206 (58.5%)	125 (60.1%)
	不闻不问	207 (43.1%)	139 (39.5%)	80 (38.5%)
	消极压制	10 (2.1%)	7 (2.0%)	3 (1.4%)
辅导员对你的心理困惑	积极引导	236 (49.2%)	142 (40.3%)	91 (43.8%)
	不闻不问	240 (50.0%)	207 (58.8%)	114 (54.8%)
	消极压制	4 (0.8%)	3 (0.9%)	3 (0.9%)
辅导员对你的专业学习	积极引导	235 (49.0%)	165 (46.9%)	99 (47.6%)
	不闻不问	239 (49.8%)	186 (52.8%)	106 (51.0%)
	消极压制	6 (1.3%)	1 (.3%)	3 (1.4%)

表 6-12　不同职称高校辅导员对大学生影响的差异

	助 教	讲 师	副教授
积极影响	244 (50.8%)	181 (51.4%)	113 (54.3%)
没有影响	81 (16.9%)	64 (18.2%)	34 (16.3%)
消极影响	155 (32.3%)	107 (30.4%)	61 (29.3%)

表 6-13　不同职称高校辅导员与大学生求助行为的差异

	助 教	讲 师	副教授
是	185 (38.5%)	131 (37.2%)	85 (40.9%)
否	295 (61.5%)	221 (62.8%)	123 (59.1%)

从研究结果可以看出，高校辅导员的工作效能存在明显的文化程度差异、任职年限差异，但不存在职称差异。

文化程度越高的高校辅导员赢得了大学生对其工作效能更高的肯定。这可能是随着文化程度的提高，辅导员的能力得到了更大提升，对大学生发展的重要性认识更深刻，工作态度更认真负责，更注重与学生融洽友好关系的建立。

高校辅导员任职 $0\sim0.5$ 年，大学生对其工作的认同感最高。与学生访谈中得知其原因为辅导员任职时间较短，学生不甚了解，加上还没有涉及奖学金、评优等问题，所以对辅导员的评价（期望值）普遍较高。但随着时间的延长，到任职 $1\sim1.5$ 年和 $2\sim2.5$ 年时，学生的评价呈现下降趋势，到任职 $3\sim3.5$ 年时，学生的评价开始回升。学生认为这是随着对辅导员的了解加深，最初的较高期望由于与现实存在差距而逐渐破灭，所以，到任职 $2\sim2.5$ 年时，评价跌到了最低点。到任职 $3\sim3.5$ 年时，学生对辅导员进行了重新评价，克服了最初的盲目和冲动，带着更理性的成分看待辅导员及其工作，结果辅导员重新获得学生信任，评价回升当是必然。

职称不同对所有项目都没构成统计学上的显著差异，但副教授职称的辅导员各项目平均数和百分比略占优势。

因此，高校在选聘辅导员时，应考虑研究生学历构成，本科学历的辅导员应提升自己的学历层次和水平。对辅导员的聘用应考虑到其工作的稳定性和连续性，减少频繁更换和流动，以确保其工作的可持续发展性，从而实现其工作的高效性。

第七章 高校辅导员对学生发展影响的调查研究[①]

[①] 本章资料来源：西华师范大学教育学院王小红老师主持的四川省教育发展研究中心课题"幸福教育：大学生思想道德教育存在与发展之必需"(课题编号CJF07050)的调查数据。

本章通过对1120名大学生的问卷调查,探讨辅导员对学生发展的影响。结果显示,辅导员有助于学生干部的发展,学生干部的发展水平相对较高。但从总体上看,辅导员对学生干部的积极影响及发展非常有限;学生在学习方法、心理调适方法、人际交往能力、社会竞争力、发展前途的把握等方面的自我认同较低。最让其苦恼的事情是学习问题,最希望得到的帮助是社会实践能力,并且不同年级学生存在显著差异。

第一节 高校辅导员对学生干部发展影响的调查研究

在我国,高校辅导员作为班级的管理者和领导者,其工作重心在于对学生进行思想政治教育、保证班级稳定、管理班级日常事务和为学生服务。不过,要搞好班级的工作,辅导员除了自身努力外,还需要依赖班级的学生干部队伍。

在《现代汉语词典》中,"干部"指担任一定的领导工作或管理工作的人员,高校学生干部则指在高校的学生组织中处于一定的领导岗位、担负一定的学生管理任务、行使一定服务职能的学生。高校学生干部作为联系学校管理层与大学生的纽带,一方面,有助于学校管理工作有效开展,学校决策有效执行;另一方面,能使广大学生及时有效向管理层反映问题,在高校与大学生之间形成良性互动的局面,促进高校和谐发展。可见,学生干部在学校思想政治教育工作、教育管理工作和大学生自我教育、自我管理中发挥着特殊作用,正因为如此,高校非常重视加强学生干部队伍建设。由于学生干部有一个成长过程,作为学生工作最直接的管理者和领导者的辅导员必然要承担起对学生干部的培养和指导任务,因此辅导员是否具备促进学生干部成长的指导能力显得尤为关键,否则,学生干部队伍建设和特殊作用的发挥将失去任何意义,更会严重挫伤学生干部参与学生工作的积极性,产生对学校管理群体的失望感。所以我们选取学生干部,从学生工作的直接参与者的视角,采用实证研究的方法,了解这一群体在参与学生工作的过程中是否真正得到了更大发展;并且通过学生干部对辅导员工作满意度的评价,探讨辅导员在学生干部发展过程中的工作作为。

一、研究对象

四川省10所高校学生（年龄在17～25岁间，平均年龄21岁）。采用随机抽样的方法共发放问卷1120份，有效问卷1040份，学生干部405人，非学生干部635人，问卷回收率为92.86%。

二、研究工具

在查阅文献与访谈基础上（访谈对象为30名）编制由34个问题构成的调查问卷。在南充市选取50名学生进行了预测，通过对收回的数据进行因素分析，对一些题目进行了删除和修改，最后对问卷项目重新随机编排，形成高校辅导员工作与学生干部发展的正式问卷，共29个项目。问卷包括三方面内容。第一部分为辅导员对学生干部的具体影响，问卷设有辅导员的指导方式、谈话次数和遭遇困难时的求助行为等问题。第二部分为学生干部发展水平，包括学习能力、人际交往能力、心理调适能力、社会竞争力和大学生活满意度。第三部分为高校辅导员工作满意度评定。该部分内容是为了解学生干部受到辅导员影响的原因，从工作能力、工作态度和师生关系三个维度进行考察。预试后，经项目分析及因子分析（采用主成分分析法下的方差极大正交旋转法，抽取特征根大于1的因子），最后得到工作能力、工作态度和师生关系3个因子共18个题目的正式问卷，采用5级评分制（完全不符合，比较不符合，一般，比较符合，完全符合，评分标准为1～5分），题目得分越高，表明对辅导员工作的满意度越高。通过相关分析，得到问卷的内部一致性系数为0.886，克朗巴赫系数为0.959，三个维度的信度指标分别为0.760、0.747、0.693，表明问卷有较好的信度。通过因素分析，得到各因子条目的载荷量在0.34～0.77之间，累积解释率达61.992%，表明问卷有较好的效度。

三、研究过程

采用统一指导语进行集体测试，学生根据自己的切身感受选择。全部数据采用SPSS 12.0处理，主要用到的统计方法有因子分析、t检验及χ^2检验。

四、研究结果

（一）高校辅导员对学生干部发展的影响和高校辅导员工作效能的评定

1. 高校辅导员对学生干部发展的影响

由表 7-1 可知，高校辅导员对学生干部发展的影响与普通学生[①]存在显著差异（$P=0.000$），学生干部（63%）承认自己得到了辅导员更多的积极影响。为进一步了解辅导员对学生干部的具体影响，我们增设了"辅导员的指导方式"和"谈话次数"两个补充性和校正性问题，结果见表 7-2、表 7-3。由表 7-2 可知，辅导员对学生干部生活困难（$P=0.001$）、就业问题（$P=0.000$）、心理困惑（$P=0.003$）和专业学习方面的指导方式与普通学生（$P=0.041$）存在显著差异，学生干部不管在生活（54.3%）、就业（64.4%）、心理（51.6%）还是学习方面（52.9%），均得到了辅导员更多的积极影响。由表 7-3 可知，辅导员和学生干部的谈话次数与普通学生存在显著差异（$P=0.000$），学生干部享有更多与辅导员接触的机会。从百分比看，学生干部回答"经常"的比例为 15.6%，远远高于普通学生 5.2% 的比例，回答"一次也没有"的比例，学生干部为 32.1%，普通学生为 52%。

表 7-1 高校辅导员对学生干部发展的影响

	学生干部	非学生干部	合　计
没有影响	103（25.4%）	220（34.6%）	323（31.1%）
积极影响	255（63.0%）	283（44.6%）	538（51.7%）
消极影响	47（11.6%）	132（20.8%）	179（17.2%）
合　　计	405（100.0%）	635（100.0%）	1040（100.0%）

[①] 由于学生干部的较大发展是相对普通学生（即非学生干部）而言的，所以本章在数据处理和行文过程中均引入了非学生干部这一群体，作为一个比较对象。

表 7-2　高校辅导员对学生干部的指导方式

		学生干部	非学生干部	合计
辅导员对你的生活困难	积极引导	220 (54.3%)	272 (42.8%)	492 (47.3%)
	不闻不问	180 (44.5%)	353 (55.6%)	533 (51.3%)
	消极压制	5 (1.2%)	10 (1.6%)	15 (1.4%)
辅导员对你的就业问题	积极引导	261 (64.4%)	333 (52.4%)	594 (57.1%)
	不闻不问	138 (34.1%)	291 (45.8%)	429 (41.3%)
	消极压制	6 (1.5%)	11 (1.8%)	17 (1.6%)
辅导员对你的心理困惑	积极引导	209 (51.6%)	260 (40.9%)	469 (45.1%)
	不闻不问	193 (47.7%)	368 (58.0%)	561 (53.9%)
	消极压制	3 (0.7%)	7 (1.1%)	10 (1.0%)
辅导员对你的专业学习	积极引导	214 (52.9%)	285 (44.9%)	499 (48.0%)
	不闻不问	188 (46.4%)	343 (54.0%)	531 (51.0%)
	消极压制	3 (0.7%)	7 (1.1%)	10 (1.0%)

表 7-3　高校辅导员与学生干部的谈话次数

	学生干部	非学生干部	合计
经常（4次以上）	63 (15.6%)	33 (5.2%)	96 (9.2%)
偶尔（2～3次）	212 (52.3%)	272 (42.8%)	484 (46.5%)
一次也没有	130 (32.1%)	330 (52.0%)	460 (44.2%)
合计	405 (100.0%)	635 (100.0%)	1040 (100.0%)

2. 学生干部对高校辅导员工作效能的评定

由表 7-4 可知，学生干部对高校辅导员工作效能的评定在总分均值上与普通学生存在显著差异（$P=0.000$），在工作能力（$P=0.000$）、工作态度（$P=0.000$）及师生关系 3 个因子上的评定（$P=0.000$）与普通学生也存在显著差异，表明学生干部对辅导员工作的满意度更高。面临困难时，49.1%的学生干部愿意向辅导员求助，学生干部与普通学生是否向辅导员求助的行为存在显著差异

($P=0.000$)。

表7-4 学生干部对辅导员工作效能评定的因子得分及总分均值比较（$\bar{x}\pm s$）

	学生干部	非学生干部	总均分	T值及显著性
工作能力	2.62±.71	2.46±.73	2.52±.73	3.501＊＊＊
工作态度	3.06±.71	2.87±.68	2.94±.70	4.173＊＊＊
师生关系	3.17±.71	2.86±.71	2.98±.72	6.802＊＊＊
总均分	2.95±.66	2.73±.66	2.81±.66	5.251＊＊＊

注：＊＊＊$P<0.001$

（二）学生干部的自我评定

由表7-5可知，学生干部与普通学生在学习（$P=0.045$）、人际交往（$P=0.000$）、社会竞争（$P=0.000$）和大学生活满意度四方面的自我评定（$P=0.002$）存在显著差异，而心理调适能力不存在显著差异（$P=0.269$），这表明学生干部的能力相对更强。

表7-5 学生干部的自我评价

		学生干部	非学生干部	合 计
你的学习能力强	符合	120（29.6%）	151（23.8%）	271（26.1%）
	不确定	188（46.4%）	342（53.9%）	530（51.0%）
	不符合	97（24%）	142（22.3%）	239（23.0%）
你的人际交往能力强	符合	189（46.7%）	197（31.0%）	386（37.1%）
	不确定	203（50.1%）	355（55.9%）	558（53.7%）
	不符合	13（3.2%）	83（13.1%）	96（9.2%）
你的心理调适能力强	符合	195（48.2%）	272（42.8%）	467（44.9%）
	不确定	165（40.7）	277（43.6%）	442（42.5%）
	不符合	45（11.1%）	86（13.6%）	131（12.6%）

（续　表）

		学生干部	非学生干部	合　计
你的社会竞争力强	符合	149（36.8%）	147（23.1%）	296（28.5%）
	不确定	211（52.1%）	360（55.7%）	571（54.9%）
	不符合	45（11.1%）	128（20.2%）	173（16.6%）
你对近半年来的大学生活满意	符合	150（37.1%）	166（26.1%）	316（30.4%）
	不确定	165（40.7%）	287（45.2%）	452（43.5%）
	不符合	90（22.2%）	182（28.7%）	272（26.2%）

五、分析与讨论

从研究结果可知，学生干部承认自己在发展中得到了辅导员更多帮助，63.0%的学生干部受到了辅导员的"积极影响"，普通学生的同一比例为44.6%。多数学生干部享受到了辅导员在生活（54.3%）、就业（64.4%）、心理（51.6%）和学习（52.9%）方面的"积极引导"，其比例均高于普通学生；相对普通学生而言，学生干部享有更多与辅导员接触、沟通的机会。从与辅导员的谈话次数看，学生干部回答"经常"的比例为15.6%，远远高于普通学生5.2%的比例，回答"一次也没有"的比例，学生干部为32.1%，远远低于普通学生52.0%的比例。学生干部对辅导员在工作能力、工作态度和师生关系方面的评价更高，所以面对困难时，49.1%的学生干部愿意主动向辅导员求助，普通学生的同一比例为31.8%。

不仅如此，学生干部在学习能力、人际交往能力、心理调适能力、社会竞争力和大学生活满意度方面的认同感也高于普通学生，这可能是由于参与学生工作，学生干部成为辅导员的助手，得到了辅导员更多的指导和帮助，因此其能力得到了更大发展。

但是，从总体上看，学生干部的发展水平非常有限，仅29.6%掌握了大学学习方法，46.7%人际交往能力强，48.2%掌握了心理调适方法，36.8%社会竞争力强，37.1%对近半年的大学生活满意，可能存在的原因是部分辅导员的不努力作为，表7-4的结果可以在一定程度上作出解释。部分学生干部对辅导员工作的满意度较低，认为辅导员的工作能力较差，很少关注学生的日常生活问题，加上就业指导知识缺乏，对当前就业形势不甚了解，所以对学生生活、就业方面的引导缺位；缺乏必要的教育学、心理学知识，缺乏对学生问题的洞察力和敏感性，因此心理疏导不力；对专业知识认识不深刻，知识面不够广博，所以表现为对学生专业引导方面的不足；工作态度不够认真负责，没有与学生建立融洽友好的关系。结果近一半的学生干部在生活困难（44.5%）、心理困惑（47.7%）和专业学习（46.4%）方面遭遇了辅导员的"不闻不问"，甚至"消极压制"，32.1%的学生干部一年来与辅导员没有任何的沟通和交流，37.0%的学生干部没有受到辅导员的"积极影响"，面临困难时，50.9%的学生干部不愿向辅导员求助。

为此，高校必须加强辅导员队伍建设，提高辅导员对学生干部队伍的培养和指导能力：既要有广博精深的学识，满足大学生求知的欲望，又要有系统扎实的管理学、教育学和心理学知识，掌握大学生的思想动态和心理特点，促进工作有效开展；既要有对学生事务管理方面的知识，有驾驭全局和处理各种突发事件的能力，又要有就业指导知识，能把握就业形势、人才市场状况与要求，以提高对学生的生活指导能力、就业指导能力、心理指导能力和学习指导能力。这是高校育人工作的要求，也是辅导员自身工作职责所在。

第二节　高校辅导员对不同年级学生发展影响的调查研究

随着高校连续扩招，我国的高等教育已进入大众化阶段，本科生仅仅是符合社会所需人才的"合格证"，并不一定是社会精英。在这种背景下，作为高校大学生，对学习方法、心理调适方法和人际交往能力的掌握程度如何？如何看待自己的社会竞争力、发展前途、大学生活？结果发现，不同年级学生在学习方法、心理调适方法、人际交往能力、社会竞争力、发展前途的把握等方面的自我认同感较低，最让其苦恼的事情是学习问题，最希望得到的帮助是社会实践能力，不同年级学生自我认同感、最感苦恼的事情和最希望得到的帮助存在显著差异。

一、研究对象

四川省 10 所高校学生（年龄在 17～25 岁间，平均年龄 21 岁）。采用随机抽样的方法共发放问卷 1120 份，有效问卷 1040 份，问卷回收率为 92.86%。

二、研究工具

在查阅文献与访谈基础上（访谈对象为 30 名）编制由 34 个问题构成的调查问卷。在南充市选取 50 名学生进行了预测，通过对收回的数据进行因素分析，对一些题目进行了删除和修改，最后对问卷项目重新随机编排，形成高校辅导员工作与大学生发展的正式问卷，共 29 个项目。问卷包括三方面内容。第一部分为辅导员对不同年级大学生发展的影响，问卷设有辅导员的指导方式、谈话次数和遭遇困难时的求助行为等问题。第二部分为不同年级大学生的发展水平，包括学习能力、人际交往能力、心理调适能力、社会竞争力和大学生活满意度七方面的自我评价，学生最苦恼的事情以及最希望得到的帮助三方面内容。第三部分为高校辅导员工作满意度评定。该部分内容是为了解不同年级大学生受到辅导员影响的原因，从工作能力、工作态度和师生关系三个维度进行考察。预试后，经项目分析及因子分析（采用主成分分析法下的方差极大正交旋转法，抽取特征根大于 1 的因子），最后得到工作能力、工作态度和师生关系 3 个因子共 18 个题目的正式问卷，采用 5 级评分制（完全不符合，比较不符合，一般，比较符合，完全符合，评分标准为 1～5 分），题目得分越高，表明对辅导员工作的满意度越高。通过相关分析，得到问卷的内部一致性系数为 0.886，克朗巴赫系数为 0.959，三个维度的信度指标分别为 0.760、0.747、0.693，表明问卷有较好的信度。通过因素分析，得到各因子条目的载荷量在 0.34～0.77 之间，累积解释率达 61.992%，表明问卷有较好的效度。

三、研究过程

采用统一指导语进行集体测试，学生根据自己的切身感受选择。全部数据采用 SPSS 12.0 处理，主要用到的统计方法有因子分析、t 检验及 χ^2 检验。

四、研究结果

（一）高校辅导员对不同年级学生发展的影响和高校辅导员工作效能的评定

1. 高校辅导员对不同年级学生发展影响

由表 7-6 可知，高校辅导员对不同年级学生发展的影响存在显著差异（$P=0.000$），从其百分比可知，一年级学生持"积极影响"的比例高于其他三个年级，持"消极影响"和"没有影响"的比例低于其他三个年级（见表 7-6）。为进一步了解辅导员对学生干部的具体影响，我们增设了"辅导员的指导方式"这一补充性和校正性问题，结果见表 7-7。由表 7-7 可知，辅导员对不同年级学生在生活困难（$P=0.001$）、就业问题（$P=0.000$）、心理问题（$P=0.000$）和学习问题方面指导方式（$P=0.000$）存在显著差异。一年级学生对辅导员"积极引导"指导方式的肯定比例高于其他三个年级学生，但从总体上看，辅导员对学生持"不闻不问"和"消极压制"的比较也几乎占了近一半的比例。

表 7-6 高校辅导员对不同年级学生发展影响的差异

	一年级	二年级	三年级	四年级	合 计
积极影响	180（69.2%）	125（48.1%）	103（39.6%）	130（50.0%）	538（51.7%）
没有影响	57（21.9%）	98（37.7%）	93（35.8%）	75（28.8%）	323（31.1%）
消极影响	23（8.9%）	37（14.2%）	64（24.6%）	55（21.2%）	179（17.2%）
合计	260（100.0%）	260（100.0%）	260（100.0%）	260（100.0%）	1040（100.0%）

表 7-7 高校辅导员对不同年级学生的指导方式

		一年级	二年级	三年级	四年级
辅导员对你的生活困难	积极引导	147（56.5%）	126（48.5%）	95（36.5%）	124（47.7%）
	不闻不问	111（42.7%）	130（50.0%）	158（60.8%）	134（51.5%）
	消极压制	2（0.8%）	4（1.5%）	7（2.7%）	2（0.8%）

(续 表)

		一年级	二年级	三年级	四年级
辅导员对你的就业问题	积极引导	165（63.5%）	146（56.1%）	115（44.2%）	168（64.6%）
	不闻不问	89（34.2%）	113（43.5%）	138（53.1%）	86（33.1%）
	消极压制	6（2.3%）	1（0.4%）	7（2.7%）	6（2.3%）
辅导员对你的心理困惑	积极引导	145（55.8%）	124（47.7%）	79（30.4%）	121（46.5%）
	不闻不问	114（43.8%）	135（51.9%）	177（68.1%）	135（51.9%）
	消极压制	1（0.4%）	1（0.4%）	4（1.5%）	4（1.6%）
辅导员对你的专业学习	积极引导	167（64.2%）	135（51.9%）	92（35.4%）	105（40.4%）
	不闻不问	90（34.6%）	122（46.9%）	165（63.4%）	154（59.2%）
	消极压制	3（1.2%）	3（1.2%）	3（1.2%）	1（0.4%）

2. 不同年级学生对高校辅导员工作效能的评定

由表 7-8 可知，不同年级的高校辅导员工作效能总分均值存在显著差异（$P=0.000$），工作能力（$P=0.000$）、工作态度（$P=0.000$）及师生关系（$P=0.000$）3 个因子也存在显著差异。多重比较后发现，一二年级（$P=0.001$）、一三年级（$P=0.000$）、一四年级（$P=0.019$）、二三年级（$P=0.001$）和三四年级（$P=0.000$）辅导员的工作能力存在显著差异，其他年级间不存在显著差异；一二年级（$P=0.000$）、一三年级（$P=0.000$）、一四年级（$P=0.000$）、二三年级（$P=0.006$）和三四年级（$P=0.000$）辅导员的工作态度存在显著差异，其他年级间不存在显著差异；一三年级（$P=0.000$）、一四年级（$P=0.036$）、二三年级（$P=0.005$）和三四年级（$P=0.025$）辅导员与学生的关系存在显著差异，其他年级间不存在显著差异，说明年级与辅导员的工作效能有明显关系。面临困难时，只有 38.6% 的学生愿意主动向辅导员寻求帮助，而高达 61.4% 的学生持否定态度。不同年级学生的求助行为存在显著差异（$P=0.003$），从其百分比可知，一年级学生相对于其他三个年级的学生更愿意向辅导员寻求帮助（见表 7-9）。

表 7-8 不同年级学生对高校辅导员工作效能的评定差异比较 ($\bar{x}\pm s$)

	一年级	二年级	三年级	四年级	F值及显著性
工作能力	2.72±0.67	2.50±0.71	2.29±0.73	2.57±0.73	15.889***
工作态度	3.17±0.63	2.91±0.68	2.74±0.74	2.96±0.67	17.313***
师生关系	3.10±0.65	3.00±0.72	2.83±0.74	2.97±0.75	6.490***
总均分	3.00±0.59	2.80±0.64	2.62±0.68	2.83±0.66	14.707***

注：*** $P<0.001$

表 7-9 不同年级学生面临困难时的求助行为差异

	一年级	二年级	三年级	四年级	合 计
是	118 (45.4%)	90 (34.6%)	82 (31.5%)	111 (42.7%)	401 (38.6%)
否	142 (54.6%)	170 (65.4%)	178 (68.5%)	149 (57.3%)	639 (61.4%)

（二）不同年级学生的自我评定

1. 大学生最近半年最苦恼事情的调查

通过对大学生最近半年最苦恼事情的调查，结果发现，最让学生苦恼的事情是学习问题（38.1%），其次是就业问题（33.6%）、经济问题（13.7%）、人际交往问题（9.4%）和恋爱、性方面的问题（5.2%）。通过卡方检验，发现不同年级学生感到苦恼的事情存在显著差异（$P=0.000$）。其中一年级（50.8%）和二年级学生对学习问题（58.5%）的焦虑人数最多，四年级学生比例（8.8%）最低，三年级处于两者之间；对就业问题（63.8%）和经济问题的焦虑（15.4%），四年级学生比例明显高于其他三个年级，这说明择业和社会适应问题成为大四学生关注的焦点；人际交往的焦虑，一年级（15.4%）和二年级（11.5%）高于三年级（5.8%）和四年级（5.0%），体现为随着年级升高呈下降趋势（见表7-10）。这可能说明年级升高和人际交往能力的提高有一定关联；对恋爱和性问题的关注，说明及早开展性心理、性生理和性道德教育，以减少性问题的困扰非常必要。其苦恼原因如表 7-11 所显示，当代大学生仅 37.1% 具有较强的人际交往能力，44.9% 掌握了心理调适方法，26.1% 掌握了有效的大学学习方法，28.5% 社会竞争力强，30.4% 对近半年来的大学生活满意。比较分析发现，学习方法（$P=0.000$）和大学生活的满意度（$P=0.042$）存在年级差异，人际交往能力（$P=0.128$）、心理调适方法（$P=0.357$）和社会竞争力（$P=0.142$）不存在年级差异。从其百分比可知，一、四年级高于二、三年级，这可能是因为大一学生刚经过高考竞争，所以更为自信，对发展前途更为乐观，而大四学生各方面能力经过几年锻炼得以提高，所以自评高于二、三年级符合现实。二、三年级学生相对于一、四年级具有更大相似性，但这两个年级的学生自信心不强，甚至低于一年级，这可能是因为他们正处于能力提升阶段，当前实力与社会要求存在较大差距。而大一学生还缺乏对现实问题的考虑，大四学生能力又相对较强，因此两个年级学生的自评相对较高。

表 7-10　年级与大学生苦恼事情交叉表

	一年级	二年级	三年级	四年级	合　计
就业问题	39 (15.0%)	37 (14.2%)	107 (41.1%)	166 (63.8%)	349 (33.6%)
学习问题	132 (50.8%)	152 (58.5%)	89 (34.2%)	23 (8.9%)	396 (38.1%)
经济问题	39 (15.0%)	28 (10.8%)	35 (13.5%)	40 (15.4%)	142 (13.6%)
人际交往问题	40 (15.4%)	30 (11.5%)	15 (5.8%)	13 (5.0%)	98 (9.4%)
恋爱和性方面的问题	10 (3.8%)	13 (5.0%)	14 (5.4%)	18 (6.9%)	55 (5.3%)

表 7-11　各年级大学生的自我评价

		一年级	二年级	三年级	四年级	合　计
你的人际交往能力强	不符合	22 (2.1%)	21 (2.0%)	23 (2.2%)	30 (2.9%)	96 (9.2%)
	不确定	132 (12.7%)	153 (14.7%)	149 (14.3%)	124 (11.9%)	558 (53.7%)
	符合	106 (10.2%)	86 (8.3%)	88 (8.5%)	106 (10.2%)	386 (37.1%)
你的心理调适能力强	不符合	30 (2.9%)	32 (3.1%)	37 (3.6%)	32 (3.1%)	131 (12.6%)
	不确定	108 (10.4%)	126 (12.1%)	100 (9.6%)	108 (10.4%)	442 (42.5%)
	符合	122 (11.7%)	102 (9.8%)	123 (11.8%)	120 (11.5%)	467 (44.9%)

(续　表)

		一年级	二年级	三年级	四年级	合　计
你的学习能力强	不符合	63（6.1%）	62（6.0%）	64（6.2%）	50（4.8%）	239（23.0%）
	不确定	138（13.3%）	144（13.8%）	138（13.3%）	110（10.6%）	530（51.0%）
	符合	59（5.7%）	54（5.2%）	58（5.6%）	100（9.6%）	271（26.1%）
你的社会竞争力强	不符合	36（3.5%）	49（4.7%）	52（5.0%）	36（3.5%）	173（16.6%）
	不确定	142（13.7%）	149（14.3%）	139（13.4%）	141（13.6%）	571（54.9%）
	符合	82（7.9%）	62（6.0%）	69（6.6%）	83（8.0%）	296（28.5%）
你对近半年的大学生活满意	不符合	63（6.1%）	65（6.3%）	88（8.5%）	56（5.4%）	272（26.2%）
	不确定	113（10.9%）	122（11.7%）	98（9.4%）	119（11.4%）	452（43.5%）
	符合	84（8.1%）	73（7.0%）	74（7.1%）	85（8.2%）	316（30.4%）

2. 大学生最希望得到的帮助

在大学生最希望得到帮助的7个选项中，被选填的次数分别为810、704、638、521、564、300、209，7个选项被选的总次数为3746，百分比为各次数与被选填总次数（3746）的比，分别为21.6%、18.8%、17.0%、13.9%、15.1%、8.0%、5.6%（见表7-12）。可见，在校大学生最希望得到社会实践能力方面的帮助，其次是专业发展能力、人际交往能力、就业择业能力、心理调适能力、生命意义教育、爱情和性方面。这和表7-6的调查结果是相对应的。它这体现了当前用人单位在挑选人才时更加理性，更看重的是能力而不仅仅是学历，因此学生希望锻炼各方面的能力以便在竞争中取胜，这与社会要求一致。

如表7-12所示，比较分析发现，一年级所选选项列表依序为社会实践能力（73.5%）、专业发展能力（70.8%）、人际交往能力（66.9%）、心理调适能力（52.3%）、就业择业能力（32.7%）、生命意义教育（30.8%）、爱情和性方面的知识（23.5%）；二年级为社会实践能力（85.4%）、专业发展能力（82.3%）、人际交往能力（65.8%）、就业择业能力（53.8%）、心理调适能力（51.2%）、生命意义教育（28.8%）、爱情和性方面的知识（13.5%）；三年级为社会实践能力（80.8%）、就业择业能力（71.9%）、专业发展能力（61.9%）、人际交往能力（55.0%）、心理调适能力（48.8%）、生命意义教育（27.7%）、爱情和性方面的知识（20.4%）；四年级为社会实践能力（71.9%）、就业择业能力（58.5%）、人际交往能力（57.8%）、专业发展能力（55.8%）、心理调适能力（48.1%）、生命意义教育（28.1%）、爱情和性方面的知识（23.1%）。这和表 7-10 各年级学生苦恼事情排序的结果基本一致。

表 7-12　各年级学生最希望得到的帮助列联表

	一年级	二年级	三年级	四年级	合　计
社会实践能力	191(73.5%)	222(85.4%)	210(80.8%)	187(71.9%)	810(21.6%)
专业发展能力	184(70.8%)	214(82.3%)	161(61.9%)	145(55.8%)	638(17.0%)
人际交往能力	174(66.9%)	171(65.8%)	143(55.0%)	150(57.7%)	564(15.1%)
心理调适能力	136(52.3%)	133(51.2%)	127(48.8%)	125(48.1%)	704(18.8%)
就业择业能力	85(32.7%)	140(53.8%)	187(71.9%)	152(58.5%)	209(5.6%)
生命意义教育	80(30.8%)	75(28.8%)	72(27.7%)	73(28.1%)	521(13.9%)
爱情和性方面的知识	61(23.5%)	35(13.5%)	53(20.4%)	60(23.1%)	300(8.0%)

【*注】：多选题

从总体比例分布看，四个年级均把社会实践能力摆在首位，二、三年级尤其突出，这说明当前大学生该方面的能力比较欠缺，所以都强烈希望提高这一能力。随着年级升高，学生希望得到提高就业择业能力帮助的愿望趋于强烈，这从四个年级就业择业能力次序逐渐靠前可以证明。专业发展能力和人际交往能力的需求在一、二年级学生身上体现得更为明显，这可能说明随着大学生活时间的延长，学生掌握了较为有效的大学学习方法，人际交往能力也有所提高，所以三、四年级学生希望得到这两方面帮助的愿望不如一、二年级学生强烈。而对生命意义教育、心理调适能力及爱情和性方面知识的需求四个年级则不存在明显差别。从年级间的差异来看，一年级和二年级相比，爱情和性方面的知识百分比（10.0%）明显高于二年级，而二年级又以社会实践能力（11.9%）及专业发展能力（11.5%）、就业择业能力百分比（21.1%）高于一年级。和三年级相比，一年级的人际交往能力（11.9%）和专业发展能力百分比（8.9%）明显高于三年级，而三年级又以社会实践能力（7.3%）及就业择业能力百分比（39.4%）高于一年级。和四年级相比，一年级的人际交往能力（9.2%）及专业发展能力百分比（15.0%）高于四年级，而四年级又以就业择业能力百分比（25.8%）高于一年级。二年级和三年级相比，人际交往能力（10.8%）及专业发展能力百分比（20.4%）高于三年级，而三年级又以就业择业能力百分比（18.1%）高于二年级。二年级和四年级相比，社会实践能力（13.5%）及专业发展能力百分比（26.5%）高于四年级，而四年级又以爱情和性方面知识的百分比（9.6%）高于一年级。

  本研究表明，不同年级学生最感苦恼的事情和最希望得到的帮助存在显著差异，这意味着大学生在每一年级的角色与任务不一样，不同年级学生的心理特点也不相同，表现出来的问题也各不一样。这要求作为学生工作主力军的辅导员认真研究并及时掌握教育对象的这些心理特点及其在不同时期的需要，以便及时调整工作方法和手段，促进学生实现在原有基础上最大限度的发展。

第八章 高校辅导员多重角色的演绎

随着市场经济的深入发展，新的大学生分配制度和双向选择使社会对大学生素质提出了新的要求。同时，随着大众化教育的全面铺开，学生入学时的基本素质与精英教育时代相比明显下降，但就业压力却有增无减。面对这样的社会环境，在校大学生无疑会面临一些烦恼，也希望寻求一些帮助（见第七章第二节表7-10、表7-11和表7-12），由此对作为大学生工作主力军的高校辅导员提出了多重角色期望。大学生对辅导员多重角色期待的排序依次为：人生发展的导航者、了解学生的善察者、为人处世的楷模、生活上的关怀者、学习指导者、心理问题的咨询者、学校与学生之间的协调者、思想政治的解惑者和按章办理的管理者（见第三章表3-1和表3-2），这一现状增加了辅导员角色内涵的复杂性以及实际工作的难度。

一、把人生发展的导航者角色摆在多重角色的首位

大学生的多种能力发展需求需要辅导员多重角色的参与，由此使得辅导员的角色具有丰富的内涵。但在大学生对辅导员的角色期待中，最重要的角色是"人生发展的导航者"，所以辅导员应把这一角色摆在首要位置。结合大学生的人生发展需求、专业学习、个人能力、社会交往和个性情况，帮助他们进行职业生涯设计，协助其搭建职业生涯规划平台。如根据不同年级学生开展不同辅导，在新生入学时介绍专业发展状况和对应的各种职业，帮助树立正确的职业理想，初步思考、设计职业规划；对大二、大三学生，针对其不同个性和能力，帮助其合理调整职业规划与设计，提高其相关竞争力，为就业选择预先做好准备；对毕业生，讲授就业形势、就业政策、就业信息、笔试或面试技巧等，帮助其确立适合自身实际的就业目标。

二、提升了解学生的善察者角色在角色组合中的显要地位

既然大学生对辅导员"善察者"角色的期望排在了第二位，辅导员应高度重视这一角色的扮演，提供和学生接触、交流的机会，真正走进学生、了解学生，以增强师生间的理解性、通融性和共识性。唯有如此，才能实现师生心灵的沟通，及时把握学生学习、生活方面的最新动向，对学生心理特点进行有效掌握，进而为学生的健康发展提供指导性和建设性意见。

三、强化为人处世的楷模角色

辅导员总在主动地向学生施加影响,这不仅体现在知识传授方面的影响,更为深刻的是对学生心理和人格的影响。心理素质良好、人格魅力高尚的辅导员,自身的言传身教以及教育活动可以启发学生的心灵,端正学生的思想,培养学生坚强的意志和健康的心理,更可以成为一种潜移默化的影响力量感染学生,促进学生积极主动的发展。同时还能引起学生对辅导员发自肺腑的亲近感、尊重感、信任感和崇敬感,师生共同创造出一种平等、民主、和谐的氛围。

四、充当大学生生活上的关怀者

学生的生活包括物质生活、精神生活、课余生活、家庭生活、人际关系等方面。学分制下,班级观念淡薄,给学生工作带来新挑战。辅导员首先应该帮助学生学会在群体中和谐生活,具备基本的道德素质,待人礼貌、谦让,学会处理人际关系,在公共场合遵守规则等;其次应引导学生树立公民意识,建立法律意识、权利观念、民主意识、规则意识等;再次应加强文明生活方式的教育,使学生树立文明生活的观念,培养自立自强、健康清洁、有规律的生活习惯。同时,给生活困难的学生提供及时帮助,使其摆脱困境。

五、扮演大学生学业发展的引导者

由于专职任课教师偏重于具体课程的指导,因此辅导员有责任从学生长期发展和学习方法与知识结构等方面进行指导,以发挥其在文化素质教育中的特殊角色作用。具体而言,要求辅导员指导学生从"依赖性"的中学学习方式向"独立性"的大学学习方式过渡,从理论性强的基础课学习向应用性和实践性强的专业课学习过渡,从学历学习向终身学习过渡。

六、成为大学生身心健康发展的培育者

大学生在面临学习、人际交往、环境适应、恋爱和择业等问题的时候,迫切希望得到帮助。高校辅导员承担着管理育人、服务育人、教书育人的重任,他们工作在第一线,与学生朝夕相处,联系密切,既承担维护学生心理健康的责任,也具有开展心理教育的优势。因此,辅导员必须树立心理教育的理念,培养良好

的心理教育能力才能适应新形势的需要。这要求辅导员能用教育学、心理学知识武装自己，了解当代大学生的心理特点及其发展规律，并通过多种途径掌握学生的思想动态及其心理需求。如走访学生宿舍以便了解其生活和人际关系状况，深入课堂了解学生的学习情况，与学生聊天，倾听学生的快乐、困惑、烦恼甚至痛苦，适时地给学生创造一个宣泄心理压力的机会，增强与学生情感的交流，引起学生心灵的共鸣，为解决问题寻找突破口。

七、扮演学校与学生意见的沟通者、协调者

辅导员在处理学校和学生的关系时，不应偏离或违背学校的意愿导致自己的利益受损，也不应违背学生的意见导致学生的怨言使自己在学生中的威信、影响力下降。辅导员应看到学校与学生根本利益的一致性，本着实事求是的原则处理两者的冲突。既要让学校各级领导和管理部门更好地了解学生的发展需求与实际困难，又要让学生更多地了解学校的实际状况，理解学校工作的全局性与复杂性，最终使得问题的解决朝着"双赢"的局面发展。

八、突破单纯思想政治教育者的角色

一直以来，辅导员主要承载思想政治教育工作这一政治性要求，对学生进行理想信念教育，进行党和国家时事政策教育等。但调查发现，在提供的这九种角色中，学生把辅导员作为思想政治教育者的角色排在了第八位，不过这并不意味着我们要放松对学生的思想政治教育，而是辅导员的角色随着时代发展被赋予了新的内涵。即要转变观念，使辅导员从主要承载思想政治教育的使命过渡到主要承载对学生的心理辅导、学习辅导、职业辅导和生活辅导等社会性要求，促进学生全面健康发展。

九、逐步降低管理者角色在角色组合中的显要位置

调查发现，学生对辅导员管理者角色的期望排在了最后，但这并不等于管理者的角色要从辅导员角色组合中消失，而是要求辅导员转换角色和改变方式：一方面，把过去经常运用的管理手段转变为服务的、咨询的方式，从而达到更好的辅导效果；另一方面，逐步降低管理者角色在角色组合中的显要位置，不断改善辅导员与大学生的关系，从而更好地树立辅导员在学生中的亲和形象。

第九章 高校辅导员工作实践与大学生发展论述

美国著名的犹太教哲学家和神学家赫舍尔指出，人对人的本质的认识会影响到人自身的行为；自我认识是人存在的一部分，人的本质只能从人出发去理解。高校辅导员是人，高校辅导员应该探寻的是作为高校辅导员的意义和价值，这是对高校辅导员理想形象的一种理性追求。赫舍尔认为，人"不仅要求被满足，还要求能够满足别人，不仅要求拥有所需要的东西，而且要求自己成为一种需要"，"对自己来说，人是不充分的，如果生命不为自我以外的目的服务，如果生命对别人没有价值，那么生命对人就没有意义"。"人的目的就是为社会或人类服务"，或者说"一个人的最高价值就取决于他对别人有用，取决于他的社会工作效果"。①"人是不会满足于生命支配的本能生活的，总要利用这种自然的生命去创造生活的价值和意义，人之为人的本质应该说就是一种意义性存在、价值性实体，人的生存和生活如果失去意义引导，成为无意义的存在，那就与动物的生存没有两样，这是人们不堪忍受的"。②换言之，人的意义是超越自我的，人对意义的寻求不仅向内而且也是向外的，人应该成为一个"被需要者"。因此，高校辅导员的意义在于作为高校辅导员在其职业生涯中的奉献程度和贡献大小。

高校辅导员工作主要包括学生思想政治教育、学生发展指导和学生事务管理三个方面。具体而言，高校辅导员工作就是要帮助学生确立坚定的政治方向，树立正确的世界观、人生观、价值观和荣辱观，培养学生的爱国主义、集体主义、社会主义思想和高度的社会责任心，引导学生养成高尚的道德品质和良好的文明行为习惯；呵护学生个性发展，指导学生优化心理品质，健全人格，提高身心健康素质；激发学生的创造天性，促进学生掌握学习能力，增强表达能力，培育创新意识、协作精神和实践能力，提升综合素质和社会竞争力。

第一节　高校辅导员的教育理念

教育理念作为教育理论体系的重要方面，在价值取向多样化的现代社会也趋于多样化发展，需要对其厘定并使其价值得以充分展现。所谓教育理念是渗透着

---

① 〔美〕A.J.赫舍尔.人是谁[M].魄仁莲译.贵阳：贵州人民出版社，1994：52～53.
② 高清海.人就是"人"[M].沈阳：辽宁人民出版社，2001：213.

主体的教育价值取向，以社会发展现实和教育理论实践为基础，反映着主体对教育本质及应然追求的一种理性认识。教育理念是教育的灵魂和根本指导思想，科学的教育理念在教育发展中日益彰显其前瞻性、指导性和全局性的重要作用。

在高校学生事务中，辅导员作为直接工作者往往处于领导者、管理者的核心地位，许多辅导员习惯对学生颐指气使，大声训斥责骂，并且要求学生绝对服从。这些现象不仅有损高校辅导员的职业形象，而且严重影响了教育的和谐发展。在社会主义市场经济条件下，社会对高等教育的要求越来越注重学生综合素质尤其是实践创新能力的培养，高等教育扩招、学分制的推广、学生学习生活的主要场所及方式都发生了很大变化，这些都越来越突显学生的主体地位。同时大学生的主体意识也越来越强烈，这决定了高等教育传统的"管、卡、压"的教育理念已经不符合时代和大学生发展的需求，必须向平行的引导型、服务型转变。为此，高校辅导员必须转变观念，从辅导员的专业思想定位入手，根据辅导员工作的内涵，牢固树立以学生为本的理念，逐步构建以学生成长、成才为中心的学生服务体系，完成从注重思想政治教育和道德教育到以培养全面发展的人为目标的转变。高校辅导员只有以平等的地位，以服务者的态度为学生的全面发展谋利益，充分尊重并保障学生的利益和需求，才能适应新时期大学生工作的需要，才能为学生发展营造一种平等和谐的人际氛围，才能真正贴近学生生活和学生实际，促进学生发展。

一、坚持人本化原则

人本化原则是人本观的具体体现。对于教育而言，以人为本之人，含有学校的管理者、教师和学生等，管理者和教师是为学生服务的，因此以人为本其实质是以学生为本。在高等教育大众化背景下，树立科学发展观，确立以学生为本的工作理念，彰显人文关怀，服务学生、尊重学生、关心学生、培养学生、激励学生、促进学生全面发展，已成为我国高校学生工作的必然诉求，并逐渐成为学生工作的重要原则和指导思想。辅导员作为维系学校和学生之间正常联系的桥梁和纽带，是落实学生工作新理念的重要主体，所以必须坚持人本化原则，贯彻以学生为本的理念。

贯彻以学生为本的理念，需要辅导员坚持学生至上的原则，以学生成长发展为中心，以直接服务于学生发展作为辅导员最高的职业价值，这不仅是职业道德的问题也是职业生态的问题。贯彻以学生为本的理念,需要辅导员永远把自己摆在服务学生的位置上,把尊重学生作为工作的前提,把发挥学生的主体作用作为工作的重点,把促进学生发展作为永恒的工作目标。为此,辅导员应该考虑学生的当下存在,理解他们的现实处境;尊重学生的个性、独立性和创造性,以学生需要确定服务的内容和形式,加强工作的针对性,提高服务质量,呵护学生的生命尊严;把学生作为独立的成年个体来对待,建立平等的师生关系,允许学生通过不同途径参与学生工作管理事宜,就相关工作主动倾听、搜集学生意见,从学生反馈的意见中发现工作不足,在满足学生的主体意识,尊重学生的主体地位的同时,明确亟待改进的方向;改变管理者的教育方式,把自己放在引导、促成的位置上而不是在指挥、命令的位置上,重塑辅导员服务者的教育形象。

二、坚持"价值参与"原则

"价值参与"是相对于"价值中立"而言,指辅导员在引导大学生发展的过程中,需要将一定的价值观念渗透其中,引导大学生树立积极的价值观念,进行合理的价值评判,以缓解其内心冲突,做出合理选择和积极行为的过程。

大学生的人生价值观尚未完全确立定型,相对于成年人而言,他们的自我分析、自我省察、自我调适能力较差,在遭遇不快与挫折后容易导致心理困惑和价值偏差。自我价值迷茫和社会多元价值冲突是大学生价值问题的主要内容,也是促使他们产生诸种心理问题的主要原因。因此,面对大学生这一特殊群体,有针对性地进行积极价值观念的介入和支持既是他们健康成长的需要,也是辅导员的应有之责。"价值参与"应以价值尊重为前提,以价值澄清为基础,以价值引导为中心,避免两个极端。价值尊重是指辅导员应该理解和尊重大学生的价值观念,不排斥、不批评、不评价,并予以真切理解,为大学生创设一个安全、轻松的人际氛围,让他自由地表达。价值澄清是在价值尊重的前提下,通过讨论、对比、实例等多种方式帮助大学生明确自己的价值观与价值取向,分析社会价值取向与自己的价值取向是否存在矛盾,导致自己价值冲突的根源何在。价值澄清的本质就是协助大学生对自我内在冲突作理智的思考和客观的分析,为价值引导打好基础。价值引导是"价值参与"的目的所在,即在价值尊重的前提下,在价值澄清的基础上,引导(而非替代)大学生进行适宜的价值选择。

三、坚持系统性原则

系统性原则要求辅导员的教育过程着眼于大学生的持续发展，贯穿于学校教育的全过程、各方面，不仅要引导大学生立足现在、设计未来，随着教育过程的深入，教育的方式与方法应随之改变，教育方案应体现出适时性、发展性、持续性、前瞻性；而且要求将大学生的发展作为一个整体和系统。从大学生的心理健康教育到职业生涯辅导、学习辅导、生活辅导等内容，这些都属于辅导员工作实践的范畴，以促进学生实现和谐发展。

四、坚持实践性原则

实践性原则是指以大学生的成长为目标，以各种实践活动为载体，让大学生在实践中体验生命，走向成熟。人的生命是一个意义的存在，而意义是要诉诸于实践的。人的生命实践性决定了辅导员工作必须在实践中完成。只有让大学生在实践中展示自己，体验种种生命的情感，觉悟人生真谛，才能促进大学生成长。所以，一方面，辅导员工作的开展应立足于现实，尊重客观实际，避免纯理想化、抽象化的教育，要以解决学生的实际问题为主要任务；另一方面，辅导员工作应该在学生学习的实践、职业生涯规划实践以及生活实践中进行，使理论与实践有机结合。为此，在学生工作实践中，辅导员需要努力创造机会，让大学生投入到各种实践活动，让他们在参与中体验到自己的存在，展现自己的能力，思考和寻求人生真谛，真正在社会实践中成长。

五、坚持开放性原则

在当今市场化、全球化、网络化的新时代，国内外的经济、政治和思想形势都发生了很大的变化。这就要求辅导员工作要与时俱进，对其内容、方法、方式进行变革，把那些已经不合时宜的内容进行变通，运用富有时代气息的话语和内容，让教育的内容充满时代感、新鲜感；更新教育方式、方法，探索在网络化条件下开展学生工作，如通过 E-mail、QQ（QQ 群）、博客等载体与平台和学生进行交流沟通，以适应新的形势，提升工作实效。

第二节　高校辅导员与大学生思想政治教育

  当前,大学生处在一个纷繁复杂的社会环境中,面对社会政治、经济、文化的转型,以及科学技术革命的迅速发展,在思想观念、价值取向、人生态度等方面发生了一系列变化。从总体上看,当代大学生的主流积极、健康、向上,热爱祖国、渴望成才,思想解放、勇于思考,主体意识、公平意识、竞争意识强。但大学生也存在一些令人担忧的问题,如重物质追求轻理想信念、重个人成就轻社会责任、重自我奋斗轻团结协作、重安逸享乐轻艰苦奋斗、重智力提高轻品德修养。所以辅导员有必要对大学生进行思想政治教育。

  中共中央国务院《关于进一步加强和改进大学生思想政治教育的意见》[①] 指出,加强和改进大学生思想政治教育的主要任务:一是以理想信念教育为核心,深入进行树立正确的世界观、人生观和价值观的教育;二是以爱国主义教育为重点,深入弘扬和培育民族精神的教育;三是以基本道德规范为基础,深入进行公民道德教育;四是以大学生全面发展为目标,深入进行素质教育,促进大学生思想道德素质、科学文化素质和健康素质协调发展,引导大学生勤于学习、善于创造、甘于奉献、成为有理想、有道德、有文化、有纪律的社会主义新人。其中坚持中国共产党的领导,具有建设中国特色社会主义伟大事业的理想目标和坚定信念,具有坚强的爱国主义精神,具有自觉维护安定团结政治局面的觉悟,是当代大学生思想政治素质的基本要求。根据这一文件要求,辅导员对大学生开展思想政治教育,主要围绕思想教育、政治教育、道德教育三方面进行。其中思想教育是先导,政治教育是核心,道德教育是重点。

一、思想教育

  关于思想教育,我们主要从理想信念教育和爱国主义、民族精神教育两方面展开。

---

  ① 教育部.关于进一步加强和改进大学生思想政治教育的意见[EB/OL].http://www.southcn.com/nflr/zhnegccz/zhangcbb/200411040685.htm,2004-10-15.

理想信念教育需要辅导员采取多种形式进行正面引导，强化大学生的人生理想和信念。如通过主题班会、观看录像、走出校门参加社会实践活动和公益活动，利用校庆、国庆、党的生日等重大纪念日开展各项活动，同时关注大学生的现实需求，增强思想政治教育的感染力，帮助大学生树立正确的世界观、人生观和价值观，使大学生认识社会发展规律，认识国家的前途命运，认识自己的社会责任，确立在中国共产党领导下走中国特色社会主义道路和树立共产主义的远大理想信念。

爱国主义、民族精神教育需要辅导员指导大学生认清国际国内形势，认同党和国家的大政方针政策，认清形势发展的趋势和大局，树立科学的形势政策观，激发大学生的爱国、爱校情感，增强他们的民族自信心和社会责任感；需要辅导员加强对大学生的校情、乡情和国情教育和历史文化传统教育，增强大学生的民族忧患意识和民族自强意识，培养大学生的爱国主义情怀。

二、政治理论教育

高校辅导员在开展思想政治教育的工作中，要注意我国高校学生工作的政治诉求，了解和掌握大学生的思想政治状况，积极构建思想政治教育素质拓展平台，积极推进马列主义、毛泽东思想、邓小平理论、"三个代表"重要思想、科学发展观和社会主义和谐社会建设思想进班级、进公寓、进社团，将思想政治教育工作融化到具体的行动中去，在点滴的行动中体现思想政治工作的高度，不断提高大学生的思想政治素质，使之成为政治合格、品德优良、德才兼备的社会主义建设者和接班人。

三、公民道德教育

辅导员应该指导大学生逐步掌握并内化公民道德要求和规范，以帮助大学生树立正确的道德观念，养成良好的道德品质，形成良好的心理品质和自尊、自爱、自律、自强的优良品质；提高大学生的思想认识和精神境界，营造良好的道德实践氛围，提高大学生实践社会主义公民道德规范的自觉性。

第三节　高校辅导员与大学生心理健康教育

心理健康相对于生理健康而言，是指个体在与周围环境交互作用的过程中，不仅能够保持一种积极的自我认知和合理的自我控制及发展，而且能够积极主动适应外部环境的变化，达到内外相融的平衡、协调状态，并具有一种积极、乐观的心理态势。心理健康不仅是一种心理状态，它更是社会现代化发展所需要的一种现代观念和现代能力。大学阶段是大学生人生成长的一个转型期，由于社会生活环境的巨大变化，加上社会经验不丰富、沉重的学习压力、激烈严峻的就业竞争与人际交往等问题，当代大学生面临前所未有的压力，往往产生一些心理问题，甚至严重的心理疾病。于是，大学生的心理健康教育受到越来越更多的关注，并成为高校辅导员工作的一个重要组成部分。因此，加强大学生心理健康教育，提高大学生的心理健康水平，是辅导员工作和大学生和谐发展之必需。

一、大学生的心理特点

大学生的心理发展处于逐渐走向成熟而又未完全成熟的过渡阶段。总体上看，大学生的心理发展水平是积极健康的：有较高的智力水平、强烈的求知欲、浓厚的学习兴趣、学习效率高；有较稳定的情绪、乐观自信、富有朝气和活力、对未来满怀憧憬、对生活有满足感；有较健全的意志，不怕困难、果断、顽强、有自制力；人格完整统一，敢于竞争、努力向上、积极进取；有较完善的自我意识，能较好地认识自己、悦纳自己；拥有良好的人际关系，人际交往广泛、有知心朋友；对社会现状有较客观的认识，善于进行自我调节、适应良好。但是长期以来，学校和家长重视智力教育，忽略了大学生健康人格的培养。高校扩招，大学生的学习、生活、就业压力增大，处于过渡期的大学生，其心理发展也呈现出消极的一面，如生活自理能力较差、以自我为中心、比较敏感和脆弱、容易自暴自弃；只重索取，缺少奉献；面对新的学校环境，学习、生活、交友等感到不适应；渴望人与人之间的理解和真诚，却不善于理解和被人理解；渴望竞争与合作，又怕失去自我价值等等。

此外,随着科学技术的进步,手机、网络等现代通信设施已成为大学生接受外部信息的重要手段,这开拓了大学生的视野,丰富了大学生的生活。但与此同时,由于经受不住外界的刺激和诱惑,部分大学生沉迷于数字化迷宫和动感刺激的网络空间,未能及时有效地实现现实世界和虚拟空间的角色转换,导致心理错位和行为失调。表现为学习绩效低下、人际关系恶化、角色自我迷失、情感封闭冷漠、意志薄弱消沉、生活无序懒散、对现实生活失去兴趣等问题。一些学生受网络信息的误导而采取欺骗、敲诈等失范行为,严重的甚至出现自残、自杀和伤害他人的行为,成为破坏大学生心理健康的诱发因素。

二、高校辅导员与大学生心理健康教育

大学生心理健康教育是以大学生为教育对象,教育者根据大学生身心发展特点与规律,运用心理学、教育学及相关学科的理论与技术,通过多种途径和手段,有目的、有计划地对大学生进行教育,缓解其心理冲突、增强其心理健康、健全其人格发展、开发其心理潜能,促进其全面和谐发展的教育活动。大学生心理健康教育是一个牵涉大学生个人、家庭、学校和社会的多元系统工程,是一项长期而艰苦的任务,而作为大学生心理健康培育者的高校辅导员,必然承担着不可推卸的重要职责。

(一)树立科学的教育理念

1. 为大学生发展营造良好的心理环境

心理环境是指个体的自我心理状态在环境作用下产生的心理活动效应,它能使人在不知不觉中受到感染和熏陶,影响个体情绪,调节个体意志,支配个体行动,对其发展有重要意义。良好的心理环境有助于培养个体努力进取的个性品质,也有利于形成协调的人际关系,使其乐于从事自己的学习和工作,实现自我超越。相反,不良的心理环境往往使人感到处处受压抑,导致各种不良个性品质的形成,养成消极的思想和行为习惯,如情绪低落,自卑感乘虚而入,挫折感增强,自我期望减弱,抱负感淡化,趋于自我退步。

在大学生心理健康教育中,良好心理环境的营造需要建立健康、和谐的班风、学风、校风,消除不良文化的影响,形成积极向上的校园文化和人人重视心理健康的良好氛围;需要辅导员关心、理解并尊重、信任学生,以增强师生间的了解性、通融性和共识性。因为关心才能激发亲近心理,才能产生信任感和依赖

感；理解才能激发学生的慰藉心理；尊重不仅可以密切师生感情，更重要的是可以成为学生奋发向上的原动力，产生强烈的成就欲；信任能激发学生的责任心，也是维系情感力量的纽带，能够激发学生勇于进取并有所作为的精神状态。此外，良好心理环境的营造还需要辅导员从学生的立场来看问题，做到真诚与接纳；努力走进学生的内心，拉近与学生的心理距离，与学生建立良好的沟通，不批判、不指责、不嘲笑学生；冷静客观地了解事情的真伪，积极倾听；根据学生的心理状况、接受能力、性格特点采取不同的方法，长善救失，增强学生的自信心。总之，只有树立与学生在人格上平等的心态，在尊重学生的前提下，在学生立场看问题，才能找到时机和突破口，做到情理交融、以情感人、以理服人，增强沟通的针对性和时效性。通过这样的互动，学生可以在潜移默化中受到辅导员积极的思想引导和精神感染，拉近与学生的距离，从而营造一种良好的心理环境。

2. 坚持发展性心理健康教育的理念

在高校，真正有心理障碍的学生是少数，更多的大学生面临的是成长与成才、情感与事业，以及日常生活事件处理等成长性问题，因此，高校辅导员应以积极的人性观为指导，以大学生的成长发展为旨趣，确立发展性心理健康教育的理念。也即是心理健康教育不仅仅停留于少数学生心理障碍的消除与心理危机的处理，不仅仅停留于调适性心理咨询，而是面向全体学生，着重学生未来的发展，强调心理潜能的开发和人格的完善。发展性心理健康教育的理念在内容的构建上体现人本主义潜能论，方式上以预防性干预为主，反应性干预为辅，更加重视"防患于未然"。

3. 尊重和满足大学生的需要

一般来讲，大学生心理健康发展的需要包括两方面，一是发展性需要，即大学生普遍存在的心理和行为发展上的需要；二是适应性需要，即大学生寻求对社会发展、人际关系、学习环境、生活变化的适应需求，以及由于特定环境或特殊事件的冲击和压力而产生的解除心理困境、度过心理危机的需要。因此，心理健康教育的内容和方式方法一定要尊重和满足大学生的兴趣和需要。通过知识和技能的学习，帮助大学生树立积极的健康观念，调适现实生活中遇到的心理困惑和矛盾，使他们更加有效地学习，更加快乐地生活。由于社会发展给心理健康教育提出许多新的内容，所以，心理健康教育在内容选择上既要贴近大学生生活实际，根据大学生生活和发展的逻辑选择安排课程内容，又要以社会发展为尺度，坚持个人发展与社会发展的辩证统一。

4. 强调大学生的参与性和体验性

个体心理品质的形成并非靠单纯的知识传授，也不靠简单的接受学习，而是个体生活经验逐步积累、建构的过程。为此，心理健康教育必须摈弃传统教学模式中"我讲你听，我写你记，我说你做"的师生交往状态，鼓励学大生积极参与，提倡亲身体验。通过大学生的积极参与和体验，获取相关问题的感性知识、直接知识和实践知识，促进理论知识的提升、自我调适能力的增强、心理机能的提高等自我教育过程的实现。有鉴于此，辅导员需要选取一些贴近大学生生活实际的典型案例，通过适当的案例展现以赋予大学生对多种生活事件的经验和感悟；通过心理感受、情感体验等心理历程，引起大学生心灵的共鸣，激发他们的兴趣与主动性。大学生在融入问题、思考问题、提出问题、讨论问题和解决问题的过程中，由被动接受知识变为接受知识与运用知识、更新知识与探索知识并举，从而对知识的广度和深度有新的开拓，并在思考和分析中进行一系列积极的创造性思维活动，主动性得以激发和彰显。

（二）大学生心理健康教育的内容选择

教育部《关于进一步加强和改进大学生心理健康教育的意见》提出，大学生心理健康教育的主要任务是帮助大学生树立正确的心理健康意识，介绍增进心理健康的途径，解析心理异常现象，传授心理调适的方法。所以，大学生心理健康教育的内容既包括对心理健康教育基本知识的介绍和普及，也包括对心理调适方法的传授与应用；既包括对心理异常现象的解析与预防，也包括优化心理素质、潜能的培养与开发；既包括对大学生学习生活、适应发展诸方面的关注与指导，也包括对多种心理行为问题的缓解、消除与矫治。

1. 心理健康意识的培养

对于大学生个体来说，自觉完善心理健康不仅是大学阶段的任务，而且是终生学习的任务。只有当大学生真正具备了健康的心理，才可能在今后的学习、工作、生活中不断丰富心理健康知识，自觉提升心理素质。因此，辅导员通过开展心理健康教育活动，提高大学生心理健康意识，使大学生掌握有关预防、识别、调节心理健康问题的基本知识与方法，学会自我心理保健，缓解、消除在学习、生活及成长中产生的心理困惑和心理矛盾。

2. 优化心理品质，提高适应能力

大学生心理健康教育不仅在于理论知识的传授，更在于知识的运用及大学生适应能力的培养与获得，提高科学应对当前学习生活中可能遇到的各种心理冲突和心理问题的实际技能。为此，辅导员应通过心理适应教育，使大学生更好地认识自我和他人；认识并适应环境；了解并热爱专业；合理应对学习、生活、交往和社会发展中的各种变化；学会自我分析、自我调控，学会排除学习和生活中的实际问题，使大学生能够学会学习、学会交往、学会生活、学会做人，成为适应良好、心理健康的人。

3. 开发心理潜能，促进自我实现

现代心理学和脑科学的研究表明，人的心理潜能远未能得以良好地开发与利用。作为现代高等教育重要组成部分的大学生心理健康教育，其目的不仅在于对心理问题的预防和消解，更在于对大学生心理素质的提升、心理潜能的开发及自我价值实现的促进。通过心理健康教育，使大学生形成恰当的成就动机，具备人际交往的基本观念与技能，建立健康的情爱观，初步厘清价值追求，不断发展健全人格，实现与周围环境及社会发展的良好适应，促进自身的成长与发展；帮助大学生确立适当的就业期望，进行正确的职业定位，提高挫折应对能力与承受能力，增强竞争意识和社会责任感，在知识、体格、人格与能力等方面为进入社会做准备。

4. 网络认知教育

网络信息传播的内容良莠不齐，辅导员应该积极引导大学生恰当利用网络资源，正确辨别网络信息。同时，提高大学生的选择、判断、鉴别与自控能力，自觉抵制各种不良信息的侵蚀，增强自我约束能力，遵守网络规范，做遵纪守法的文明网民。

（三）大学生心理健康教育的途径和方法选择

大学生心理健康教育的途径和方法有多种，既可以通过有明确教育目的和内容的显性教育方式，也可以通过潜在教育因素，依靠受教育者自身感知、认同、欣赏，在潜移默化中接受教育的隐性教育方式。显性教育方式和隐性教育方式相互依存，相互补充，共同构成大学生心理健康教育运行方式的完整体系。

1. 显性教育方式

所谓显性教育方式，就是教育者依据一定的教育目的和要求，通过明确的教育内容直接对教育对象施加影响的教育手段和方式。主要包括课堂教学、心理咨询、心理健康教育宣传活动。

(1) 课堂教学

课堂教学是开展大学生心理健康教育的主要渠道,既可以避免心理咨询帮助对象的局限,又可以缓解我国现有学校心理辅导人员的不足,还可以解决心理讲座的不系统,更能从预防和发展的角度对多数大学生进行心理辅导,提高其心理素质。心理健康知识的学习对提高大学生的心理素质非常重要,学校要将心理健康教育列入教学计划,辅导员要承担心理健康课程的教学任务,针对不同年级的学生开设不同的心理健康教育课程,制订心理素质培养方案,帮助大学生树立心理健康意识、优化心理品质、增强心理调节能力和对社会生活的适应能力。

课堂教学中提倡案例教学。所谓案例教学,就是在辅导员的指导下,根据教学目的的要求,组织学生通过对案例的调查、阅读、思考、分析、讨论和交流等活动,教给他们分析问题和解决问题的方法或道理,进而提高他们分析问题和解决问题的能力,加深他们对基本原理和概念理解的一种特定的教学方法,其本质是理论与实践相结合的互动式教学。① 案例教学最为突出的特征是,借助典型案例向大学生提供某类现实问题的模拟实践环境,通过大学生的积极参与和辅导员的有效引导,为大学生展现出自主性的分析和解决问题的广阔的可能性空间。在案例教学中,大学生的学习过程是在体验模拟现实环境中进行的,扮演着当事人和决策者的角色,并感受着模拟现实困境的压力,有益于调动大学生的主观能动性,培养大学生自觉发现问题、分析问题和解决问题的实际能力。

(2) 专题辅导

专题辅导是指通过开设讲座和组织讨论会等方式,有针对性地解决如新生适应性、学习障碍、人际交往、择业就业、情绪调适等常见的心理问题,提高大学生的心理素质。通过专题讲座,可以有的放矢地进行教育,大学生根据自身需要选择相应内容,以提升生活适应能力,健全交往人格,提高交往技巧,树立正确的婚恋观和择业、就业意识,实现健康成长。

(3) 心理咨询

心理咨询是大学生心理健康教育的重要途径。它是指辅导员运用心理咨询的相关理论与方法,通过特定的人际关系,帮助来访者解决心理困扰,增进心理健康,提高适应能力,促进个性发展与潜能发挥的帮助活动。心理咨询包括个性化心理咨询与团体心理咨询。个性化心理咨询主要针对有一定困扰和心理问题的大

---

① 张家军,靳玉乐.论案例教学的本质与特点[J].中国教育学刊,2004(1):49.

学生，通过诸如个别面谈咨询、电话咨询、通信咨询等心理咨询形式，主动进行了解、咨询、干预，帮助他们克服心理障碍，必要时与家庭配合，共同做好大学生的工作，减轻大学生的心理压力，消除心理障碍。团体咨询主要以分组的方式进行，针对大学生群体的某一类问题进行指导。在团体心理辅导过程中要建立互助网络，使大学生在意识和能力方面不只停留在培训期间而是在培训结束后各个方面上都得到发展，这既是培训的目的也是最佳的期望结果。互助网络的建立既是受助者意识和能力提升效果的检测，又是他们今后互助和交往的理想环境。

不过，开展心理咨询前，辅导员需要对大学生做好心理测查，建立心理档案；需要建立健全大学生心理危机干预机制，通过班级心理委员制度、心理危机学生月报制度、心理异常学生及时报告制度、来访学生心理信息反馈制度等，以全面掌握大学生心理发展特点和动态。其中要特别重视对贫困学生、单亲家庭学生、网络成瘾学生、学业不良学生、人际关系不良学生、身体有疾病的学生、失恋学生、心理障碍学生等特殊学生的关注，对危机事件进行跟踪了解，做到早发现、早诊断、早干预、早治疗，防微杜渐，把危机消灭于萌芽状态。

（4）大学生心理健康与咨询管理系统网络平台

网络丰富的信息资源和快速便捷的互动方式正迅速向大学生学习和生活的各个方面渗透，变革着大学生心理健康知识的获取方式及心理健康维护技能的养成方式。所以，辅导员应利用大学生对网络的兴趣，在高校校园网上构筑大学生心理健康与咨询管理系统网络平台，综合进行网络心理健康教育，发挥网络优势。具体体现为开通心理健康网络课堂、在线心理咨询、在线心理测验、心理健康电子档案管理等工作，面向全体学生普及大学生心理健康知识、心理测验和心理训练等教育服务。通过多媒体课件、多媒体软件、网络虚拟课堂等技术的运用，使心理健康教育具有形象丰富、图文并茂、声情融合、感染力强等特点，在形象、生动、直观的教育中，在大量的学习资料之间，再穿插大量生动健康的娱乐内容，造成鲜明清晰的视觉印象，使大学生在轻松的心情下选择浏览对象，在主动的探索、寻找新的视觉内容的过程中，潜移默化地接受教育。网络环境中大量的心理健康知识、心理咨询案例、心理测验、心理故事等资源，为大学生提供了自主维护心理健康的有利条件，因此，借助网络环境丰富的技术支持能够让大学生学习心理健康知识的同时，自主维护心理健康。

此外，学校应通过网络交互工具 QQ、E-mail、Blog、MSN、心理聊天室等方式，为大学生创造一个宣泄心理压力的平台。由于网络的隐蔽性，辅导员和大学生自主谈话思路的选择，可以使大学生在主观上感觉更加轻松，缓解或解除心理顾虑，可能诱发出一些真心感受和心理症结，达到心理释放和心理支持的效果。复旦大学的日月光华 BBS 网站上，两位辅导员每周二下午会在"哭吧"里静静等候，帮助那些需要情感宣泄的学生来解除压力，① 取得了良好成效，值得借鉴。

2. 隐性教育方式

隐性教育方式相对于显性教育方式而言，是指教育者根据一定的教育目的和要求，通过潜在的因素间接地对教育对象的心理、情感、个性予以渗透、熏陶和塑造的教育方式。主要包括校园文化建设、班级寝室心理环境建设、各科教学渗透、社会实践活动等。

大学生正处于青春期，精力充沛、兴趣广泛、热情好动，希望通过丰富多彩的校园文化生活培养和发展各种兴趣爱好，展示自己的各种才华。辅导员要积极开展多种形式和内容的群体活动，将心理健康的理念贯穿活动始终，使大学生在活动中交流思想、加深了解、开阔胸怀，这是提高大学生心理素质最直接、最生动，也是最为有效的方式。通过丰富多彩的校园文化活动，如上演心理剧、播放心理电影、举办图片展、心理沙龙、在班报中开辟心理专栏等，使大学生通过参与和感受，在心理教育的氛围中增强对自我健康心理的关注，提高大学生心理健康意识和自我教育能力。

大学生心理健康教育专题一：贫困大学生的心理健康教育

高校贫困生的出现与我国高等教育体制改革相伴而生。对于贫困生，面临的第一道难题是如何解决经济困难。对此，党中央、国务院予以高度重视，目前已经初步建立起以奖、贷、助、补、免为主体的多元化的资助体系，在很大程度上缓解了贫困生在经济方面的生活困难。面对经济困难所带来的种种压力，许多贫困生表现出独立性强、耐受力强、勤劳简朴、学习刻苦等行为，通过自己的努力开始了崭新的生活。然而，也有不少贫困生由于没有形成对经济困难的正确认识而无法摆脱沉重的心理压力，产生了诸如自卑、焦虑、躯体化、强迫、孤僻、抑

---

① 王有佳.复旦大学：培养一支高素质辅导员队伍[EB/OL]. http://teacher.eol.cn/article/20051206/3164476.shtml,2005−12−06.

郁等不良心理反应,严重的甚至产生敌对、恐怖、偏执、精神病型等症状。调查发现,95.3%的高校贫困生承认自己曾经受过心理问题的困扰,有60.6%的人曾经咨询过心理医生。①

一、贫困大学生常见的心理反应

(一) 自尊与自卑心理

自尊与自卑心理是贫困生最为普遍也是最为突出的心理问题。贫困大学生由于其原有的教育条件相对薄弱以及受其自身经济条件的限制,他们发觉自己在许多方面与其他同学差距悬殊,遂有自惭形秽之感,自我评价偏低。调查发现,25.1%的贫困生承认贫困使他们"常常自卑",52%的贫困生"偶尔会自卑"。有的地方特困生忧郁症检出率高达51%,其中轻度忧郁者35.34%、中度者12.7%、重度者3%,远远高出其他人群。由于不能正确看待自己的贫困,或担心因贫穷让人瞧不起,经济上的窘迫是贫困大学生不愿提及的。出于过强的自尊心和自我保护,一些学生采取各种手法伪装、掩饰自己,无法获取及时有效的帮助。这一心理和行为暴露出他们心理上的脆弱,自欺欺人的做法往往导致更大的心理压力和痛苦。

(二) 学习上的无力和厌烦心理

贫困大学生常常为衣食学费发愁,不能专心学习。部分贫困生无视校规校纪随意旷课,在外打工、经商,影响了学业;不能正视自己的贫困,觉得贫困带给自己的是耻辱,对生活失去希望,对学习失去兴趣,无心学习甚至厌烦学习;好胜、自尊心理促使部分贫困生拼命学习,以缩小跟其他同学的差距,甚至超越他们,这往往容易导致他们的情绪紧张和焦虑,一旦受到挫折,容易自暴自弃,甚至一蹶不振。

(三) 自我封闭心理

相当一部分贫困大学生由于经济条件不好,往往不喜欢参加集体性的活动,担心自己拮据的消费让人看不起,担心别人不能接纳自己甚至对自己造成伤害,于是往往采取逃避的方式以避免自尊心受挫,结果在有意无意间与同学、老师逐渐疏远,离群索居,独来独往。贫困大学生在日常人际交往中表现出的自我封闭

---

① 张耀灿.成才不是梦——高校贫困生的今天与未来[M].北京:人民出版社,2005:62.

的心理与他们强烈的人际交往需要形成极大的矛盾，这进一步加剧了他们人际交往的受挫感，往往导致自我封闭、孤僻甚至心理畸形。

（四）焦虑心理

对贫困大学生而言，昂贵的学杂费通常是家长借贷而来，他们的学习和生活没有稳定可靠的保证，不得不精打细算，对同学聚会和集体活动的"破费"更是顾虑重重，总是处于焦灼不安又难以排解的等待和适应性忧虑之中，甚至担心会因为费用不够而失学。因此，他们往往对未来感到迷惘，缺乏信心。这无形之中增加了贫困生的压力和焦虑感，部分贫困大学生由此产生问题行为，如学习失败、出走、旷课、偷窃等。

（五）嫉妒和怨恨心理

贫困大学生认为，不论是学习，还是智力、能力等自身条件都不落后于其他同学，但偏偏自己家境贫寒，所以感到心理不平衡，认为自己生不逢时，或社会对自己不公平，时常怨恨社会，怨恨自己，怨恨自己的父母和家庭，常常处于一种沮丧、压抑的状态。另外，面对丰富的物质诱惑但却不能享受，加上部分富裕学生表现出来的优越感和傲慢刺激了贫困生，使他们由羡慕而生嫉妒。

显而易见，贫困大学生的经济压力给他们带来了巨大的心灵痛楚，由于经济困难带来的心理贫困更是构成了他们成长路上的一道障碍。因此，对于贫困大学生的帮助和教育必须基于经济解困和心理解困二者的结合。经济资助使贫困大学生获得当前学习生活急需支付的基本费用，如何调整心态、增强自信、培养意志、提高能力更值得关注。

二、贫困大学生的心理健康教育

辅导员应通过教育引导，帮助贫困大学生树立正确的世界观、人生观、价值观，鼓励他们在逆境面前不低头、不畏缩、不自卑，能够正视困难、勇往直前、积极进取，培养他们自强不息的意志品质，提高他们的心理承受力。

（一）正确自我认知的培养

认知是指人们对周围事物的想法和观点，是个体心理世界中最为能动、活跃的因素。心理咨询的研究与实践表明，认知影响着个体的心理健康状况，许多人的情绪和行为障碍正是由于其不合理的认知造成的。正因如此，具有不同文化背景和生活经历的人们对于同一客观刺激才会激起各种不同甚至是截然相反的情绪反应。而许多贫困大学生对经济贫困的不正确认知,结果形成对自己地位低下的判断和暗示。这样的贫富差异比较,是一种心理的力量,即在金钱面前的心理优势或者劣势的力量。研究发现,贫困大学生的种种消极心理根源于他们极端的自卑心理(见图 9-1)。以自卑为根源导致了贫困大学生的内向孤僻、敏感多疑、低恃强性、低敢为性和焦虑紧张等人格特征和相应的消极心理。而贫困大学生的自卑其实是一种因不能正确认识经济贫困及其所带来的心理压力而产生的自我否定的情绪体验。因此,辅导员需要引导贫困大学生正确认识贫困处境,积极悦纳自我,这是贫困大学生树立自信心的前提和基础。首先,引导贫困大学生正确认识贫困,克服自卑情节。通过咨询、讲座、树立榜样等多种途径让贫困大学生认识到,贫困并非本人之过错,贫困也并不可怕,可怕的是面对贫困失去生活的斗志和追求理想的信心。如果安于贫困,视贫困为自己的命运,将永远不能脱离贫困的处境。既然贫困是客观的事实,就要勇敢面对和承认。只要处理得当,对人生将是一笔宝贵的精神财富,它将赋予人更多的坚强执著。其次,引导贫困大学生悦纳自我。积极引导贫困大学生充分肯定自己所具有的独立性强、自律性高、恒久性强等良好品质,不盲目自卑,也清楚自己的缺点,不盲目自大,对自己形成一个客观的评价,从而悦纳自己,客观评价自己与他人、集体、社会的关系,对自己充满自信,把握自己的命运。

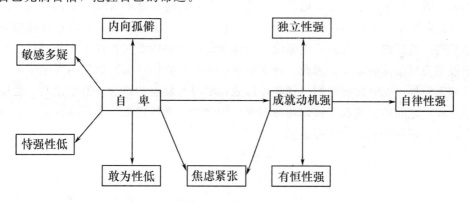

图 9-1 贫困大学生各人格特质间的关系

(资料来源:孔德生. 高校在校贫困大学生人格特征及教育对策研究 [D]. 吉林大学博士论文,2004:23.)

有了正确的认知,还必须引导贫困大学生提高自身各项能力,诸如自我调适能力、抵抗挫折的能力、生存发展能力、人际交往能力、创新能力、竞争能力等，把以前对贫困大学生的单纯经济资助转化为能力培养的"授之以渔"的开发式帮助，以"造血"方式来提高他们的生活质量。能力的发展有利于贫困大学生在生活、学习、交往实践中产生积极的自我认知，树立自尊自爱、自立自强、自信自励的信念，有效指导下一步的行为，从而形成一种良性循环，共同作用于贫困大学生的健康成长。

（二）挫折教育

人生不是一帆风顺的，在成长的道路上总会遭遇坎坷和失败。贫困大学生承受着更大的经济压力及心理压力，所以必须加强挫折教育，增强其挫折承受能力。辅导员通过引导，使贫困大学生认识到挫折总是难免的，不必害怕，更不能回避和气馁，而是需要勇敢面对。呼吁贫困大学生树立正确的人生观、价值观和战胜困难的信心，学会自我调适，疏导不良情绪，减轻心理压力，消除焦虑，以积极乐观的态度面对现实，从困境中磨炼自己，不断成长和成熟。

（三）和谐人际关系的营造

人际关系是人们在相互交往过程中，彼此间相互影响而形成的一种心理上和社会上的联系。良好的人际关系能提高大学生的自信和自尊，缓解内心冲突，减少孤独感。贫困大学生需要更多的理解和支持，通过良好的人际关系的建立，他们可以向朋友吐露心声，缓解心理压力，获得朋友的支持和理解，增进彼此的情感共鸣。良好的人际关系，也能使他们保持愉悦的心情面对各种困难和挫折，并积极参与到集体活动中。因此，辅导员应该多开展集体活动，给贫困大学生适当的分工安排，充分发挥他们的优势，以获得学习与发展的机会。通过活动，也能增加同学之间的交流和了解，使贫困大学生学会正确处理人与人之间的关系，从而获得心理安全感，缓解孤独感。

（四）加强自尊、自重、自强教育

引导贫困大学生自觉提高自身修养，塑造自己的人格魅力，学会独立自主，通过自己的奋斗和努力获得成就，这样就会有足够的思想准备和心理承受能力去面对学习生活、人际交往中的困难和来自各方面的压力。

（五）诚信教育和感恩教育

把诚信教育纳入贫困大学生的教育内容中，使贷款学生牢固树立信用意识，珍惜自己的个人信用，视信用为个人的精神财富，这不仅是成为个体成功的基本品质,也是顺应社会与时代发展的客观要求。因此,通过开展"受助者助人"、"爱心传递"等活动,加强感恩教育,使贫困大学生在积极参加公益活动、在奉献社会中提高和升华自己。

大学生心理健康教育专题二:大学生朋辈群体心理辅导[①]

在日益开放与复杂的社会背景下,大学生面临程度不同的心理压力,其心理健康问题日益突显,越来越受到社会与教育界的重视。当前对大学生实施心理健康教育的主体中,比较一致的观点是建立三级心理健康网络。一级网络由班级心理卫生委员及心理卫生骨干成员组成,具有对心理问题迅速反馈、学生自助和互助的作用;二级网络由辅导员、班主任和院系党总支书记组成,具有跟踪辅导、早期预防、指导性作用;三级网络由学校心理咨询中心专家组成,通过制订整体的心理健康教育目标和计划,给予一、二级网络专业性辅导,有针对性地对大学生进行咨询。可是,随着高校扩招,学生人数众多,校区分散,心理咨询师的配备在数量上严重不足,大学生心理健康教育的重心落在辅导员身上。然而,当前高校辅导员对学生问题是否具备足够的敏感和直觉?能否承担起辅导重任?学生是否愿意将辅导员列为主要的求助对象?带着这些疑问,本研究采用实证研究的方法,以大学生对辅导员工作的评价结果及其满意度作为研究的切入点,分析和探讨辅导员的工作实效及影响大学生评价的机制,大学生对辅导员工作满意度的评价是否影响其求助行为和求助对象的选择。结果显示,大学生对辅导员工作和自我能力发展的满意度较低,遭遇心理困惑时,首选的倾诉对象是朋友、同学,而不是辅导员,所以我们提出朋辈群体心理辅导,作为大学生心理健康教育的重要途径。

一、研究对象

四川省10所高校学生(年龄在17~25岁间,平均年龄21岁)。采用随机抽样方法共发放问卷1120份,有效问卷1040份,文、理科各571和469人,问卷回收率为92.86%。

[①] 本节资料来源:西华师范大学教育学院王小红老师主持的四川省教育发展研究中心课题"幸福教育:大学生思想道德教育存在与发展之必需"(课题编号 CJF07050)的调查数据。

二、研究工具

在查阅文献与访谈基础上（访谈对象为 30 名）编制由 34 个问题构成的调查问卷。在南充市选取 50 名大学生进行了预测，通过对收回的数据进行因素分析，对一些题目进行了删除和修改，最后对问卷项目重新随机编排，形成了高校辅导员工作与大学生发展的正式问卷，共 29 个项目。问卷包括三方面内容。第一部分为高校辅导员工作满意度评定。问卷中该部分内容是为了解大学生发展受到辅导员影响的原因，从工作能力、工作态度和师生关系三个维度进行考察。第二部分为大学生的发展水平，包括学习能力、人际交往能力、心理调适能力、社会竞争力和大学生活满意度五方面。第三部分为大学生遭遇困难时的求助行为和对象选择等问题。预试后，经项目分析及因子分析（采用主成分分析法下的方差极大正交旋转法，抽取特征根大于 1 的因子），最后得到工作能力、工作态度和师生关系 3 个因子共 18 个题目的正式问卷，采用 5 级评分制（完全不符合，比较不符合，一般，比较符合，完全符合，评分标准为 1~5 分），题目得分越高，表明辅导员工作效能越强。通过相关分析，得到问卷的内部一致性系数为 0.886，克朗巴赫系数为 0.959，三个维度的信度指标分别为 0.760、0.747、0.693，表明问卷有较好的信度。通过因素分析，得到各因子条目的载荷量在 0.34~0.77 之间，累积解释率达 61.992%，表明问卷有较好的效度。

三、研究过程

采用统一指导语进行集体测试，大学生根据自己的切身感受选择。全部数据采用 SPSS 12.0 处理，主要用到的统计方法有因子分析、χ^2 检验等。

四、研究结果

（一）高校辅导员工作效能的评价

各因子得分及总分见表 9-1。由表 9-1 可知，学生对辅导员工作满意度的评价较低，尤其是对工作能力因子水平的评价最低。

表 9-1　各因子分均值

	工作能力	工作态度	师生关系	总　分
平均数	2.52	2.94	2.98	2.81
标准差	0.73	0.70	0.72	0.66

（二）大学生的自我评价

1. 大学生的自我评价较低，心理压力较大

通过对大学生最近半年最苦恼事情的调查，结果发现，最让学生苦恼的事情是学习问题（38.1%），其次是就业问题（33.6%）、经济问题（13.7%）、人际交往问题（9.4%）和恋爱、性方面的问题（5.2%）。通过能力自评调查发现，如表9-2所示，仅37.1%认为自己具有较强的人际交往能力，44.9%有较强的心理调适能力，26.1%有较强的学习能力，28.5%社会竞争力强，30.4%对近半年来的大学生活满意。

表 9-2　学生的自我评价

	不符合	不确定	符合	合计
你的人际交往能力强	96(9.2%)	558(53.7%)	386(37.1%)	1040(100.0%)
你的心理调适能力强	131(12.6%)	442(42.5%)	467(44.9%)	1040(100.0%)
你的学习能力强	239(23.0%)	530(51.0%)	271(26.1%)	1040(100.0%)
你的社会竞争力强	173(16.6%)	571(54.9%)	296(28.5%)	1040(100.0%)
你对近半年的大学生活满意	272(26.2%)	452(43.5%)	316(30.4%)	1040(100.0%)

2. 学生的求助行为和倾诉对象选择

面临困难时，只有38.6%的学生愿意主动向辅导员寻求帮助，而高达61.4%的学生持否定态度。遭遇心理困惑时，学生首选的倾诉对象是朋友、同学，选择比例高达66.0%，而辅导员只占据了1.1%的比例，是所列选项中选择比例最低的对象（见表9-3）。

表 9-3 有了心理方面的困惑，首选的倾诉对象

	朋友、同学	父母	辅导员	心理咨询师	自己藏在心里	网络陌生人	合　计
选择比例	686 (66.0%)	99 (9.5%)	11 (1.1%)	31 (3.0%)	153 (14.7%)	60 (5.8%)	1040 (100.0%)

五、讨论

研究结果表明，如表 9-2 所示，大学生自我满意度较低，62.9%人际交往能力不强，55.1%没掌握心理调适方法，73.9%没掌握大学学习方法，71.5%社会竞争力不强，69.6%对大学生活不满意，他们正面临来自学习、就业、经济、人际交往等多方面的压力。要扭转这一局面，提升社会竞争力，离不开作为大学生工作主力军的辅导员的帮助。可研究结果发现，学生对辅导员工作满意度较低，体现为辅导员的工作能力尤其是对学生生活、就业、心理和学习的指导能力较差，工作态度不够认真负责，没有与学生建立融洽友好的关系。所以，面临困难时，61.4%的学生不愿向辅导员求助，遭遇心理困惑时，首选的倾诉对象不是心理咨询师、辅导员，而是朋友和同学。从开发式问卷呈现的信息看，学生列举了如下理由：年龄相仿，会遇到共同问题，有共同语言，没有代沟和沟通障碍，有共同的情感体验，容易产生共鸣；相处时间多、接触最深，所以更了解和理解自己；朋友是真诚的、可靠的、亲切的、值得信任的；朋辈间相互平等，所以交流起来可以无所顾忌，也不会有压力……这和已有研究一致。[①] 不选择辅导员是因为辅导员太忙，没有给自己接触、交流的机会；辅导员太偏心，处理事情难以做到公平公正；与辅导员不熟，彼此存在很远的距离，辅导员不理解更不了解自己，所以不可靠；辅导员不具备引导自己的能力；辅导员太严肃，和他交流会感到紧张，也担心自己被责骂；辅导员责任心不强……这和我们调查数据的结论完全一致。

因此，在大学生心理健康教育主体中，引入朋辈群是一种应然和实然的选择。朋辈群体是指由一些在年龄、身份、社会地位等方面极为接近的个人所组成的群体。[②] 由于具有年龄相近或所关注的问题相同等特点，所以享有共同的价值观念、生活经验和生活方式。在现代社会中，朋辈群体是青少年一个十分重要的

[①] 吴康宁.教育社会学[M].北京:人民教育出版社,1998:228.
[②] 朱智贤.心理学大词典[C].北京:北京师范大学出版社,1989:675.

社会化机制。在不少教育社会学者看来，作为一种"永恒的社会"，朋辈群体有其独特的功能。①

　　一方面，朋辈群体可以为成员提供保护功能。由于人们之间相互的心理安慰、鼓励、劝导和支持多半发生在朋友和同辈身上，因而朋辈心理辅导对社会日常生活中发生的心理帮助具有典型的代表意义。因为在教师面前，学生常常觉得自己处于一种从属地位，无法实现真正意义上的平等磋商、民主决策及自由选择过程，有时甚至还会受到教师的伤害。而朋辈群体为他们提供了一种平等互助的社会环境，在这种环境中，学生不必担心教师权威的支配和评价，反而能满足他们对平等的期求。一旦受到伤害，朋辈群体更是能够为他们提供一种独特的心理调节场所和避风港，这种保护功能往往导致朋辈群体成为学生社会依存与心理依存的重要对象乃至主要对象。因此，以平等为特征的朋辈群体能够对朋辈间的心理问题做到早发现、早报告，能够让学校获得比较准确的信息，科学地规划和统筹学校的心理健康工作，及早干预，防止危机事件的发生。这不仅可以弥补当前心理健康教育师资数量的不足，更有助于实现大学生心理健康教育工作重点的转移，真正过渡到以发展性、预防性为主，矫治性为辅的工作目标。另一方面，朋辈群体对学生的社会能力具有促进功能。学生表达自我、展现自我的能力、相互沟通的能力、竞争与合作的能力等只有通过人际交往活动才能得到发展。一般来说，越是平等的人际关系，对社会能力的促进作用越大，因为在这种人际交往中，个人会获得模仿、展现、质疑、沟通、竞争、调解及合作的充分机会。在开展朋辈群体心理辅导的过程中，学生能学会关心和接纳、学会共处、学会做人、学生生存，这有利于活跃大学校园文化，形成积极、互动、关怀的校园氛围，实现大学生自我教育、自我服务。所以，朋辈群体为学生发展提供了一个平台，有助于学生在原有基础上实现发展与超越。当然，对实施朋辈群体心理辅导的学生需要认真挑选，把一些心理素质好、有责任心、有爱心、工作能力强的学生吸纳进来，开展业务培训，并尽可能取得初级心理咨询员资格证书，作为兼职心理辅导员和班级心理卫生员，开展朋辈心理辅导活动，建立和完善大学生心理健康教育的班级、学院、学校三级网络体系，普及心理健康教育，开展及时心理救助，降低学生心理危机事件的发生率。

---

① 吴康宁.教育社会学[M].北京:人民教育出版社,1998:228.

第四节 高校辅导员与大学生职业生涯辅导

近几年来，伴随高等教育规模的不断扩大，大学毕业生人数也逐年增加，就业压力急剧增大，于是大学生就业成为当前高校最现实、最直接的问题。随着中国市场经济的发展，高校也成为社会上一个十分重要的经济体，高校间充斥着强烈的竞争气息，除了争夺优秀的生源，毕业生的就业率也成为评价一所高校优劣的重要指标。就业工作不仅与高校年度招生计划、教学评估等实行硬挂钩，还定期向社会公布当年毕业生就业率，所以，就业工作直接关系到学校的发展和稳定，是学校核心竞争力的重要体现。虽然目前很多高校设立了大学生就业指导中心，但是，由于中国传统观念的影响，大部分高校就业指导通常只局限于少量求职信息的提供、几场招聘会的组织、大学生签约手续的办理、择业和面试技巧的辅导等。不少高校更是只针对毕业生开设一些讲座或者专家咨询，只让大学生从字面上了解部分职业选择的知识，或者只是起到"临阵磨枪"的效果，这和大学生的现实需求远不相称。随着的大学生就业模式的改革和社会对高层次人才需求的变化，高等学校要提高大学生的就业能力，就必须突破"季节性促销"模式，以职业指导为基础，开展大学生职业生涯辅导，内容涉及职业定位、自我认知、择业决策、职业生涯规划和事业发展、职业道德培训等领域，使大学生具有恰当的职业定位，具备积极、乐观的心态和充实的知识、技能储备，把培养个性鲜明和具有创新精神的大学生作为根本任务，进行全方位、全过程的辅导。高校辅导员处在高校学生工作的第一线，是大学生最直接的教育者与管理者，他们掌握大学生的个性特点，熟悉大学生的心理特征，了解大学生的实际表现、能力等，高校辅导员同时也是大学生的第一任职业导师，在大学生职业生涯规划中发挥着重要的指导作用和引导作用。开展大学生职业生涯规划指导，帮助大学生增强主体意识，开拓美好前程，是新形势下做好毕业生就业指导工作的一种行之有效的方式。

一、大学生职业生涯辅导及其意义

职业是自我的延伸，是一个人寻求自我发展与自我实现的现实途径。职业成功对个人而言，意味着一定的社会地位、经济地位以及满意的生活品格、生活质量；对职业组织而言，意味着企业、事业的效率和发展；对社会而言，意味着文化的进步与发展。根据美国学者舒伯的职业生涯发展理论，大学生正处于生涯探索期和生涯建立期的关键阶段。在这一时期，大学生主要通过学校生活、社会实践开始对自我能力和角色、各种可能的职业选择及个人能力与职业的匹配等方面进行不断地探索与尝试。不过，大学生的职业选择不是个人面临就业时的某个单独事件，而是贯穿于整个教育的全过程，所以，需要进行职业生涯辅导。

对于职业生涯这一概念，目前还没有统一的认识，不同学者从不同角度对职业生涯的内涵进行了界定。以美国学者罗斯威尔（Willian J. Rothwell）和斯莱德（Henry J. Sredl）为代表，将职业生涯界定为人的一生中与工作相关的活动、行为、态度、价值观、愿望的有机整体。我国学者廖泉文认为职业生涯指一个人一生中从事职业的全部历程。学者吴国存将职业生涯分为狭义职业生涯和广义职业生涯。狭义职业生涯指一个人从职业学习伊始，至职业劳动最后结束，这整个人生职业工作历程，上限起始于任职前的职业学习和培训。广义的职业生涯是从职业能力的获得、职业兴趣的培养、选择职业、就职，直至最后完全退出职业劳动这样一个完整的职业发展过程的考察，其起点是从出生开始。基于上述关于职业生涯概念的解释，我们认为，职业生涯是一个人一生中所有与职业相联系的行为与活动，以及相关的态度、价值观、愿望等的连续性经历的过程。

职业生涯辅导由职业指导概念发展而来，是对传统职业指导思想的超越，将教导式的职业指导方式向更加人性化的、强调发挥被指导者的作用转变，由静态的、一次完成的职业指导向发展的、多次完成的职业生涯规划指导转变。职业生涯辅导通常包括社会职业生涯辅导和学校职业生涯辅导。本节研究学校的大学生职业生涯辅导，是以引导大学生个体进行并落实职业生涯规划为主线的综合性教育活动，是对在校大学生有目的、有计划、有组织的培养其设计自我职业生涯的意识、职业品德与职业技能，发展个体的综合职业能力，帮助大学生认识自己的身心特点与具体条件，分析环境因素，做出正确的职业决策，从而促进大学生职业生涯发展的活动。大学生职业生涯辅导重在育人，一方面，要针对在校大学生的不同学龄，开展与其身心发展特点和专业类别相适应的职业生涯辅导课程的教育过程。另一方面，要在社会就业体系并不完善的情况下，为毕业生提供职业信息、咨询等帮助，在毕业前帮助大学生做出职业生涯规划方案。职业生涯辅导应深透到整个教育过程，有意识地培养大学生的职业意识，发展职业兴趣，提高职业素质，通过系统的教育和辅导,帮助大学生根据社会需要和个人特点自觉选择生活目标,制定就业升学路线,做好职业生涯规划。

大学生职业生涯辅导通过引导大学生进行自我探索、理清自己的职业生涯期待、分析评估相关的职业与教育资源、做出初步的职业生涯决策、制定现阶段的发展规划并努力实施等环节,帮助大学生形成明确而有弹性的职业期望,为大学生的职业选择提供科学可靠的依据。可见,大学生职业生涯辅导的目的决不只是协助大学生按照自己的资历条件寻找一份合适的工作,提高高校就业率和社会满意度,更重要的在于通过对生涯的求索历程帮助大学生真正了解自己和职业,提高生涯认知,认清发展方向,明确发展目标,制订行动计划,更好地规划学习、生活与未来,有利于大学生在思维模式、情感方式、主体意识、规划能力、发展观念、职业生涯意识等方面从传统的文化心理素质向现代社会的文化心理素质转变,充分发挥自我管理的主动性,充分开发大学生的自身潜能,增强大学生应对社会竞争的能力,获得事业的成功。大学生职业生涯辅导不仅是大学生们事业成功的导航仪,同时也有助于高等院校树立自己的人才品牌,提高自身的综合竞争实力,同时实现社会人力资源的优化配置。

二、大学生职业生涯规划与大学生职业生涯辅导现状

尽管当前高校就业形势严峻,但大学生仍然存在就业心理准备不足、对人才市场的认识不足等问题。

(一)大学生职业生涯规划意识淡薄,缺乏理性的职业规划

大学生从幼儿园、小学、初中、高中到大学都按部就班过来,很少有足够的时间去思考自己的兴趣和爱好,与社会接触少,对职业生涯世界的信息获取更少,且很少主动探索和独立思考自己人生道路发展的问题,结果导致大学生在就业求职时,较多地依赖学校、教师和家长;求职过程中,就业自主能力不够,缺乏求职技巧,环境适应能力差等。因为受中国传统观念和应试教育的影响,绝大多数学生在高考前,学习的唯一目的就是上大学。学习是为了父母、为了教师,唯独没有考虑自己的个体需要。进入大学后,他们在实现目标的同时迷失了方向。对自己不了解,不知道自己能做什么,不能做什么;对自己的兴趣、个性、价值观理解不够,对自己的专业和职业世界不清楚,不知道自己如何与职业世界融合等等。自我目标的缺失,致使众多大学生没有建立切实的生活目标,缺乏明

确的学习目标,心态浮躁、行为懒散,学习不认真,得过且过。

(二) 大学生的择业心理误区

由于大学生特定的年龄心理特征和学校相对封闭的环境,随着社会改革的深入,大学生在择业中常常会出现一些矛盾心理。一方面,由于自我认识不足而在择业过程中产生过度焦虑、自卑、依赖、怯懦、攀比、冷漠等不良心理。焦虑体现为毕业生担心能否找到适合的单位,能否去大城市工作,担心自己的选择是否正确,担心无法就业要承受来自家庭、社会多方面的压力等。焦虑心理往往导致大学生心情抑郁、意志消沉、注意力极度涣散、急躁、心理不平衡、怨天尤人。大学生在表现出过分焦虑和急躁的同时,还表现出过分依赖的心理。部分毕业生在就业问题上显得无所适从,犹豫不决,缺乏自信心和判断力。对一个单位、一个岗位是否适合自己,往往不是凭自身思考来决断,而是依靠听取长辈之意、朋友之言进行取舍,表现出较强的依赖心理;或者迟迟不做任何决定,表现出消极等待的心理。面对竞争激烈的就业市场,当代大学生已不再以天之骄子自居,相反表现出程度不同的自卑。大学生或因所在学校名气不大,或因所学专业不景气,或因自身条件不如其他同学,或因几次求职受挫,逐渐产生自卑心理。看不到自己的长处或优势,不敢正确面对用人单位,更不能准确地向用人单位展示自身所长,在就业竞争中处于劣势。另一方面,大学生对职业生涯规划的认识不足、自觉意识不强,表现出对职业生涯理解不足,职业自我意识不够,职业方向与需求模糊,职业期望过高,职业规划制订急功近利等问题。许多大学生对自己各个方面缺少充分了解和掌握,在临近就业时无所适从,择业存在很大的盲目性;对自己的能力和水平估计不准确,不能对自己进行正确定位,择业时片面求高求好,追求大城市、发达城市、东部和沿海地区,追求大企业、大机关,追求高收入、高地位,忽视单位发展潜力和个体发展前景,致使其难以找到合适的工作。

(三) 大学生职业生涯辅导的缺失

面对职业困惑,很多大学生表示需要或者非常需要职业生涯规划的指导。调查显示,69.51%的大学生对职业规划方面的知识很感兴趣,仅有6.73%的人回答不感兴趣。[①] 然而,长期以来,高校的各项工作主要围绕教学和科研进行,很少意识到职业生涯辅导的重要性和必要性,因此在政策、资金、设施、人员等方面投入很

---

① 赵颂平,张荣祥.关于大学生职业生涯规划的调查与分析[J].现代教育科学,2004(3):103.

少，导致大学生职业生涯辅导一直处于缺位的境地。当前，我国大学生职业生涯辅导主要依靠学校就业指导中心和负责落实毕业生的工作单位。其内容包括为毕业生收集需求信息、联系用人单位、组织校园招聘、推荐学生就业，进行就业管理。工作对象主要为毕业班学生，这与职业生涯辅导的本质与主旨相差甚远。调查显示，45.12%的学生"没有接受过任何指导和训练"，"接受过个性特长和职业兴趣测试"的只有11.16%，"为了解某一职业而在这一行业进行实践活动"的只占11.05%，对学校进行的职业指导感到满意的只有17.86%。据北森测评网2004年的调查显示，学生对就业中心及老师水平满意的不到20%，30%的学生不了解就业中心，仅5.2%的学生接受过相关职业生涯指导服务。① 职业生涯辅导的缺失导致大学生对职业生涯规划非常陌生。调查显示，非常熟悉职业生涯规划概念的大学生仅占18.27%，24.04%表示很陌生，20%认为职业生涯规划就是就业指导。②

大学生对职业生涯规划存在强烈的渴望，但同时对它又感到陌生，相关的知识来源途径少，无专门的职业生涯规划咨询机构。大学生对职业生涯规划方面的知识和服务的需求，对学校教学和管理部门提出了较高的要求，而这种需求与高校目前的有限供给或低层次供给形成了矛盾。因此，学校和相关部门应从大学生职业生涯发展的角度出发，积极开展职业生涯辅导，引导大学生了解职业世界，掌握择业的方法和技巧，为其未来的职业自我实现打下良好的基础。

三、高校辅导员与大学生职业生涯辅导

大学生职业生涯辅导的顺利开展需要学校的制度保障，主要表现在：系统地开设职业生涯辅导课程，将职业生涯辅导作为大学生的必修课，建立入校后选课制度，实行完全意义上的学分制；同时需要学校的物质资源保障，包括开展职业生涯辅导所必需的教室、实验室、模拟室，相关教具、多媒体、专业的计算机软件以及进行职业兴趣、性向测验量表等；保障学生实习基地、实践基地或参加社会实践、社会调查、人才市场调查所需场所等。为此，学校应加强与用人单位的合作，加强与政府有关部门和人才市场的合作，加强与第三方职业生涯服务机构的合作，加强与校友的沟通与联系，从而达到与社会资源的对接，共同促进大学生的职业生涯规划。

---

① 曾平生.对大学生职业生涯规划的几点思考[J].教育与职业,2005(16):54.
② 赵颂平,张荣祥.关于大学生职业生涯规划的调查与分析[J].现代教育科学,2004(3):103.

（一）树立先进的职业生涯辅导理念

理念是决定人的行动方式与行动投入程度的关键要素。大学生职业生涯辅导是以引导大学生获得全面发展、取得职业生涯及人生的成功为目标的科学的教育活动，其活动的开展必须以科学的、先进的理念为指导，因此，树立一种注重大学生全面发展，开发大学生潜能，以大学生的可持续发展为第一要务的教育理念成为必需。

1. 以促进大学生的职业生涯持续发展为着眼点

目前，人们对职业生涯辅导工作的认识还不够清楚，也缺乏经验，因此，在工作中往往以毕业生的思想政治教育代替职业生涯教育，或将求职择业的一些技巧等同于职业生涯教育，着重关注大学生求职面试技巧的指导、职业信息提供及大学生当前的就业安置，忽视大学生的职业兴趣和发掘他们的职业能力，导致毕业生缺乏明确的职业生涯发展目标，出现短视与急功近利的现象，使其职业生涯发展处处受阻。

美国著名职业研究专家金兹伯格指出，职业选择是一个动态过程，不是一次性完成的"选择"，它往往伴随着人们身心发展的历程而不断发展完善。在职业选择与定向的整个发展过程中，可以分为几个连续的阶段，每一阶段都有特定的发展任务。从这个意义上讲，大学生职业生涯辅导所涉及对象的外延就不仅是毕业生，而是全体大学生；教育内容就不仅限于职业心理困惑的指导，而是以教育发展性为指导，在尊重个体和年级差异的基础上，引导大学生明确职业生涯发展目标，学会把握职业机会，实现其职业生涯的持续发展。复旦大学、北京师范大学提出了"毕业设计从进校时开始"的口号；西南财经大学在2005年设立了职业生涯发展服务中心，把职业生涯教育贯穿到大学四年里，尽早让学生开始认识自己、设计自己。[①] 这些模式已经取得良好的实践效果，值得借鉴学习。

2. 以挖掘大学生的职业生涯发展潜力为主要目的

开展职业生涯辅导的最终目标在于促进大学生全面发展，引导职业生涯走向成功；直接目的在于充分挖掘大学生的职业生涯发展潜力，促成自我的最大化、全面发展。因此，职业生涯辅导应立足于对大学生自我、职业机会与职业世界的全面分析，帮助大学生认识并开发自我的潜力。在不同的发展阶段，大学生的思想观念、行为方式、生活内容、职业取向、价值目标也会发生相应变化，因此，

---

① 张莹.如何进行职业生涯规划与管理[M].北京:北京大学出版社,2004.

大学生职业生涯辅导要充分考虑大学生的心理发展特点及不同年级大学生的学习任务及心理发展的不同，增强大学生职业生涯规划意识，在不同年级都开展侧重点不同的职业生涯辅导工作，促进大学生自我实现。

3. 以大学生为主体

职业生涯辅导是一项个性化的教育活动，贯穿于大学生学习、生活的全过程，所以要求辅导员充分调动大学生的积极性和主动性，目标的确定、生涯发展路线的选择、职业生涯发展方案的规划、效果的评估、信息的反馈、措施的调整，均应由大学生根据自己的兴趣爱好、个性特长、理想目标以及客观环境做出决定，做到自我管理、自我评价及自我改进。缺乏大学生发自内心的接受，自觉、自愿、自主的参与，职业生涯辅导不可能取得成功。

（二）大学生职业生涯辅导的内容选择

职业生涯辅导内容是实现大学生职业生涯规划目标的载体，内容的科学性、针对性与丰富性，是保证教育活动成效的重要因素。大学生处于人生的重要阶段和职业生涯规划的关键时期，对他们进行职业生涯辅导应依据职业生涯目标，着眼于其全面、和谐和自由发展，为此，职业生涯辅导应该从一个长远和广阔的角度为大学生的人生规划与发展提供帮助，通过指导大学生了解社会、认识社会，并配合对自我的分析和评价，不断调整人生坐标，学会寻找自我需要与社会需要的最佳结合点，提高个人对职业和社会生活的适应性。大学生职业生涯辅导主要进行职业生涯定向辅导、自我职业潜能分析能力培养、职业生涯规划意识与能力培养、职业生涯心理辅导、职业生涯规划相关核心素质的培养等教育活动，力求使广大大学生在走向职业生活之前，从观念、心态、知识、技能等方面做好应对职业挑战的全面准备。

1. 职业生涯定向教育

职业生涯定向的过程，是大学生初步确立职业理想的过程。大学生对职业生涯定向科学合理，则会愉快高效地获得相应的发展，实现预期的目标。职业生涯定向教育的重点在于职业理想教育。职业理想指个人对未来职业的向往与追求，是人们求职、择业和准备就业的内部动力，职业理想的差异是形成职业行为差异的重要因素，影响着职业目标的达成、人生理想或人生目标的实现。因此，辅导员必须对大学生进行职业理想教育，引导大学生树立现实的、科学的、适宜的职业理想，这是增强他们参与职业生涯规划自觉性最有效的措施，也是促进他们取得职业生涯成功的必要条件。只有在职业生活中树立良好的职业理想，大学生才能做到敬业、乐业、勤业，在工作中表现出良好的职业道德素质。

2. 职业潜能分析辅导

职业潜能的正确分析是保证职业生涯规划实施的前提条件。职业潜能包括两方面：大学生自身的职业发展潜力与社会提供的职业机会。自我职业生涯发展潜力分析主要针对自我的身体发育情况、健康状况，了解自我的身体机能；自身的学业、知识、能力、经验、技能、行为习惯以及自我的家庭经济、社会关系等情况。职业机会分析包括社会经济发展的人才总需求、人才结构要求、人才素质要求；产业结构调整及人口的现状与趋势对人才需求与供给的影响；社会观念转变、生产方式变化对职业岗位与人才需求的影响；社会就业制度、人事制度等改革对职业生涯发展的影响。辅导员应该积极引导大学生学会分析自我潜能和职业机会，使其结合自身情况，尽快确立并适时调整自我职业生涯发展方向与策略、学习方式与计划，以增强职业生涯成功的机会。

3. 职业生涯规划意识与技能培养

"凡事预则立，不预则废"。在日趋激烈的就业竞争中，如果缺乏自我职业生涯规划的意识与实践，容易导致其职业生涯的失利。由于职业生涯规划在中国还是一个新兴行业，大学生大多没有职业生涯规划意识，所以必须进行培养。职业生涯规划意识培养的重点在于引导大学生正确、客观、全面的认识职业生涯规划，调动大学生进行自我职业生涯规划的自觉性、积极性、主动性与创造性，促使大学生愿意且乐意进行自我职业生涯规划。辅导员可以在新生入学以后，开设职业生涯规划普及知识教育，着重介绍国内外的职业生涯规划情况；可以结合大学生所学课程讲解专业前沿知识，激发其学习兴趣；安排研究生或者已就业的毕业生与新生进行交流；进行一些初步测试和心理辅导，帮助大学生了解自己。职业生涯规划技能是大学生进行职业生涯规划的必要条件。培养大学生的职业生涯规划技能，辅导员应重点让大学生了解职业生涯规划的基础知识，引导大学生逐渐掌握自我职业生涯规划的基本策略，帮助大学生形成收集分析和处理信息以及制订方案并做出决策的能力，还有与此相关的交往能力、表达能力、判断能力等。

4. 职业生涯的心理辅导

职业生涯的心理辅导是以个体职业心理发展规律为依据，以职业生涯发展过程为着眼点，为职业目标与个体的潜能与主客观条件谋求最佳匹配，使个体获得职业生涯良好适应与发展的一套系统的职业生涯心理辅导计划。职业生涯的心理辅导内容，我们将从职业生涯认知、职业自我意识、职业个性心理三方面进行论述。

(1) 职业生涯认知

职业生涯认知包括职业生涯理念和职业生涯价值观。职业生涯理念是指对职业及其相关因素的认识和理解，对职业生涯规划概念、理论以及实施过程中必须考虑的因素的认知与理解。职业价值观指对职业本身的价值、意义等方面的认识和了解。通过职业生涯的心理辅导，帮助大学生树立正确的职业生涯认知，了解自己，探索自己的职业发展前景，确定合理的职业目标。

(2) 职业自我意识

职业自我意识首先是自我评价。通过专业的心理测试、咨询等，如北森职业测评规划系统，帮助大学生了解自我的兴趣、需要、动机、气质、性格，了解自己的感知、记忆、思维、想象能力，了解自己的职业兴趣、职业理想与职业性向等，进而形成正确的自我评价，发掘自身的职业倾向性和适应性，进行准确的职业目标定位。其次是对职业匹配性的评价。通过选用适合的心理测验工具，如霍兰德 RCCP 通用职业匹配测试量表，对个体的能力倾向、人格倾向、兴趣倾向等进行科学的职业心理测验，以对个体的职业潜能和适应性进行评估，帮助大学生选择适合自己的职业。再次是自信心，通过必要的职业技能训练帮助大学生学会与他人协作，加强自我认识，不断完善自我，增强自信心。拥有良好的自信心有助于大学生保持乐观的心态，积极寻找机会，敢于接受挑战，增强自我调控能力和心理承受能力，帮助其积极就业、创业，成功实现职业生涯目标。

(3) 职业个性心理

美国职业指导专家、心理学教授约翰·霍兰德认为，不同的个体根据个性特征的不同，有各自最合适的职业，并提出了现实型、研究型、艺术型、社交型、创新型和传统型六种职业个性的类型。在大学生个性心理的发展过程中，个体的兴趣、能力、气质、性格、价值观等个性心理特征在很大程度上影响着大学生的职业方向和类型的选择与匹配，更影响其职业的成效。

兴趣是大学生进行职业生涯选择的依据，不同的兴趣适合不同的职业类型。研究表明，一个人所从事的工作与其职业兴趣相吻合，能发挥其全部才能的 80%～90%，并能长时间地保持高效率的工作而不疲劳；反之就只能发挥全部才能的 20%

～30％，还容易感到厌倦和疲劳。① 可见，兴趣是职业生涯发展过程的精神动力，能推动个体锲而不舍地追求某一职业目标，并保持职业生涯规划过程中的稳定性和连贯性。

能力是个体能够胜任某项工作的主观条件，是职业规划的重要依据。

不同的气质类型也显著地影响着大学生的职业类型。古希腊哲学家希波克拉底根据人体内的液体把人分为四种气质类型：胆汁质、多血质、黏液质和抑郁质。一般来说，胆汁质的大学生适合从事开拓性的职业，多血质的大学生更喜欢灵活性较大的工作，而黏液质适合从事稳定、细致、持久性的活动，抑郁质则适合精细、敏锐的工作类型。

关于性格，职业心理学的研究表明，不同的职业有不同的性格要求。虽然一种性格不能百分之百地适合某项职业，但个体可以根据自己的职业倾向培养、发展相应的职业性格。不同性格特征的人员，对个人而言，决定着自己的事业能否成功。不过，绝大部分职业都同时与几种性格类型特点相吻合，而一个人也可能同时具有几种职业性格类型的特点。性格作为一种心理特性具有一定的稳定性，但也会随着客观环境和个人的主观调节发生变化，所以应根据个人的性格与职业的要求，具体情况具体处理，不能一概而论。

价值观是一种内心尺度，它在人们的职业生涯发展中起着极其重要甚至是决定性的作用。由于个人的身心条件、兴趣爱好、教育背景、社会阅历等方面的不同，人们职业选择的目标和要求也不相同。在职业定向与选择过程中，对自己职业价值观有深入了解的大学生更能为自己选择理想的职业导向，并能从职业生涯中获得内心的愉悦与充实。

因此，谋求个体专业、特长、能力等与职业的良好结合是大学生职业生涯规划的必须。而对个性心理特征的充分了解必须借助于科学的职业心理测评，使大学生对自己的需要、兴趣、气质以及性格等有一个全面准确的认识，有一个客观的评价，从而协助他们对自己的职业潜能倾向和职业适宜性有一个清晰的了解。不过，开展职业心理测评，必须使用科学、合理、有效的测量工具与方式，以提高职业心理测验的科学性。为此，需要设计科学的评测机制，一是积极开发适合我国国情的测评产品，增加测评的信度和效度，挑选和引进合适的测评工具；二是建立一支专家型的测评队伍，给测评对象以公正、科学的测评。

---

① 陈德明．"不了解职业，怎能规划"[EB/OL]．http://www.job168.edu.cn，2005－05－13．

通过职业生涯的心理辅导,大学生将逐步明确自我职业生涯发展的方向,树立正确的职业生涯规划观念,学会运用科学的职业生涯规划知识解决可能遇到的心理困惑,优化心理素质,努力实现职业生涯规划的目标。

5. 职业核心素质的培养

职业生涯辅导是一项综合性的教育活动,是进行规划并促进规划实现的连续过程。职业核心素质具体包括职业道德素质、挫折承受能力、创业能力以及综合职业能力等。

(1) 职业道德素质培养

职业道德是职业生涯辅导的核心问题,是认识解决择业和职业生涯等问题的基础,是人的综合素质中最关键的因素,它在人的职业生涯中起着导向和动力作用。职业道德包括职业道德认知、职业道德情感与职业道德行为,具体化为个体的职业观念、职业态度、职业情感、职业纪律和职业行为等。职业道德教育的内容有:作为社会成员的道德素质的培养,以做人教育为主体,引导大学生形成社会责任感和社会道德感,并自觉遵守社会成员做人做事的共同准则;作为大学生的道德素质的培养,主要是大学生应共同遵守的道德规范与要求;作为职业人的道德素质的培养,主要是根据行业的职业道德要求,培养大学生的职业观念、职业态度、职业情感与职业纪律,以引导大学生形成恰当的职业行为。

(2) 职业挫折承受能力培养

挫折是指人们在从事活动方面,由于遇到障碍而导致需求不能满足、行动不能开展、目标不能实现的失落性情绪状态。职业挫折是指人们从事职业活动和个人职业生涯发展方面的需求不能满足、行动受到阻碍、目标未能达到的失落性情绪状态。职业生涯挫折承受能力指人们在职业生涯发展中承受、消解、转化职业挫折的能力,即面对职业挫折,能勇敢的面对现实,变挫折为动力。职业生涯中挫折承受能力的培养包括:引导大学生正确认识职业生涯中的挫折,特别是正确认识职业生涯中以不同方式处理挫折所导致的后果;引导大学生客观、科学地分析导致职业生涯挫折的原因;帮助大学生掌握排解、转化职业挫折感的技巧等。

(3) 职业知识和能力培养

帮助大学生认清职业发展应该具备的专业知识和专业能力,使其学会主动建构合理的知识与能力结构,提高综合素质是职业生涯辅导之必需。共青团中央学校部、北京大学公共政策研究所联合发布的 2006 年中国大学生就业状况调查显示,高达 52.1% 的大学生将缺乏社会经验视为最困扰就业的因素,24.14% 表示个人能力不足成为制约成功择业的首要问题。① 为此，辅导员应该引导大学生构建一个以专业知识为核心，一般知识为支撑的稳固的、宽泛的知识结构，构建一般能力与特殊能力相结合和统一的能力结构。调查发现，企业对求职者的素质与一般能力要求，排在前10位的分别是沟通技巧（口头和书面）、诚实正直、团队合作能力（与他人良好合作）、人际交往能力（与他人和睦相处）、强烈的职业道德、主动性与自发性、灵活性与适应能力、分析能力与计算机技能，此外还包括组织能力、领导能力、自信、创造力等。② 特殊能力是指从事某项专业活动的能力。要顺利完成某项工作，除要具有一般能力外，还要具有该项工作所要求的特殊能力，如从事教育工作需要有阅读能力和表达能力；从事数学研究需要具有计算能力、空间想象能力和逻辑思维能力。辅导员应引导大学生在学习和实践中掌握相关的职业能力。

在当前就业压力日益严峻的形势下，辅导员还需要对大学生进行创业能力的培养。创业教育是开发和提高大学生创业基本素质的教育，是一种培养大学生的事业心、进取心、开拓精神，进行从事某项事业、企业、商业规划活动的教育。如果大学生只等待就业机会的来临，而不去积极创业和开拓事业，将会造成智力资源的损失，会延缓高等教育大众化的进程，制约高等教育的发展。职业生涯辅导过程中注重培养大学生的创业意识、创业能力，提升大学生的创业素质，不仅有助于大学生职业生涯的发展，还有助于解决社会就业压力。创业能力的培养包括自主创业意识的培养，引导大学生正确认识自主创业，同时通过让大学生参观创业成功典型等途径，激发大学生的创业热情；创业基本常识的培养包括创办实业的手续、相关法律与政策规定以及创业过程中可能遇到的问题等；创业综合素质的培养包括策划能力、组织生理能力、协调能力、经营能力、团队领导能力以及良好的心理承受能力等。

6. 就业指导

就业指导是帮助毕业生了解国家的就业方针政策，树立正确的就业观念，保障毕业生顺利就业，引导大学生健康成长成才的有效手段，其主要内容包括如下几点：

---

① 尚守攀.高校辅导员提升学生就业竞争力的实践探索[J].广西教育学院学报,2008(6):37.
② 〔美〕Bill Coplin.老板要你在大学里学的10件事[M].杨凡译.北京:机械工业出版社,2005:6.

(1) 就业政策、法规与信息指导

政策指导是就业指导的前提。大学生就业政策是国家制定的高层次人力资源配置准则的体现,是调控、约束、导向毕业生择业行为的基本依据。[①] 任何人都可以并应当在就业政策允许的范围内自由择业。辅导员通过就业政策指导,使大学生了解国家制定的全国性就业政策、有关部门和省市制定的行业性和区域性就业规定以及所在学校制定的具体实施意见,按有关规定就业。辅导员还应该对大学毕业生进行就业工作程序的指导,引导毕业生收集信息,参与双向选择、进行毕业鉴定、办理报到手续。

大学生就业的实质是与用人单位建立劳动合同关系,所以,开展就业法律知识指导,让毕业生了解和掌握国家、地方性有关劳动与就业方面的法律知识,了解违约的制裁、纠纷的仲裁等相关内容,学会利用法律武器保护自己的合法利益,履行应尽的法律义务。

就业信息是求职择业的基础,获得的就业信息越广泛,求职的视野越开阔;就业的信息运用得越好,求职成功率就越高。因此,辅导员需要分析国家宏观就业形势,通过多种渠道收集和掌握社会需求信息,了解和掌握用人单位对人才素质的要求,并及时将信息传递给大学生,提高毕业生收集信息和利用信息的能力,帮助毕业生了解就业形势,进而做出合理的就业定位,及时顺利就业。

(2) 择业心理辅导与服务

大学生在走向就业市场,参与"双向选择"的过程中,在择业走向及选择职业岗位方面,由于主观上的不稳定性和不成熟性,客观上的诸多制约因素及就业的压力和困惑,容易在择业时产生矛盾心理,如理想与现实的矛盾、就业与择业的矛盾、奉献与索取的矛盾、享乐与创业的矛盾、观望与竞争的矛盾、自恃与自卑的矛盾等。所以,辅导员运用心理学的原理和方法,针对大学生心理发展特点和择业心理问题,进行择业心理辅导显得十分重要。首先是择业心理辅导。对大学生而言,就业是从职业理想变为社会现实的转变。辅导员必须引导大学生培养良好的就业心态,做好充分的就业心理准备,处理好理想与现实的关系,不好高骛远。其次是挫折能力辅导。大学生在择业过程中会碰到各种障碍,辅导员必须指导大学生正确对待挫折,增强其心理承受力,提升就业自信心。

(3) 就业技巧指导

求职是一门艺术,有许多技术和技巧。用人单位主要通过自荐、面试、笔试

---

① 朱跃.试论高等院校就业指导的现状和对策[J].教育与职业,2000(12):47.

第九章 高校辅导员工作实践与大学生发展论述

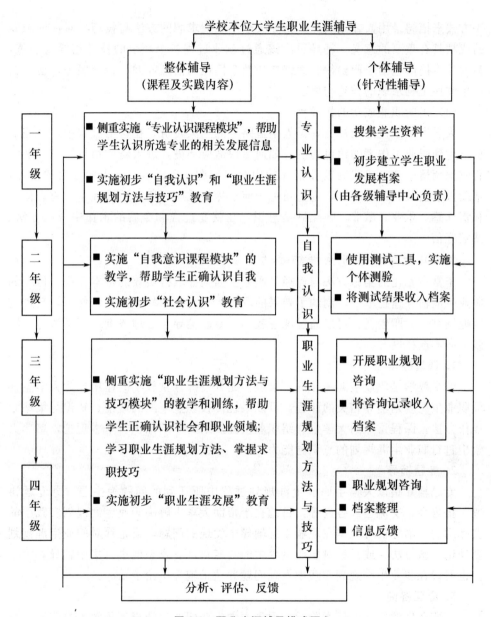

图9-2 职业生涯辅导模式图

（资料来源：王琦. 大学生职业生涯辅导模式的研究 [D]. 天津大学硕士学位论文，2006.64）

等方式来招聘录用人才,因此,指导大学生掌握求职的方法与技巧,对保证求职的成功具有重要的意义。辅导员应该通过就业过程各个环节的技巧指导与训练,为大学生提供包括求职要领、面试技巧及个性化的信息咨询与指导服务,帮助大学生掌握正确求职的技巧与方法。

(4) 走向职业成功的指导

大学生从学校走向社会,是人生道路上的一大转折。在这个过程中,要完成从学生到职业工作者的角色转变,如何尽快适应环境,进入新的角色状态,及时有效地调适心理,也成为就业指导的内容。如图9-2所示通过走向社会的指导,帮助大学生及时调整心态,进行角色扮演;尽快适应环境,适应社会;树立信心和责任感,乐业、敬业;强化诚信意识,在就业过程和今后的工作中遵纪守法、诚实守信。

(三) 大学生职业生涯辅导的方法与途径选择

丰富多元化的实施方法与途径是职业生涯辅导取得实效的根本保证。传统的职业生涯辅导途径单一,制约了效果的取得。在现有的教学体制条件下,高校应因地制宜,大胆创新,可以通过课程教学、专题辅导、心理咨询、教学渗透、实践熏陶等途径展开。

1. 课堂教学

课堂教学是职业生涯辅导的主渠道。充分发挥课堂教学的作用,为大学生开设职业生涯规划辅导相关的课程,可以系统传授职业生涯的理论、知识与策略和操作方法。课程重点向大学生介绍职业生涯规划的基础知识、基本理论,培养大学生进行职业生涯规划的意识与能力。

2. 专题辅导

专题辅导指以大学生职业生涯规划过程中所遇到的问题为主题举办专题讲座、报告会、交流会或咨询等,目的在于帮助大学生解决职业生涯规划实践中的实际问题。辅导员可根据在职业生涯辅导中发现的问题,或是针对职业生涯规划新理论、新方法、或是针对职业世界中的新变化,有意识地进行集中辅导,大学生也可以在职业生涯规划实践中发现问题并请求辅导员给予辅导。

3. 心理咨询

在职业生涯发展的探索阶段,由于大学生对职业生涯规划了解不足,职业规划能力尚待提高,再加上大学生特定的心理特点及其不确定性,大学生在职业生涯规划以及求职就业过程中会产生种种心理困惑和误区,这就要求辅导员在进行职业生涯辅导的过程中,积极开展职业心理咨询工作。心理咨询主要是运用心理学的方法和手段帮助大学生缓解和消除在学习阶段以及职业探索过程中遭遇的心理困惑与问题,促使其职业心理的成长及职业规划能力的提高,协助大学生职业生涯规划顺利开展。职业心理咨询可以采用个别咨询和团体咨询两种模式:个别咨询侧重于针对大学生个体职业生涯探索过程中遇到的个别问题进行直接的心理帮助;团体咨询主要以分组的方式进行,针对职业生涯探索过程中某一类问题进行指导与帮助,使大学生获得良好的实践锻炼和经验感受。

4. 教学渗透

教学渗透指在学科或专业教学中,以渗透方式,培养大学生的职业观念、职业理想、职业生涯规划意识与思维等。教学是高校的中心工作,是大学生求知、强能、塑品质的主阵地。充分合理地运用专业教学内容中的职业生涯素材,如德育课中的职业道德与职业指导素材,营销课中的案例,心理学中心理学原理,可使教学获得双重的功效;教学方法与形式中,利用体育教学中的挫折教育、意志力教育,数学课中的规划与预测意识与技巧培养,专业课中的职业道德、职业理想纪律与情感教育等也能收到职业生涯辅导的功效。职业生涯辅导的渗入,有利于提高教学活动的目的性与效益,帮助大学生明确学习目标,提高学习兴趣与学习热情。

5. 实践熏陶

实践熏陶是指通过引导大学生有目的地参加社会实践、社会调查、校外实习等活动,使大学生在体验中感悟,在实践中发展。职业生涯辅导是职业性、实践性的教育,与社会经济发展紧密相联,大学生的职业生涯规划要紧扣社会经济发展现状与趋势,把握时代脉搏,如图 9-3 所示。实践熏陶的教育方式,一方面,有助于培养大学生的职业素养,让大学生通过实践去发现新问题,总结出新规律,培养创新精神和独立工作能力。另一方面,能帮助大学生认识职业世界、认识自我,形成科学的职业观、职业期望等,为职业生涯规划打下基础。为此,高校应该加强实训基地建设,培养大学生的现实感和职业角色意识,培养大学生的工作态度、质量意识、服务意识、吃苦耐劳的精神和社会责任感等;加强校外实习基地建设,让大学生有一定时间的校外实习,了解真实的职业世界,避免职业生涯规划脱离实际;扩大与社会人才机构、人才需求单位、政府有关部门的合作,尽可能使不同专业的大学生到专业对口单位进行实战训练,缩短学生从学校人到职业人角色转变的过程。

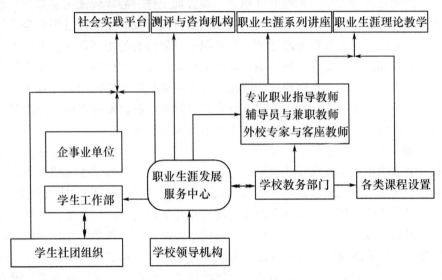

图 9-3 职业生涯辅导服务体系图

(资料来源:谭敏. 大学生职业生涯规划及管理体系的研究 [D]. 西南财经大学硕士学位论文,2007:65)

总之,通过职业生涯辅导,使大学生在不断调整个人职业生涯规划的过程中学会使用并掌握决策的基本要领,进而学会如何为自己做出正确的选择。相关的历练将使他们在以后的职业生涯中不仅能更加从容地面对职业的变动,同时也会更加自觉地利用职业变动所带来的发展机遇,从而使自己能在拓展职业经验的同时保持较高的发展速率。

第五节 高校辅导员与大学生学习辅导

一方面,随着社会经济和信息技术的飞速发展,知识的生产和传播速度呈倍速增长,使得传统的教育制度、教育内容、学生的学习观念和方法面临巨大挑战,教师的教学和学生的学习方式也因此面临革命性的变化,大学必须教给学生在 21 世纪所必需的技能和方法,才能保证高等教育人才培养的质量。另一方面,我国高等教育已经迈入大众化阶段,因高校扩招带来的学生人数增加,教室、图书馆、多媒体、学生科研资金等教育资源陷入紧张局面,人均学习资源的占有率下降,大部分课程都通过大班授课,很多学生缺乏必要的引导,学习困难的学生日渐增多。再一方面,面对高等教育改革、就业压力增大等现实状况,大学生自主选择学习内容的需求越来越强烈,日益注重根据将来的择业方向和人才市场的需求,自主选择学习课程和辅修专业,于是高校相继推出了弹性学年制、学年学分制以及全面学分制等人才培养和管理制度。"学分制作为一种以学分计算学生学习分量的教学管理制度,从制度上承认了学生的个体意向、智能的差异性,尊重了学生的发展权利和学习上的合理选择权,强调了学生的个性的发展和能力素质的培养。"① 学分制的推行有利于督促大学生合理规划自己的校园生活,学会时间管理,调动他们自觉学习的积极性。但是,当前部分大学生存在学习方法欠缺、学习动机不足与期望值过高、考试焦虑、考试作弊等问题。近年来,学习辅导的概念在高等教育的理论和实践层面都有所拓展,不过我国高校目前还没有建立严格的学习辅导模式,学习辅导在学生工作领域也还没有得到充分认识,大学生的学习辅导仍然被认为是对学习成绩落后的学生所开展的补差工作,包括对该类学生的重点教育、严格管理和学习辅导服务。因此,对大学生进行学习辅导成为必需。辅导员作为高校教师队伍的组成部分,承担着对大学生开展德育、学生管理和辅导咨询的任务,而学习辅导正是辅导咨询工作的重要组成部分。辅导员需要能够在课堂内外创造出各种鼓励和激励学生投入时间、精力进行学习的情境,在了解全体学生的总体学习水平和学习能力的基础上,对大学生进行针对性的培养和训练,以帮助大学生树立正确的学习观念,增强学习动机,掌握学习技巧。

一、大学生学习辅导内容的选择

学习辅导是指大学里以个体或团体为单位,对学生所开展的以学术为导向的辅导咨询工作。② 学习辅导是一项以教育为目的的服务,它能帮助学生更好地处理各种学习素材,适应不同的学习环境,取得良好的学习成效。学习辅导属于发展性辅导工作的重要组成部分。基于对学习辅导概念的理解,大学生学习辅导的

---

① 王宇华.学分制条件下高校学生思想政治工作的方法创新[J].当代教育论坛,2005(1):68.
② Learning Counselling: A Higher Education Student Support Service. Journal of Higher Education, 49, 4, 382-92, Jul/Aug 78.

内容可以围绕以下几方面展开。

(一) 学习观念的更新和转变

学生的学习观是指学生个体对知识、学习现象和经验所持有的直觉认识,是在日常学习活动、课堂教学以及社会文化环境中逐渐形成的。学生的学习观决定了其学习行为。为了适应时代发展和大学生发展的要求,辅导员需要引导学生更新观念,从阶段性学习向终身学习转变,从以知识学习为主向以掌握学习方法为主转变,从被动学习向自主学习转变,从维持性学习向创新性学习转变,从而树立起终身的、全面的、自主的、创新的学习观念。

(二) 学习动机的强化与提高

动机由需要引起,需要是人的活动积极性的源泉。激发大学生的学习动机,首先需要了解大学生的学习需要。通过理想信念教育,为大学生需要的选择和调整提供精神动力和行动指南;通过正面引导、反面惩戒进行需要诱导;通过过程磨砺进行需要驱动等,突出大学生的主体地位,引导大学生把社会需要同自身发展需要相结合,树立自我发展意识,在学习过程中累积成功经验,从成功中体验学习的快乐,从而激发其学习内驱力。与此同时,辅导员需要为大学生提供和创造满足学习需要的各种外部条件,增强大学生的学习动机。在外在学习动机和内在学习动机统一的情况下,大学生往往能够更好地开展学习行为,由此达成的学习发展目标,会给大学生带来更强烈的成就体验,进一步推动学习行为的发展,从而构成大学生自我发展意识、学习兴趣水平、内在动机和专业自身发展相辅相成的良性发展态势。

(三) 学习策略的获得和改进

学习策略是学生在学习过程中处理内部世界的能力,是调节学习者注意、学习、记忆与思维过程的内部组织起来的某些技能,包括记忆、理解、信息编码、思维等策略。学习策略的掌握可以有效提高学习能力和效果,所以辅导员需要对大学生进行知识的组块化和结构化指导,指导大学生运用概括归类法对知识进行组块化和结构化,提高大学生对信息的选择和处理能力。

(四) 学习能力的培养和提高

"学生不仅需要更多的知识作为信息,更重要的是他要获得那种理解知识以使自己明智的能力。"[①] 为此,辅导员需要结合学校的各种规章制度(如学籍管

---

① 许涛,龚波.我国高校学生事务管理专业化发展初探[J].重庆工商大学学报(社会科学版),2003(6):119~122.

理制度、课堂纪律管理制度、请假制度等），根据班级实际制定班级规则，如制定《学风建设实施办法》、《大学生行为准则》、早晚自习制度、各类考勤制度、奖惩制度等，要求全班同学共同遵守，赏罚分明，奖优惩劣，提高大学生的自制力，养成良好的学习习惯；指导大学生主动适应学习情境的变化，学会根据学习内容、教师的改变调整学习方法；引导大学生主动利用反馈信息对学习进行调整，提高自我监控能力；教会大学生通过情景学习、意义学习和发现学习等方法进行学习，指导大学生由知到行，在实践中学习，在做中学，知行合一提高学习能力。

（五）考试心理的教育与辅导

加强考风、考纪的宣传和教育，提醒大学生考前做好充分的复习准备，确立适当的学业期望，正确对待考试结果，不以一次成败论英雄；引导大学生学会自我调节和情绪放松，缓解考试焦虑，培养自信心，发挥最佳水平。

（六）学习资源的管理和利用

如果把学习理解为一种经营知识结构和思维的活动，那么学习中也存在一个资源的合理分配问题，因此也存在着一种"学习"的经济学。学习资源主要指时间、学习载体、可以直接请教的人力资源、学习工具和手段等。对这些资源的管理和利用将直接影响到学习效果。为此，辅导员需要引导大学生制订时间计划，掌握时间管理的技巧，对学习时间进行计划和管理，以有效地支配和统筹自己的时间，在有效的时间里取得学习的成功。

二、大学生学习辅导的途径和方法选择

（一）课堂教学

教学是培养学生的主渠道，因此在现有的课程体系中补充以学习为主题的课程非常必要。通过课堂教学的方式，将大学学习方法与技巧、学生学习与个人发展、如何进行专业书籍的阅读、专业教育以及图书馆、校园网等资源的利用方式教给学生。课堂教学能够引起大学生对学习方法的重视，有利于形成比较系统的学习观点，增强学习动力，掌握学习方法。

（二）专题辅导

专题辅导是课堂教学的延伸，带给大学生的不仅是知识的补充、视野的开阔，更是思维方式的完善，综合素质的提高。以大学生学习过程中遇到的问题为

主题举办专题讲座、报告会、交流会或咨询等，帮助大学生解决学习问题。辅导员可以根据大学生当前的学习问题，如适应学习环境、改进学习方法、提供学习能力和培养创造性思维、学习动机不足、考试焦虑、考试作弊等召开主题班会，进行集中辅导；邀请优秀学生介绍学习经验，以提升大学生的学习效率；利用学术交流机会，请国内外专家学者为大学生开设不同性质和题材的学术讲座，鼓励和引导大学生参加各种学术活动，从而调动广大学生的积极性和创造性，启迪大学生的创新意识，开阔大学生的创新思路。

（三）个别辅导

通过建立大学生学习指导中心和网站，对大学生进行个性化的、专业的、有针对性的学习指导、专业咨询、资源利用、学习技能帮助。如培养学生学习品格和发展学习心理的个体及团体辅导，促进运动员学生、残疾学生等特殊群体学习的辅导；对动机不足的大学生，需要引导他们正确认识学习与未来发展之间的关系，以积极的心态对待学习中的困难与挫折，改进学习方法，提高学习效率；对动机过强的大学生，引导他们制订恰当的学习目标与学业期望值，调整成就动机，正确对待学业成功与失败。

（四）学科渗透

现代教育制度以分科教学为基本特征，大学生是也是分科学习的，因此，在各科教学中渗透学习指导，是学习指导最普遍、最经常的途径，也是各科教师都能投入、参与的学习指导形式。辅导员需要与任课教师经常保持联系，让任课教师对所教学科进行专业学习指导，可以提高教学效果。如在教授外语单词的同时进行记忆方法的指导。

（五）实践活动的开展

社会实践活动能适应大学生要求参与、展示才华、实现人生价值的重要特点，为大学生创造力的发挥提供重要的现实条件。辅导员通过扶持以"大学生自主学习"为理念的合作学习小组和学习型团体的建设，通过同辈学习小组，构建学习环境，让大学生进行交互式合作学习。也可以组织开展学习竞赛，比如定期举办优秀作业展、读书竞赛活动、成立各种学习兴趣小组、组织参加科技制作活动等，使大学生在竞争中学习、在学习中竞争，不断提升自身的综合能力。同时引导大学生积极参加学校内的各种演讲、辩论大赛、影评、英语角、计算机协会、科技咨询、科技开发、智力开发等社会实践活动，充分发挥大学生的特长及潜能，这不仅是对大学生个性的尊重，也有利于大学生素质和能力的提高。

第六节　高校辅导员与大学生生活辅导

人是生活中的人,离开人的生活便无所谓人的存在。教育要培养的人乃是生活中的人、生活着的人、要生活的人。若离开人的生活去谈人的教育,等于把人抽象化、简单化。教育要关注人,即关注人的生活,对人的尊重也意味着对人的生活的理解、支持和尊重,意味着对人的生活状况的关注和关怀,意味着对符合人性的生活条件的肯定和推崇,也意味着教育内容向人们生活的回归与趋向。

大学生生活辅导是指辅导员综合应用多方面的知识为学生提供人际关系、生活习惯、生活能力等方面的辅导,以帮助大学生树立正确的生活态度,合理安排学习和生活时间,丰富生活内容,拓展生活空间,根据实际选择设计丰富多彩的适合自己风格的生活方式。

一、科学、健康、文明生活方式的内涵

科学的生活方式指在科学理论和科学知识的指导下,建立合理、和谐、稳定的生活方式。主要包括三方面的内容:一是对自己的经济条件、所处环境、消费能力等有清醒的认识,能够很好地把握生活节奏,安排各项活动;二是利用科学知识、生活知识来指导、规范自己的生活方式,有规律的生活;三是实现自由、全面的和谐发展。生活的本质是追求幸福,全面提高和发展自己是幸福的重要组成部分。

健康的生活方式指在学习、生活、娱乐中,能够积极促进个人身体、心理和谐发展的生活方式。主要包括两方面的内容:一是具有积极向上的生活心态。健康与心态密切相关,大学生应该具备乐观、自信、坚强、进取等精神风貌和心态,促进身体和心理和谐发展。二是合理把握生活中的"度",不沾染不良生活习惯。吸烟、酗酒、打麻将、沉溺于网络等不良生活习惯会有损自己的身体健康和心理协调,所以理性的认识和对待各种生活方式,进退有方,操之有度。

文明的生活方式指建立在物质基础之上,与社会发展相适应的适度理性的生活方式。主要包括四方面的内容:一是坚持量入为出的消费标准,即根据自己的

收入确定消费观念和消费方式。二是坚持艰苦朴素、勤俭节俭的原则。大学生不直接从事生产劳动,其消费来源于家庭的帮助,因此要保持节俭。三是生活方式的选择要有利于思想和精神境界的提升。生活方式是思想方式、思想作风、人生观、价值观的内在反映,大学生正处于知识、思想、境界提升的重要阶段,所以需要提高自己的思想境界,树立正确的人生态度,养成文明的行为习惯。四是生活方式的选择不影响和危害社会和他人。生活方式具有个性化,但个性的展示和自由不影能响他人的权利和社会的秩序。

二、大学生科学、健康、文明生活方式的培养

生活方式体现着大学生物质生活和精神生活的统一,体现着教育发展的总体效益和最高价值目标。生活方式是体现社会文明进步的重要标志,也是个人文明素养的重要体现。在当前和今后一个时期,大学生生活方式的教育引导目标是科学、健康、文明。通过积极引导,实现大学生的学习生活方式、闲暇生活方式、人际交往生活方式和消费生活方式的有机融合、相互协调、共同促进,形成一个以学习为核心,闲暇与学习结合,交往与学习并进,消费与学习融合的生活方式体系,促进大学生健康全面发展。

(一)高校辅导员与大学生消费教育

大学生目前在消费方面存在消费结构不合理、消费差距拉大、储蓄观念淡薄、攀比心理较重、盲目崇拜名牌等问题。在大学生的总体消费中,饮食消费占据的比例较低,用于交际、恋爱方面的支出较大。高校辅导员应加强现代消费教育,引导大学生树立科学、文明、健康的消费观念,推动大学生科学、文明、健康消费行为的养成。

1. 大学生消费教育的内容选择

(1)消费观教育

引导大学生养成科学、文明、健康的消费生活方式,首先必须加强消费观教育,增强大学生抵制不良消费的能力。具体体现为批判和抵制不劳而获的思想,反对极端个人主义人生观,批判和抵制享乐主义的思想和意识,进一步增强集体观念和社会责任感,突出对大学生精神境界的提升和良好行为习惯的养成的引导。学校需要营造文明、健康、科学的校园环境,这对培养大学生良好的行为和习惯具有较大的感染作用。

(2) 消费知识教育和消费生态意识教育

消费基本理论与消费常识教育主要包括消费观念、消费计划、消费结构、消费方式、消费心理、消费市场、消费营销,以及消费品的选择、评价、鉴赏、使用、维修与保护等内容。消费生态意识教育,是让大学生认识到消费与社会持续发展、生态平衡、环境保护的关系,深刻认识生态需要的极端重要性,从而关注社会消费问题,提高社会责任感。

(3) 节约教育

节俭不仅是减少浪费的问题,更重要的是一种经济意识和道德规范,因此,要在大学生中倡导节约型消费观,弘扬艰苦朴素、勤俭持家的好传统、好风气,确立合理的消费期望。通过消费教育,鼓励大学生做勤俭节约风尚的传播者、实践者、示范者,引导大学生从现在做起、从自身做起、从点滴做起。如提倡节约用电、节约用水、珍惜粮食、健康饮食;节约用纸、有效使用;合理消费,反对奢侈浪费、盲目攀比、过高消费等不良消费风气;反对占座、分享资源;二手物品循环使用,培养节约的习惯。

(4) 理财教育

基于大学生消费文化中存在的非理性消费问题,辅导员需要引导大学生学会理财,提高理财能力。一是理财价值观的教育,包括对金钱、人生意义的正确理解和价值认同;二是理财基本知识的传授,包括经济金融常识及个人家庭理财技能方式;三是理财基本技能的培养,包括理财情景教育、实际操作训练和理财氛围的营造等。

(5) 消费经济来源教育

消费经济来源是大学生消费文化的重要内涵,是在消费生活中对大学生精神生态及人格发育影响显著的因素。因此,辅导员应该积极创造条件,在不影响正常学习的情况下,积极鼓励大学生参与短期工作,提高大学生融入社会的能力,优化大学生的消费经济来源,增加其经济收入,相对提升大学生的经济地位,进而优化大学生的消费文化生活,培育大学生和谐精神生态与高尚人格。同时,通过劳动获得的金钱也将使其消费价值取向更趋合理。

2. 大学生消费教育的途径和方法选择

(1) 课程教学

通过课程教学方式,使大学生获取消费生活方面的知识。联合国第59届大会的《保护消费者准则》在阐述教育方式方法时指出,"消费教育应在适当情形下成为教育制度基本课程的组成部分,最好成为现有科目的一部分"。我国的消费教育课程基本没有,大学生的消费知识贫乏,因此,有必要在大学开设消费教育课。

(2) 专题辅导和活动辅导

通过开展形式多样的消费知识专题讲座和消费教育活动,将消费教育落到实处,融入大学生文化生活,促进大学生良好的消费心理和行为的形成。

(3) 校内大众传播工具是生活方式的舆论引导

利用高校的校园网、广播站、校报、团刊、宣传栏等传播媒介进行消费教育,摄制电视片,开设消费知识专刊、专栏,举办专题游艺会、晚会,将消费知识信息融入其中,引导消费舆论。这种消费教育影响面宽、形式生动,可以收到较好的教育效果,引导大学生的合理消费。

(二) 高校辅导员与大学生闲暇生活教育

闲暇生活是每个人生活中重要的组成部分,是促进个人身心健康、提高生活质量必不可缺的重要因素。积极的闲暇生活给大学生带来的不仅是当时的感官享受和精神享受,而且能在劳逸结合、张弛有度、身心愉悦中为他们未来的发展打下坚实的基础。

1. 大学生闲暇生活现状

大学生的闲暇生活总体上是多姿多彩、积极向上的,但在闲暇时间的结构、闲暇活动的层次、闲暇活动的计划性、闲暇知识技能、闲暇教育等方面存在若干问题。

(1) 从内容方面看,大学生闲暇呈现出网络化、个性化、商品化特点

第一,闲暇活动的时间结构不尽合理。

调查显示,51.47%的大学生利用闲暇时间上网,利用自习和上课时间上网的分别占3.43%、2.61%;在内容选择方面,综合性和娱乐性网站占58.7%和16.7%,而教育网站只占8.9%,其他占2.9%。① 这说明上网成为大学生打发闲暇时间的一种主要的娱乐和休闲方式。大学生沉溺网络,一方面基于网络本身的诱惑与吸引,如全新的交往场所,提供快速便捷的信息;另一方面与个人发展空间狭小,闲暇时间不能充实而丰富的安排相关。如果大学生不能在学业中自我肯定,就必然倾向于从体育、文艺、社会活动、业余文化等闲暇活动中寻求充实和

---

① 李红革.当代大学生的网络行为与意识分析[J].湘潭师范学院学报(社会科学版),2002(4):134.

愉快，否则他们就会沉醉于虚拟空间的成功、自信、尊重、满足而不能自拔。

第二，团体性闲暇活动受冷落，闲暇越来越个性化。

周末舞会、集体联欢、棋牌比赛等团体性闲暇方式受到前所未有的冷遇，对参加课题、听科技讲座、讨论具体问题、社团活动等集体性活动的选择率也很低，而个性化的、小团体化的闲暇方式如上网、购物、小圈子交友等受到越来越多的青睐。

第三，自创性闲暇不足，闲暇越来越商品化。

当代大学生越来越多地选择商品化的闲暇方式，如网吧冲浪、购物、观影、旅游等，并且这成为大学生高消费的重要原因。闲暇社会化、商品化是经济发展、社会进步的表现，本无可厚非，但大学生是纯粹的消费者，把大量的金钱花费在本可以避免的闲暇消费上，则是值得关注的；另外，自创性闲暇不足，也不利于大学生创新精神和创造能力的培养。

（2）从质量方面看，大学生闲暇娱乐化、庸俗化、消极化问题严重

第一，闲暇活动层次不高，轻发展重娱乐。

当前大学生的闲暇以消遣、娱乐为主，也就是以追求刺激、快感为主要目标的纯感官享受性活动和以摆脱单调、消磨时间为主要目的的被动消极观看活动，网上游戏、聊天、逛街是如此，就是影视观看、课外阅读也主要是以武侠、言情等消遣类内容为主，自觉以充实提高自我素质和精神修养为目标的闲暇方式如第二课堂活动、科技创新活动很少甚至没有，娱乐至上成为大学生的流行语。

第二，闲暇生活格调低下、庸俗化。

少数大学生受享乐主义、消费主义文化的影响，追求低级趣味，满足于感官刺激。有的沉迷于网恋、色情浏览和传播、迪厅而不能自拔；有的聚众酗酒、赌博、打架、砸公物、恋爱游戏而乐此不疲；还有的贪慕虚荣、盲目攀比消费而不知悔改，个别学生甚至因此荒废了学业，走上犯罪道路。

第三，闲暇生活的随意性、从众性、满意度低的特征突出。

大学生虽然具有较强的自我教育、自我管理的能力，但实际上大学生在平时几乎没有自觉地、认真地考虑闲暇生活的重要意义，其闲暇生活基本处于盲目和自发状态，充满了从众和求异的双重变奏。一向标榜独立、自我的当代大学生，当一种新的闲暇方式、观念在社会传播、流行时，竞相仿效、盲目攀比，"街舞热"、"滑板热"莫不如此；为了得到同辈群体的认可，生活方式、爱好追求大众化，阅读从众、入社团从众、恋爱从众、消费从众、运动从众等不一而足。消极

从众使得大学生闲暇生活多姿多彩的表象下，实质上缺乏创意，导致大学生对闲暇生活满意度低，感觉无所事事、虚度光阴。

第四，缺乏闲暇知识和技能，闲暇生活色彩单调、缺乏创意。

大学生的闲暇欲望随着物质生活的丰富呈现出不断上升的趋势，但是，闲暇欲望的顺利实现，需要一定的闲暇知识和闲暇技能来保证，足够的闲暇知识和技能是高质量闲暇生活的前提和保障。然而，当前大学生对闲暇时间管理的意识较为薄弱，对大量的闲暇时间缺少必要的心理准备，不能科学系统地规划和安排，导致大量时间被浪费；对时间缺乏感知力和主动感，被动按照规定的时间去做事，要么闲暇不足导致精神紧张，要么闲暇过度导致身心疲惫；缺乏人际交往技能和闲暇心态的调整技能，对自我的素质和特点不能科学认知和把握，对团体活动、创新性活动缺少信心和兴趣；闲暇活动的反思能力和选择能力欠缺，在闲暇生活的选择上盲目跟风，单调重复，结果导致多数大学生选择一些与闲暇知识与技能无关的诸如睡觉、闲聊、看报刊杂志、读文学作品、散步等闲暇活动。正是闲暇知识和技能的缺乏，在一定程度上制约了大学生闲暇活动的积极性和范围，尤其是那些高层次的闲暇活动，而那些简单的闲暇技能（如玩电脑游戏、打牌赌博等）却畸形发展。

（3）从教育的角度看，大学生闲暇缺乏科学的引导机制

从理论上讲，大学生闲暇教育应当成为大学生闲暇生活的防火墙、净化器，成为大学生美好闲暇生活的塑造者，但从调查来看，其意义和作用远远没有得到发挥，存在的主要问题是：在指导思想上，以"填补"空闲时间，防止"无事生非"为主要价值取向，忽视了对闲暇时间的价值及其重要性的指导，没有从人性的角度，从大学生个性与人格全面发展的角度来进行研究；在教育目标上，侧重于具体的娱乐活动，着重培养大学生的娱乐技能技巧，忽视对大学生进行闲暇价值观和闲暇生活方式的教育；在教育原则上，主张灌输既定的闲暇价值观和行为方式，把社会、学校、集体的意识强加于人，而不是帮助大学生分析各种闲暇生活的价值态度和行为方式，明确个人的需要、兴趣和价值观以帮助他们建立自己的闲暇生活方式。

2. 大学生闲暇教育的内容选择

闲暇是人生命中不可或缺的构成部分，闲暇教育是提升人们闲暇生活质量的有力措施。布莱特比尔指出，"休闲教育意味着，应当尽早地让人参与家庭、学校和社区中的休闲活动，帮助他们培养休闲技巧和休闲鉴赏力，以使人们越来越

多的自由时间得到充分的利用。休闲教育是一个缓慢的、循序渐进的过程，需要传授一定的技巧并要练习这些技巧。休闲有助于实现了解世界、保持自身健康、欣赏并表现美的教育的目的。从这个意义上讲，休闲并不是对学习的艰辛的一种逃避，而是教育过程中富有活力的一个组成部分"。可见，对大学生实施闲暇教育的目的在于通过有针对性地向大学生传授各种闲暇活动的知识和技能，让大学生树立积极向上的闲暇价值观，使其学会有明智自主地进行闲暇活动的选择，从而丰富和提高闲暇生活的质量。

（1）闲暇意识、闲暇道德观和闲暇价值观教育

正确的闲暇意识是合理利用闲暇的基础，是大学生身心健康发展的关键。一是引导大学生正确认识闲暇及其对个人成长和发展的价值，了解闲暇带来的机会和问题，使大学生形成闲暇的终身意识、参与意识、鉴别意识、自控意识、合作意识等。二是使大学生正确理解休息、娱乐、学习之间的辩证关系，了解自己的个性和兴趣对闲暇的影响，学会主动制定闲暇标准和目标。

对大学生进行闲暇道德观教育，是时代赋予闲暇教育的新使命。闲暇的本质是自由与自主，一个人如果缺乏正确的闲暇道德观，会导致低劣地使用闲暇，不仅会损害自己的健康，而且会妨碍大多数人乃至社会的和谐和发展，因此，培养大学生树立高尚的闲暇道德观，是大学生闲暇教育的应有之义。闲暇道德观方面，体现为加强大学生责任感和自尊、自重、自爱教育，结合大学生在网络生活中的欺骗、游戏等不良行为，使其匿名的网络生活中保持言行的道德性，坚持自己的网络行为既不能伤害自己，也不伤害别人的伦理底线。

闲暇价值观是人们对闲暇价值取向的认识。闲暇价值观教育方面，需要改变闲暇就是放纵的错误思想观念，正确认识闲暇生活，培养其闲暇选择能力，使大学生学会自由、自主的选择对其发展有意义的生活方式和活动方式。闲暇时间具有多元化的潜在价值，例如恢复体力、发展个性、提高审美能力、陶冶情操等，这些潜在价值只有与主体正确的选择和积极的活动相结合，才会转化成现实的价值。所以，需要加强闲暇价值观教育，引导大学生选择积极的闲暇生活方式，使闲暇既尊重个体的价值观，展现个体的个性和风格，有利于个人的发展，又尊重社会的价值观，有利于社会的和谐。

（2）良好闲暇生活习惯的养成教育

一个人成就的大小，往往取决于他在独处时对待时间的态度。大学生的特点决定了大学生的闲暇应该是一种发展性闲暇，大学生的闲暇教育应当是一种开发

式教育。因此，开展闲暇教育，对大学生进行闲暇价值观和闲暇生活方式的教育，指导大学生增强规划和使用闲暇时间的自觉性、主体性，学会自觉、有效、合理地安排时间，提高自制能力和闲暇生活能力，养成良好的闲暇生活习惯。辅导员可以组织学生认真学习新修订的《普通高等学校学生管理规定》，加强制度建设，进一步增强履行制度的自觉性，强化大学生的日常生活规范。如鼓励大学生积极参与晨练、晨读和晚自习，帮助大学生有效规划课余时间，增强参与体育运动的自主性；理性对待网络，正确对待认识网络在闲暇生活中的重要角色，不沉迷于网络世界，网络生活中保持言行的道德性；对大学生寝室进行不定期的检查，监督、管理学生吸烟、饮酒、作息不规律、卫生条件不好等不良生活习惯。在闲暇教育过程中，既要满足大学生学习、发展的需要，又要满足其休闲娱乐的需要，帮助大学生把闲暇活动和素质培养结合起来，协调好闲暇活动和自身发展的关系，在充分享受闲暇乐趣的同时，提高闲暇生活的品位和水平，进而提升生活质量。

(3) 闲暇技能的养成教育

闲暇教育不等于娱乐教育，而是要使大学生养成闲暇的态度与选择的能力，以便更加自由地生活与行动。闲暇教育本质上属于行为养成教育，所以，在教学实践中，除了注重闲暇理论知识的传授，更要重视大学生闲暇情感和生活能力的培养，使大学生不仅懂得闲暇对提升自身生活质量的价值和意义，而且能自由地选择闲暇生活方式。通过这种方式，他们才能有足够的理性在网络时代顺利、健康地成长。

闲暇技能是个人进行闲暇活动所必需的技术和能力。按闲暇社会学的观点，人们进行闲暇活动必须具备一定数量的闲暇时间、必需的闲暇设施和闲暇技能。没有必需的闲暇技能，即使有足够的闲暇时间和闲暇设施，闲暇活动很难发生。可见，闲暇技能影响闲暇活动的开展，更影响其质量。闲暇技能可分为一般技能和特殊技能两类。一般技能是指影响闲暇生活状态的基本技能，具有普遍性，主要有闲暇时间的管理技能、闲暇活动的选择技能、集体活动中的交往技能和闲暇心态的调整技能等。特殊技能是从事某项具体闲暇活动所需的专门技能，如在闲暇里参加某项体育活动需要的一些运动技能、阅读报刊必不可少的阅读技能，这些特殊技能直接影响某一闲暇活动的进程和体验。因此，辅导员通过丰富的闲暇活动为大学生提供适当的（闲暇）时机，使大学生灵活选择闲暇活动，掌握上述的一般闲暇和特殊闲暇技能，并运用这些技能，制订切合实际的计划指导自己的闲暇活动,从而提高闲暇生活质量。需要强调的是,闲暇技能不等同于某一项具体的业余爱好,如弹琴、绘画等,许多人掌握了某种技能,但却没有真正意义上的闲暇,因为闲暇的特点是主动和自由选择,并在其中感受到愉悦和收获,被迫掌握的技能与闲暇生活的宗旨背道而驰。因此,大学生闲暇教育必须帮助大学生分析各种闲暇生活的价值态度和行为方式,澄清个人的需要、兴趣和价值观,把培养大学生的审美情趣、好奇心、对大自然的爱好和探究,对社会的人文关怀放在首要位置,引导大学生选择健康文明的、情趣高雅的闲暇生活方式。

大学生闲暇教育是一个开放的体系,一方面,科学技术的飞速发展不断改变着人们的生活,在不断把人从繁杂的生产劳动中解放出来的同时,也在不断地创造新的闲暇生活方式;另一方面,大学生思想开放、思想活跃,易于接受新生事物,往往成为时代的娱乐先锋,他们的闲暇生活往往具有前卫性、时尚性,代表一个时代闲暇生活的发展方向,因此,大学生的闲暇教育应当紧紧把握时代的脉搏,反映时代发展的方向和要求,与时俱进,不断更新教学内容,这样才能帮助大学生明辨是非,把握自我,真正引领时代发展的潮流。

3. 大学生闲暇教育的途径和方法选择

(1) 专题辅导

开展有关闲暇生活知识教育,使大学生认识闲暇的本质和特点;了解闲暇之于自身生活质量和发展的关系;了解社会上各种闲暇活动的方式、过程和发展趋向;能够在生活方式发生变化时,重新评价自己的闲暇时间,依据个人利用闲暇的目的分析所选择的生活方式;认识正在改变的生活方式、生活环境以及闲暇兴趣之间的关系;能够根据不同的群体、角色和不同的责任,评价各种社交模式;能够根据自己的闲暇知识或技能设计、计划各类有意义的闲暇活动并顺利实施。开展网络生活方面的专题讲座,选取网络对大学生成长影响方面的内容,如网络与学习、人际交往、闲暇生活、心理、情感等,为他们的网络生活提供建设性意见,增强其网络生活的理性能力。总之,通过专题教育的形式培养大学生正确的闲暇情趣和闲暇道德,让大学生正确认识闲暇生活的意义,合理地安排闲暇时间,正确地选择闲暇活动,提高闲暇生活质量。

(2) 活动设计法

闲暇教育的目的不是知识的积累,而是大学生闲暇价值观的树立和良好闲暇习惯的养成,所以,活动课程应当成为闲暇教育的主要形式。通过开展丰富多彩的校园文化活动,培养大学生的闲暇生活能力,使他们不仅懂闲暇,而且能自由地选择闲暇生活方式。一是开展陶冶情操、充实精神境界的活动,比如小说阅读、书法练习、戏剧表演、影视欣赏等;二是开展有意义的体育活动、体育竞赛;三是开展科技制作、科技创新与发明活动;四是开展社会实践和社会交往活动。在活动开展之前,辅导员应该积极鼓励大学生设计各自的闲暇活动方案,然后通过评价、讨论、修改,推荐出大众公认的方案,这样,不仅有助于摆脱课堂教学中统一授课、统一方法、统一问题的缺陷,重要的是由于大学生参与了设计、组织、评价、修改和实施的全过程,极大地调动了大学生参加闲暇活动的热情,激发了大学生的想象力和创造力,在形成良好的闲暇态度,丰富大学生的闲暇知识和提高闲暇技能的同时,实现了自我潜能的发挥。

此外,大学生的闲暇教育不必拘泥于课内或校内,而应将视野扩展到校外、社区乃至整个社会生活中去。让大学生了解日常生活中娱乐和休闲的方式,它们和工作的关系,对于生活的重要意义,如何获得满意的休闲方式,在生活中如何把握闲暇行为的后果等等。可以利用双休日或者某个节假日,组织学生考察一个社区,了解其闲暇娱乐设施。这样,可以将闲暇教育与社区教育结合起来,使大学生学会关心自己生活的社区,充分了解自己所生活社区的公共闲暇服务设施及其服务方式,以丰富和美化自己的闲暇生活。总之,培养大学生闲暇生活态度的方法有很多种,针对不同的情况,应该采取不同的方法。

不过,闲暇教育决不是单凭辅导员就可以实施的,应积极开发学校、社会、社区中的各种资源,引导社会结构积极参与闲暇教育,构筑开放、互补、灵活的闲暇教育体系,为大学生闲暇教育创造良好的社会环境和舆论氛围,为大学生闲暇教育提供精神动力支持。

(三)高校辅导员与大学生人际交往辅导

马克思主义认为,一个人的发展取决于和他直接或间接进行交往的其他一切人的发展。人是各种社会关系的总和,每个人都不是孤立存在的,他必定存在于各种社会关系之中,如何理顺这些关系就涉及人际交往的问题。交往是个体生命存在的基本方式,它不仅是个体发展的手段,更是个体的一种内在需要。人际关系对于人们日常生活和开展各种社会活动不可缺少,人们可以从良好的人际关系中获得一种归属感,可以更深刻地体会到自身的价值,甚至可以成为行动的重要推动力。

良好的人际关系是学生成长与社会化过程中的重要组成部分,也是保持良好心理状态的必备条件。当前,人际交往越来越成为大学生生活和学习中的一个重要方面。通过良好的人际交往和沟通，大学生不仅可以认识社会，了解社会，还能够获得心理上的满足，营造良好的学习和生活环境，促进其成长与发展。然而，由于人际关系及社会的复杂性与大学生单纯性的矛盾，大学生往往在人际交往中受挫。通过分析大学生在各种不同人际交往类型中出现问题的行为表现及原因，提出有针对性的建议，帮助大学生端正人际交往态度，建立良好的人际交往关系，促进大学生的身心健康发展。

1. 大学生人际交往困境及其影响

总的来说，当前大学生的人际交往既有积极、合理的一面，又有消极、不合理的一面。大学生交往的不成熟使他们在与人交往中感情用事，不能冷静客观地分析交往中所遇到的问题，性格上表现出明显的易变性、孤独感等，最终也会造成他们进入社会的困难，丧失对他人和社会的信心，有的甚至做出自杀或杀人等极端行为或违法犯罪行为。这不仅给大学生自身的生活和学习带来严重的影响，也给社会带来极大的危害。

（1）人际交往趋向于以自我为中心

当代大学生多数是独生子女，受家庭教育方式的影响，从小生长在以自我为中心的环境中，缺乏与人的交往和沟通，习惯以自己的立场、观点、情感和需要为出发点考虑问题，对别人期望过高，要求过严，难以认同、宽容、理解别人，对他人的需要和情绪无动于衷，往往在有意无意中伤害他人，导致他人反感和不悦，引起人际关系紧张；崇尚个人奋斗，走个人成才之路，缺乏与人合作的观念，在人际交往中缺乏集体主义观念，较少考虑集体或他人的利益，从个人的自身利益出发，甚至为了达到目的可以不择手段。这种自我中心主义的形成，反映出当代大学生一些特点：不能正确对待和处理个人利益与他人利益、社会利益的关系；没有正确理解现代人际交往中竞争与合作的关系，导致交往受挫或失败；难以适应大学的环境和集体生活，更加不善于处理人际关系，尤其是宿舍这个狭小生活空间内的人际关系。

（2）交往动机的功利化倾向日益突出

大学生的人际关系向来是以感情为交往的媒介，以自我的提高和情感的交流为主要的目的。然而，在市场经济条件下，经济成为社会的主导力量，经济交往在人际交往中所占的比重越来越大，人与人之间的感情、伦理观念从维系人际交往的主要纽带的地位逐渐跌落下来。在追求效益的竞争中，在金钱利欲的诱惑下，面临激烈竞争和就业压力的大学生在人际交往中也不知不觉掺杂了商品经济中"等价交换"的原则和实用主义，人际交往在很多情况下表现为一种经济交往，掺入了较多实用性、功利性的因素，越来越注重人际交往的物质实惠。一些大学生在形成和发展人际关系时尽力选择对自己有益处，特别是有直接物质帮助的交往对象。在大学校园，贫困大学生和家庭经济条件优越的大学生在人际交往中形成了两个不同的群体，经济条件优越的大学生在人际交往中居高临下，盛气凌人，而贫困大学生在人际交往中往往主动性差，满意度低，甚至产生自卑、内向、孤僻等不良心理和怀疑他人、不喜欢参加社交活动、对人冷漠等行为。

(3) 人际交往主动性不够

大部分大学生能够认识到正常的人际交往是保持健康和幸福的必要前提，有一定的交往愿望。但在实际中，为数不少的大学生缺乏交往的主动性，甚至有的人将享受孤独作为了一种"时尚"，由此引发一系列人际交往问题。一方面，由于缺少交流实践和经验积累，不少大学生视人际关系为畏途，表现出了交往困难，甚至出现社交恐惧症，为此常陷入焦虑、痛苦和自卑中，进而表现为回避同学，躲避交谈。另一方面，过高的自我评价使部分大学生交往的主动性减弱，容易产生人际排斥力，使周围人不愿意与之交往，由此造成恶性循环，最终导致缺乏交往的兴趣，不想与他人交往，固步自封，孤芳自赏。

(4) 缺乏人际交往经验和技巧

大学生的人际交往常常有浓厚的感情色彩，情绪性较强，常常以自己的主观情感判断来处理人际关系，缺乏交往理性。大学生常见的人际交往障碍有害羞、恐惧、嫉妒等。具有害羞心理的人在交往中常表现出动作不自然，说话的声音小等特征，严重的甚至怯于交往，对交往采取回避的态度。由于害羞者在人际交往中常过多地约束自己的言行，无法充分地表达自己的情感，常造成交往双方的不理解或误解，使交往以失败告终。嫉妒是另一种严重影响交往的情绪，表现为对他人的长处、成绩心怀不满，甚至采取不合法、不正当的行为，造成对他人与集体的种种危害，严重影响了大学生的人际关系。

由于人际交往不善而导致的人际冲突，成为大学校园里十分突出的问题。主要表现为：一是不善于自我调适，造成人际关系紧张，影响了学习与生活，如不能正确对待恋爱问题而产生异性交往失败带来的后果。这是大学生中很普遍的交往冲突，轻则产生心理阴影，重则导致轻生或其他意外事故。二是同学之间的人际冲突。虽然同学之间的矛盾不可避免，但由于缺乏理智，使得大学生不能正确对待或化解人际冲突，在人际交往中往往采取不恰当的方式，使矛盾激化乃至引发恶性事故。三是与外界交往不慎而产生的上当受骗和误入歧途行为。大学生由于思想单纯，涉世不深，缺乏对外界的辨别分析能力，在步入社会之初，容易轻信别人，造成上当被骗的后果。如网上聊天被骗、误入求职陷阱、非法传销事件等。

(5) 网络交往过于频繁

网络不仅改变着当代大学生的学习生活模式与认知方式和渠道，而且强烈冲击着他们的思想和价值观念。网络交流的平等性、隐蔽性、互动性和虚拟性往往有助于大学生敞开心扉，畅述观点，宣泄情感，于是，随着网络在大学校园的普及，网络成为大学生交友的重要渠道。但是，网络交往的过于频繁导致大学生对现实人际交往的冷漠和疏离。网络交往一方面使大学生的身心得以放松，在一定程度上实现了自我价值，使他们有一种自我满足感；但是另一方面，过度的依赖网络淡化了大学生现实生活中的人际互动，影响了现实生活中的人际交往。斯坦福大学学者诺曼尼认为，人们花在网上的时间和他们现实人际交往的时间成反比。调查表明，大学生平均每天上网在 1 小时内的占 32.2%，1—3 小时的占 46.4%，平均每天上 3—5 小时的占 15.4%，5 小时以上的占 6%。[①] 上网时间的增加必然导致现实人际交往的时间缩短，结果疏远了亲情，冷漠了友情。重度依赖网络的大学生趋向于孤立、冷漠和非社会化，对现实生活中的人际沟通缺乏耐心，造成他们的现实人际交往障碍。网络的虚拟性，也容易导致大学生混淆现实角色和虚拟角色之间的界限，逐渐迷失了真实自我；网络的弱监控性，弱化了大学生交往中的规范意识，易导致信任危机的发生。长期下去，对大学生的认知、情感和心理定位会产生巨大的影响。

2. 大学生人际交往辅导的内容选择

当代大学生在人际交往中存在的问题困扰着大学生，使其难以获得人际心理需求的满足，阻碍着其良好人际关系的建立。为了帮助大学生从人际交往困境中解脱出来，开展大学生人际交往辅导，提高大学生的认识水平和人际交往能力，树立正确的交往观，处理好个人与他人、个人与集体的关系，成为大学生健康发展的需要，也是社会发展的需要。

(1) 加强认知教育，提高大学生的人际认知能力

认知是一个人行为的出发点，影响着一个人的知觉、思维和行为。认知包括自我认知和社会认知两方面。自我认知，是指个体对自己的存在、自己与他人的

[①] 赵素燕.网络对大学生人际交往的影响及对策研究[D].山西大学硕士研究生论文,2006:26.

关系以及对自己行为等方面的意识,是通过与他人的交往而获得的。社会认知是个人对他人的心理状态、行为动机和意向做出推测与判断的过程。在现实生活中,人们往往很难客观地、全面地认识自己和他人。因此,在构建大学生良好人际关系的过程中,加强认知教育,克服认知偏差是必要的。"知人者智,自知者明"。大学生对人际交往的认识决定了人际交往领域的广度和深度,所以,大学生只有形成对人际交往的正确认识,对社会、他人和自己有正确的认知,才能在交往中处理好各种问题和矛盾,建立稳定和良好的人际关系。

第一,正确认识人际交往的重要性。

理想的人际交往是交往双方进行彼此间的情感交流,讨论理想、人生的最好方式。通过人际交往,可以满足人对友谊、归属、安全的需要,可以更深刻、更生动地体会自己在集体中的价值,并产生对集体和他人的亲切感,使交往双方关系融洽,从而获得充实的、愉悦的精神生活。而不良的人际关系则会给大学生的身心带来很大的伤害,造成人际关系紧张、对他人没有信任感,缺乏集体归属感,形成浓重的心理阴影,严重的还会产生意外的后果。为此,引导大学生掌握人际交往的含义,了解人际交往的功能和意义,明确认识人际交往在个人发展中的深刻影响。在人际交往中,需要帮助大学生正确对待自己和他人的关系,摆正自己在人际交往中的位置,改变那种对人际交往无所谓的态度。尤其是性格内向、不善交往的同学,更要自觉地调整自己的心态,扩大自己的心理相容度,把接纳双方的互利作为交往的目的,树立正确的人际交往观念。

第二,正确认识自我,提高自信心。

正确认识自我是开展人际交往的重要前提,只有正确认识自我,才能准确地进行自我评价,选择适合自己的交往方式,才能在人际交往中摆正位置,既不自负,也不自卑,从而构建良好的人际关系。大学生在入学前后环境的变化,带来许多心理上的不适应。特别是部分大学生入学后,在学习、社交等方面暴露出不足时,往往产生强烈的自卑,甚至怀疑自己的能力,影响了正常的学习、生活。因此,引导大学生根据新群体的实际情况,重新客观审视自己,选准参照系,对个人和他人的关系做出正确评估,了解自己在他人和群体中的位置及自我评价和他人评价的差异,并把自我评价同他人评价、个人期望同群体期望、社会期望加以比较,找出两者之间的差异,并进行调整。不以己之长去比他人之短,也不以己之短去比他人之长,善于发现自己的优点和长处,懂得欣赏自己,同时结合自己的能力、个性等特点主动与人交流和沟通,树立人际交往的自信。这样,大学生的人际关系的处境会越来越好。

第三，克服认知偏差，形成正确的社会认知。

在人际交往中，由于主客观条件的限制，个人对他人的感知和判断往往因各种因素的影响而造成歪曲的社会知觉，比如首因效应、近因效应、晕轮效应、刻板效应、定势效应等，这些因素会不同程度地影响良好人际关系的建立。所以，教育、引导大学生在进行人际交往时，应当掌握全面的感性材料，用发展的眼光并从多视角、全方位看待他人，以形成客观、全面、准确地社会认知。

(2) 培养良好的个性品质，增强人际吸引力

人际交往是一种人与人之间的心理沟通和情感行为的影响，良好的个性与人格有利于人与人之间的交流，也是构建良好人际关系的内在条件。良好的人际关系的形式有赖于优良的品德和良好的人格，不良品行和人格缺陷往往是导致人际关系不良的主要因素。美国学者安德森研究了影响人际关系的人格品质，发现受喜爱程度最高的六种人格品质是：真诚、诚实、理解、忠诚、真实、可信，受喜爱程度最低的几种品质分别是：说谎、假装、不老实等。因此，大学生要想获得良好的人际关系，必须有意识地培养促进人际关系的积极的个性品质，树立平等待人、尊重别人、讲究诚信、宽容理解、求同存异、互助互利等交往观念，并避免养成对人际关系起破坏作用的人格特点，以增加个人的人际吸引力，从而建立良好的人际关系。

第一，平等与尊重的交往观。

追求交往主体间的平等与尊重，是人际交往最主要的心理需求，也是建立良好人际关系的重要前提。在人际交往中，交往是平等的，尊重是相互的。平等指平等待人，把自己摆在与对方同样的位置，不以权压人、以强凌弱，不摆架子，平等协商，不伤害和侵犯他人利益。由于交往双方往往存在着诸多差异，所以应当尊重对方的人格、情感与需要。为此，辅导员应该引导大学生在交往态度和交往方式上坚持平等原则，尊重他人，在人际交往中超越年龄、性别、地位、身份等自然的、社会的差别。个体只有感受到他人和社会的尊重，才能感受到自我存在的价值，才可能形成人与人之间的良好人际关系。

第二，积极主动、理解宽容的交往观。

不能主动与他人交往，对他人缺乏理解与宽容是阻碍大学生人际交往的重要原因。因此，构建大学生的良好人际关系需要辅导员引导大学生主动热情地进行交往，主动敞开自己，勇于表现自我，适度推销自己，并悦纳他人，坦诚地与同

学、老师、朋友进行沟通和交流，拓宽社会交往的深度和广度，积极建立和拓展自己的人际关系网络。随着人际交往范围的扩大，大学生可以从人脉网络主体身上获取学习、生活、做人、做事等诸多方面更大、更多的帮助和收益，积累和深化社会生活经验，增长知识，开拓思路，发展和深化彼此感情。

人际关系不和谐常常是由于个体不能设身处地地为他人着想，不善于体察他人需求和情感造成的。善于洞察他人的真实需要和真实而隐秘的情感，并采取适当的行为去满足他人的需要，通常能够缔结良好的人际关系。正如罗杰斯所言："能够理解他人并能与他人产生共情的能力是无价之宝。"大学生来自四面八方，不同的地域、家庭背景、经济状况和文化熏陶，使大学生的生活习惯、生活方式以及个性特征存在较大差异，人际交往中不可避免会出现认识不一致，或因误会、不理解而产生矛盾，因此，辅导员应该引导大学生学会换位思考，学会宽容与理解，站在对方的立场和角度去理解他人的想法、情感和需要，在交往中做到宽以待人、求同存异，不把自己的观点强加于人，在非原则性问题上不斤斤计较他人过失，有效消除人际冲突，营造良好的人际交往环境，使彼此间融洽相处、共同成长。

第三，诚实守信的交往观。

怀疑、畏惧他人，缺乏信任是影响大学生建立良好人际关系的主要障碍，因此，构建大学生良好人际关系就需要辅导员引导大学生在交往中做到真诚信任，心理相容。"人无信则不立，业无信则不存"。诚信是立身之本，做人的基本行为准则，也是一个社会赖以生存和发展的基石。人是否遵从诚信原则，对形成良好沟通的氛围是至关重要的。诚信主要表现为为人处世真心诚意、信守诺言，言行一致、表里如一，真诚地鼓励与赞美，而不是虚伪恭维与奉承，更不是粗暴讽刺与攻击。诚信是人际交往得以继续和发展的前提和基础。只有诚实守信，才会得到他人的信赖和帮助，增加获取成功的机会。当代大学生是祖国的未来，是社会主义的建设者和接班人，因此，对大学生诚信品质的培养与提高就显得特别具有现实价值。加强诚信观教育，培养大学生的诚信品质，树立高尚坦诚的人际道德，实现双方以诚相待，增进相互信任、相互理解，消除隔阂，从而赢得良好的人际关系，获得他人的真情实感。

第四，互惠互助、合作共进的交往观。

人是社会中的人，人的本质是社会性，社会性强调人与人之间的相互依赖和相互联系，人必须在群体中体现自身价值。生产和经济的规模化发展决定了只有将个体的力量联合起来才能实现工作目标,也才能最大限度地发挥个体的潜能,这就需要合作意识。以自我为中心,是影响大学生良好人际关系建立的重要障碍,改变这一现状,需要交往双方本着互惠互助原则,学会与人合作,具有协作精神。古人云:"将欲取之,必先予之"、"礼尚往来"、"来而不往非礼也",只有交往双方都能从交往中获得某种需要的满足,良好的沟通才会得以建立和维持。当然,互惠互助并非等价交换,更不是庸俗的交易,而是一种自觉自愿的相互付出和帮助,既有物质上的相互扶持,更有心理及情感上的相互慰藉和满足。为此,辅导员需要开展丰富多彩的文化、娱乐、体育活动,鼓励大学生积极参与,加强班级、宿舍建设,营造一种相互尊重、相互理解、相互帮助的人际环境,抛弃自我中心,唯我独尊的意识,在平等和谐的气氛中进行交往;指导改掉自私、任性的毛病,消除自卑、孤独等心理,处理好个人与集体之间的关系。惟有如此,才能缩短彼此间的心理距离,深化双方感情,满足共同的心理需要,建立良好的关系,促成行为的成功,实现共同进步。此外,辅导员应该积极鼓励学生参与系级或以上级别的活动,将激情释放到课堂之外,积累丰富的人际交往经验和能力,扩大人际交往范围。

(3) 加强自我教育,提高自我调适能力

自我教育既是一种教育思想,也是一种教育方法。作为教育思想,自我教育是一种体现人的主体自觉性、能动性和创造性的教育理念;作为教育方法,自我教育是指个人对自己的自觉教育,是一种把自己作为教育对象的教育方式。自我教育无论是从思想上还是方法上,其本质特征都是人的主体性的最大限度的发挥。大学生具有较强的自我意识,通过自我教育促进自我的发展与完善成为大学生发展之必需。辅导员应当尊重大学生的特点,培养其自我教育、自我管理、自我服务的意识和能力,特别是增强人际交往中的自我情绪调适能力,保持积极乐观的情绪,消除挫折和冲突造成的不良影响,尽快恢复和保持心理平衡。多愁善感、感情脆弱、意气用事的情绪状态不利于人际交往,稳定、良好的情绪有利于人际关系的建立和巩固。所以,辅导员必须引导大学生学会合理宣泄情绪,及时疏导交往中的消极情绪和不良心理;学会适当地运用积极的自我暗示,增强自我教育的效果。

(4) 加强交往技能的培养,提高大学生的交往实践能力

虽然人际交往技能不一定能促进个体人际关系的形成,但的确可以改善个体的人际交往状况。高超的交往技巧,可以唤起别人与你友好相处的热情,密切双

方的关系。因此，要建立良好的人际关系，需要加强大学生的人际交往技能的培养。

第一，良好自我形象的塑造。

人的形象是信誉的重要标志，包括内在形象和外在形象。内在形象包括人的性格、学识、智慧、才能、品质等；外在形象通过人的穿着打扮、言谈举止等表现出来。大学生应该使自己的内在形象和外在形象一致，同时具有内在美和外在美。所以，辅导员需要帮助大学生熟知人际交往的基本礼仪，创造条件养成高雅的行为举止，引导大学生塑造良好的自我形象，以增强自己的人际交往魅力。

第二，学会微笑。

雨果说："微笑是阳光，她能消除人们脸上的冬色。"常常微笑的人能给人留下善良、谦和、热情的印象。微笑表现出对别人的理解、关心和友爱，可以缩短人们的距离。在微笑中，心灵得到了沟通，感情得到了升华。可以说，微笑是人际交往中必不可少的润滑剂。所以，辅导员需要帮助大学生学会微笑，要让大学生了解只有心胸豁达，以乐观的态度对待生活，才会发出自然的微笑。

第三，语态得体。

"良言一句三冬暖，恶语伤人六月寒"。语言是人际交往的工具，人们的言行举止都在传情达意，不论是口语还是态势语，在交往中都能增强交往的效果。所以，帮助大学生加强语言尤其是交际语言的学习，在交往时注意运用语言的艺术，学会根据交往的目的、对象、场合及形式采用恰当的语言表达自己的观点。如善于发现和承认他人的价值，多用赞美的语言，避免指责和落井下石；与人谈话时态度自然，措词文雅；学会运用积极的身体言语；恰如其分地表现自己，不卑不亢；善于从对方感兴趣的话题开始，交往时主动积极、热情。总之，大学生要学会运用准确的语言和恰当的内容，以巧妙的组织方式，灵活地控制说话速度和声调，适当配合一些动作表情等来传递语言。语言力求清楚、准确、简练、生动。通过对语言运用能力的培养，优化人际交往。

第四，善于倾听。

人际交往本身就是一种沟通、理解的过程，在这个过程中交谈是必不可少的。作为交往的一方，要善于倾听对方的意见和看法，以便更多的了解交往对象。因而，要让大学生懂得倾听别人说话是一种礼貌，只有善于倾听才能够更好的沟通，建立融洽的关系。

(5) 引导大学生处理好网上交往与现实交往的关系

网上交往与现实交往对于培养一个人的良好人际互动能力都非常重要。网上交往属于精神性交往,它应该是现实交往的有益补充。

一方面,网络的匿名性,使大学生可以采用自己所喜欢的任何角色与他人进行交往,摆脱外在规范的约束,使一部分在现实交往中处于不利境地的大学生找回了自信,从而舒缓了在现实人际交往中的压力;网络的超时空性,打破了传统人际交往的空间阻隔,拓展了大学生人际交往的范围;网络的开放性,激发了大学生人际交往的主动性,便于大学生根据自己的意愿和爱好、兴趣选择交往对象,而且可以随时更换交往对象;网络的平等性,强化了大学生交往的平等意识和自主意识。所以,辅导员应该充分肯定网络交往的重要性,引导大学生开展正常的网络交往。但是,大学生不能将交往空间限制在网络中,尤其不能沉溺于网络而疏远现实人际交往,这样不但无法拓展交往空间,反而使自己的交往空间受到限制,导致交往空间更为狭窄、单一。因为人终归生活在现实世界中,所以,大学生要积极参与社会交往活动,加强网络与现实交往的互动,辅导员必须引导大学生在建立网络人际关系的同时发展现实人际关系,实现网络交往与现实人际关系的同步健康发展。只有这样,热衷于网络交往的大学生之间才能在网络交往中增长知识,积累经验,在利用网络交往排解自己不悦心情、扩展自己视域的同时,重视现实交往的情感交流,抵制网络交往对交往形式的垄断。只有这样,才能使网络交往成为现实交往的有益补充,使自己的人际交往达到健康、和谐的状态,才能建立起交互的主体性关系。

另一方面,网络的弱监控性,弱化了大学生交往中的规范意识,易导致信任危机,所以辅导员应该对大学生加强网络道德教育,使他们明确网络交往的行为规范,将网络道德规范和交往规则内化为自己的信念,提高自己的道德修养,在网络交往中以诚相待,不进行虚假的网上交友,不利用网络损害他人名誉和人格,不散步和传播虚假信息,同时增强对网络信息的识别能力和对不良诱惑的抵制能力。

3. 大学生人际交往辅导的途径和方法选择

(1) 课堂教学和专题讲座

开设人际交往方面的课程,诸如《人际关系》、《大学生心理素质教育》、《人际交往心理学》、《演讲与口才》、《人际交往技能与训练》等。通过课程的学习,使大学生了解社会化的意义,掌握人际认知、人际交往的过程、人际吸引的原则等内容,形成正确的交往态度,积极主动地与同学、父母、教师和其他社会成员建立并保持良好的人际关系,形成合群、合作、尊重和关心他人等人际交往品质,学会处理人际冲突。

举办一些有关人际交往技巧如人际关系的适应问题、小群体交往问题、交往障碍等方面的讲座,鼓励大学生主动热情地与人交往,在交往实践中逐渐熟练掌握交往技巧,改善人际交往的质量,提高人际交往水平。

(2) 心理辅导

交往能力单靠课堂理论讲授难以形成,必须在体验、行为活动中形成,因为人际关系与其他社会关系的不同之处在于它是以情感为纽带的个别人之间的关系,人际交往一个很重要的意义就是获得情感支持,和谐的人际关系是主观幸福感的重要方面。团体辅导通过小组活动的形式,为大学生提供一个真实、良好的交往环境。团体心理辅导有助于为解决大学生人际交往中的问题提供知行合一的指导,较之课堂教学来说,大学生自主自觉,感同身受,其团体组织特别有利于学生克服社交障碍,塑造良好的人际交往品质,提升自我。对问题较为严重的学生可以进行单独辅导。

(3) 学科渗透和辅导员的人格熏陶

人际交往教育是一个缓慢渐进的过程,仅仅依靠一个课堂、一本教材、一次辅导决不可能达成教育效果,所以,应该将人际交往教育的内容和方法有机渗透到各科教学中,将学科的科学性与思想性有机结合,体现教书育人的统一,从中培养学生优秀的品质、和谐的人际关系。

教育是一种浸润心灵的关爱过程,好的辅导员是用人格来影响学生。美国教育心理学家吉诺特说,"使学生感受教师人格的影响力量,这种力量比课程本身更具有活力,更为生动,因而直接作用于学生的内心世界"。辅导员的知识、言谈举止、情感、态度、语言、风度、仪表等都在直接或间接地影响着学生,辅导员的人际交往方式也会以直观的方式使学生模仿或潜移默化地影响学生。因此,辅导员应在人际交往方面起示范和表率作用,不仅要与学生进行正式交往(教育教学),更要积极主动地与学生进行非正式交往,关心爱护学生,尊重、理解、鼓励学生,以真诚、宽容、友善的态度与学生沟通,通过言传身教培养大学生的交往能力,帮助大学生学会自尊和尊重他人。

(4) 实践活动

校园文化活动是培养大学生团队精神的重要载体,它为大学生提供展示自己能力和才华的舞台的同时，潜移默化地对大学生进行了团队精神教育，因此对促进大学生人际和谐发展具有重要作用。在活动中大学生应该树立共同的目标，同甘共苦，齐心协力，在相互支持中建立信任关系，这种信任正是营造良好人际关系氛围的基础。因此，积极为大学生创造机会，广泛开展文体活动、社团活动、科研活动、勤工助学和社会实践活动等，如学术报告会、艺术节、书画展等，让大学生积累人际关系方面的经验；有计划地开展一些锻炼大学生表达、辩论能力的活动，如读书报告会、演讲会、辩论会、模拟法庭等，通过经验交流与讨论、角色扮演、认知矫正、行为训练等方式，帮助大学生掌握与人交往的原则与技巧。同时，要加强对大学生各种自发活动群体的关心、支持和引导。丰富多彩的校园文化活动可以为大学生提供展示自我和锻炼能力的机会，促使他们勇敢面对挑战、战胜挫折。同时，校园文化活动还有助于营造参与、理解、关爱的心理氛围，有利于训练大学生交往的技能，包括倾听技能、非言语交往技能、自我控制技能、相处技能、应对技能、交友技能等等，扩大大学生的交际圈；有利于同学间的相互关怀、相互支持以及和谐人际关系的形成。

（四）高校辅导员与大学生婚恋观教育

在《现代汉语大词典》中，婚恋是指"婚姻与恋爱"。[①] 婚恋观指人们对恋爱、婚姻以及两性观念问题的基本看法和态度，它是人们对待婚姻和恋爱的内在标准和主观看法，是人生观的重要组成部分。[②]

人类从诞生以来就伴随着情爱，情爱带给人美妙和幸福的感觉，但也往往伴随着失意和惆怅。爱情就像玫瑰花，带来馨香的同时，有时也会刺伤脆弱的心灵。大学生正处于青春发育期，随着生理上的成熟和心理的发展，他们有着强烈的与异性交往的要求，性意识随之觉醒，性心理逐渐发展，加之高校环境的特殊性，恋爱及性问题成为不可回避的现实。2005年，国家教育部颁布了新修订的《普通高等学校学生管理规定》和《高等学校学生行为准则》，取消了一些涉及大学生婚恋的强制性规定，删除了原规定中"在校学习期间擅自结婚而未办理退学手续的学生，作退学处理"的条文。这就意味着恋爱、结婚、生育在适龄大学生中已不受限制，我国普通高等学校学生在校期间结婚不再需要获得学校同意，只要达到国家相关法律规定即可登记。禁婚令的解除体现了高校尊重大学生成人身

[①] 李行健.现代汉语大词典(第一版)[M].北京:外语教学与研究出版社,2004:588.
[②] 赵多辉.大学生婚恋观研究[D].东北师范大学硕士研究生论文,2008:9.

份的思想，体现了新规定与教育法、高等教育法、婚姻法等有关法律规定的接轨，是高校管理制度的明智选择。虽然教育行政部门把婚姻主动权赋予了大学生，但由于大学生所处年龄阶段的特点，他们对爱情的本质意义以及对于人生的影响缺乏深刻理解，婚姻、家庭观念的模糊，加上受中国传统文化影响，大学生特定的身份角色及其所处的现实环境，社会各界对大学生婚前性行为不认同的压力等，在大学校园里，大学生因为恋爱、与异性交往而产生困惑，因恋爱引起的同居、失恋、自杀、他杀、学习成绩下降、心理障碍、未婚先孕、退学等事件和行为时有发生，严重影响大学生正常的学习和生活。

1. 大学生关于恋爱、婚姻的观念和行为

当代大学生的婚恋观总体趋势是进步的，呈现多元化的特点。但是由于片面、模糊的认识，存在恋爱动机盲目，不把结婚作为恋爱目的的问题；存在对同居及婚前性行为普遍认同，对其行为后果认识严重不足的问题；存在只片面强调爱的权利，却忽视爱的责任的问题；存在认为性自由是个体的行为，却忘记了人类的性还包含道德因素的问题等。

（1）恋爱行为的普遍性与动机的盲目性

在大学校园，爱情已经不是一个敏感和不可提起的话题，恋爱已不再是某些学生的个别行为。大学校园，学生情侣们来来往往于教室、图书馆、食堂和宿舍之间，构成一道校园独特的风景线。调查显示，在校大学生中有过恋爱经历的占70%以上。① 然而，由于对爱情产生不切实际的理解，部分大学生恋人往往将较多时间和精力用在恋爱上，没有摆正爱情、学业、事业的关系，把爱情当成生活的全部，学习成绩及社会交往能力下降。一些大学生对情感处理失当，有的陷入多角恋爱，有的一厢情愿而陷入单相思。

与恋爱行为普遍同时存在的是大学生的恋爱动机具有较大盲目性：有因为双方爱慕，注重过程而不管结果而恋爱；有因为从众、攀比而恋爱；更有因为排解寂寞，寻找感情寄托而恋爱；有贪图现实利益而恋爱；有为日后积累经验而恋爱。大学生恋爱动机的盲目性决定了恋爱成功率相对较低，失恋也就成为了大学校园里不少大学生通常经历的爱情挫折。面对失恋的挫折，很多大学生可以坦然接受，但是仍然有部分失恋者失落消极，陷入自卑和迷茫的状态，心灰意冷，严重者会绝望，丧失生活的勇气；还有因失恋而绝望暴怒，失去理智、泄私愤、图

---

① 辛湲.大学生婚恋观呈现多元化[N].中国妇女报，2006—11—04(5).

报复，造成毁灭性的结局，这些都严重影响着大学生的身心健康，甚至导致一系列社会问题。

(2) 网恋的随意性，影响大学生健康恋爱观的形成

随着互联网的普及，网络已经成为大学生的一个全新的情感空间，"网恋"也成为一种新的恋爱方式。网恋是在网络空间里，异性之间形成的情感上一定程度的依恋关系。它主要包括两种形式，第一种是纯粹意义上的网恋，即纯粹在网络上认识、恋爱，完全没有现实的接触；第二种是网络与现实相结合，即从网络走进现实生活。① 互联网特有的便捷隐蔽等优势让大学生很快接受了这一恋爱方式，甚至在某种程度上网恋成了一种时尚活动。网络为大学生提供了一个虚拟性与真实性相并存的情感环境，一方面，他们可以在网上大胆而直接地与异性交往，满足自己的情感需要；另一方面，这种真真假假的网络情感又给他们的成长带来较大的负面影响。有的学生沉迷于网恋，把它当做生活的全部内容，放弃了学业；有的学生在网上玩上了"情感游戏"，肆意地游戏感情，忘记了责任、义务、忠贞；有的甚至开始了"网络一夜情"；有的因为网恋出现犯罪、报复行为等，这些问题表明在身体缺席的网络中大学生爱情观的不稳定性。

(3) 择偶标准之理想主义与功利主义的结合

大学生的择偶标准一方面体现为注重人品和能力，要求对方与自己有共同的理想、兴趣。调查发现，男生和女生择偶标准排在第一的都是人品，分别占50.2％和70.6％。② 这说明大学生认识到人的品质对家庭幸福有着至关重要的作用，摒弃了传统的重门第、重财产等婚恋观。另一方面，大学生择偶的功利主义思想仍然存在。虽然情感越来越成为大学生婚恋的基础，但是，受家庭经济条件差、就业压力大、社会不良风气的影响，加上市场经济下的市场竞争和消费诱惑抬升了金钱在大学生心目中的地位，大学生婚恋的"含金量"急剧增加，金钱等物质因素在大学生婚恋中占有相当的"领地"。部分大学生把金钱、名誉、地位等因素当做婚恋的决定性条件，择偶时首先考虑对方的家庭背景、家庭条件、社会地位，希望通过婚姻改变自己的身份和生活环境，提高自己的生活品质。可见，大学生的择偶标准既表现出大学生人格的独立性和高尚的精神风貌之理想的

---

① 卢敏.大学生网恋问题及其教育对策研究[D].东北师范大学硕士学位论文,2006:3.
② 贾宝先,郑伟,欧阳文峰.当代大学生婚恋观透析[J].中国教育前沿,2006(9):15~16.

浪漫主义色彩，也表现出在利益面前"世俗"的功利主义色彩。

（4）大学生的性观念和性行为趋于开放

当今社会，随着中外文化的激烈碰撞与传播媒介的暧昧，大学生的性观念已经发生很大的变化，他们不再谈"性"色变，性开放的程度从表层趋向深层：从对性知识的开放，对性行为态度的开放到婚前、婚外性行为发生率的居高不下。大学生同居现象在当前大学校园已不再羞羞答答，甚至把它当做一种时尚的生活方式。调查显示，20.5%的大学生反对在校同居，有40.1%的大学生赞同同居现象，还有35.1%的大学生表示要慎重，但只要是真心相爱也是赞同的。① 这反映出在校大学生对未婚同居的现象持宽容甚至赞同的态度。关于婚前性行为的调查显示，赞成的男大学生为57.0%，女大学生为26.7%。从来没有约会过的大学生占31.7%，已经有过从约会到接吻行为的人占38.1%，已经有过性爱抚及进一步行为的人占30.2%。② 教育部"十五"重点课题《大学生性文化研究和性健康实践》的调查也证明了这一现实。恋爱中的大学生几乎都有过拥抱行为，其中60%有过亲吻行为，11.3%明确表示自己已经有过性行为，29.5%的学生未做出答复。一些大学生对婚恋道德尤其是"性"存在模糊认识，性责任感淡薄、性道德行为轻率。有些大学生更是信奉"性自由"，追求所谓的"性解放"，主张自然冲动的尽情舒展，以玩乐为目的，追求性欲的满足，而不顾社会道德和法律的约束。由于忽视了婚前性行为给大学生带来的情感、生理、心理的诸多伤害和对大学生的学习与生活造成的严重影响，部分大学生面临未婚先孕、人工流产和性病等生殖健康问题的威胁，严重损害了大学生的身心健康。

（5）爱情与婚姻家庭观念的分离

调查显示，学生认为结婚能"给很多人带来幸福"，加上"同单身或独身相比，还是结婚好"及"男大当婚，女大当嫁"两项的比率，有六成以上的大学生认为婚姻是幸福的，爱情是美好的，婚姻应当建立在爱情基础之上。③ 但是，随着市场经济的发展，多元文化价值观、功利性婚恋观等因素的影响，部分大学生把性行为视为一种新的甚至是不可缺少的恋爱方式，当做一种情感体验、一种消遣，他们注重恋爱过程本身而不是恋爱的结果。调查显示，80%以上的大学生认

---

① 杨培升.浅谈性教育尴尬现状成因及对策[J].贵州教育，2005(11)：19～20.
② 李佑，吴比.大学生同居态度调查[J].当代青年研究，2006(2)：34～36.
③ 董晓璐.当代大学生婚恋观的调查与思考[J].茂名学院学报，2006(4)：47～50.

为恋爱和结婚是两回事。很多同学表示恋爱时会找浪漫的人,结婚时会选稳重踏实的人。① 可见,在恋爱对象与结婚对象的选择上出现了双重标准。特别是在当今大学生就业难的现实情况下,面对爱情与工作能否两全这一难题时,大多数恋人不得不"挥剑斩情丝",选择潇洒分手。

对婚姻家庭的认识主要来自媒介影响和对家庭生活的感性认识。当婚外情、一夜情、离异等字眼越来越频繁地进入大学生们的视野时,大学生对婚姻家庭也产生越来越多的怀疑,"婚姻是爱情的坟墓"、"家庭是不幸的根源"成为许多大学生的认识,而对于婚姻家庭对个人的幸福与发展,对社会和谐与进步的重要价值表示否定和不解。调查显示,60%—63%的男女大学生认为"爱情是一种感情,不一定以婚姻为归宿",85%的大学生认为已经发生性关系的男女不一定非要结婚。关于婚外恋问题,31.2%认为"只要不破坏家庭,婚外恋可以接受",67.3%表示不同意。② 如此多的大学生根据婚外恋不破坏家庭来认可或接受婚外恋,说明他们的婚恋道德存在问题,也体现了他们对婚姻幸福构成条件的认识较为模糊。大学生恋爱的主要目的不是婚姻,而是寻求寄托和精神享受,他们重视恋爱过程,忽视恋爱结果,其实质是只强调爱的权利,而否认了爱的义务,这反映出大学生对婚姻爱情缺乏应有的责任感,也由于未来的不确定性没有承担责任的基础,更从一定角度反映出当代大学生对爱情婚姻与家庭观念的迷茫,性行为的轻率化。如果任其发展,会给家庭和社会带来危机。

婚恋观是个体世界观、人生观、价值观的一种体现,大学生的婚恋观不仅折射出大学生人生价值取向的基本特征,而且某种程度上可以预示着中国未来社会婚姻家庭的发展趋势。虽然对于大学生的恋爱与性行为不应作过分的价值介入,但出于对大学生个体发展、道德纯洁、身心健康、社会和谐等多方原因的考虑,大学生婚恋教育不可回避。因此,引导大学生个体的婚恋观更加符合社会发展,正确处理恋爱婚姻问题,使恋爱成为促进大学生成长进步和人格完善的契机,既是大学生健康成长教育的重要内容,也是促进社会和谐与稳定的需要。

2. 大学生婚恋教育的内容选择

加强大学生婚恋教育,应摆脱过去那种单一的说教,正视大学生成长过程中存在的情感与婚恋指导的需要。为此,不仅需要从理论上对大学生进行知识方面

---

① 辛湲.大学生婚恋观呈现多元化[N].中国妇女报,2006-11-04(5).
② 马静.婚前守贞——一堂被舆论误读的讲座[N].郑州晚报,2008-04-17(A23).

的传递,帮助他们树立正确的恋爱观,处理好恋爱与学习、恋爱与性的关系,更要从婚姻家庭所内含的责任、义务与道德出发,联系婚姻家庭实际来阐释爱情的实质、性爱的影响、大学生恋爱的责任与义务、婚姻对合法及合理的诉求等问题,并对大学生的情感与婚恋方面存在的困惑给予及时指导。对大学生的婚恋教育,在婚姻文化导向上,从重稳定向重质量转变;在婚姻指导导向上,从重伦理教化转向重心理疏导转变;在社会控制导向上,从重行政干预向重法律制约转变。

(1) 加强大学生对爱情本质及其地位的认识

恩格斯指出,爱情是"人们彼此间以相互倾慕为基础的关系"。爱情作为人类特有的一种美好情感,是男女双方彼此倾慕,并渴望对方成为自己终身伴侣的强烈感情。爱情既包含自然性因素,如性的吸引或对容貌、体态、气质的互相爱慕,又包括社会性因素,如理想、志向、兴趣、爱好、习惯等诸方面的融合,它是自然属性与社会属性的统一。人在本质上是一定社会关系的总和,所以,爱情虽然有其自然属性,但爱情的本质在于它的社会性。可以说,爱情的萌发、体验和释放都存在于一定的社会关系中,如人的性欲的满足就是在一定的社会制度下,在一定的伦理道德的约束下,通过婚姻的形式来实现的。爱情的社会性本质决定了爱情必然具有道德性、责任性的深层内涵,这也是爱情得以巩固和持久的决定因素。正如苏霍姆林斯基所说,爱情绝不是一种代代相传的天生感情,也不仅仅是个人的欢愉,爱情必须用高尚的情操精心地加以孕育和培养,爱情是相爱的人之间的一种道德义务和责任,爱情的幸福寓于对人的高度责任感之中。对大学生来说,健康的心态应是既有追求爱情的勇气,又有承担爱情责任的准备。教育者的任务是要善于将人的这种自然属性变为道德高尚的爱情,而不是随意讽刺、指责或消极防范禁止。[1]

第一,引导大学生端正恋爱动机。

对大学生进行恋爱观教育,首先需要引导大学生端正恋爱动机。恋爱动机的健康纯洁是保证恋爱顺利的重要基础,没有建立在真挚情感基础之上的恋爱往往先天不足,容易夭折或发育不良,甚至后果严重。著名教育家苏霍姆林斯基说过,纯洁的爱情使青年人健康,轻浮的、消愁解闷的爱情使人堕落。所以,教育者应引导大学生积极追求美好情感,让爱情真正成为大学生改变其人生趣味,升

---

[1] 苏霍姆林斯基.关于爱的思考[M].张金长译.桂林:广西师范大学出版社,2005:34.

华其人格,开发其潜能,促进其新生的巨大力量和真诚的情感体验。

第二,增强大学生对爱情的责任感和担当。

责任与爱情与生俱来,恋爱意味着另一个人的生命将与自身紧紧联系在一起,能否为这一生命担负起某种人生和社会责任,是青年男女在选择爱情之前必须理性思考的问题。苏联教育家苏霍姆林斯基说过,"爱情首先意味着对你的爱侣的命运、前途承担责任。想借爱情寻欢作乐的人,是贪淫好色之徒,是堕落者。爱,首先意味着献给,把自己的精神力量献给爱侣,为她(他)缔造幸福"。[1] 可见,爱情的发展受到一定社会道德的制约,同时也承担着对对方和社会的道德责任。所以,爱不仅是一种权利,更是一种责任和义务,引导大学生以高度负责的态度对待恋爱和爱情,把爱情和责任义务统一起来,真正做到爱情与道德的统一。

第三,引导大学生摆正爱情在人生中的位置。

爱情是人生的重要组成部分,对人生产生重大影响,没有爱情的人生是不完美的人生,但爱情不是人生的根本宗旨,更不是人生的全部,只为爱情而活着的人生是苍白的人生。人生除了爱情之外,还有更重要的事情。事业和爱情是人生不可缺少的辩证统一的两个方面。事业不仅能够体现人生的价值,也是获得真正爱情的前提。对爱情过度的追求,必然会降低人本身的价值。大学时代正处于学习和全面发展的黄金时期,应集中精力完成学业,既为未来的事业做准备,也为真正的爱情打基础。因此,引导大学生摆正爱情在人生中的位置,理智、恰当地处理爱情与学习、事业的关系,明确学习与未来发展息息相关,也是爱情美满的基础。相爱双方应该在学习、事业上相互鼓励、相互帮助,让爱情成为推动学业和事业进步的动力,实现事业与爱情双丰收。引导大学生克服爱情至上的想法,那种抛开学业谈恋爱的做法,不仅有碍成就事业,也难以获得幸福的爱情。总之,大学生只有处理好爱情与学业的关系,摆正爱情在人生发展中的位置,才能树立正确的人生观、恋爱观,从而更好地实现个人价值,更好地为社会服务,促进社会的稳定和和谐发展。

(2) 培养大学生爱的能力

爱是一种能力,也是一门艺术。要获得幸福的爱情,首先必须学会如何去爱。美国著名诗人惠特曼说:"爱,不是一种单纯的行为,是我们生活中的一种

---

[1] 苏霍姆林斯基.育人三部曲[M].毕淑芝译.北京:人民教育出版社,1998:7.

气候,一种需要我们终身学习、发现和不断前进的活动。"成熟的爱情以自爱为基础,赋予爱以最大的关怀,具有给予爱的能力和拒绝爱的能力。为此,大学生要不断地充实、完善自己。一个人越深刻、越丰富、越完善,他(她)的爱情就越丰富多彩。

第一,培养大学生判断爱的能力。

友谊和爱情,是人类所特有的社会感情,两者既有区别,又有联系。友谊是广泛的,而爱情是专一的,友情是爱情的基础,爱情是在友谊基础上的进一步升华和发展。男女青年在相互接触产生好感的基础上,表达并接受互相爱慕的感情,友情就发展成为爱情。爱情是以特殊的温情和忠贞为特征的。因此异性之间的友谊可能会迸发出爱情之花,但友情和爱情是两种不同的感情,所以大学生要正确区分友谊和爱情。首先,爱情具有强烈的排他性,友情具有利他性。友情是以共同的理想、事业为基础,是以相互了解、相互帮助、平等相待为目的的美好情感,是一种高尚的道德力量,其最大特点是强烈的利他性,而爱情则是以性爱为基础,以结婚、生儿育女、共同生活为目的的特殊情感。其次,在选择对象的标准上不同。选择伴侣的标准是非常严格的,除了考虑社会性因素,还要考虑个人的生活、心理特点,如外貌、年龄、情感、气质、性格、能力、文化修养等,而选择朋友只要是志同道合、思想一致就可以了。我们提倡男女青年的正常交往,提倡男女青年之间广泛的友谊,但需要引导大学生正确认识和处理男女之间友情和爱情的关系,不要错把友谊当爱情,否则会自做多情,自寻烦恼,既影响自己的学习与生活,又阻碍同学间的友谊。再次,鼓励大学生进行正常的异性交往。人际交往是人的一种基本需要,也是个体适应社会生活,担当一定社会角色,形成与丰富个体的基本条件。一些大学生具有孤独感,往往就是因为缺乏健全的社交生活。辅导员应当鼓励大学生改变自己不适当的处世态度和生活,勇敢地走向人群,广交朋友,友谊会使其生活更加美好。而异性友谊有益于男女同学的情感稳定与补偿,有益于大学生良好个性品质的形成。如男性刚强、勇敢、独立、不畏艰难、心胸开阔的性格特征,可以感染女生;女生的温柔、细腻、体贴又可以感染男生,男女生之间的相互交往可以为双方创造发展的最佳环境。

第二,培养大学生与异性交往的能力。

所谓异性交往是指两性之间为了满足一定需要,当面进行的并通过一定的方式相互传递、反映两性差异信息的接触,使得双方的性心理和性行为发生相互影响的过程。辅导员首先应该教育引导大学生掌握与异性交往的方法与分寸。比如教会大学生懂得怎样的衣着和言行才能赢得异性的尊重,如何在异性面前把握自己的语言、行为、表情和声调等;注意与异性单独接触的空间距离和时间,如果没有对某一对象萌发爱意,不要轻易涉入一对一的单独活动,切不可过于频繁地与某一选定对象长期交往;学会如何看待异性好感,把握自己情感,掌握异性交往中来往和拒绝的技巧,使异性之间能文明礼貌、有节制地交流,增进友谊。其次,引导大学生学会克己与宽容。在爱情中,双方应该尊重对方的价值观念和行为习惯,彼此宽容、相互理解、相互信任,只有互相尊重,彼此才能更加和谐,爱情才有活力。再次,掌握得体的爱情表达方式。爱情的表达方式反映了一个人的道德修养水平,所以大学生表达爱情的方式应该符合自己的身份,男女双方应当自尊自重,行为端庄,举止得体。总之,通过教育引导,培养与异性交往的能力,提升大学生成功恋爱的自信心,优化他们的婚恋心理素质,达到恋爱方面人格的健全和完善。

第三,培养大学生拒绝爱的能力。

拒绝爱的能力是指对不愿意或不值得接受的爱加以谢绝的能力。拒绝爱的能力包括两个方面:首先是敢于理智地拒绝不希望得到的爱情,学会勇敢地说"不",其次又要掌握恰当的拒绝方式。可采取面谈或书信的方式,也可请对方的知心朋友转告,切不可随意公开他人的求爱信,或者对人家冷嘲热讽。虽然每个人都有拒绝爱的权利,但要懂得珍重每一份真挚的感情,这既是对他人的尊重,也是自尊的表现,同时还是对一个人道德情操的检验。

第四,提高大学生对恋爱挫折的承受能力与自我调节能力。

恋爱中的失恋是十分自然的现象,所以,辅导员应该引导大学生正确认识和对待失恋,使大学生明白爱情并不是生活的全部内容和终极目的,人生除了爱情以外,还有理想事业,培养其对恋爱的自我调适能力,合理的控制和调节情感;使大学生认识到恋爱受挫并不说明自身的无能和贫乏,也不影响自身的名誉和地位;既应该让大学生看到失恋痛楚的一面,也应该使他们看到失恋还具有积极意义的一面,比如可以从此次失恋中总结教训,以取得下一次恋爱的成功。通过教育引导,让大学生能够以理智豁达的心境处理因失恋带来的烦恼和困扰,以积极的人生态度去追求美好的未来。

第五,引导大学生理性对待"网恋"。

现实中的恋爱是双方社会因素的总和在交往,因道德约束以及社会舆论,更多地表现出专一性和真诚性。网络为大学生提供了一个新的恋爱途径,合则来,不合则散的恋爱方式轻松自由。部分在现实生活中恋爱受挫的大学生便在网络世界中寻求安慰,一部分确实通过网络找到了自己的男女朋友,但网络毕竟美化了人的真实,虚幻了感情。对于网恋,大学生可能会选择自己的理想人格扮演,使自己向着对方的理想目标塑造。但"网恋"的成功最终要回到现实生活中,倘使双方的"真面目"与"网络恋人"南辕北辙,双方的感情历程就此终结,现实的恋人最终打破了网恋的完美。从经历网恋到网恋的失败,再到重新寻找新欢,这一反复的过程可能会严重打击大学生的自信心,同时这种频繁的找寻易使大学生对爱情抱游戏的态度,而这种游戏爱情的方式不利于大学生形成正确健康的恋爱观。因此,辅导员应当引导大学生认清网恋的本质,认识到网恋只是给婚恋带来诸如交往时空的扩大等形式上的变化,而非本质的变革;充分认识网络交往的开放性、匿名性特征造成了网络感情的临时性、偶遇性特点,以及其游戏性动机为一些人玩弄感情提供了温床,如网络多角恋、婚外恋,甚至网络"一夜情"等,进而端正大学生的网络异性交往动机,不要轻易沉溺于此,理智地对待美丽的诱惑。

第六,引导大学生确立恰当的择偶标准。

每个人都希望自己一生幸福,期望自己有一个称心如意的爱人。心理学家研究发现,爱情和谐至少需要以下三项保证:相互了解、地位背景相配、气质类型相投。要使恋爱生活和谐,减少恋爱的不良影响,择偶不能无标准,因此,教育大学生选择与自己心理特点相配的恋人是有必要的,但是标准要切合实际,尤其不可因虚荣而划标准。同时,引导大学生正确对待金钱在爱情和婚姻中的作用。在婚恋中,追求爱情的同时追求金钱无可厚非,但是把感情建立在对方家庭的经济条件、社会地位上,或以自己家庭的优越条件为资本,视对方家庭条件为双方感情的基础,以金钱作为婚姻的砝码,难免会带来负面影响。当金钱和物化的优势无法填补婚恋个体在年龄、婚史、教育程度、人品素质上的差异时,将可能带来婚后的空虚感,从而影响婚姻家庭的质量和稳定性。

(3) 对性与爱关系的认识

第一,引导大学生正确认识和对待性与爱。

性与爱密不可分,但性不是爱唯一的表达和必然的结果。所以,爱情包含性欲,但单纯的性欲不叫爱情。德国哲学家黑格尔指出:"爱情里确实有一种高尚的品质,因为它不只是停留在性欲上,而是显出一种本身丰富的高尚优美的心灵,要求以生动、活泼、勇敢和牺牲精神和另一个达到统一。"爱情是以性欲为基础的崇高社会情感,它是思想的一致,感情的共鸣,兴趣的相投。对大学生来说,恋爱中对性的必要控制可能更是真爱的表达和对恋人的真正负责。在恋爱关系中的性道德不是简单的性压抑,而是爱的能力的发展和展现。弗罗姆曾在《爱的艺术》中指出:"一个人没有人道精神、勇气、忠诚和自我约束能力,那么他就不可能获得爱情。"苏霍姆林斯基说,"对性欲合乎道德要求的高度的自我控制,可以促使一个人的爱情产生对未来的憧憬和对未来的负责精神。爱情的真正高尚气质就在于此。爱情越纯洁高尚,它在性结合的追求上表现得越少"。[1] 所以,辅导员首先应该引导大学生构建性爱和谐和社会责任感,建立一种感情内涵健康丰富的恋爱关系,增强恋爱的责任感、义务感和忠贞感。只有把对异性的要求,用社会道德的形式表现出来,爱情才得以产生;只有跟整个社会生活相联系,跟人类的前途结合起来考虑,爱情才有丰富的内容。

第二,加强大学生性健康教育。

大学生的性生理已经逐渐发育成熟,与之相伴的性心理也基本成熟,所以他们往往受到自我性意识的困扰,比如被异性吸引、性幻想、性梦、性压抑以及自慰性行为,如手淫等。通过性健康教育,帮助大学生形成科学的性观念和行为成为必需。性教育包括性生理知识、性心理知识、性道德教育、性法律教育、性健康和性卫生教育等多个方面,以及涵盖爱情、家庭和性关系的探讨。具体体现为:帮助大学生了解和认识生殖系统的解剖和生理特点,消除在发育过程中的恐惧和担心;认识性生理的发展规律,对性征上出现的各种表现持客观和理解的态度,保持良好的性生理卫生;了解性的两面性,驱除对性生活的恐惧心理,同时学会调节性冲动,防止性放纵和性异常,避免轻率地卷入危险的性活动;遵守社会性道德规范、性法律知识,树立正确的性价值观和男女两性间关系的正确态度,了解自己对他人所具有的责任感;了解性疾病的传播途径、预防措施和严重危害,增强对性病的防范意识;普及避孕和优生优育知识;认识健全的人际关系在个人生活和家庭生活中的重要作用以及建立良好情绪的重要性;帮助大学生认识自己在将要担当的配偶、父(母)亲、社会成员、公民等各种不同的角色中,如何创造性地、有效地运用自己的性征。鉴于当代大学生群体的特点,辅导员应该把性教育提升到性文化层面,既包括中国古代、当代性文化,也包括世界古代、当代性文化教育。在中外古今的性文化比较中,明晰性道德和性行为的理性

---

[1] 苏霍姆林斯基.关于爱的思考[M].张金长译.桂林:广西师范大学出版社,2005:27.

选择。总之，通过性教育，使大学生能够正确认识自身生理、心理的发展变化，能够坦然面对性、人生、事业、社会责任等问题并做出正确的选择，从而引导大学生树立正确的恋爱观、爱情观、婚姻观、家庭观、人生观、价值观，提高当代大学生的性心理健康水平和性道德水平。

（4）对婚姻家庭的理解

第一，引导大学生明确婚姻家庭对个人及社会的重要价值。

婚姻家庭能够带给人美妙和幸福的感觉，但婚姻需要具备经济基础和情感基础，而大学生在经济上不能独立，自身的心理准备和现实环境也不成熟，情感基础也不稳固，所以对在校期间的结婚行为应该慎重。

第二，培养大学生对婚姻家庭的责任感。

婚姻具有强烈的社会性，它虽是恋爱的延续，但更多地意味着承诺与责任。对婚姻家庭的责任包括很多方面，其中在性关系上的相互忠诚是重要的责任和义务之一，而且也是影响婚姻幸福、家庭美满的重要因素。文明社会里的性关系首先以婚姻为目的。婚姻是生活，家庭是责任。人之所以需要婚姻，还要建立家庭，除了人本能的需要还必须承担社会的责任，所以婚姻是严肃的，大学生也要以严肃的态度对待，勇于承担对对方的义务和责任，为恋人的命运、前途负责，为恋人缔结幸福。

第三，加强大学生婚姻道德教育。

中华民族传统美德崇尚爱情的忠贞专一，讲究爱情表达的含蓄深沉。大学生应继承和发扬这种美德，在处理爱情和事业的关系上，在爱情表达方式上体现出新时期大学生的道德修养和精神风貌，明白婚姻更多的是责任和义务，而不是享受，更不是儿戏。

第四，加强大学生婚姻家庭的法制教育。

基于两性交往、爱情婚姻还涉及法律，应该加强婚姻家庭的法制教育，提高大学生婚姻法制意识。通过普法教育，有针对性地引导大学生正确认识婚姻的权利与义务，了解有关法律的效力，充分认识不履行法定程序，不登记就以夫妻名义同居的事实婚姻和未婚同居不受法律保护，重婚能导致刑罚处罚等法律常识。法律法规能够以其强劲的他律力量推动大学生遵守婚姻道德规范，促进良好道德品性的养成。

总之，辅导员应通过婚恋教育，引导大学生处理好几种关系：注重个人人品和感情因素的选择，权利和义务的统一，个性追求与传统文化的统一，个人幸福和婚姻稳定的统一等，进而端正恋爱动机，树立正确的择偶标准，明确爱的责任，遵循爱的道德，从而减少恋爱中的不文明、不道德的行为，增强恋爱的稳定性，提升在恋爱和婚姻生活中的幸福指数。

3. 大学生婚恋教育的途径和方法选择

(1) 课堂教学

开设有关大学生婚恋观念和行为的课堂教学内容，具体包括约会、恋爱、婚前关系、性生理、性心理、性道德、性健康和性卫生教育等，使大学生树立正确的恋爱观，提高他们恋爱的道德修养，增强恋爱的责任感、义务感和忠贞感；培养大学生对恋爱的自我调适能力，合理的控制和调节情感；正确认识自身生理、心理的发展变化，使之能正确对待性，避免因性知识的贫乏带来种种不良后果。通过法律课程或法制专题讲座，如《婚姻法》和《婚姻登记条例》的学习，引导大学生正确认识婚姻的权利与义务，了解有关法律的效力，规范婚姻关系。

(2) 专题辅导

利用校内广播、电视、校报、墙报、宣传栏等开展有关恋爱、性、婚姻等方面的专题讲座，向大学生传授有关爱情的价值观念和行为模式，帮助他们树立正确的婚姻爱情观念。专题教育内容的选取不仅包括一般的情感内容，还应体现与时俱进的特点。在当前，应该结合因网络产生的各种情感问题进行辅导，比如开展以大学生网恋或网络一夜情为主要内容的专题讲座，以此端正他们对网恋的认识、态度和行为，提高其网恋行为的道德性。

(3) 心理咨询

充分利用网络资源，设立专门的论坛，积极开展心理咨询活动和性健康咨询服务，介绍恋爱、婚姻和性方面的有关知识。根据大学生的心理特点，为大学生群体提供婚恋心理咨询，及时帮助他们解决恋爱过程中遇到的各种心理问题，培育良好的心境，使其人格健全发展。对于个别学生在婚恋过程中的特殊问题，有针对性地加以积极引导，帮助他们端正恋爱婚姻的态度，调节因恋爱受挫而引起的心理冲突和心理失衡。

(五) 高校辅导员与大学生生命教育

青年大学生是整个社会最富朝气和创造力的群体，是祖国的未来、民族的希望。丰富的物质和文化资源这一优越的社会环境，大大改善了大学生的生活水准，他们拥有强健的身体，具有积极进取、乐观向上的人生态度，比较认同自己的存在及其意义，能够悦纳自己；具有鲜明的主体意识、自由观念和发展观念，人生目标选择的个性化、多元化和实用化；情感充沛丰富，真挚强烈，富于创造精神；勇于面对人生难题和承担社会责任；能够认识死亡并将其看做生命的一部分，能够认识到生命的宝贵并珍惜生命。

但是，当前的社会环境使大学生在面临前所未有的发展机遇的同时亦陷入了前所未有的竞争。由于遭遇压力、冲突、困惑、迷茫等生命困境，部分大学生对生命的自主决定意识较低，缺少自我责任感；内心充满矛盾，缺少明确的人生目标，缺乏对生命意义和价值的理性思考，表现出既不满足于现在的自己，又对未来较为茫然的一种无价值感、无成就感状态；对当前生活的满意度低，表现出对死亡的恐惧和对自杀行为的认同。大学生在追求生命存在意义的历程之中越来越迷失了生命本身，频频出现大学生自杀、伤人、犯罪等漠视生命的事件，严重影响了他们的健康成长。因此，重视生命教育，引领大学生树立正确的生命观，避免大学生个体做出危害自己、危害他人、危害社会的行为；激发大学生对生命意义和价值的自觉追求，提升生命质量；建立起崇高的生活理想和信念，发扬社会主义人道主义精神，关心弱势群体，关心他人，关心社会，实现人生价值，提升生存境界等，成为辅导员工作的重要内容。

1. 大学生生命教育的内容选择

生命教育在于引导大学生了解生命的意义与价值，提升对生命的思考，尊重自己，珍惜生命，学习与他人相处，关怀他人。

（1）生命意识教育

生命意识教育就是帮助大学生形成科学、正确、完整的对生命的认识，形成对生命的热爱、珍惜、尊重、敬畏、欣赏，并能主动维护生命的权利。① 生命意识的培养，是生命教育的起点。综观大学生中发生的各种自杀事例，是生命意识过于浅薄的表现。高等教育理应唤起大学生的生命意识，体悟生命的可贵，从而由珍惜生命转向追求生命意义，提升生命质量，创造生命价值。为此，辅导员需要引导大学生了解自身的生理构造以及自身生命的基本特征，掌握保持健康体魄和健康心理方面的知识，并能在实践中增强体魄，维护和增进心理健康。

（2）生命价值观教育

价值是人存在的基础和依据，生命价值蕴涵于生命本身，人的生命本身就是人最真实、最可靠的价值。生命价值是人的生活实践对于社会和个人所具有的意

---

① 王晓虹.试论大学生生命教育的目标及主要内容[J].甘肃政法成人教育学院学报,2005(4):134.

义和作用，它内在地包含了自我价值和社会价值两个方面。生命价值观教育是教育大学生把握生命主体的自我价值和社会价值的辩证统一。

第一，教育大学生珍视生命本体的存在价值。

生命是个体存在的基础和条件，是人类创造和实现一切的前提和先决条件。可见，人的生命存在本身即具有价值，每一个生命都应得到尊重和关爱，对人的生命的尊重是个人道德的基本义务。当前大学生自杀、伤人等现象屡屡发生，其根本原因就在于他们没有认识到生命的可贵，没有树立生命意识。为此，开展大学生生命价值观教育，首先，需要引导大学生积极认识生命的价值，怀有自爱之心，尊重生命，敬畏生命，悦纳自我，发挥潜能，达成自我实现。其次，引导大学生关爱他人生命。每一个个体都生活在社会的大家庭中，人与人之间应当互爱互尊，团结互助。只有尊重、关爱他人生命才能真正尊重、珍惜自我生命。教育大学生关爱他人生命不仅包括当他人生命发生危急时，伸出援助之手挽救生命，还包括尊重他人选择生存方式的自由，绝不伤害或剥夺他人生命。再次，引导大学生关爱自然，实现人与自然的和谐。自然也具有生命意义，具有自身的内在价值。因此，生命教育应该教育大学生关爱自然、保护自然、善待自然。这样，自然才会为我们的生存提供优美的环境，清新的空气，进而提高我们的生命质量。否则，人类将会受到自然的惩罚。最后，加强生命责任感教育。生命不只属于个人，家庭和亲人的爱铸就了生命，社会又为生命的存在提供了物质基础和成长环境，每个生命都相互关联，相互依存。因此，对大学生进行生命责任感教育，让他们明白，有限的生命不是私有财产，每个人的生命根源上都连接着父母的生命、民族的生命。个体的生命属于家庭，也属于社会。所以，必须珍惜自我生命，这不仅是对自己负责，也是对家庭和社会负责。保持生命的存在是对父母予以回报的最基本方式，也是每个人作为社会生命存在的必要责任和义务。

第二，教育大学生正确处理自我价值与社会价值的关系。

人的本质是一切社会关系的总和。每个人都处于复杂的社会关系网中，每一个个体的生命都是人类生命的一分子，是社会关系网中的一个点。人的成长、发展、成功、幸福，同其他人密切相联。同时，人的社会性特征决定了人不仅仅是一种自然的存在，更是一种对理想、感情、道德、信仰和精神的追求，人生的价值在于奉献。所以，一方面，辅导员需要培养大学生的人文关怀、社会关怀，学会接纳他人、欣赏他人，与社会共融共存；另一方面，引导大学生树立为人民服务的最高价值追求和道德追求。

第三，对大学生进行生命情感体验教育。

生命情感即个体对自我生命的认知、肯定、接纳、珍爱，对他人生命乃至整个生命世界的同情、关怀与钟爱。它涉及人在世界上的一切作为，是建构个体人生的基础性素质，也是对生命意义的自觉解放。积极的生命情感使人振奋、乐观向上，富于爱心，把人引向与周遭世界的积极交流，成为人生的动力和光明之旅；消极的生命情感意味着对生命的否定，对生命意义的无望，对他者生命的漠视，以及由此而生的生命状态的沉沦。

生命情感是在个体与周围世界的交往中，通过个体的生命体验、感受形成的，生命情感的美满丰盈是奠定丰富人生的基础，美好的生命情感总是伴随着丰富、深刻的情感体验。因此，积极开展生命情感教育，引导大学生树立正确的家庭观、爱情观、友情观，使他们在正确观念的指导下享受人生情感的美好和温馨，获得丰富、真挚的生命情感，从而唤醒大学生的生命意识，引导他们珍爱生命。

(3) 幸福观教育

生命的不断超越是生命意义的源泉，也是人生幸福的源泉。为学生的终生幸福服务，是教育的崇高使命和终极目的。著名教育家乌申斯基说："教育的主要目的在于使学生获得幸福，不能为任何不相干的利益而牺牲这种幸福。"为此，需要对大学生进行幸福观教育。幸福观指人们对"什么是幸福"的根本观念、看法，是一个人的世界观、人生观、价值观在对待幸福问题上的表现，它以一定的主观形态发生作用，对一个人的幸福感具有导向和动力的作用。幸福是人的一种主观的感受，不同的人在不同的环境中会有不同的幸福感受，不同的人在相同的环境中也会有不同的幸福感受。通过幸福观教育，帮助大学生理解幸福的真正内涵，引导大学生树立健康积极的、理性的、科学的幸福观，体验幸福的境界，成为生命教育不可或缺的重要内容。

第一，培养大学生过安静生活的意识。

一方面，引导大学生学会在安静的生活中求索，不受外界、世俗的干扰，淡泊名利，自觉培养自己的人文素养和丰富的精神世界；另一方面，引导大学生追求内心的和谐与安宁，使心不为事役，不为物感，不为情困，满足于一种淡泊、清静、安宁、静谧的生活状态。只有秉持一种过安静生活的意识，大学生才能体会人生的幸福，升华人生的境界。

第二，鼓励大学生不断追求个性化的幸福生活和生命价值。

幸福是个体对人生意义的一种体验，带有生命个体强烈的个性特征。生命教育要引导大学生承认和尊重生命个体的独特个性，鼓励大学生追求自己独特的幸福，在认识自我并不断反思自我的过程中，形成自己生命的终极价值。

第三，大学生幸福能力的培养。

幸福是一种能力，获得幸福与感受幸福需要磨砺和培养。幸福需要教育，也是可以教育的。为此，教会大学生多方面的知识和能力，如生存、学习、交流、共处、做事、创造等，促进其潜能的发挥，帮助其安全有序的人际关系的建立，以创造性的工作造福于集体和社会，竭力实现人生所能达到的理想高度，使大学生从自主成长、自我创造中收获幸福。

人生不可能没有痛苦、失望和委屈的经历，也不可能一帆风顺，因而辅导员不仅仅要帮助大学生意识到痛苦的存在，更重要的是帮助大学生培养健康的心理和平衡的心态，积极主动的克服负面经历与情感，培养乐观人格。

(4) 生存与发展技能教育

意大利教育家蒙台梭利说，"教育的目的在于帮助生命力的正常发展，教育就是主张生命力发展的一切作为"。① 生命教育要促进大学生的生命发展，必须教会他们掌握必要的生存与发展技能，唯有如此，他们才能够在当前竞争激烈的社会中安身立命，推进自身发展。

第一，培养大学生的生命自救和安全防范技能。

培养大学生生命自救和安全防范技能是最基本的生命技能要求。人生发展的最基本前提就是要能够维护生命的存在，在危急的情况下实现自我救护。比如懂得在遭雷击、火灾、溺水时如何自救，在野外、在没有外援的情况下如何生存等。

第二，培养大学生合理规划人生的能力。

大学生科学全面地规划人生，为人生航向定位，需要辅导员引导，以客观全面的对自我进行评价，认清自己的优点和劣势，并且结合客观现实的各种因素（家庭背景、社会环境等）制订自己的人生规划。当前尤其要做好职业生涯规划，因为求职已经成为大学生关注的重要话题。

第三，培养大学生的创新能力。

---

① 刘薇. 自杀与生命意识[EB/OL]. http://edu.sina.com.cn/l/2005－10－08/1557128188.html, 2005－10－08.

现代社会是一个激烈竞争的社会，要成就一番事业，必须具备较强的创新能力，这既是个人发展的要求，也是社会发展要求。因此，培养大学生的创造性思维和创造性人格，对于他们的未来发展有着重要的意义。

第四，培养大学生的挫折承受能力。

当今社会，大学生的生存和发展面临着各种压力，这就使得他们常常面临各种挫折。辅导员需要教会大学生如何做事和做人，如何与人正确交往；遭遇挫折和痛苦时，能够保持冷静的头脑，调节不良情绪，平衡好心态，懂得即使一无所有，也不能失去对生命的追求和信念；引导大学生学会正视自我，战胜自我，超越自我。

（5）生命意义教育

生命之于人类而言，并非仅仅意味着生存，更意味着人对物质生命的超越，意味着社会生命的发展和对精神生命的诉求，意味着自我价值的实现及生命独特个性的彰显。人的生存和生活如果失去意义的引导，就会成为"无意义的存在"。生命意义是对于生命的积极思考和追求，只有澄清生命的意义问题才能使我们的生存超越内疚、混乱、虚夸、躁动，才能在纷华繁乱的世界中诗意地生活。其实，每个人可以向世界提供的有价值的东西是非常多的，对万物生命的尊重、对亲人朋友的关爱、对生活目标的执著、对艰苦环境的超越，都为自己的生命赋予了崇高的意义。对每一个体而言，生命意义既包括对社会生命所赋予责任与义务的遵从，也包括精神生命所蕴涵的对个体自由与价值实现的瞩目。人们对生命意义的探寻是生活的基本动力，人在苦难中需要意义以求生存，人在优越的生活环境中同样需要意义以求生存和发展，否则就都有可能被不同程度的心理问题所困扰。[①] 因此，辅导员应引导大学生进行职业生涯规划，确立一个适合而自觉期望的人生目标并积极行动，最大限度地挖掘内在潜能，创造生命价值，升华人生境界，从而超越生命的功利追求，将生命艺术化、审美化，达到生命的最高境界。

（6）死亡教育

青年大学生处于人生的黄金时期，很少会想到死亡。由于没有死亡意识，所以难以体会生命的短暂和珍贵，难以形成对生命的敬畏和的生命价值的认可，结果可能导致现实的人生平淡甚至乏味。

第一，引导大学生正视死亡。

---

① 杨眉.健康人格心理学[M].北京:首都经济贸易大学出版社,2004:181.

既然死亡是任何人都要面对的事情，那么只有引导大学生学会正视死亡，才能使他们以一种轻松的心态投入到学习生活中，才能在有限的生命时间内去追求无限的超越。

第二，引导大学生体验死亡。

组织大学生到殡仪馆参观访问，让他们获得直接的感性经验，亲身体会死亡带来的悲哀和痛苦，让他们学会更加珍惜生命，热爱生命。或请"劫后余生"的人谈面临死亡时的感受，对生命的震撼、恐惧以及对生命的珍爱和眷恋，丰富大学生的死亡体验，从中感悟生的伟大和可贵。

第三，树立超越死亡的意识。

引导大学生以一种积极的姿态面对现实生活，以自己丰富的人生意义贬损死亡的恐惧，使自己的生命充满无限的意义。

总之，只有具有死亡意识，大学生才能笑看人生无常，静对生命的喜怒哀乐，才能以一种乐观、豁达、开阔的心态应对人生的苦难，超越死亡，实现生命价值。

2. 大学生生命教育的途径和方法选择

大学生生命教育依赖于正确合理的教育途径和方法。

（1）课程教学

以公共选修课的形式开设生命教育课程，学校应系统地向大学生传授生命的孕育、生命的独特、生命中的亲情与关爱、生命中的艰辛与挫折等内容。可以考虑利用发生在大学生自己身上或他人身上的一些事件进行生命教育，让大学生从中获取直接的感受。特别是通过对生活中重大挫折的分析，引导大学生运用积极的方法面对痛苦和失落，认识生命的脆弱和不可逆转，进而敬畏生命和珍惜生命。开展有关生命知识的教育，主要从心理学、伦理学、社会学等角度出发，传授给大学生有用的心理知识、伦理规范、交往技巧、应对挫折的策略等，从而使大学生能够积极主动地应对挫折，珍惜生命，体会自己生命的意义，提升自己的生命价值。

（2）学科渗透

生命教育的内容应立足于生命，通过教育使大学生认识生命和热爱生命，进而追求生命的意义，实现生命的价值，这与我们的大学教育目标是一致的。因此，从广义上讲，在大学课程中处处都可以渗透生命教育。如在思想政治教育课、心理健康教育课以及法制教育课中渗透。高校思想政治教育应该有意识地增加生命教育的内容，增加人文关怀，带领大学生思考并解决生命中的现实矛盾；在心理健康教育课程内加入生命教育的内容，更容易引起大学生的共鸣，达到更好的教学效果；在法制教育课中渗透生命教育，使大学生明确保护生命的权利和义务。

（3）专题教育

以讲座或宣传资料的张贴、发放和实践等形式开展健康教育、安全教育、预防艾滋病教育、毒品预防教育、环保教育等方面的专题教育。通过健康教育，教会大学生树立健康的理念，锻炼身体，了解一些常见病、传染病的防治基础知识及药物的合理应用，保持健康的体魄；掌握预防交通事故、火灾、溺水等安全问题的生存技能；了解毒品及其对个人、家庭和社会的危害性以及如何拒绝毒品；进行环保教育，学会珍爱生命、保护自然，学会与其他生命和谐相处。

（4）心理辅导

对有自杀倾向的大学生需要重点关注，需对其进行关于热爱生命的团体与个体心理辅导。团体心理辅导根据团体成员共有的发展课题或心理困扰，在多次的团体活动中，运用自我表露、反馈、尝试、澄清等策略，通过交流讨论、共同探索、彼此启发、支持鼓励，促进成员的个人成长。个体心理辅导则面对学生个体的生命困境进行辅导。

（5）社会实践

大学生生命教育的目标和内容最终要落实到大学生的行动中去，并产生良好的教育效果，这才是生命教育的目的。因此，在实施生命教育的过程中，要运用实践的办法加深大学生对生命的理解，引导他们在社会实践中感悟生命的意义和价值。如组织大学生去医院参观，一方面可以和孕妇交谈，了解孕育生命的艰辛，体会生命的来之不易，并感受迎接生命的喜悦；另一方面，也可以参观急诊室，从而体会生命的易逝，甚至可以和临终病人交谈，感受他们对生命的领悟，对生命的眷恋。通过课外活动，如探险、露营等让大学生体验成功，体验苦难，从而更加珍惜自己、他人的生命。通过组织大学生到德育教育基地参观，如到烈士陵园、革命纪念馆、名人故居等地参观，让大学生学会欣赏生命，懂得生命的价值和意义。组织大学生参观看守所、戒毒所或一些戒毒、预防艾滋病的展览，树立法律意识，增强他们的自我防范意识，维护生命的尊严。

总之，生命教育应该关注大学生的生存与发展，以期可以帮助大学生保持生命的最佳状态，走进一个洋溢积极的精神、充满乐观的希望和散发着青春活力的心灵状态，超越自身的不快乐、愤怒、嫉妒、恐惧、焦虑等消极心态，获得积极的生命成长，提升积极的情感体验，培养积极的性格特质，增强对环境的积极应对能力和对自身优势的驾驭能力，拥有精神与心灵的愉悦，最终获得持久的、深度的幸福。

（六）高校辅导员与班级文化建设

班级文化是一种亚文化，它反映的是班级这个特定的社会组织的价值观念和行为准则，是一种渗透在班级一切活动中的东西。它是以班级为主要活动空间，以师生为主体，以班级物质环境、价值观念和心理倾向等为主要特征的群体文化。即一个班集体内教师和学生共同承认并遵守的一种价值观念和审美趋向。[1] 具体来说，班级文化包括班风、学风、班集体舆论、班级人际关系和班级活动等方面的内容。因此，班级文化形成的过程，可以说就是班级成员的价值观念不断完善的过程，是班级中良好人际关系形成的过程，是班级良好心理气氛形成的过程，也就是班集体中学生个性健康发展的过程。班级是班级文化产生的基础，班级文化一经形成会按其式样塑造班级成员，使班级成员的价值观念、行为方式有利于班级文化的发展，而班级成员也会自觉不自觉地维护这种文化。因此，培育良好的班级文化既是做好班级管理工作的心理平台，又是形成集体凝聚力的精神基础，更是全面提升大学生人格素养的重要保证。辅导员作为班级管理和建设工作的领导者、组织者和实施者、协调者，在班级建设工作中起主导作用。

1. 班风建设

班风是班级文化建设的核心内容。教育社会学认为，班级气氛即班风，是指班级所有成员在比较长期的交流中所产生的一种共同心理倾向、行为表现趋势、精神风貌及其状态、价值目标的认同程度。[2] 班风是一种群体意识和行为倾向，寄托着班级成员共同的理想和追求，作为一种非强制性的精神感化手段，它创造出的精神风范能极大地影响班级成员的价值选择、人格塑造、思维方式、学术氛围、道德情操、行为习惯，对于学生的教育和学习，成长与成才起着重要的、不可估量的作用。为此，辅导员需要认真关注大学生的成长需求，引导他们树立正确的世界观、人生观和价值观；培养他们的集体观念，增强对班级体的归属感和

---

[1] 黄伟. 校园文化概论[M]. 北京：清华大学出版社，1993.

[2] Fraser. B. J. Research on Classroom and School Climate. Handbook of Research on Science Teaching and Learning. New York：Macmillan, 1994.

凝聚力；改进师生关系，促进师生关系和谐发展；推动班级发展，提升班级竞争力，使班风建设保持在一个较好的水平，保证班集体的稳定、协调、有序、团结与奋进。

同时，需要加强班级凝聚力建设。高校班级凝聚力指班级成员在班级发展目标的引力下，自愿分担班级风险和实现既定目标的一种综合力，其实质是班级成员对班级的责任感、使命感和归属感的总和。班级凝聚力对于班级有较强的维持作用，可以保持班级的整体性、协调性，控制班级成员，保证成员的自信心与安全感。① 首先，辅导员需要重视班级学生干部的培养。班级学生干部是学校学生工作的重要引航人，是联系教师和学生的纽带，是班集体凝聚力的核心，也是和谐班风的建设者和维护者。其次，营造健康融洽的班级心理环境，形成班级感召力。所谓班级心理环境，是指弥散在班集体中的某种占优势的、比较稳定的整体心理状态。② 班级心理环境包括的内容很多，如师生关系、同学关系等等。良好的心理环境往往表现出积极而活跃、协调而融洽的特征，有助于提高和优化大学生的思想水平、行为方式和心理品质。为此，通过教育引导，把师生的共同利益、共同理想、共同追求紧紧联系在一起，形成一种共同意志，使得同学之间团结友爱、互相鼓励、互相关怀；师生之间民主平等、爱生尊师；制定班级纪律，规范大学生的思想和行为，抑制不良的思想和行为，促使其向好的方向转变，从而提升大学生的道德水准。

2. 学风建设

大学生的主要任务是学习，好的学习氛围的形成需要通过不断激发大学生的学习动机来实现。理想信念是个体成才的动力和发展方向，个体只有树立了远大理想和抱负，才能够对其行为产生恒久性的激励。这就需要辅导员引导大学生树立远大理想，树立正确的价值观念和人生观，帮助大学生明确奋斗目标和学习目的，端正学习态度，找到学习的动力和方向，增强社会使命感、责任感，将理想与追求熔铸于勤学之中，促进他们全面成才。加强学风建设，还可以尝试以就业为导向，启发引导大学生将眼前的学业与将来的就业联系起来，从而树立正确可行的个人目标，引导大学生将精力和热情转移到学习上，提高学习的浓厚氛围。

---

① 赵小剑.高校班级凝聚力建设的影响因素及策略研究[J].科教论坛，2007(4):156.
② 蓝苗苗.营造和谐班级心理环境的探索[J].广西教育，2007(7):86.

3. 形成正确的班集体舆论

班集体舆论是在班集体中占优势的、为多数人所赞同的言论和意见。[①] 班集体舆论是班级成员观念态度的集中体现，是班级深层次的精神文化。班集体的成长离不开健康的班集体舆论，正确健康的班集体舆论首先体现为班级的民主作风。不论是建立组织、评比先进，还是班务日常工作都应采取民主形式。这样，选出的班干部才有凝聚力，评出的先进才有感召力，处理的事情才有说服力，全体班级成员才有主人翁的责任感。其次是科学价值观的树立。将符合时代要求的正确的价值观融入到班级文化建设中，在班级内形成正确的舆论导向、价值导向，使大学生通过班级文化的熏陶、浸染，形成比较一致的、符合时代要求的、正确的价值观，使其道德认知、道德情感、道德意志和道德行为符合社会期望。为此，辅导员需要合理引导班级舆论，在教育教学、生活活动中，根据是非标准进行褒贬，给予表扬与鼓励，也给予适度的批评与教育，在全班形成一种能够扶持正气、伸张正义、遏制错误思想、阻止不道德现象的集体舆论。

4. 班级良好人际氛围的营造

班级人际关系对于大学生日常生活和班级各种活动的开展都是不可缺少的，班级人际关系的好坏，对班级的心理气氛及成员的生活学习效率有很大的影响。良好的班级人际关系可以满足大学生对友谊、归属、安全的需要，可以更深刻生动地体会到自己在集体中的价值，并产生对集体和他人的亲切感，使交往双方关系融洽，从而获得充实愉悦的精神生活。为此，辅导员首先需要为大学生提供社会交往的模拟环境，借助分享、回馈、角色扮演、行为改变等方法，协助每个成员学会表达自我，改变认知，掌握有效的人际沟通方式，提高人际交往能力。帮助大学生建立正确的友谊观和价值观，引导他们学会和睦相处，相互尊重、相互信任、相互支持，在互通思想和感情的基础上建立真诚的友谊。其次，协调好班级里的竞争与合作。竞争与合作相互影响，相互促进。竞争中常常包含着合作，合作中也常常伴随着竞争。辅导员应该引导大学生正确认识和处理竞争与合作的关系，合理引导小群体的发展，从而有效地促进大学生社会能力的发展。在竞争中使大学生认识到竞争及竞争结果的意义，激发个人努力，提高自我要求的标准，在与他人的比较中形成对自己客观实际的评判，并能更好地发现自己的局限性和尚未显示出来的潜力，从而努力克服有碍发展的人格特征；在合作中体验集

[①] 应国栋. 正确、健康的班级舆论培养策略[J]. 教学与管理，2002(9):15.

体力量的伟大，促使大学生学会取长补短，自觉改进学习态度和方法，促进智慧和良好品德的发展。不过对大学生的竞争教育要适度，以免因过分强调而妨碍他们学会合作，使集体精神和集体道德有所破坏。

5. 开展多样、丰富的班级活动，强化班级向心力

活动是素质形成和发展的源泉和动力，是班级教育的重要机制，也是大学生自我教育的基础。建设班级文化最好的途径就是组织和鼓励大学生参加各种各样的活动，寓教育于活动中，例如主题班会，它在统一大学生思想、端正大学生态度，进而规范大学生行为、形成集体的道德情操方面具有重要作用，在培养班集体形成良好的班风、学风方面也能够起到不可估量的作用。班级活动的开展必须坚持主体性原则、发展性原则、社会性原则以及多样性原则。因为当代大学生思维活跃、反应敏捷、主体意识不断增强，思想和行为的独立性、选择性、多变性和差异性也日益增强。所以，班级活动的开展应该坚持主体性原则、发展性原则，充分调动班级成员的积极性和主动性，从大学生的情感需要和成才实际出发，让他们自己选择、自己创造、自己组织，充分展现他们的兴趣、爱好、特长，体现自身价值，提高素质，促进发展。班级活动应该坚持多样性原则。因为新颖、多样的活动才能调动大学生参与的积极性，也只有内容丰富、形式多样的活动才符合青少年心理发展的不稳定性要求。班级活动还应坚持社会性原则，将大学生的学习生活与一般的社会生活结合起来，为大学生提供更多的学习机会，让他们真正接触社会、了解社会，拓宽视野。

（七）高校辅导员与大学生宿舍建设

随着高校对学分制的尝试和改革以及后勤社会化的推进，以班级为主体的学生基本组织形式将逐渐弱化，宿舍成为大学生相对集中的重要场所。对于当代大学生来说，宿舍不仅仅是吃饭睡觉的地方，而且成为大学生学习、交流、娱乐、放松、休息的多功能生活空间。调查显示，大学男生一周内平均在寝室度过的时间是82.4小时，女生是92.1小时，分别占一周总时数的49.04%和54.82%。[①]可见，大学生生活中有一半或更多的时间是在宿舍中度过的。对许多大学生而言，宿舍生活空间质量如何往往决定了他们对大学生活的满意度，和谐融洽的宿舍空间给大学生们带来的更多是温暖、平和、愉悦与亲切，而不良的宿舍生活空间则会激发和恶化部分大学生的人格弱点，产生过度的自卑、敏感、抑郁、狂躁

---

① 郭勤.大学生宿舍管理与大学生心理健康发展[J].重庆邮电学院学报，2001(4)：66.

乃至强烈的攻击性行为。研究表明，大学生引发心理适应障碍的原因中有35%涉及宿舍生活。[①] 所以，宿舍作为大学生学习、生活、休息、娱乐和交往的主要场所，应该成为辅导员开展学生工作的重要阵地。

1. 大学生宿舍建设的内容选择

宿舍是以所居住的大学生主体为中心，由宿舍的物质环境、文化环境、人际关系环境等多种要素相互作用所形成的大学生特定群体的生活空间。生活于其中的大学生个体发挥着、承受着、改变着或反抗着各种要素的影响和驱动，并在这种影响和驱动的整合中规定着个体心理行为的特定表现。积极良好的宿舍生活空间能够调适和优化大学生的心理环境，有助于大学生个性健全与人格的完善。而辅导员的主动引导和教育介入是大学生宿舍环境现实构建的关键。通过对宿舍物质环境、文化环境、人际关系环境的构建，打造明亮整洁的物质环境、关心友爱的人际空间、积极乐观的精神氛围，推动大学生健康成长。

(1) 良好的物质环境的积极创建

营造良好的宿舍氛围必须先从美化宿舍物质环境入手。物质环境即物质形态的硬环境，包括学校所处的气候条件、地理位置、宿舍的硬件设备、总体布局、卫生状况、文体设施等，宿舍物质环境直接影响着大学生的身心发展。加拿大学者斯蒂芬·利考克在《我见之牛津》一书中深有感触地说："对大学生真正有价值的东西，是他周围的生活环境。"心理学研究表明，宁静、优雅、树木葱郁、花草芳香的环境可以减少人的激动情绪和人与人之间的摩擦，也能缓和人的精神紧张，释放人压抑的心情，还能在不知不觉中使人由感观而动情，由动情而移性。所以，要激起大学生美的情感体验，净化他们的心灵，必须在提供布局合理、景色宜人的校园建筑的基础上，抓好宿舍物质环境的美化，营造一个赏心悦目的宿舍环境。干净整洁、布局合理、明亮舒适的物质环境能够使成员心情愉悦与舒畅，而杂乱、阴暗、潮湿、不洁、嘈杂的物质环境则会使成员出现疲劳、烦躁、压抑、易怒、头晕、恶心甚至失眠等不良身心反应。因此，辅导员需要引导大学生积极创建良好的宿舍物质环境，从我做起，把维护宿舍环境作为自己的责任和义务，用实际行动打造美好的宿舍空间，以使成员愉悦平和、团结奋进。

(2) 健全文化环境

文化环境包括制度文化环境和精神文化环境。制度文化环境是有关大学生宿

---

① 陈青萍.大学生宿舍生活心理适应障碍及其干预措施[J].中国行为医学科学,2002(5):435.

舍管理的一系列规章、制度、条例、公约，对大学生起着规范保证作用；精神文化环境是寝室成员在长期生活交往过程中所形成的为寝室成员所认同和遵循的文化观念与精神氛围，如寝室成员的着装打扮、语言风格等外显文化，生活习惯、娱乐倾向、消费方式等中层文化，以及寝室成员普遍遵从的理想信念、思想意识、价值取向、道德观念、审美情趣等内核文化环境。宿舍是大学生多样性展现与个性化张扬的生活空间，但如果缺少集体的约束和制度的规范就容易滋生自私狭隘、自由散漫等不良个性倾向，由此引发多种不满、纠纷、冲突和矛盾。因此，完善宿舍规章制度，营造一种积极向上、健康适宜、团结友爱、宽松温馨的文化氛围，使成员在宿舍环境中能够更充分地表现自己、充实自己、发展自己，逐渐形成健康、活泼、开朗、自信、友爱、向上的优良心理品质与精神风貌。这样，宿舍成员在宿舍环境中不仅体验着生理需要，更体验着安全需要、归属和爱的需要、自尊的需要以及自我实现需要的发展与满足，进而实现心灵的充盈、情感的丰富与精神的灵动。

(3) 营造和谐友好的人际交往环境

从一定意义上讲，大学生宿舍是在一定物质与文化环境基础上所形成的大学生人际交往空间。宿舍人际关系指宿舍成员在共同的学习生活中结成的以精神关系为主要内容，以语言、思想、知识、情感为媒介的关系。宿舍人际关系是一种高级形式的宿舍文化环境，它不仅是一种潜在的教育力量，可以帮助学生陶冶情操、修身养性、磨炼意志，还可以防止和减少大学生心理障碍的发生。民主、平等、和谐的宿舍人际环境让大学生感到温暖、愉快、安全，从而激发大学生的积极性和创造性，而冷漠、排斥、充满敌意的宿舍人际环境则容易使大学生感到焦虑、压抑、痛苦，从而阻碍其积极性的发挥和潜能的开发。在市场经济环境影响下，人际关系经济化倾向逐渐向高校渗透。在大学生人际交往中，经济交往所占比重越来越大，一大批经济来源不足的大学生在人际交往中感受到了难言的压力、困惑、矛盾与被动。调查显示，宿舍人际关系质量最高的是自评经济状况处于中等水平的大学生，其次是自评经济状况处于上等水平的大学生，而自评经济状况处于下等的大学生的宿舍人际关系质量最低。因此，加强教育引导的针对性，引导大学生正确认识高校"贫困现象"，树立健康的人际交往观念，开展多样的人际交往形式，形成丰富多彩、简约平等的人际交往环境。

大学生来自不同的地区和家庭，有着不同的价值观念、思想意识、认知能力、情趣爱好、性格特点、行为方式、经济状况，因此，辅导员应该通过努力使学生把宿舍打造成一个充满宽容、忍让、理解、关爱的生活空间，让成员获得安全感与认同感，感知到更多的认可。积极融洽的生活空间不仅可以为成员提供有效的心理支持，促进成员间相互理解、相互关爱的人际氛围的良性循环，使成员感到亲切、轻松、愉快，而且对宿舍成员的学习和生活意义重大，有助于大学生形成健康合理的人生观，也可以避免至少减弱一些恶性事件的发生。2007年宁波大学、河南农业大学、沈阳医学院等高校均出现同宿舍同学全部考上名校研究生，这种"金牌宿舍"现象的出现并非偶然，与他们自身勤奋好学及互勉互助的宿舍风气是分不开的。

2. 大学生宿舍建设的途径和方法选择

良好的宿舍环境，丰富多彩的课余生活是大学生实现自我管理、自我教育、自我服务的重要阵地，它有利于青年大学生的身心健康和高尚的道德情操的培养。良好的宿舍生活空间要在集体活动中形成，如开展"宿舍文化"建设活动，在宿舍走廊装上展览橱窗，展示有益的文化展品（如"寝室门窗"设计精品展、"无烟寝室"、"文明寝室"等创建或竞赛评比结果揭晓）等丰富多彩的活动，丰富大学生的业余生活，拓宽其知识面，丰富其精神生活，陶冶其情操，提高其人生境界，更为重要的是在计划制订与实施、各种内外关系的协调过程中，大学生的组织能力、管理能力、交际能力、实践操作能力、应变能力等素质得到了大幅度的提升。另外，通过宿舍活动，有助于宿舍成员在活动中增添相互理解与信任，感受集体的温暖，增强集体凝聚力。

此外，在宿舍建设中，辅导员要充分发挥室长的作用。宿舍物质环境的维护、规章制度的遵守、文化活动的组织、矛盾冲突的和解和个体知觉环境的渗透，需要室长的积极参与和督促。对于室长职权与作用的充分发挥，一是要注意室长人选的确定，在一定程度上具备以身作则、踏实上进、开朗合群、公正敢言的人格特征；二是要由学校相关部门正式授权，明确其职责与价值，从而增强室长在成员间的威信与地位。

（八）高校辅导员与大学生学生干部队伍建设

高校学生干部岗位是大学生进行社会实践、锻炼社会工作能力、提高综合素质的重要阵地。调查发现，学生干部在学习能力、人际交往能力、心理调适能力、社会竞争力和大学生活满意度方面的认同感高于普通学生，说明在担任干部过程中，其能力得到了更大发展。由于参与学生工作，学生干部成为辅导员的助手，得到了辅导员更多的指导和帮助。可见，高校学生干部岗位这一平台为学生干部的社会化提供了足够的社会互动和社会角色扮演的场所，为学生干部学会做人、学会学习、学会交往提供了实践的机会和条件，增强了自信心，提高了心理素质和抱负水平，坚定了成才信念。不仅如此，由于具有共同的语言和共同的志向，学生干部的行为在大学生群体中容易产生共鸣，在其感染和号召下，有利于引导其他学生行为发展的轨迹，进而形成共同进步的良好局面，实现自我教育、自我管理和自我服务和自我发展。可见，学生干部队伍建设蕴涵着一种人力资源开发的功能。因此，从大学生的成长出发，辅导员不仅要加强学生干部的培养和提高，帮助他们实现其原有基础上的发展与超越，同时也应该扩大学生干部的覆盖面，避免将学生干部集中在少数大学生身上，以便让更多的学生得到更大发展。

学生干部队伍建设是一项复杂的系统工程，需要各级领导的重视，这是搞好学生干部队伍建设的先决条件。而作为学生干部队伍建设的"参与者"和"建设者"之一的辅导员，要自觉地把学生干部队伍建设作为一项基础性工作列入每学期的工作计划并予以认真落实，主管部门要把学生干部队伍建设的成效作为评定辅导员工作绩效的重要标志。

1. 建立完善学生干部队伍选拔机制

选拔高素质的学生干部是提高高校学生干部素质的前提和保证，因此，建立科学合理的选拔机制是学生干部队伍建设之必需。学生干部的选拔过程应该既是引导大学生树立德才兼备人才观的过程，也是引导大学生学会竞争的过程。选拔学生干部要坚持"公平、公开、公正"和"德才兼备、任人唯贤"相结合的原则，采取自荐和推荐、公开竞选、竞争上岗的形式，以学生干部应具备的素质和能力为标准，吸引更多的大学生关心支持学生工作，真正把素质高、能力强的大学生选拔到学生干部岗位。具体过程为：符合岗位描述条件的自愿报名参与公平竞争；广泛征求院（系）领导、任课教师、其他学生干部和普通同学的意见，了解报名对象的思想政治素质、学习情况及个性特征，进行资格审察，确定最后的学生干部候选人；通过竞选演讲等形式把优秀候选人选拔出来，团支部干部由班级团员大会投票选举，班委干部由班会投票选举，学生会干部由学生代表大会投票选举，学生党支部干部由所在支部党员大会投票选举，学生社团、协会干部由社团、协会成员大会投票选举。为防止动机不纯、素质不高的大学生被选进干部队伍，每一个选拔的学生干部在正式担任干部前都应当公示，接受广大老师和同学的监督。同时，注重梯队建设，高低年级合理搭配，这样既能保证高年级学生干部能力的发挥,又能对低年级的学生干部进行指导和培养,保证大学生工作承前启后,也使队伍具有持续战斗力。

2. 建立健全学生干部队伍培养培训机制

高校学生干部队伍建设的目标可以总结为以下几点:政治过硬、思想先进、学业优良、能力较强、乐于奉献、勇于创新、结构合理、梯队有序。这一目标体系立足于对学生干部素质的要求,涉及学生干部队伍的思想素质、业务能力、主观态度以及队伍构成,是一个相互联系的有机的整体,其中既包括了对学生干部个体的要求,也包含了对整个学生干部队伍的要求。

(1) 培训内容的选择

对学生干部的培养培训主要从思想素质、业务素质和能力三个方面进行。良好的思想素质和优秀的品德是成就一个优秀学生干部的基础,也是在学生工作中形成一定的影响力和感召力的必需。业务素质是指学生干部在工作过程中应当具备的素质。能力是指学生干部顺利完成学生工作必备的心理特征的总和。业务素质和能力是学生干部有效开展和提升学生工作成效的基础和前提。

第一,良好的思想政治素质的培养。

开展思想政治教育,坚持用马列主义、毛泽东思想、邓小平理论和"三个代表"重要思想武装学生干部的头脑,增强他们贯彻党的教育方针、落实科学发展观以及执行上级决定的自觉性和坚定性,使其树立科学的世界观、人生观、价值观,树立崇高的理想,成为社会主义的合格建设者和接班人。

第二,业务素质的培养。

一个优秀的学生干部应当具备的业务素质主要有概念技能、团队意识、服务意识、科学文化素质和心理素质。首先,需要对学生干部进行概念技能的培养。概念技能,即把观点设想出来并加以处理以及将关系抽象化的能力。在学生工作中,表现为在处理一件事情时,能够迅速形成自己的思想和观点,并能够把一批同学团结在自己周围来做好这件事情。所以,辅导员需要引导学生干部培养良好的概念技能,使其学会思考,了解全班同学的要求。其次,进行团队精神的培养。一个优秀的学生干部一定要具备良好的团队精神。在学生工作中,任何一项活动的开展,都是一个整合利用资源的过程,需要团队中的每一个人各司其职、各尽其能。一旦这种和谐统一的氛围遭到破坏,就会影响工作的正常进行。所以,引导学生干部学会相互尊重、友好合作,加强团队合作意识,增强集体的凝聚力,提高学生干部在大学生中的号召力和凝聚力,充分发挥学生干部的桥梁、骨干、模范作用。再次，进行服务意识的培养。学生干部最主要的职责是服务同学，忠实维护同学的利益，并把服务同学作为做好一切工作的根本判断标准。因此，需要培养学生干部"以发展为先、以大局为重"的大局意识，"以同学为本、为同学服务"的服务意识，率先垂范、以身作则的模范意识以及遵章守纪、不徇私情的纪律意识和言信行果的诚信意识。再其次，进行科学文化素质的培养。科学文化素质是学生干部的必要素质。学生干部首先是学生，学生要以学习为最大责任。良好的学习成绩有利于学生工作的开展，更有利于学生干部自身的发展。在学习上，学生干部应该成为同学的表率。一般来说，学习态度端正、目的明确、勤奋刻苦且成绩优良的学生干部更容易赢得同学的尊敬，更容易建立起自己的威信，发挥模范带头作用，带动整个学风朝着好的方向发展。所以，引导学生干部正确处理学习与工作的关系，刻苦钻研，掌握学习的能力，合理安排时间，掌握科学的学习方法，及时总结学习经验，具有广泛的科学文化素质，增强自身的吸引力和感染力。最后，进行良好的心理素质的培养。良好的心理素质不仅是大学生身心健康的主要内容，也是当好学生干部的重要因素之一。它包括广泛的兴趣、丰富的情感和坚定的意志等方面。辅导员应该引导学生干部学会全面剖析自己，努力超越自我，使他们能善于配合其他干部开展工作；提高学生干部的自我管理能力，引导他们学会用理智控制自己的情绪，增强对外界刺激的承受能力，正确对待学习、工作上的得失成败，培养"成不骄、败不馁"的良好心理素质。

第三，能力培养。

高校学生干部能力的高低直接影响着集体目标实现的程度。学生干部应具备良好的学习能力、组织协调能力、较强的总结归纳能力、科学的决策能力和流畅的语言表达能力等。首先，进行组织协调能力的培养。学生干部工作的对象不仅是个体，更多是在各种关系中的群体，需要各方面的协调配合，因而必须提高学生干部的组织协调能力，真正发挥桥梁纽带作用。其次，进行交往能力的培养。交往、沟通能力是一个优秀的领导者所必备的素质。辅导员应引导学生干部熟悉交往艺术，善于同各种群体和组织交流，建立密切的关系，为工作开展创造一个宽松的外部环境。再次，进行语言表达能力的培养。表达能力包括口头表达能力和书面表达能力。作为学生干部，经常要碰到制订计划、写总结及各种材料的机会，没有较好的文字表达能力是很难胜任的。此外，学生干部还要经常主持会议、发表讲话、传达文件、对同学进行思想教育，没有良好的口头表达能力也难以胜任。再其次，进行判断决策能力的培养。高校学生干部面临的工作往往是纷繁复杂的，应根据学校布置的中心工作，结合具体工作的实际情况，找出关键问题所在，权衡利弊，及时做出有效可行的决策。最后，进行创新能力的培养。学生干部需要具有创新意识，独立思考问题，打破以往思维的束缚，学会根据学校和学生的需要设计工作，消除思维定式的负效应。

（2）学生干部培养的途径和方法选择

整合和充分利用不同的培训资源，通过综合培训和专项培训、集中培训和分散培训、定期培训和日常培训、课堂理论教育和实际工作讲评等方式的有效组合，针对不同层次的学生干部，因材施教，构建学生干部培养培训的长效机制。

第一，集中培训和分散培训。

为了保证当选学生干部尽快适应新岗位的工作，需要进行包括学生干部的一般素质要求、该学生组织的基本制度、工作方式以及岗位职责、相关部门介绍等内容的岗前培训。定期对学生干部进行理论和业务培训，如对学生干部进行学习能力、组织协调能力、人际沟通能力以及驾驭复杂局面的能力等方面的培养与训练，不断改进和提高工作水平，增强分析问题和解决问题的能力。学生干部专业学习任务较重，还要安排课余时间从事学生工作，不可能有大量的时间参加学校组织的集中培训，所以以各种学生组织为单位进行分散培训和日常培训显得必要。辅导员可以利用日常会议、活动的机会进行相关培训，针对学生干部的具体工作问题给予及时指导，以提高学生干部的工作能力。

此外，注意针对不同层次、不同职务的学生干部进行分层次、分领域培训，如心理委员培训、文体委员培训、党支部委员培训等。另外，对学生干部的培养，可以采取因材施教的方式，实行学生干部导师制。导师制是在导师和学生干部之间建立相对固定的培养关系，责任到人，使导师有更多的时间和机会了解学生干部的特长和潜力，有针对性地进行培养。2007年，上海交通大学与华东师范大学、华东理工大学、上海行政学院等12所高校联合举办的"'新一代'优秀团干部培训班"开班仪式暨人生导师受聘仪式在上海市委党校举行，首度联手探索培养学生干部的新模式。12所高校的团委书记被聘请为学生干部的人生导航导师，结合素质拓展计划、挂职锻炼计划、选苗育苗计划、社会实践计划、领袖精英计划等，为来自12所高校的37名优秀学生干部度身培养。① 这一举措取得了不错的效果，值得借鉴。

第二，组织学生干部间的经验交流，实现朋辈培养。

相对于辅导员和专家的讲授和指导，高年级学生干部的经验更容易被学生干部接受。所以，组织开展新老学生干部经验交流会，就他们在学习工作中的实际问题互相交流、展开讨论；举办优秀学生干部事迹的学习讨论会，达到熏陶感染效果；在高年级和低年级学生干部间建立"师徒"、"帮带"关系，将学生干部的优良传统传承。

第三，社会实践锻炼。

社会实践是培养学生干部的有效途径。积极组织学生干部参加挂职锻炼、社会调查、生产劳动、志愿服务、公益活动、科技发明和勤工助学等社会实践活动，使他们成为社会实践活动的组织者和领导者。在策划、组织活动的磨炼中，提高学生干部的语言表达能力、组织协调能力和人际交往能力等各方面能力的同时，使学生干部尽情展现自己的才华。

辅导员在培养过程中，既要在同一阶段内，尽可能地给学生干部培养锻炼的机会，挖掘每一位学生干部的潜力，促使整个学生干部的培养工作繁荣发展，又要对处在不同阶段的学生干部实施相应的科学培养使用措施，确保各年级学生干部持续、健康、有序地发展，实现学生干部队伍横向和纵向的可持续开发及整体协调发展。

(3) 完善学生干部队伍的激励机制

激励机制是为了对优秀学生干部的出色表现给与精神和物质上的奖赏，以鼓励先进，带动全体学生干部奋发向上、争优争先。激励分为物质奖励和精神激励两种。物质激励包括发放优秀学生干部奖学金、提供在学生组织的职务晋升和毕业优先推荐、保送研究生加分等措施。精神激励是激励机制中的一个重要组成部分。在日常工作中，主管学生工作的领导和教师应对学生干部工作多一些肯定，少一些否定，巩固和增强学生干部对自身能力的信心，满足他们的自尊心和成就感，这有利于学生工作的有效开展及学生干部自身的成长。另外，可以结合考评机制，对优秀学生干部进行表彰。这些奖励能转化为学生干部工作上的动力，促使他们在工作中不断追求上进，积极开拓进取，促进个人素质的提高，对那些没

---

① 石国亮.高校学生干部培训教程[M].北京:中国青年出版社,2007:50.

有获得荣誉的学生干部和学生也具有鞭策效果和教育作用。

（4）完善考核机制和监督机制

建立学生干部的考核制度，是学生干部管理的重要内容。高校可以考虑从德、能、勤、绩等多方面，结合学生干部的平时表现，对学生干部的工作、学习成绩进行严格的综合评价。考核结果进入学生干部本人档案，并将考核结果与学生干部的各种考核、考评工作结合，肯定成绩，指出不足，以调动学生干部的工作积极性。考核应制定出明确的考核条例，考核指标全面，一般由学生工作领导小组负责组织实施，遵循程序公平原则，严格把关，保证考核的公正性。

对学生干部的监督考察是教育管理学生干部的重要形式，建立健全科学的监督考察机制是确保学生干部在职责范围内按照正常程序正确履行职责和开展工作的必要手段。学生干部的监督以与学生干部工作和生活接触最紧密的老师、同学为主体，对学生干部的品德、能力、考勤、成绩以及学习、生活、工作作风进行监督，将监督与考评相结合，通过严格的考核和同班、同宿舍同学的评议，以考评促监督。

高校学生干部作为学生骨干，既是学校各级党团组织和学生管理职能部门联系大学生的纽带和桥梁，也是学校各项教育管理工作的积极参与者和实施者。学生干部"从学生中来，到学生中去"，有着直接性、渗透性、群众性和及时性的特点。通过学生干部队伍，高校可以及时迅速地传达党的路线、方针和政策，培养造就大批中国特色社会主义事业的合格建设者和可靠接班人；也可以快速反馈大学生的思想动态，为大学生工作部门提供准确的决策依据，带动和保证整个学校的稳定，促进高校健康发展。除此之外，学生干部学习刻苦，成绩突出，自律性强，综合素质好，威信高，在班风、学风建设项目中起着模范带头作用。总之，加强学生干部队伍建设，不仅是大学生健康成长的需要，也是我国社会主义现代化建设的需要，是高校稳定发展的需要。

第十章 高校辅导员工作与大学生发展的个案研究——青春涅槃

第十章 高校辅导员工作与大学生发展的个案研究——青春涅槃

作为高校学生工作队伍的一员,我非常享受与青春年少的大学生做伴的日子,因为放眼望去,尽是求知的眼神、灿烂的笑脸。作为一名兼职辅导员,我愿意做一个摆渡者,不管顺境还是逆流,我总希望帮助我的学生从此岸到彼岸。

个案一:飞翔之力源于感恩

个案二:离歌未央　师恩难忘

个案三:大学之路,因为有您,我超越了自我

个案四:成功之路因为有您更精彩

个案五:盛夏流年　感动常在

个案六:明日起程　情意未决

个案七:我有一双飞翔的翅膀

个案八:情系恩师　扬帆远航

个案九:心与心的距离其实很近

个案一:飞翔之力源于感恩

"一份耕耘,一份收获;一个鼓励,一股爱的暖流静静流淌在心间,我感激恩师的帮助和支持,也感激社会上无处不在的真、善、美,让爱永驻心间。"

回首大学四年,从少不更事的迷茫与幼稚到飞扬着青春激情的成熟与自信,我完成了人生最重要的一次蜕变。在四年宝贵的青春岁月中,我实现了学识上的飞跃、思想上的洗礼、实践中的磨炼以及人生理想的升华。这一次次的人生飞跃得益于大学四年遇到一位好的辅导员。四年的时光已经溜走,但是过去的点点滴滴依旧在我心灵深处回响。

了解学生　重在沟通

沟通是实现老师与学生之间有效交流的桥梁和纽带。与学生的沟通不仅有助于老师了解学生,引导学生不断成长,同时也能够赢得学生对老师的信任和工作的支持。我的辅导员就常常鼓励我们跟她进行交流沟通,以朋友的身份和学生一起聊天。后来才发现,正是通过沟通和交流,辅导员及时了解和把握了我们的想法并加以有意识地引导,帮助我们实现了自我成长与自我超越。

大学四年,学生通常都会经历懵懂、迷茫、思考、选择几个阶段。大一时,

我喜欢独来独往，因为觉得自由，没有约束。大一下学期期末的时候，同学们都在紧张地准备期末考试复习，我也不例外。不幸的是，在考英语的时候，我却没有出现在考场上，因为我记错了考试时间。面对这突如其来的事情，我感到茫然，不知所措，唯一想到的就是向辅导员求救。我现在还清晰地记得匆忙又焦急地跑到公话超市给她打电话的情景，非常着急，怕自己的英语成绩是零分。我把事情的大概向辅导员说了说，她一边安慰我不要着急，好好准备接下来的几门考试，一边告诉我她帮我打听可否办理缓考之类的事。2005年的7月1日，那天很热，意外接到辅导员的电话，她告诉我帮我领到了一张缓考申请表，叫我下午去教学楼等她，还帮我解决了签字盖章之类的事情。通过这次与辅导员的接触，我感受到了她的热情和热心，对学生和自身工作的热爱，由此也缩短了我和辅导员的心理距离，因为此后的四年，我与辅导员一直保持着融洽友好的关系，更从她那获得了持续进步的动力。不仅如此，在辅导员的引导下，我还慢慢开始和其他老师沟通交流，帮助自己解决学习、生活中遭遇的困惑和难题。由于充分感受到了辅导员和其他老师的关怀、爱护、信任与肯定，我学会以积极乐观的态度和激情面对人生，慢慢树立了自信、自爱、自强的个性，为我四年的大学生活奠定了坚实的基础。

热情帮助　　指引未来

大二、大三时，辅导员给予了我生活上极大的帮助，奖学金、助学金以及助学贷款等方式帮助我渡过了家庭经济困难的难关。在辅导员的耐心开导下，我重拾了继续学习的信心和激情，也感受到了她对我的信任，这给予作为学生的我莫大的鼓励。

进入大四，来自报考研究生和就业方面的事情很多，面临对未来的选择，同学们处于茫然和焦虑状态，辅导员工作更加忙碌。她针对学生的不同情况开展工作——为准备考研的同学提供建议和鼓励，为准备就业的同学提供尽可能多的就业信息。出色的工作自然会有满意的结果，大部分同学毕业前顺利找到了适合自己的岗位。而在这一年，我也经历了许多事情。面临大四保送研究生与报考研究生的矛盾选择，我很迷茫，辅导员又在这关键时刻给我指明了方向。她分析了我要报考的北京、上海两个地区高校的现实情况及其要求，保送研究生的利弊，我的家庭经济情况和能力，帮助我最后明确了自己的选择道路——保送研究生。然而，真正进入保送研究生的过程后，我才发现困难重重。好在有辅导员耐心帮我修改自荐材料，详细介绍保送研究生的具体过程和一些细节。做好保送研究生的准备工作后，联系导师成了一个最大的难题。因为我们这一届保送研究生的同学只能自己联系接受学校，学院不再提供帮助。我生长在农村，没有任何社会关系和背景，在最困惑、最失望的时候只能再次向辅导员寻求帮助。她没有任何推脱，竭力帮助我联系了导师。可是最后的面试却让我经历了二十几年来最彷徨的时刻，因为那是对我人生观、价值观的冲击。当面临一次又一次的打击，而被打击的是自己的信念与梦想时，我感到特别脆弱和焦虑，甚至有不堪承受之重的感觉，曾经萌发了想要逃避和放弃的念头。

保送研究生虽然遭遇了很多困难和挫折，但在辅导员的开导和帮助下，我终于战胜了自我，最终成了一名西南大学的研究生，得此机会继续学习和深造，实现了我这一阶段的人生理想。还记得当时确认被录取的信息后，我兴奋地给辅导员打了电话，感谢她的帮助，可她的话语却让我非常意外。"没什么要感谢的，因为你是我的学生，这一切都是应该的。如果你真的想要感谢我，就在研究生三年期间，好好发展和提高自己，让我看到一个不同的你，这就是对我工作最大的回报了……。"我沉默了好久，我想，能够在大学与您相识，成为您的第一届学生，是我的荣幸与福气，也许您就是算命先生所说的"天降贵人"吧。您的为人，您的言谈，您的思维，都深深影响着我，不经意间，我能够从自己身上看到您的影子。

倾尽心血　放飞希望

大学四年，班上发生了许许多多小事，而这一件件小事在大四时便连掇成了一件大事，那就是我们这群大学生将要成为一个个"社会人"。回首四年来的一件件小事，才发现它们都让人难以忘怀，因为每一件事情的发生、解决和发展，几乎都倾注了辅导员的心血，倾注了她对学生们的爱。所以，我很庆幸自己能够成为她的一名学生，正是有了辅导员的指导和帮助，我逐渐走出困境，不断努力改变、磨炼和提高自己，最终，我不断完善并突破了自我。于是，我不再像以前那样胆小，不再像以前那样面对同学和老师眼神时不知所措，而是可以勇敢和大胆地走上讲台，也学会了与同学和老师的倾听与交流。

面对即将离开的我们，辅导员有许多不舍。对辅导员而言，和学生相处的日子也是最难忘的,因为她的付出成就了我们最大的收获。不过,面对即将离开的我们,辅导员更多的是殷切期望。她希望自己的工作留给学生一种温暖的痕迹,衷心希望学生带着这种印痕走向社会,走向成功。

人生道路的选择并不容易,但我很幸运,因为有您,我亲爱的辅导员。正是一路有您的关心、教导和扶持,才让我走到了现在。谢谢您,我亲爱的老师。也许单纯的言语无法表达我的感激之情,只能将其深埋心底,久久加以珍藏。您是我的恩师,我深深地敬重您,您更是我最真挚的朋友,所以感觉如此亲近。祝愿好人一生幸福、平安,我一定会抱着一颗感恩的心,在未来的人生路途中奋发图强,谱写属于我的人生美丽画卷,同时也必将竭尽所能地帮助别人,无论现在还是将来。

个案二:离歌未央　师恩难忘

古人云:"一日为师,终身为父。"这虽然一定程度上肯定了教师的地位,但更多地让我想起传统的师徒制,师道尊严。老师是一切言行的代表,高高在上,学生低头弯腰,必恭必敬。这是我在中小学的体会,然而大学四年的经历改变了我的想法,我更喜欢这样的描述:"一日为师,终身为友。"因为四年来,我们的辅导员就以朋友的身份陪伴着我们一路前行。

大学是求学生涯中的重大转折点,也是非常美好的岁月,我们自身在不断地成长和成熟,周围的人事时刻影响着我们。四年里发生的事太多了,走过大一的无知,大二的迷茫,大三的彷徨,大四的明朗,很感谢一直都有朋友的陪伴,辅导员的相助,特别是辅导员给予的如姐姐般和朋友般的关怀。千言万语,岂是几张纸便能承载的?

大学的新鲜感一过,更多的是与以往生活不同带来的不适,于是我总喜欢向老师寻求帮助,老师也很乐意。一段时间之后,发现老师并不像中学老师那样天天管着我们、督促我们,刚开始以为大学老师不负责,不关心学生,直到一次和老师的畅谈,才知道她其实知道我们很多事也了解我们,之所以不事事干涉是相信我们,给我们足够的时间和空间去自己解决问题,学会独立,学会成长。"小事不插手,大事必伸手",这是我对老师工作的总结。她常常告诉我们,人的成长过程、思想的转变只能靠自己体验,人生没有人可以替你描绘,越俎代庖的人生将是非常惨淡而无趣的。但是,当我们面临自己无法解决的问题时,老师必定尽心竭力，站在学生的角度考虑问题。这让我们学会独立自主的同时也体验到老师那无私的大爱，也让我明白作为一名老师最重要的是在教书的同时让学生明白如何成长做人，特别是如何独立成长，学会相信自己依靠自己。

一个班就像一个大家庭，家庭的温馨和睦和良好的学习氛围除了要有老师明智的领导，还需要班干部的团结管理。班干部是一个班集体的骨干和核心，是班级工作顺利开展的保证。一个优秀的班集体须有一支素质良好、团结协调、富有活力、能独立工作的干部队伍。从进大学到毕业，我们班很团结很温馨，学习氛围和人际关系都很好，很大部分的原因在于班级民主、平等、公平、公开的班级气氛，而这种氛围的养成大部分是由于辅导员老师对班团干部的培养与指导。从大一开始老师就将竞争机制引入班团干部的选举过程，坚持公正、公平、公开的原则，公开演讲，投票选举。到大二，同学之间彼此非常熟悉时，采取选定班长和团支部书记，其他职位的人员由他们自由挑选和职责分工，组成新的班团干部队伍。通过这种方式，老师向我们传达了一个信息，班团干部不仅要对自己的工作和全班同学负责，其他非学生干部也必须为自己的选举行为承担责任，以确保班团干部能够对班级的发展有足够的担当能力。对于当选者充分放权和信任，同时也大力支持，让学生干部敢于负责，善于负责，创造性地开展工作。刚开始老师只是在旁观看，只在适当的时候给予点拨，慢慢地我们发现，即使老师不在身边，班级事务的处理也几乎难不住我们，而且处理结果常常赢得老师的表扬。四年来，老师尽量给每一个同学提供当选班团干部的机会，使我们在服务班级的同时锻炼自己的能力，而不是希望我们成为"两耳不闻窗外事，一心只读圣贤书"的书呆子。我要特别感谢老师在大四时对我的"指任"上岗，为班级服务的同时让自己也获益匪浅，那是段难忘的经历。

老师是教育学和心理学双重学科背景出身，所以对学生的心理发展有更多的敏感和直觉。她常常主动找同学谈心，排解其内心困扰。老师很擅长交流，极富感染力和煽动性。我有幸和她聊过好多次，每次都被她乐观开朗、积极向上的心态感染，给我自己带来前进的动力、信心和勇气，特别是对一些问题的创造性建议教会了我多角度、多侧面看待问题，教会了我不管遭遇好事还是坏事，心态才是关键。"缺点是没有发育成熟的优点"，换个角度认识就不一样，其收获也会不一样。

更值得借鉴的是老师很注重对学生非智力因素的培养和指导。非智力因素也称为情商（EQ），包括自我意识、情绪控制、自我激励、人际沟通、挫折承受等五方面的能力。据现代心理学研究表明：在现代社会中，获得事业的成功，只有20%取决于智力因素，而另外80%取决于非智力因素——情商。在中学阶段，教师和辅导员对学生的教育是重智商（IQ）轻情商，以至于大学生入学后很多与情商有关的问题，如自我意识太强、人际沟通困难、挫折承受能力差等纷纷暴露。如果在大学期间得不到好的引导，必定会影响人生的发展。因此，辅导员老师很注意这些问题的解决和非智力因素的培养，特别是经常引导我们如何有效认识自我，与他人进行良好沟通。寝室里的一段经历让我深有体会。有一段时间寝室关系非常紧张，我曾经一度感觉非常痛苦，也企图调换寝室，并跟老师要求过，很感谢老师那段日子的支持和及时开导，在经历痛苦时也收获了珍贵的友谊和欢乐。另外，还能体现学生非智力因素发展的事情是奖学金的评定，这在班级算是一件大事，同学都比较敏感。我们班的评定传统是老师大一时制定的标准，成绩只占60%，社会实践占40%。她希望通过这种考核方式，有效约束那些只读书不顾及能力发展的同学，希望我们多参加实践活动，锻炼自己的组织、交际、管理、思维等能力，学会将理论与实践相结合，学会思考，学会创新。慢慢地，我们从之前的被动参加实践活动，到后来积极主动参加班级、学院和学校的各种活动，不只是为了加分，更是为了能够真正锻炼自我、提升自我和超越自我。

最让我感动的是老师对班内弱势群体的关爱和指导。我班弱势群体主要有家庭经济困难的贫困生、单亲或有亲人突然变故的学生、学习吃紧成绩较差的学生、性格孤僻或有心理障碍迹象的学生。我可归纳为第一类，刚入校时无心学习，整天为钱发愁。老师对我们的处境非常理解，除了与我们谈心外，每次都积极为我们争取"减、免、贷、奖、助"等机会，缓解我们经济上的压力。而且一直坚持公平和实事求是的原则，让班里的每个贫困生都能享受恩惠，顺利度过艰难期。不过，老师特别不喜欢那些"坐享其成"者，而欣赏那些通过自己努力，改变现状，摆脱困境的人。我很喜欢老师的一句话就是"对一个贫困学生而言，经济上的独立会让他更自信"。"贫穷不是我们的错，一时的贫穷不等于一生的贫穷，读书的目的就是要走出贫困，若口喊贫穷却不付出任何行动的人可悲也可恨"。正是有了老师一直的鼓舞，我走向了独立，走向了社会实践，不仅在某种程度上缓解了经济压力，而且让我更自信，也有更多时间和机会了解大学围城外的社会。

辅导员老师还更多地关心单亲或有亲人变故的学生的学习、生活情况，稳定他们的思想，对性格孤僻或心理障碍迹象的学生及时给予心理辅导。遇到老师后才发现，原来老师可以像姐姐那样亲切，更可以像朋友那样与我们平等和睦相处，原来跟老师也可以无话不谈，生活、学习、工作、人际关系、自身发展、职业规划，甚至恋爱。平等和谐的师生关系使我们彼此理解，互相尊重，也让我们真正感受到老师的可亲、可敬和可信。

回忆里的件件事情如天空中的点点繁星，无法一一历数，却永远难以忘怀。大学是我转变较大、收获颇丰的四年，真的很幸运能遇到老师，也很感谢老师给予的帮助和指导，她关心着学生的发展，关注着学生的成长。我被保送了研究生，这意味着我仍然要在求学路上探索，但不忘老师的教诲与叮嘱。当有一天，我也成为一名真正的老师时，也必将捧着一颗"爱心"，在了解学生心理特点的基础上去教育学生，运用科学的管理理论与教育思想创造性地指导班级工作，努力使自己成为一名优秀的辅导员，因为一名优秀的辅导员就是一位教育专家。

个案三：大学之路，因为有您，我超越了自我

2004 年 9 月 16 日　　星期四

我拖着所有行李来到被安排的寝室，推开门，一间并不大但是整洁的房间展现在眼前，这就是我的大学寝室。来不及愣神，强烈的新奇感和兴奋感促使我迅速整理行李。正当我起劲儿摆弄卧具，一阵清脆有力的敲门声吸引了我的注意力，好奇地扭头一瞅，一个年轻女子走了进来，脸上挂着阳光般的青春笑容，看上去比我大不了几岁，个子不高，穿着时尚，用柔和亲切的语调说道："大家好，我是你们的辅导员老师，欢迎各位的到来，感觉怎么样？需要帮忙吗……"？

我有点木讷，不知道如何回答。或许是被她看出来了我的腼腆，她的笑容更加甜美，语气更加温和，慢慢地，紧张的情绪被她温暖的笑容和温和的话语所缓解，我连连点头，说："都好，都好。"随后，她转身走进了其他寝室。这时笨头笨脑的我才恍悟：她，就是我的大学辅导员。好奇？羡慕？还是敬佩？我说不清楚。只记得当时和室友不由发出一阵感叹：真年轻，了不起。心想：嘿嘿，以后肯定容易沟通和交流，自己的大学生活应该不会太枯燥，也会如她一样朝气蓬勃吧……

我终于开始了我的大学生活，曾经的大学梦终于实现了，见到了美丽的大学，感受到了浓郁悠长的文化气息，认识了大学第一位老师，一切印象都是这么

深刻，也许一辈子永远不会忘记今天所发生的一切……

2004 年 9 月 17 日　　星期五

今天晚上在教学楼召开了第一次班会。班会的主要内容是增强同学之间的认识和推荐军训期间的临时负责人。在自我介绍前，老师要求每个同学尽情发挥，突出自己的优势。在老师的鼓励下，每个同学站在台上侃侃而谈，虽然不时伴有紧张的表情，但她总是微笑着不断点头，似乎对同学们的表现非常满意。此时对于以前缺乏语言表达锻炼的我，心跳可能已经超过 120 次/分了。从座位走上讲台，短短的 3 米距离，却犹如充满艰难险阻的万里长征一样。一开口，自己就感觉声音在剧烈的颤抖，已经快到哽咽的程度了。老师看出了我的紧张，她用轻快的语调说："不用激动，深呼吸，慢慢说！"我和同学们不由会心一笑，所有的紧张感也立刻消失，用相对流畅的语言完成了接下来的自我介绍内容。

六十几位同学的自我介绍结束后，我竟然糊里糊涂成了四个临时负责人当中的一个。虽然之前没有任何心理准备，而且完全超乎我的意料之外，但是，此刻的我内心却有几分窃喜，因为这对一个新生来说，绝对是种荣耀，也意味着我的大学第一堂课赢得了老师的肯定。

2004 年 9 月 24 日　　星期五

真累!! 军训的日子还在一天一天进行，多么希望白天火辣辣的太阳能够躲进云层，多偷一会儿懒，但它确实就那样的兢兢业业，始终坚守自己的工作岗位，寸步不离！

军训已经一个星期了，在这些日子里有教官的严厉训练，有新同学的互相鼓励与坚持，有新辅导员老师的时刻激励与陪伴，有酸甜苦辣，有欢声笑语，有唉声叹气。此刻我特别想说的是，我们那位年轻的辅导员老师，在过去这些日子里，列队的旁边总有她的身影，难道她就不想到冷气十足的办公室里面去坐坐？还真有种跟我们同甘共苦的感觉，不时还为突然晕倒的同学展露出无比焦急的表情。今天我还突然发现，比我第一天看到的她，皮肤已经晒得有些黑了，心里还真有点佩服：这年轻女老师，意志真坚定，犹如跟我们一样军训。

2004 年 9 月 27 日　　星期一

比起白天军训的苦，现在在寝室休息真的是太舒服了，听着校园广播优美的歌曲，感觉十分轻松，大学的美终于能够在此时稍有体会了。

刚刚写完了自己原创的《班级管理规定》，这是辅导员在军训解散时给全班同学布置的一个任务："今天的军训，同学们辛苦了，看见汗水一滴一滴从你们脸上滑落，就好比看到坚强的果实正在慢慢走向成熟。坚持就是胜利，相信大家都是好样的。另外，我给同学们留下一个任务——制定我们班的班级管理规定。希望同学们在休息之余，思考思考，有什么好的意见和建议写在纸上交给我，当然也可以自己草拟一份《班级管理规定》给我看看，我希望能够集思广益，共同开创我们美好的大学生活……。"

我很在乎老师今天布置的这个任务，费尽心思，以高中时候的班规为基础，结合我对于大学的一些初步理解，草拟了一个班级管理规定。新老师、新的管理方式触动也颠覆了头脑中根深蒂固的辅导员老师形象，感觉真好，这才是我们年轻人需要的自由，真希望我能够在老师营造的自由空间里锻炼自己、发展自己、完善自己，使自己在四年之后能够无怨无悔，找到属于自己的一片天地。

在这一刻，我已经开始慢慢认可我们的新老师了……

2004 年 9 月 30 日　星期四

"十一"前夕，军训结束了，明天该放长假，这是进入大学以来的第一个长假，心里有一种如释重负、超级轻松的感觉。因为路程较远，我不打算回家，想待在学校好好休息，顺便熟悉、了解南充这座城市，调整好自己的心态，正式进入大学的学习生活。

也就在今天下午，老师第二次来到我们寝室，大伙儿都在。她走进寝室，不变的依然是她脸上阳光灿烂的笑容与嘴上亲切的问候，不同的是多了几分熟悉。她坐下来跟我们聊过去军训日子的感触，聊对我们每个人的初步了解，聊她的大学生活……。此时，感觉她更像一个姐姐，使我们对未来的道路充满了信心和些许美好憧憬。这样与老师面对面聊天的感觉真的很轻松，完全是一种自由的对话，一种心与心的交流。老师临走时还叮嘱我们："回家路上一定要小心，记得代我向你们父母问好！"

2004 年 10 月 7 日　星期四

今天晚上在教学楼召开了第二次班会。班会的主要内容是通过民主选举的方式正式组建班级管理队伍。之前，我们已经被告知，有意愿当班团干部的同学可以自拟一份竞职演讲稿，时间不超过 5 分钟。班会开始，同学们大都自信满满地谈及自己的特长，曾经辉煌的班干部经历，有点百八般武艺，无所不用其极的感觉。之后是全体同学民主投票，由于有了军训十五天的提前热身和跟同学有更多机会接触的良好群众基础，我有幸以高票当选为班长，也得到了老师的支持和肯定。然而，就在老师宣布刚组建的班干部名单，也就是我们正沉浸在当选的兴奋和喜悦的瞬间，她却给了我们这支队伍第一个考验：制订本学期工作计划以及大学四年班级建设规划。来不及细细回味刚刚在台上的表现，更来不及体味成功带来的自豪，脑子里已经开始构思如何应对我所面临的第一个严峻的考验。

2005年1月1日　星期六

恍然之间，2004年已过去，新的一年开始，新年新气象，但愿自己在新的一年里能够在大学这个舞台上不断充实自己、磨砺自己。

对了，还有一件事情让我挺高兴的，昨天晚上老师打来电话，为我们送上新年的祝福，心里乐滋滋的，她真是一个细心和贴心的人，相信在她的祝福和指导下，我们新的一年将迎来更多收获！

2005年1月14日　星期五

我即将迎来大学第一个期末考试。作为班长，平时因为工作太多疏于学习，知识体系不牢固。这一段时间，我几乎全身心投入到各科课程的复习当中，力争取得好成绩。老师在前天也找我聊了聊，她的一番话成为我努力前进的航标：作为一名学生，学习乃是根本；作为一名学生干部，不仅要做好各项班级工作，也要在学习方面给同学树立好榜样，这样才能够真正成为一名受同学拥护的优秀学生干部。我心里明白，老师有一种担心，担心我因为平时工作会影响学习成绩，她是在提醒我，是在鼓励我，更是在激励我。我深深地感受到，老师有一颗时刻关爱学生的心，我当然不能辜负她的希望，她给了我一定压力，但似乎更多的是一种强劲的动力，在为我鼓劲加油！

2005年1月26日　星期三

今天下午终于结束了全部考试，之后老师召集大家开了一个简短的班会。从她的话语中，可以感觉出她是在舒缓大家这一阶段因为考试导致的紧张情绪，希望我们能够释放出来，开开心心、高高兴兴地回家过年！

会后，老师叫住我："×××，感觉怎么样，考试有压力吗？"

"呵呵！有点，不过总算考完了！"

"你是班长，我就是担心你平时因为班级工作而影响期末考试，但我一直对你充满信心，相信你能够做得很好！"

"呵呵！谢谢老师。这次考试可能结果不是很理想，真的害怕辜负了老师的信任。"

"不要这么想，就算这次考差了，还有很多个下次嘛，别太在意，下次努力就好，不要因为一时的得失，而失去信心，相信你会做得更好！"

2005 年 2 月 28 日　星期一

这是开学的第二周。今天晚上召开了班会，进行班干部换届选举。我因为上学期成绩不理想而主动退出，我的心情是复杂的，但一想到自己的学习成绩，便下定决心，这学期一定要把学习成绩拿上去。

后来，老师跟我谈了很多，我很感动，她是那样的关心我，爱护我。在我主动提出不再担任班干部的时候，她是那样的理解我，支持我，并不断进行鼓励，增强我的自信心。大学能够有这样一位老师，我是幸运的。真真切切地让我感觉到：她就是我恩师！

一生得一知己不容易，一生得一恩师更加可贵！

2005 年 4 月 24 日　星期天

不知不觉，这学期又过去了一半。回顾半学期来的自己，有得有失，得到的是有更多努力学习、钻研的时间，失去的是不再担任班干部而错失继续锻炼自己能力的机会。这一段时间，我在时刻反省自己，不断提醒自己：成为一名优秀的学生干部，成为一名优秀的大学毕业生。但我心里清楚，像现在这样"一心只读圣贤书，两耳不闻窗外事"，是终究不会实现我的目标的。此时，我的内心充满万千矛盾！

今天下午，我利用课间的时间特意找到老师，向她诉说了我心中的矛盾，坦露我心中的想法。她似乎早已洞察出了我内心的矛盾，可谓一语中的："既然你有目标，心中有梦想，为什么要压抑自己，不去大胆追逐，要知道，患得患失的心态将会导致一事无成。既然选择了理想和目标，就注定会风雨兼程。"

在这一刻，我豁然开朗，也就是从今天开始，我把"既然选择了理想和目标，就注定会风雨兼程"作为自己人生的座右铭。也就在这时，我已经下定决心要朝自己的目标奋进。我想并且要做的：一是努力学习，充实自己的科学文化素质；二是应聘院系学生干部，在大学舞台上磨砺与展示自己。

2005 年 9 月 28 日　星期三

期末成绩出来了，考得还算不错，比起第一学期来说，名次上升了许多，自己心里也得到了安慰。另外我在院学生会办公室当干事，各项工作完成得比较顺利，也得到了负责学生工作领导的好评。

在今天跟老师聊天的过程中，我也明显感觉到她的高兴，为我的努力和结果而高兴，当然更多的是鼓励与鞭策，不能因为小小的成功而忘记曾经的教训，希望我继续朝着自己的目标，迈着坚实的步伐一路前进。

2005 年 10 月 18 日　　星期六

"大二、大三是大学最重要的阶段，这阶段的成败与得失往往会影响甚至决定大学的发展"，老师语重心长地跟我谈道。在我的记忆中，这是她第一次用这么严肃的表情跟我谈话，而且从话语中也依稀感觉到她的担心，不得不使我感到前所未有的危机感，与此同时，心里也一遍一遍地告诫自己：必须坚持，把握机会，追求成功！

虽然与老师的这次谈话让我思考了好几天，心情也沉重了好几天，但是值得，我并不是在怀疑她说话的正确与否，而是在努力思考自己在这最重要的人生阶段到底应该做什么、应该怎么做的问题。我刚刚通过电话也向老师提及了我的心情状态及内心想法，她肯定了我的思考，极力支持与鼓励我努力拼搏，把握机会，实现目标。

2006 年 10 月 20 日　　星期五

现在，我的心情稍稍平静了下来。在刚刚结束的院学生干部竞选大会中，七个同学竞选三个职务。站在讲台上的我，虽看似镇定自若，但心里却非常紧张，最终顺利完成了我的竞选演讲，自我感觉还好。无论最后结果怎样，结果已不再重要，因为我经历了这个过程，这是一个战胜自我的过程，更是一个超越自我的过程。

记得在竞选的前一天，老师打电话给我，了解我的心理状态。我知道她一方面是在给我减压，怕我过度紧张而影响了临场发挥；另一方面是跟我谈机会的可贵性，叮嘱我一定要把握机会。既不能放松，也不能过度紧张，要保持平常心。

在这个过程中，我要感谢一直引导和培养我的老师，要感谢一直鼓励和支持我的同学朋友，要感谢所有给予了我帮助的人：真心地谢谢你们！

此时此刻，校园在寂静的夜空中孕育着明天的蓬勃生机！

2007 年 11 月 20 日　　星期二

昨天，我从成都回来，结束了为期两个月的教育实习工作。从现在开始，全身心投入到找工作中，选择未来生活的道路与方向。

在教育实习总结会后，我跟老师边走边聊。她看出了我对就业前景的担忧，还细心地跟我分析当前形势，她说道："这几年就业形势确实比较严峻，大学毕业生人数急剧增加，就业结构不合理，专业供求不平衡……但是就你个人而言，学习成绩不错，而且作为院优秀学生干部，各方面能力较强，可以说你在我校的就业大军中，优势相当突出，所以你要相信自己，坚定信心，寻找机会，把握机会。"

2008年3月10日　星期一

真的感觉挺累，下午刚从成都回到南充，参加完成都一个学校最后的业务素质考核，还在4号参加了四川省2008年选调生考试，感觉一般。如果学校的业务素质考核能够顺利通过，就可以跟那个学校签约了，但是还得等最后的结果。说实话，我对于业务素质考核中的表现不是很满意。选调生考试感觉还不错，应该进入面试的机会比较大，不过也要等到4月份成绩出来了才知道。一个字：等！等待对于面临严峻就业形势的我们来说，那真是一个折磨人的过程，如果可以选择，我宁愿不要等待，直接给我一个结果多好，不管是好还是坏。因为等待意味着希望，可却害怕希望的破灭。

中午在成都火车站候车时，接到老师打来的电话，了解这几天我在成都找工作的情况，老师一席安慰的话让我非常感动，也缓解了一些一直以来找工作的焦虑、烦躁和紧张。

2008年4月19日　星期六

选调生面试成绩今天中午出来了，我通过了，后天到成都参加体检。本来这几天正为没有通过成都学校的业务素质考核而郁闷，老师也为此极力开导，怕我会从此一蹶不振。今天，心中紧绷着的那根弦终于松了下来，只要通过体检，就可以签约了，成为四川省委组织部选调生。我把这个好消息告诉了老师，她也很为我高兴，同时不忘继续鼓励我，增强我的自信心。的确，我的自信心比以前提升了很多。感谢大学，感谢大学里面的同学朋友，感谢辛勤培育我的老师，更要特别感谢我的辅导员。

2008年5月16日　星期五

（地震）

2008年6月22日　星期天　离别的日子

即将离开校园，离开我的辅导员，回忆起四年来师生之间的点点滴滴，从大一的迷茫，到大二的醒悟，到大三的奋发，到大四的成熟，每一步都有老师您的指导与鼓励，都有您的辛劳。从大一当班长到后来当学院和学校的学生干部，都是您一点一滴为我创造的机会，让我不断接受挑战，锻炼能力，逐渐树立了自信，学会了担当。不仅是可亲之人，同时也是可敬之人的您，平日总是侃侃而谈。四年里，经常聆听您对事情的看法，对我未来发展的建议，久而久之，我也学会了思考，学会了从多角度审视社会，不断成长，从而有了今天的我。太多太多的东西值得我铭记于心，值得我深深思考。我知道我是多么幸运，幸运地遇上了您，我的老师。在这即将踏出校园的时刻，有几分离别的忧伤，有几分挑战社会的兴奋，但更多的是对恩师您的感激之情。我亲爱的老师，谢谢您！

以后的人生道路中我会遇到更多的艰难险阻，但我相信，您的指导和教诲可以为我指明前进的方向……

个案四：成功之路因为有您更精彩

转眼间，四年过去了，回首四年的大学生活，我深深地体会到为人生目标而风雨兼程的内在含义。大学生活，是一个历练的过程。通过不断磨炼，我充实了自己，也收获了宝贵的阅历和丰富的经验。而这一切，都要感谢我的辅导员，是她为我指点迷津，赋予我前进的动力；是在她的细心呵护下，我逐渐长大和成熟。

大一时，我壮志满怀，也迷茫失措。"太自由了！"上了大学之后，没有父母的叮咛，没有高中班级严格的管理，一切都是那么轻松自在。我内心深处渴望自由，但自由得没有边际的时候，内心又是孤寂的，举目四望，满眼是和自己一起享受自由的同学，却难以找到一个可以促膝谈心的朋友。就这样，大一第一学期在舒坦而空虚的感觉中度过了，好在有惊无险，通过了每门考试，虽然大多都在六十分左右。第二学期，学习仍然没有丝毫改进，我没有体会到学习和考试的压力，成天继续忙于文娱工作，心思没有在学习上，临考试前一周照样临时抱佛脚，可这回我就没那么幸运，综合成绩是班上倒数第几名，一门专业课没过。我茫然了，也落泪了，它成了我大学学习中永恒的、挥之不去的伤痛。那段时间情绪很低迷，但事实无法改变，只好求助辅导员。她不厌其烦地开导我，和我一起寻找原因，找到适合自己的学习方法，帮我打开这个心结。在她的帮助下，我成功地走出了挂科的阴影。之后经过反复思量，制订好了学习计划，也付诸了信心和行动，及时复习，整理笔记，并学会了恰当处理学习和工作的关系。终于，在大三时，可喜的成绩眷顾于我，我还得了一等奖学金。有了这次的成功经历，我对自己和学习充满了信心，不再像之前，每次临考前会陷入紧张和焦虑状态，也总思考着不被亮红灯的各种方法。

大三时,我懂得了融入集体、宽以待人的重要性。古人云:爱人者,人恒爱之;敬人者,人恒敬之。作为学生,我必然身处一个班级和寝室这类集体中。是辅导员让我学会了宽以待人,尊重彼此的生活方式和行为选择,因为正如她所说,集体是一个承载理想和回忆的地方,是一个凝聚欢笑和眼泪的场所,是一个彼此可以相互依赖的家庭。"一滴水怎么才能不会干涸,将它放入大海里去"。的确,只有融入集体,你才是社会和校园的一分子。不管个人多么优秀,没有集体为你喝彩,你也是失败的;而无论你遭遇了何种挫折,只要有集体的支持和鼓励,你将摧而不折。所以,置身社会中的我们,需要学会与他人相处,因为有一分退让,就多一分益;相反,存一分骄,则多一分挫折。

大四实习,辅导员推荐我去了成都高新区最好的小学。得益于三年来老师的人格魅力,为人处事的态度,学生工作艺术的深刻影响,我在实习期间受益颇多。通过两个月的实践锻炼和感悟,我不仅提升了自己的师范技能,更在与辅导员的多次推敲和琢磨中,形成了自己独特的教学风格,这为我毕业前参加学校第十四届大学生课堂艺术比赛并获得二等奖,以及顺利找到一份比较满意的工作奠定了坚实的基础。正所谓"授之以鱼不如授之以渔"。

大学四年,是辅导员辛勤耕耘的四年。学生工作繁重而艰苦,平凡而普通。他们既教书又育人,既教人探索知识,又启人觉悟,学做真人;既要"学高为师",又要"身正为范"。我即将踏上工作岗位,成为一名小学教师,我会谨记恩师的教诲,承载着她寄予的厚望努力耕耘自己的事业,让青春飞扬,让人生和事业无限精彩。

个案五:盛夏流年 感动常在

又是一个似火的初夏,青春洋溢的我们即将告别大学生活。四年里,我们增长了聪明才智、见证了社会发展、感受着自身成长、寻找着人生目标。四年来,既感受着成功的喜悦,也经受着生活的磨炼,甚至直面着失败与挫折的挑战。但是,提及大学这一段经历,总是令人兴奋,因为有太多美好回忆,有太多沉甸甸的收获。

刚入大学,对辅导员总是敬而远之,想着自己不犯错误就好,不那么引人注目。记得第一次班会,辅导员让每个同学上台做自我介绍,我发现她很认真地在本上记着什么,后来才知道,她一直有写辅导员工作日记的习惯,真是用心良苦，也难怪她对我们每个人了如指掌，指出问题也总是一针见血。

总是默默无闻的我，有一次因同寝室同学偷懒不做早操，我也存着侥幸心理没去，可运气不好被体育部查到了。因为这件事，辅导员对我们的惩罚是：无缘评奖学金……这可是进入大学以来第一次评奖学金，就这样，一个在我看来很小的错误就导致我被剥夺了参评资格。尽管班规明确规定，操行在我班各种评优中实行一票否决制，但真正降临在自己头上时，还是有些吃不消。同寝室有同学哭了，我心里也有点不舒服，对老师有些许抱怨，觉得对我们不公平。唉，可是有什么办法，谁让自己犯错，偏偏选择在进入大学的第一次评比时去撞南墙，有点"我不下地狱，谁下地狱"的感觉。好在撞了回南墙之后，我开始反省自己，发现半年多来，自己一直过着简单乏味的生活，没有挑战，没有刺激，更没有什么意义。每次和大家在一起时，辅导员总是不失时机地暗示或者鼓励大家要积极主动，多为班里做事，同时锻炼和提高自己的能力。在第二次竞选学生干部时，我鼓足勇气前去竞选，站在讲台上，话很少，但有一句特别关键：锻炼自己，服务大家。这一次，我有幸当选为科技委员。也就是从那个时候起，我开始改变自己，积极地为班里做事，和每个同学接触，送给他们我最真诚的微笑。混熟了，朋友多了，生活也开始丰富多彩，但一直有点畏惧辅导员。后来跟老师聊天才发现，她是如此健谈，外向开朗，有能力更有魄力，不只是老师还可以是朋友，又像大姐姐，看来人都需要沟通才能够真正了解。从这刻开始，我从内心接纳了这个之前拒之于千里之外的老师。至于"奖学金事件"，我觉得它的正面影响可以覆盖负面影响。虽然我难受过，抱怨过，不过也因为这次事件，大学四年来，我们班没有再因为类似的事情有同学受到惩罚。所以，很明白老师的良苦用心，不是偏心，更不是不公平，只是为了班集体同学的共同进步和发展。俗话说："没有规矩，不成方圆。"

老师对班级的管理理念和方式也很独到。她有意识地锻炼我们的自主能力，逐步引导，从一点点地放开，到后来我们能够自主管理。民主选举让我在大二有幸当上团支书，既要做好班级工作还要让老师了解班级情况，总之用心地做每一件事情。当学生干部让我成熟得更快，因为难免会碰到棘手的事情。这期间少不了老师的建议和鼓励，同时她有意识地为每个学生创造锻炼的机会。对班里比较"落后"的学生，老师会私下找他们面谈，可谓苦口婆心。有特殊困难的学生，老师也总记挂着，一有机会就会优先考虑他们。

大四时，寝室同学之间发生了一些不愉快的事，在我们有些招架不住、手足无措的情况下，我们选择了向老师求助。老师的开导让我们明白，我们考虑问题太过于简单，才让自己备受折磨。短短的一席话，就把我们从困惑中解救出来了。虽然老师没能够满足我们几个同学的要求，感觉有些失落，可后来才顿悟，老师的做法是为了顾及每个学生的成长，为了不给我们寝室任何一个同学造成伤害。还记得临走前，一室友说："如果我们几个能够把这关迈过去了，以后我们的人生就没有难题了。"老师笑笑跟我们说："等你们踏入社会，回头看看、想想，你会发现这个问题根本算不上问题，你们的人生还没开始呢，做好心理准备吧……。"

大学生活在地动山摇中接近尾声。万万没想到，我会是"5·12"的见证者、幸存者。我是来自外省的学生，借在四川的机会，在毕业前夕到九寨沟旅游，可就在那一天，地震来了。当时被困茂县灾区，我却仍那么乐观、坚强，并活着回到学校，没有经受太多心理和精神方面的伤害。这和我的心理素质有关，但也跟老师豁达、乐观的人格魅力的熏陶和四年来的开导和教诲有密切关系。还记得在被困的几天，通信中断，刚有信号给老师打电话报平安，心想她责怪几句我也舒服点，因为是非假期期间离校，可是老师没有抱怨，只留下一句话：人没事就好，照顾好自己。我极为感动。回到学校，听同学说老师连续几天跑旅行社打听那天的出游信息，随时跟我家里保持联系。我只能把这分感激深埋心底，因为单纯的语言显得那么苍白无力。

打开毕业纪念册，最先映入眼帘的是她的留言："善良、聪明、懂事的你，四年来学会了理解和尊重，从一个小姑娘变成了漂亮的大姑娘，希望在以后的人生道路中：事业顺利，生活幸福，一生平安！"离校之前，特与老师告别，表达我深深的谢意，向她致敬，为她祝福。忘不了她请我吃的可口的兔头，若有机会，还愿共享！

今天，我即将步入社会，登上讲台、教书育人，成为递薪传火的人民教师。这是一次新的机遇，也必将面临新的挑战。好在四年的磨炼，让我不仅收获了宝贵的精神财富，同时也提升了职业技能和自我发展能力，奠定了今后事业成功的坚实基础。所以，在那个属于我的舞台，我将用执著和坚强践行青春的誓言，施展才华，实现我的人生价值。

个案六：明日起程　情意未决

新生活　新希望

2004年9月11日，怀揣着火红的通知书与亲朋的祝福，我走进了期盼已久的大学校园。九月的天气依然骄阳似火，但师兄师姐的热情却让我倍感亲切，陌生与恐慌感顿时消失得无影无踪。办理好所有手续，我顺利搬进宿舍，看见一张张友善的面孔，不安的心再次平静。大家一起度过了开心的一晚。

第二天下午4点左右，一个看似比我们大几岁的年轻姐姐走进了宿舍，关切地问人到齐没有，并做了自我介绍，原来她就是我们的辅导员。她离开后寝室就炸开了锅，七嘴八舌说起来，有人说这老师挺年轻的，不像高中的那些老师，七老八十的没有生气；有人说她是硕士毕业今年留校……而我的第一反应是：这老师不简单，肯定有一手，别的不说，光她说话的口气和做事的风格，就是一般人所不及的。而后相处，事实也证明了我当初的判断。

随后的军训生活，感触颇多，这些都是以前从未体验过的。每天的训练，日常生活整理都凝聚了大家的力量。还记得那时，因为要叠军被，收拾寝室，我们很晚才能睡觉，第二天还得起大早参加训练，一个个疲惫不堪。虽然很累但大家却很开心很充实，因为有老师无微不至的关心，室友的共同努力，让我们在那个本应该叫苦连天的日子里却异常快乐。

军训生活在国庆节到来之际拉下了帷幕。"十一"假期以后我们开始了真正的大学生活，每天除了寥寥的几节课之外，还剩下大把大把的时间可以让我们挥霍。同学开玩笑说：现在什么都缺，就是不缺时间。这对于刚走过艰难高三的我们来说，简直太有价值了。于是有的同学开始迷恋上网，有的开始甜蜜的爱情，有的做自己一直想做却没敢做的事。而我，似乎在这自由宽松的环境里迷失了方向。该往哪儿走？我不知道。甚至连晚上上网，都感觉跟做贼似的，总觉得这样宝贵的时间，应该坐在教室里好好学习，而我却在网吧虚度光阴，心底老有一种负罪感。随着时间的流逝，看看身边的同学朋友，他们也跟我一样，上网聊天打游戏，心里那种负罪感也随之消逝。

就这样浑浑噩噩度过了我的大一生活，没有目标没有计划，因为高中太累，被人管得太严,总想放松自己,好好放纵一下。

开始规划生活

大二伊始,我开始意识到自己与高中同学间的差距,于是下决心要好好规划后面三年的生活。加入各种社团,争当班级学生干部,参加各种社会实践活动,目的只有一个:锻炼能力。大二我学会了泡图书馆,业余时间,我不再沉迷于网络,而是一个人到阅览室看书,有时候一待就是一天,晚上会到电影放映室看一些外国名片,生活过得充实而有意义。由于当时二期教学楼还未投入使用,每天需要从宿舍走很远到一期教学楼上课,尽管这样,课堂的出勤率却出奇的高,也许大家都知道该做什么,找准了自己的方向,人也清醒多了,不再像大一那样得过且过混日子。大二的生活多姿多彩,也不再像大一那样单调无味。

焦急时期

一晃到了大三,压力越来越大,烦恼也越来越多,眼睁睁看着师兄师姐找工作,几多无奈几多失望,心里头那个急呀,可是又能怎么办,当初荒废了那么多宝贵的时间,没有好好学些东西,在大三这个关键时期,才幡然悔悟。都说"大四的找工作,急死大三的",的确如此。就在大家情绪低落缺乏自信的时候,辅导员的一席话让我们茅塞顿开,她的话诚恳中听,对于当时的我们而言,就像注入了一针强心剂,大家顿时恢复了士气,原来我们还是有市场的。从大一到大三,她表面上没怎么管大家,因为打从大一入校,她就一直给我们传递一个信息:进入大学,大家都是成人了,没必要还像以前一样让老师盯着管着,自己知道什么该做什么不该做。可让我们觉得吃惊,更让大家深深敬佩的事情是她对学生的情况却了如指掌,当某个同学生活上遇到困难,她会第一时间给予帮助,当有同学思想抛锚时,她会及时警戒让你回归正常,当然,要是谁做了"坏事",也别想逃过她的火眼金睛。很多事情她不出面管,不代表不知道或者不关心。当班长的时候,每个月要汇报工作,因此与她交流的时间较多。每次和她谈完,整个人都热血沸腾,好像有用不完的能量。她就像一只充电器,总是给你无穷的力量,当你情绪低落没有斗志的时候,找她谈心绝对是提升信心的好方法。她滔滔不绝的言谈、睿智与独特的眼光,也是我一直所崇拜的,只可惜大学四年好像都没能学到一点她的霸气，做事还是犹豫不决，瞻前顾后。作为新时代的女性她真的够个性。

毕业在即

转眼的工夫，四年大学生活即将画上句号。走过迷茫与失落，走出低落与彷徨，即将走入社会的大门，却发现对于大学校园竟然如此的不舍。特殊的毕业背景，百年难遇的特大地震使我们的毕业生活多了一分辛苦，更多了一分难忘的记忆。还记得全体同学抱着被子在体育场露宿的情景，余震中大家相互关心、相互照顾，早已没了当初因为一点小事耿耿于怀的报复心。在那一刻，以前一切的不愉快都随着毕业的来临而慢慢消逝。大家希望留在心底的永远是那分甜蜜，是浓浓的同学情师生意。经过大四一年艰辛的求职经历，同学们平静了许多，没有了大三时的盲目焦虑，更多的是认准目标并为之奋斗的恒心与毅力。6月19日拍摄毕业照，让我们更加意识到离别在即，随之而来的就是参加各种聚会，离别宴席排得满满的，因为有些人的别离就意味着一辈子离别，也许以后都不再有机会相遇，伤感是不言而喻的。出乎意料的是大家都没有流泪，而是笑颜相送，看不到电视情节中毕业离别的伤感场面，只是有同学在目送好友远离后眼泪不自觉地掉了下来。

与辅导员的道别，应该是班级聚餐那晚，大家兴致勃勃，希望能在这一刻把所有的祝福都送上，然而会餐中也有很多同学忍不住哭了。她依然很镇定，仿佛看不出什么不舍，也许是大学四年我们让她伤心太多，失望太多，才会有今天的不屑吧，可是我错了，她非常不舍，虽然那晚她没有喝太多酒，说太多话，但是心底的爱却充分流露出来。毕竟四年的师生，而且我们也是她带的第一届学生，哪会不让人留恋的。记得当初找工作时，她那一句"你们中能有三分之一的人找到工作就不错了"深深刺痛我们每一个人的心。怎么能这样说呢？我们当时很不平，后来毕业才知道她的用心良苦。其实我们每个人就业的好坏与她并无直接的关系，但她还是很努力地为我们着想，只是当时大家不能理解。

"轻轻地，我走了，正如我轻轻地来。挥一挥衣袖，不带走一片云彩。"离别前夕再次听到徐志摩这首《再别康桥》，我对大学时光有了更多的感悟和眷恋。没有康河的柔波，没有软泥上的青荇，却有着与诗人一样的心情，随行的还有一分辅导员对我的至深影响……短暂而又漫长的四年生活，回忆是美好的，却无法用语言将其一一阐述,仅以短短千字纪念我逝去的大学生活,我的辅导员和同学。

案例七:我有一双飞翔的翅膀

作为大学生,我曾渴望天使般地飞翔,但却不得不练就一双有力的翅膀。而大学里的辅导员就像那蓝蓝的天空,为我们的成熟与成长提供了无限的可能。

记得我刚进大学的时候,腼腆、胆小,从不参加任何活动,在老师与同学眼里,随时都可能被忽略。可是,一位老师的出现,改变了这一切,她就是我的辅导员。

辅导员的年龄与我们相近,略长三四岁。她和蔼可亲,平易近人,总是能走进学生的心灵。她既是我们课堂上的老师,又是我们生活中的朋友。第一次见到她,我的心就像被什么触动了,同时我感觉到她似乎也特别注意到了我。

有一次,学生会招收新成员,她推荐了我。我当时觉得很不可思议,一向沉默寡言的我怎么可能胜任这项工作?当我找她交流的时候,我说出了自己的顾虑。可是她却微笑着说:"别人能做,为什么你不能?我绝对相信你能做好!"此时,我的心里一阵温暖。第一次感受到原来自己也被老师注意着,当时心里就想:即使害怕也要去做,就为老师的鼓励与信任,我也不能让她失望。进入学生会后,经过各种锻炼,我渐渐开朗活泼起来,积极参加各项活动,成绩也提升很多。慢慢地,我发现自己也可以成为大家关注的焦点,也可以做好很多事情。

就因为老师的一句话,一分信任,一次鼓励,我更加积极地努力着,可以说我的人生也因此而改变。今后,我也将走上属于我的那三尺讲台,也将会面对我的很多学生。我想,无论怎样,我都会铭记老师,铭记那一段让我受用终身的记忆,努力奋斗。

案例八:情系恩师 扬帆远航

对于大学,有着太多的回忆。无论岁月长河如何冲刷这段人生记忆,关于大学辅导员,我永远记忆犹新。

高考之后的我,带着理想走进了大学校园。面对精彩而丰富的大学生活,我和许多同学一样,欢快地沉醉着。渐渐地,我也开始在这种宽松的环境里迷失方向。就在我们糊涂地将要让思维与理想继续在迷茫中奔驰时,一个熟悉的身影让我们又回到了现实。她，就是我大学的辅导员。是她在第一时间洞察到了我的变化，展开了一次面对面、心与心的交流，让我开始深刻地反思我的现在和未来。记得那天老师讲了很多，一字一句都如山涧泉水滋润着我的心田。此后，我开始定位自己，决定用勤奋找回曾经错过的时光。

辅导员也是我们的专业课老师。在她的课上，我们总能目睹她的激情，感受到她对职业的挚爱和热情。她的讲授内容总是横贯中西，纵跨古今，聆听到先哲们深邃的教育思想，更能够让我们的内心荡起层层涟漪；从教育学到心理学，从哲学到社会学、文化学、人类学，年级轻轻的她文化修养却异常深厚，我们深深为她折服。

第一次早起看书，我挣扎了很久，最后还是从懒惰的阴影里走了出来。因为耳边时常响起辅导员平静的话语："学高为师，身正为范。一专多能，可以为师矣。""勤奋不仅是做学问的关键，也是为人处事的成功秘诀……。"之前听来如同白开水的话在自己面临知识缺乏的境况时竟似醍醐灌顶，此话从此也深深根植我心。正是一路都有老师的开导与提携，才成就了今天自信的我，让我对未来有了更多美好的憧憬和向往。而我也要用自己的努力谱写一曲属于自己的灿烂的大学之歌。

明天，我将要离开大学校园，大学时光也将慢慢淡出我的视线，我依旧会被四年来的点点滴滴感动着，还有一种激励必将历久弥新。而一路上没有冗长繁复的教诲，没有疾言厉色的高声呵斥，我看到的是一个平凡的大学教师躬身践行着"学高为师，身正为范"的育人名言，是辅导员的身教让一名师范生懂得了"师范"二字的灵魂所在。我想，无论接下来的道路如何艰难，老师与她的言行都将不断指引着我拼搏向前。

案例九：心与心的距离其实很近

心与心的距离到底有多远？以前我不知道。在上大学之后，我明白了。

在大学的第一次班会上认识了她，我的大学辅导员，一个个子小小、年纪轻轻的女子，衣着时尚、笑容满面。第一次让我们刮目相看的是她在军训期间用了两天时间就记下了两个班六十多人的名字，当她准确无误地叫出我的名字时，我既惊讶又感动，惊讶的是这老师真厉害记忆力真好，感动的是老师好用心都能记得我这个内向、胆小又不起眼的女孩的名字，当时的我感觉受到了莫大的重视。

虽然这在很多人看来只是个小小的举动，但让我发现它的神奇之处是在我实习时，我花了一个星期努力记下班上每个学生的名字，在任何时刻都能准确无误叫出来时，他们也很惊讶："老师，你怎么知道我的啊？"然后流露出很佩服的表情。多次类似的经历，让我明白第一印象的重要性，不仅会让对方惊奇，感觉你很用心，更重要的是会让对方体会到你对他的尊重和重视。对学生而言，更会让他们产生一种积极的自我心理暗示：我在老师心中应该是独一无二的，老师眼中只有我。是的，自己的名字对于每个人来说都是世界上最动听的语言，让老师记住自己的名字并听见老师主动和自己打招呼，这对每个学生来说都是件幸福的事，学生将因此而更加努力。

记得那是上大学的第一个冬天，我们早上第一节有课。由于大家都想多在被窝里待会儿，所以我们不约而同地把早饭带进了教室，一边偷偷吃饭，一边听老师上课。那天，同往常一样，大家都在教室吃早饭，吃完后，坐在教室后面几排的几个比较调皮的同学还是像以往那样从位置上把垃圾丢进垃圾筐。班上的男生称其为"投篮"，可是技术好的也就只有那么几个，很多同学都"投"不进，每次都会有很多垃圾停留在垃圾筐的周围，班委曾经几次在开班会的时候说过这个问题，可是都没用，后来没办法也就不说了，每次都是课后值日生清理。对此，每天的值日生都有很多的怨言。唯一不同的是，这次辅导员来了，而且还走到了教室的后面（因为她第一节也有课，以前都是顺便过来看看就走）。当她目睹这一场景时，没有任何犹豫，拿起旁边的扫帚扫了起来，而且把垃圾全装进了垃圾筐。那时，我们震惊了，因为在以前那些老师都是叫同学去打扫的。本来以为她也会像那些老师一样叫同学去打扫，可是没想到她却自己动手了。从那以后，班上再也没有同学对着垃圾筐"投篮"了。我想，正是老师那个微小的动作约束了那些"投篮"的同学，虽然这期间没有任何的言语表达，但是对我们心灵的感化和震撼却是最为彻底的。学生的心灵一旦受到感化，必将有助于建立一种良好的师生关系，拉近学生与老师之间的距离，心与心的距离也随之缩短。这样，教师的育人工作也将进行得更加顺利，学生的发展才会成为可能。

心与心的距离到底有多远？现在，我的回答是，其实它没多远，只是看你愿不愿意用心去感化别人。只要用心，就算再远的距离也会变短；只要用心，就算再冷的冰山也会融化。

参考文献

一、参考著作
(一) 中文著作
[1] 张泰金.英国的高等教育历史、现状[M].上海:上海外语教育出版社,1995.

[2] 赵曙明.美国高等教育管理[M].长沙:湖南教育出版社,1992.

[3] 中国大百科全书编委会.中国大百科全书.教育卷[M].北京:中国大百科全书出版社,1995.

[4] 李材栋.中国教育管理制度史[M].南昌:江西教育出版社,1996.

[5] 陈元辉.老解放区教育资料(一)[C].北京:教育科学出版社,1981.

[6] 陈立民.高校辅导员理论与实务[M].北京:中国言实出版社,2006.

[7] 赵平.美国高校学生工作[M].北京:北京航空航天大学出版社,1996.

[8] 陈学飞.美国高等教育发展史[M].成都:四川大学出版社,1989.

[9] 胡森.简明国际教育百科全书.教育管理[M].北京:教育科学出版社,1992.

[10] 庞丽娟.教师与儿童发展[M].北京:北京师范大学出版社,2003.

[11] 郑杭生.社会学概论新编(第三版)[M].北京:中国人民大学出版社,2003.

[12] 梁忠义.实用教育辞典长春[M].长春:吉林教育出版社,1989.

[13] 沈之菲.生涯心理辅导[M].上海:上海人民出版社,2000.

[14] 钱扑.教育社会学的理论与实践[M].南宁:广西教育出版社,2001.

[15] 赵中建.全球教育发展的历史轨迹——国际教育大会60年建议书[M].北京:教育科学出版社,1999.

[16] 赵中建.全球教育发展的研究热点[M].北京:教育科学出版社,1999.

[17] 潘懋元.高等教育:历史现实与未来[M].北京:人民出版社,2004.

[18] 全国13所高等院校《社会心理学》编写组.社会心理学.第二版[M].天津:南开大学出版社,1995.

[19] 郑晓明,吴志明.工作分析实务手册[M].北京:机械工业出版社,2002.

[20] 张施恩.普通高等学校辅导员队伍建设规定与管理考核实施手册[C].北京:中国高等教育出版社,2006.

[21] 〔美〕约翰·杜威.我们怎样思维.经验与教育[M].姜文阂译.北京:人民教育出版社,1991.

[22] 〔波兰〕弗·兹纳涅茨基.知识人的社会角色[M].郏斌祥.南京:译林出版社,2000.

[23] 刘捷.专业化:挑战21世纪的教师[M].北京:教育科学出版社,2002.

[24] 吕建国,孟慧.职业心理学[M].大连:东北财经大学出版社,2000.

[25] 中国大百科全书编委会.中国大百科全书.社会学[M].北京:中国大百科全书出版社,1991.

[26] 〔美〕戴维·波谱诺.社会学[M].李强译.北京:中国人民大学出版社,1999:97.

[27] Raiph Fessler, Judith. Christensen. 教师职业生涯周期——教师专业发展指导[M].董丽敏,高烟明译.北京:中国轻工业出版社,2005.

[28] 郑也夫.代价论:一个社会学的新视角[M].北京:三联书店,1995.

[29] 教育部师范教育司.教师专业化的理论与实践[M].北京:人民教育出版社,2001.

[30] 〔日〕筑波大学教育学研究会.现代教育学基础[M].钟启泉译.上海:上海教育出版社,1986.

[31] 谢维和.教育活动的社会学分析:一种教育社会学研究[M].北京:教育科学出版社,2000.

[32] 马信行.教育社会学[M].台北:桂冠图书股份有限公司,1986.

[33] 〔英〕吉登斯.现代性与自我认同[M].赵旭东译.北京:三联书店,1998.

[34] 饶征,彭青峰,彭剑茹.任职资格与职业化[M].北京:中国人民大学出版社,2004.

[35] 〔澳〕邓金.培格曼最新国际教师百科全书[M].北京:学苑出版社,1989.

[36] 〔法〕涂尔干.社会分工论[M].渠东译.北京:三联书店,2000.

[37] 〔德〕马克斯·韦伯.学术与政治[M].冯克利译.北京:三联书店,1998.

[38] 广东省高校学生工作专业委员会.学生工作的释义与构建[M].广州:中山大学出版社,2006.

[39] 于漪.现代教师学概论[M].上海:上海教育出版社,2001.

[40] 科恩.自我论[M].北京:生活.读书.新知三联书店,1986.

[41] 李建华.建构主义心理学理论发展与评析[A].邱济隆,李建华译.教育科研论文选[C].北京:教育科学出版社,2001.

[42] 洪成文.现代教育知识论[M].太原:山西教育出版社,2001.

[43] 叶澜.教师角色与教师发展新探[M].北京:教育科学出版社,2001.

[44] 叶澜.教育概论[M].北京:人民教育出版社,1991.

[45] 钟启泉.新课程师资培训精要[M].北京:北京大学出版社,2002.

[46] 〔日〕佐滕正夫.教学原理[M].钟启泉译.北京:教育科学出版社,2000.

[47] 涂艳国.走向自由——教育与人的发展研究[M].武汉:华中师范大学出版社,1999.

[48] 余凯成.组织行为学[M].大连:大连理工大学出版社,2001.

[49] 〔美〕A.J.赫舍尔.人是谁[M].魄仁莲译.贵阳:贵州人民出版社,1994.

[50] 高清海.人就是"人"[M].沈阳:辽宁人民出版社,2001.

[51] 张耀灿.成才不是梦——高校贫困生的今天与未来[M].北京:人民出版社,2005.

[52] 吴康宁.教育社会学[M].北京:人民教育出版社,1998.

[53] 张莹.如何进行职业生涯规划与管理[M].北京:北京大学出版社,2004.

[54] 〔美〕Bill Coplin.老板要你在大学里学的10件事[M].杨凡译.北京:机械工业出版社,2005.

[55] 苏霍姆林斯基.关于爱的思考[M].张金长译.桂林:广西师范大学出版社,2005.

[56] 苏霍姆林斯基.育人三部曲[M].毕淑芝译.北京:人民教育出版社,1998.

[57] 杨眉.健康人格心理学[M].北京:首都经济贸易大学出版社,2004.

[58] 黄伟.校园文化概论[M].北京:清华大学出版社,1993.

[59] 石国亮.高校学生干部培训教程[M].北京:中国青年出版社,2007.

[60] 冯刚,赵峰.走进英国高校学生事务管理[M].北京:中国人民大学出版社,2008.

[61] 祝文燕.高校学生事务考察培训汇报材料[R].北京师范大学研究生工作部,2003(7).

[62] 林孟平.辅导与心理治疗[M].上海:上海教育出版社,2005.

[63] 叶忠海.人才学基本原理[M].北京:蓝天出版社,2005.

[64] 梁金霞.大学生思想政治教育热点问题研究[M].济南:山东大学出版社,2006.

[65] 理清.塑造职业化人才[M].北京:新华出版社,2003.

[66] 孟秀勤.构建新世纪现代人才管理体制——首都人才发展战略研究报告[M].北京:中国人民大学出版社,2004.

[67] 雷蒙德.A.诺伊.雇员培训与开发[M].徐芳译.北京:中国人民大学出版社,2001.

[68] 李春玲.教师职业道德[M].北京:人民文学出版社,2005.

[69] 朱仁宝.现代教师素质论[M].杭州:浙江大学出版社,2004.

[70] 孟宪乐.教师专业化发展与策略[M].北京:中国文史出版社,2005.

[71] 雷洪.社会问题:社会学的一个中层理论[M].北京:社会科学文献出版社,1999.

[72] 〔美〕麦克洛斯基.社会科学的措辞[M].许宝强译.北京:三联书店,2000.

[73] 〔法〕福柯.权力的眼睛——福柯访谈录[M].严锋译.上海:上海人民出版社,1997.

[74] 漆小萍.学生工作的设计与评估[M].广州:中山大学出版社,2003.

[75] 张耀灿.现代思想政治教育学[M].北京:人民出版社,2001.

[76] 靳诺.新时期高校思想政治工作理论与实践[M].北京:高等教育出版社,2003.

[77] 李正军.高校学生管理工作概论[M].保定:河北大学出版社,2003.

[78] 李正军.新时期高校学生工作研究[M].南昌:江西高校出版社,2000.

[79] 〔美〕R.D.赫斯利普.美国人的道德教育[M].王邦虎译.北京:人民教育出版社,2003.

[80] 张宝泉.美苏英德法高等学校管理比较[M].长春:东北师大出版社,1999.

[81] 袁仲孚.今日美国高等教育[M].上海:上海翻译出版公司,1988.

[82] 杨春如.高校学生辅导员工作概论[M].长沙:湖南大学出版社,1997.

[83] 胡展.高职院校学生辅导员手册[M].北京:高等教育出版社,2005.

[84] 黄健.造就组织学习力[M].上海:上海三联出版社,2003.

[85] 陈永明.现代教师论[M].上海:上海教育出版社,1999.

[86] 石中英.知识转型教育改革[M].北京:教育科学出版社,2001.

[87] 鲍尔斯.美国:经济生活与教育改革[M].上海:上海教育出版社,1990.

[88] 秦在东.思想政治教育管理论[M].武汉:湖北人民出版社,2003.

[89] 邬大光.中国高等教育大众化问题研究[M].北京:高等教育出版社,2004.

[90] 王洪才.大众高等教育论[M].广州:广东教育出版社,2004.

[91] 马建青.辅导人生一心理咨询学[M].济南:山东教育出版社,1992.

[92] 铁军.现代教育思潮[M].南京:南京大学出版社,2000.

[93] 王荣德.教师人格论[M].北京:科学出版社,2001.

[94] 鞠献利.教师素质论[M].济南:山东教育出版社,1999.

[95] 程方平.中国教育质量问题报告[M].北京:中国社会科学出版社,2002.

[96] 吴鲁平.中国大学生问题报告[M].南京:江苏人民出版社,2003.

[97] 路琳.校园文化与高校德育[M].郑州:河南人民出版社,2002.

[98] 王思震.教师论[M].南京:江苏人民出版社,2002.

[99] 王荣德.教师道德教育论[M].北京:科学出版社,2004.

[100] 孟昭兰.普通心理学[M].北京:北京大学出版社,2000.

[101] 张大均.教育心理学[M].北京:人民教育出版社,1999.

[102] 罗国杰.伦理学教程[M].北京:中国人民大学出版社,2001.

[103] 马和民,高旭平.教育社会学研究[M].上海:上海教育出版社,1998.

[104] 翁铁慧.做大学生人生发展的导航者[M].上海:上海教育出版社,2005.

[105] 沈继英,李家兴.面向21世纪的人才素质[M].北京:北京大学出版社,2000.

[106] 吴亚林.德育创新论[M].北京:东方出版社,2001.

[107] 程斯辉.创新型教师[M].北京:东方出版社,2001.

[108] 张耀灿,陈万柏.思想政治教育学概论[M].湖北科技出版社,1995.

[109] 哈罗德·孔茨,海因茨·韦里克.管理学[M].郝国华译.北京:经济科社,1993.

[110] 彼德·圣吉.第五项修炼[M].郭进隆译.上海:上海三联书店1994.

[111] 王重鸣.管理心理学[M].北京:人民教育出版社,2000.

[112] 杨启亮,米如群,贺凤兰.大学班主任[M].南京:南京师范大学出版社,2000.

[113] 王鹰,李鹰,曹承,史龙身.班主任工作技能训练[M].北京:人民教育出版社,2001.

[114] 王斌华.发展性教师评价制度[M].上海:华东师范大学出版社,1998.

[115] 黄蓉生.教师职业道德修养[M].重庆:西南师范大学出版社,2001.

[116] 陈向明.质的研究方法和社会科学研究[M].北京:教育科学出版社,2000.

[117] 黄希庭,郑涌.当代中国大学生心理特点与教育[M].上海教育出版社,1999.

[118] 赵鸣九.大学心理学[M].北京:人民教育出版社,1995.

[119] 班杜拉.思想和行动的社会基础[M].林颖译.上海:华东师范大学出版社,2001.

[120] 李剑,川向锋.员工考核与薪酬管理[M].北京:企业管理出版社,2002.

(二)外文著作

[1] Roger B. Winston, Scott Anchors. Student Housing and Residential Life. The Jossey Bass Higher and Adult Education Series,1994.

[2] Margaret. J. Barr. The Handbook of Student Affairs Administration. The Jossey Bass Higher and Adult Education Series, 1993.

[3] Geertz. C (1973). The Interpretation of Cultures. New York: Basic Books.

[4] American College Personnel Association and National Association of Student Personnel Administrators(1997).

[5] Digest of Education Statistics 1990, Table 326,337; The Fistcal Year 2000 Budget (Washington, DC: U. S. Government Printing Office, 2000), Appendix,8.

[6] Fraser. B. J. Research on Classroom and School Climate. Handbook of Research on Science Teaching and Learning. New York: Macmillan, 1994.

[7] ACPA (American College Personnel Association). The Student Learning Imperative:Implication for Student, Affairs 1994.

［8］Dennis C. Roberts(ed.). Designing Campus Activities to Foster a Sense of Cornrnunity New Direction for Student Services，No. 48，San Francisco：JosseyBass，Winter 1989.

［9］Bemard M. Bass. Stogdill's Handbook of Leadership. New York：the Free Press，1981.

［10］Murphy, J. &Forsyth, P. (eds.)Educational Adminisstration：A Decade of Reform. Newberry Park，CA：Cowin Press，1999.

［11］Theodore K. Miller & Roger B. Winston. Administration and leadership in Student Affairs. Acceleration Development Inc，1991.

［12］Lunenburg, RC. Ornstein, A. C. Educational Administration：Concepts and Practices(3rd). California：Wadsworth Publishing Company，2000.

［13］Cooperative Learing Groups at the College Level：Applicable Learning.

［14］The Student Learning Implications for Student Affairs，American College Personnel Association,1994.

二、参考论文

（一）中文论文

［1］王小红.教师专业发展新论[J].集美大学学报（教育科学版），2003(4).

［2］王小红.大学生心理健康教育的重要途径：朋辈群体心理辅导[J].通化师范学院学报，2008(6).

［3］王小红.教师激励策略的人性论基础[J].科学时代，2008(4).

［4］饶从满.国际新教师专业特性论介评[J].外国教育研究，2001(11).

［5］陈厚丰.英国高等教育双重制分层政策案例分析[J].比较教育研究，2006(7).

［6］张建新，陈学飞.从二元制到一元制——英国高等教育体制变迁的动因分析[J].北京大学教育评论，2005(7).

［7］张家军，靳玉乐.论案例教学的本质与特点[J].中国教育学刊，2004(1).

［8］吴惠，汪庆华.英国高校学生事务管理考察及启示[J].思想教育研究，2008(10).

［9］李永山.英国高校学生事务专业化发展及其启示[J].高教探索，2008(5).

［10］李明忠.美国大学生事务管理工作的发展特性[J].现代教育科学，2005(5).

[11] 眭依凡.好大学理念与大学文化建设[J].教育研究,2004(3).

[12] 蔡国春.美国高校学生事务管理和观点、实务及其启示[J].黑龙江高教研究,2002(1).

[13] 蔡国春.美国高校学生事务管理模式之嬗变[J].吉林教育科学(高教研究),2000(1)

[14] 蔡国春.美国高校学生事务管理专业化的发展及特征[J].扬州大学学报,2002(1).

[15] 蔡国春.中美高校学生观与学生事务观之比较[J].江苏高教,2001(4).

[16] 祖海珍,方鹏.美国高校学生事务管理工作研究及借鉴[J].中国农业教育,2008(2).

[17] 文建龙.我国高校政治辅导员制度的缘起及演变轨迹[J].上海青年管理干部学院学报,2003(2).

[18] 赵庆典.美国高校学生事务管理的启示[J].中国高等教育,2004(6).

[19] 王英杰.美国高等教育发展与改革百年回眸[J].高等教育研究,2000(1).

[20] 杜瑛.美国高校学生事务管理运行机制及启示[J].思想理论教育,2007(Z1).

[21] 陈石研.高校辅导员职业化建设探究[J].琼州大学学报,2006(1).

[22] 朱丽萍.美国高校学生管理工作的特点[J].思想理论教育导刊,2002(7).

[23] 丁泗.高校辅导员的角色定位与专业塑造[J].扬州大学学报(高教研究版),2005(12).

[24] 周安涛.校园文化的内涵及其功能[J].长春理工大学学报(高教版),2007(2).

[25] 冷元峰.新时期高校政治辅导员的角色定位及素质要求[J].内江科技,2006(3).

[26] 曲建武.高校辅导员素质与能力建设问题研究综述[J].高校理论战线,2006(4).

[27] 赵康.专业、专业属性及判断成熟专业的六条标准——一个社会学角度的分析[J].社会学研究,2000(5).

[28] 王育民.职业与职业道德[J].社会学研究,1994(1).

[29]〔美〕李.S.舒尔曼,刘捷.理论、实践与教育的专业化[J].王幼真译.比较教育研究,1999(3).

[30]陈立民.立足教师队伍建设 提高辅导员队伍专业化水平[J].思想政治教育研究,2007(7).

[31]卜玉华.论高校辅导员队伍建设的道德维度[J].思想理论教育,2005(3).

[32]朱平.高校辅导员的职业化、专业化解读[J].安徽师范大学学报(人文社会科学版),2007(2).

[33]朱孔军.价值审视和制度构建[J].思想教育研究,2007(7).

[34]冯刚.论辅导员的专业化培养和职业化发展[J].思想教育研究,2007(11).

[35]马援.高校学生工作泛化及对策研究[J].扬州大学学报(高教研究版),2005(3).

[36]梁金霞,徐丽丽.完善制度 健全机制 推动辅导员队伍健康发展[J].国家教育行政学院学报,2006(6).

[37]廖敏,树立科学发展观 建立高校辅导员独立专业发展标准[J].陕西师范大学学报(哲学社会科学版),2006(7).

[38]赵庆典,李海鹏.努力建立大学生思想政治教育的组织保证和长效机制——高校辅导员班主任队伍建设情况调研报告[M].国家教育行政学院学报,2006(2).

[39]朱正昌.以专业化职业化为目标建设高水平辅导员队伍[J].中国高等教育,2006(10).

[40]陈艳,刘才刚.大学生思想政治工作队伍职业化、专业化建设的探索[J].中山大学学报论丛,2006(2).

[41]周渔刚,钱峰.科学配置人力资源 提高辅导员工作的实效性[J].思想.理论.教育,2001(7).

[42]赵颂平,张荣样.关于大学生职业生涯规划的调查与分析[J].现代教育科学,2004(3).

[43]曾平生.对大学生职业生涯规划的几点思考[J].教育与职业,2005(16).

[44]尚守攀.高校辅导员提升学生就业竞争力的实践探索[J].广西教育学院学报,2008(6).

[45] 朱跃.试论高等院校就业指导的现状和对策[J].教育与职业,2000(12).

[46] 许涛,龚波.我国高校学生事务管理专业化发展初探[J].重庆工商大学学报(社会科学版),2003(6).

[47] 李红革.当代大学生的网络行为与意识分析[J].湘潭师范学院学报(社会科学版),2002(4).

[48] 贾宝先,郑伟,欧阳文峰.当代大学生婚恋观透析[J].中国教育前沿,2006(9).

[49] 杨培升.浅谈性教育尴尬现状成因及对策[J].贵州教育,2005(11).

[50] 李佑,吴比.大学生同居态度调查[J].当代青年研究,2006(2).

[51] 董晓璐.当代大学生婚恋观的调查与思考[J].茂名学院学报,2006(4).

[52] 赵小剑.高校班级凝聚力建设的影响因素及策略研究[J].科教论坛,2007(4).156.

[53] 蓝苗苗.营造和谐班级心理环境的探索[J].广西教育,2007(7):86.

[54] 应国栋.正确、健康的班级舆论培养策略[J].教学与管理,2002(9):15.

[55] 郭勤.大学生宿舍管理与大学生心理健康发展[J].重庆邮电学院学报,2001(4).

[56] 陈青萍.大学生宿舍生活心理适应障碍及其干预措施[J].中国行为医学科学,2002.

[57] 曾学毛.浅谈网络时代辅导员开展思想政治工作面临的挑战与对策[J].广州大学学报(综合版)2001(9).

[58] 张大均.论人的素质[J].西华大学学报(哲学社会科学版)2004(1).

[59] 童静菊.高校辅导员队伍建设的回顾与展望[J].学校党建与思想教育,2006(8).

[60] 张劲.关于高校辅导员队伍建设的思考团[J].学校党建与思想教育2006,(10).

[61] 廖济忠,徐建军.结构转型:高校辅导员队伍专业化建设的关[J].现代大学教育,2006(4).

[62] 范冬姣.辅导员队伍建设长效机制初探田[J].学校党建与思想教育,2006(7).

[63] 尚慧敏.高校学生政治辅导员的非权力性影响力[J].集团经究,2005(3).

[64] 姚建涛.论高校政治辅导员工作理念的确立与角色的转变[J].教育探索,2005(7).

[65] 杨伦琪.大众化教育下高校辅导员工作面临的问题及对策[J].黑龙江高教研究,2005(4).

[66] 张梁平.以柔化刚,刚柔并济——也谈辅导员工作与柔性管理理念[J].教育与职业,2004(18).

[67] 杨雪.心理学理论在高校学生辅导员工作中的应用[J].教育探索,2004(8).

[68] 张廷权.高校辅导员队伍建设存在的问题及对策[J].辽宁教育研究,2004(6).

[69] 李正赤.论高校辅导员的专业化和职业化[J].西南民族大学学报(人文版),2004(5).

[70] 连凤宝.谈高校辅导员队伍的专业化建设[J].中国高等教育,2004(1).

[71] 张继革.关于新时期高校学生工作的思考[J].兰州大学学报(社会科版),2003(1).

[72] 马向真.关于高校辅导员参与心理健康教育的思考[J].高校理论战线,2003(2).

[73] 施永红,祝水富.职业化——高校专职政治辅导员队伍建设的必由之路[J].黑江高教研究,2002(5).

[74] 邓宏宝.新时期推进学生工作的几点思考[J].高等师范教育究,2002(5).

[75] 肖文娥,王运敏.论高校辅导员心理素质培养[J].教育研究,2000(10).

[76] 许文蓓.高等教育大众化与高校学生工作的思考[J].江苏高教,2000(5).

[77] 张立明.高校专职政治辅导员的"职业化"问题[J].中山大学学报论丛,2000(4).

[78] 周烁.高校政治辅导员"专业化"刍议[J].广西青年干部学院报,2004(4).

[79] 吴彩霞,张亚萍.大学生心目中的辅导员形象的调查研究[J].陕西青年管理干学院学报,2002(5).

[80] 阎建国,田秀云.教师职业道德规范及其在班主任工作中的延伸[J].教

学与管理,2002(6).

[81] 吴麟麟,陈龙,周西安.将职业生涯管理理论引入高校辅导员队伍建设[J].教育科学,2003(1).

[82] 陈士福,孙莹光.高校辅导员的人格力量在学生管理中的作用[J].中国高等教育,1999(3).

[83] 宋长生,董晓宏,胡彬.BE公司员工胜任素质模型的构建流程及方法[J].经营管理,2007(491).

[84] 陈德胜,徐刚,崔忠洲.学分制条件下辅导员角色的定位[J].安庆师范学院学报(社会科学版),2006(1).

[85] 杨静.论高等学校辅导员在毕业生工作中的角色定位与作用[J].经济师,2004(11).

[86] 刘振亚.高情商:辅导员的必备素质[J].学校党建与思想教育,2005(2).

[87] 彭庆红.高校辅导员素质结构模型的构建[J].清华大学教育研究,2006(3).

[88] 方海明,吴婉湘.美国高校学生事务的专业化与学术化——以学生事务与学术事务关系演变为视角[J].比较教育研究,2006(6).

[89] 文晓灵.从中美比较看我国高校学生工作队伍建设[J].比较教育研究,2005(2).

[90] 赵敏,高广勤.案例教学在企业培训中的应用[J].中国培训,2000(11).

[91] 邱永明,邱裕.企业人才开发与企业网络培训发展策略[J].淮海工学院学报(社会科学版),2007(4).

[92] 邱永明.科学人才观内涵[J].人才开发,2007(9).

[93] 张建.高校辅导员的成就动机及其激励探讨[J].思想教育研究,2002(5).

[94] 陈洁.辅导员的角色定位和工作思考[J].思想.理论.教育,2003(12).

[95] 杨炎轩.略论辅导员工作模式[J].高等工程教育研究,2004(1).

[96] 王光龙.学习素质与学习型社会[J].教育研究,2003(5).

[97] 常学勤.学习型组织的形成与教师队伍建设[J].教育理论与实践,2004(4).

[98] 李景鹏.中国走向"善治"的路径选择[J].中国行政管理,2001(9).

[99] 陈孔祥.谈高校政治辅导员的队伍建设[J].中国高教研究,2002(9).

[100] 吴同善.探索高校思想政治教育与管理的有效途径[J].中国高教研究,2001(5).

[101] 朱炜.发达国家高校学生事务管理比较及其启示[J].黑龙江高教研究,2003(6).

[102] 于伟.美国高校学生事务工作的理论基础及职能[J].比较教研究育,2003(4).

[103] 周彬.教师需要与教师激励的现状及相关研究[J].教育理论与实践,2000(9).

[104] 周洪刚.辅导员队伍人力资源开发和管理的若干机制[J].思想.理论.教育,2001(12).

[105] 李望平,刘配欢.高校基层学生工作者的角色定位及其实现[J].学校党建与思想教育,2004(5).

[106] 赵多辉.大学生婚恋观研究[D].东北师范大学硕士研究生论文,2008.

[107] 赵素燕.网络对大学生人际交往的影响及对策研究[D].山西大学硕士研究生论文,2006.

[108] 谭敏.大学生职业生涯规划及管理体系的研究[D].西南财经大学硕士学位论文.

[109] 步德胜.增强高校辅导员工作实效研究(硕士学位论文)[D].西南大学硕士学位论文,2007.

[110] 蔡国春.中美两国高校学生事务管理比较研究[D].华东师范大学硕士学位论文,1999.

[111] 卢敏.大学生网恋问题及教育对策研究[D].东北师范大学硕士学位论文,2006.

[112] 王琦.大学生职业生涯辅导模式的研究[D].天津大学硕士学位论文,2006.

[113] 顾倩.大学辅导员胜任力问卷的编制及初步应用[D].山西大学硕士学位论文,2004.

[114] 梁峰.高校职业指导师素质及其开发研究[D].华东师范大学硕士学位论文,2005.

[115] 李红革.高校学生辅导员的品德结构研究[D].华中师范大学硕士学位论文,2004.

[116] 张雪霞. 高等教育大众化背景下高校辅导员队伍建设[D]. 河南大学硕士学位论文, 2006.

[117] 卢吉超. 社会转型期高校辅导员队伍建设与管理研究[D]. 华东师范大学硕士学位论文, 2005.

[118] 武增勇. 高校辅导员专业化问题研究——以上海市松江大学城为研究案例[D]. 华东师范大学硕士学位论文, 2007.

[119] 林德全. 论教育叙事[D]. 华东师范大学博士学位论文, 2005.

[120] 戴辉. blog:架起教育叙事和学习叙事的桥梁[D]. 华中师范大学硕士学位论文, 2005.

[121] 张永. 叙事研究:教育研究中的新动向[D]. 华南师范大学硕士学位论文, 2003.

(二) 外文论文

[1] David Warner and David Palfreyman(1996). Higher Education Management:the Key Elements. England:Open University Press. 1996:166.

[2] Clare Shearn. A new student support and guidance system fit for the 21st century. Perspective on Personal Tutoring in Mass Higher Education:Supporting Diverse Students—the first national conference on Personal Tutoring, University of West minster 26 May 2005. http://www. heacademy. ac. uk/misc/ClareShearn. rtf. 2007—03—16.

[3] Eileen Trotter. Personal Tutoring:Policy Reality of Practice. http://www. ece. salford. ac. uk/pro—ceedings/papers/et2_04. rtf, 2007—03—16.

[4] Earwaker. J. Helping and Supporting Students:Rethinking the Issues. England:Open University Press, 1992:104.

[5] ACPA(American College Personnel Association). Journal of Collegge Student Development. Volum 37 Number, March/April 1996:217.

[6] American College Personnel Association(1996). Journal of College Student Development. March/April:224.

[7] American College Personnel Association(1996). The Student Learning Imperative:Implications for Student Affairs[R/OL]. Available:http://www. acpa. nche. edu/sli/sli. htm, 1996—02—14/2005—08—21.

[8] ACPA & NASPA(1997). Principles of Good Practice for Student Af-

fairs. http://www.acpa.nche.edu/pgp/principle.htm.

[9] AAC&U(2002). Greater Expectations: A New Vision for Learning as a Nation Goes to College[R/OL]. Available: http://www.greater expectations. org, 2002/2005—08—21.

[10] NASPA(2004). Learning Reconsidered : A Campus—wide Focus on the Student Experience. http://www.naspa.org/membership/leader_ex_pdf.

[11] Ponterotto. J. "A Content Analysis of the Journal of Multicultural Counselling and Development", 1986, 14(3):98～107.

[12] Winston, R. B. Torres, V. Carpenter, D. S. Mcintire, D. & Peterson, B(2001). Staffing in Student Affairs: A Survey of Practices. College Student Affairs Journal. Vol 21, No.1.18.

[13] Banning, James. H, Ahuna, Linda. M. & Hughes, Blanche. M. "A Study of the NASPA Journal(1967～1996):A 30—Year Reflection of Scholarship in Student Affairs Focusing on Race and Ethnicity", NASPA Journal, 2000, 38(1):59.

[14] American College Personnel Association(1996). The Student Learning Imperative: Implications for Student Affairs [EB/OL]. http://www.acpanche.edu/sli/sli.htm. 2006—2—18.

[15] Principles of Good Practice for Student Affairs[EB/OL]. http://www.acpanche.edu/pgp/principle.htm. 2006—2—18.

[16] American Council on Education(1937). The Student Personnel Point of View [EB/OL]. http://www.naspa.org/gradprep/StudAff_1949.pdf. 2006—3—3.

[17] American Association for Higher Education, American College Personnel Association, & NASPA(1998). Powerful Partnership: A Shared Responsibility for Learning[EB/OL]. http://www.naspa.org/resources/partnerships.cfm. 2006—3—3.

[18] Hewitt, E. and Wheeler, Counselling in higher edueation: the experience of lone counsellors. British Journal of Guidance & Counselling, 2004, 32(4).

[19] Myles Brand. the Challenge to Change. Reforming Higher Education. Educational Record, Vol.74. No.4 Fall 1993.

[20] Burton R. Clark, Guy Neave, the Encyclopedia of Higher Education,

Pergamon Press ltd, 1992.

[21] Chalmer E. Thompson. Racial Identity Theory and Peace Education: Tools for the Teacher in All of US. Interchange, 2003:34(4).

[22] David A. Garvin. Builiding a Learning Organization. Harnard Business Review, 1993(4).

[23] Borders, L. Drury, S. M(1992). Comprehensive School Counselling Programs: A Review for Policymakers and Practions. Journal of Counselling & Development, 70.

[24] Learning Counselling: A Higher Education Student Support Service. Journal of Higher Education, 49, Jul/Aug 78.